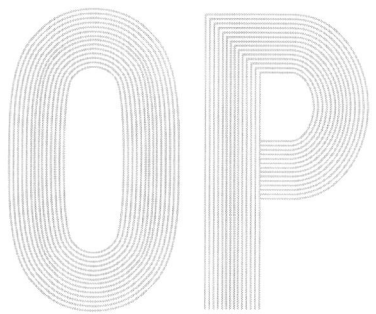
How to **NEW OPIc** 기본편
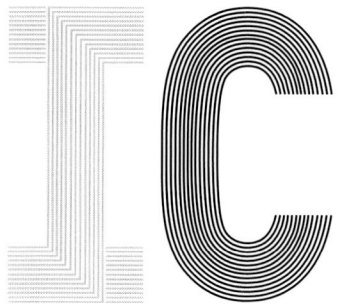

How to **NEW OPIc** 기본편
지은이 김용직·추현호
펴낸이 임상진
펴낸곳 (주)넥서스

초판 1쇄 발행 2011년 3월 5일
초판 7쇄 발행 2017년 7월 20일

출판신고 1992년 4월 3일 제311-2002-2호
10880 경기도 파주시 지목로 5
Tel (02)330-5500 Fax (02)330-5555
ISBN 978-89-5797-527-5 13740

저자와 출판사의 허락 없이 내용의 일부를 인용하거나
발췌하는 것을 금합니다.
저자와의 협의에 따라서 인지는 붙이지 않습니다.

가격은 뒤표지에 있습니다.
잘못 만들어진 책은 구입처에서 바꾸어 드립니다.

www.nexusbook.com

How to NEW OPIc 기본편

김용직·추현호 지음

넥서스

PREFACE

"OPIc Guide Book, How to NEW OPIc"

"Why OPIc?"
과거 TOEIC으로 대표되는 1세대 영어 능력 시험의 긴 터널을 뚫고 나온 수험생들이 취업난 속에서 푸념어린 목소리로 던지는 공통된 질문입니다. 하지만, 이 질문은 내부 승진을 준비하는 선배들에게도 예외일 수 없습니다. 영어 평가 시험으로 대표되는 OPIc 영어 면접 능력 평가 시험은 이제 취업이나 내부 승진을 위해 거쳐야 하는 당연한 관문이 되었습니다.

하지만 OPIc을 준비하는 수험생들과 직장인의 입장에선 '직접적인 업무관련성이 없는 영어 구술능력이 왜 필요할까?'라며 의구심을 갖습니다. 이 질문에 대한 답은 중학교 한문교과서의 1페이지에서 찾을 수 있습니다. "한문을 공부하는 이유는 우리 조상들이 사용했던 한문에 대한 이해를 통해서 우리의 얼과 사상을 이해하기 위해서이다." 언어에는 그 언어를 사용하는 국민들의 얼과 사상 그리고 행동 양식 등이 담겨 있습니다.

국제화 사회를 살아가고 있는 우리에게 영어구술능력은 오래전 손자병법에서 말하고 있는 "지피지기 (知彼知己) 백전불태(百戰不殆)"의 시발점이라고 할 수 있습니다. 세계 공용어인 영어를 정확하게 이해하고 정확하게 표현할 수 있는 능력이야 말로 영어를 사용하는 사람들을 이해하기 위한 가장 기본적인 시작이며 이는 나이, 성별, 직종, 그리고 직급에 관계없이 누구에게나 필요하다고 하겠습니다.

"Why How to NEW OPIc?"
〈How To NEW OPIc 기본편〉은 4주 과정인 총 20강으로 구성되어 있으며, OPIc을 처음 접하는 모든 수험생들을 위한 친화적인 교재입니다. 영어 초·중급자들 모두 오픽 시험을 쉽게 대비할 수 있도록 구성되어 있으며, Novice High ~ Intermediate High 등급까지 한 번에 대비할 수 있도록

220여 개의 실전문제를 수록하였고, 난이도별과 유형별로 실전문제를 구분하여 제공하고 있습니다. 수험생들은 강의 시작과 동시에 뉴오픽 최신 출제경향을 살펴볼 수 있고, Best Questions로 실전문제를 직접 경험할 수 있으며, How to Map Your Story에서는 스토리를 통한 단계별 답변 작성법을 배울 수 있고 How to Role-play를 통해서는 완벽한 유형 파악과 롤플레이에 대한 대처능력을 기를 수 있습니다. 특히, How to Map Your Story는 질문-답변이라는 기존의 단순한 학습방식에서 벗어나 수험생 스스로가 자신만의 답변을 만들 수 있는 능력을 기를 수 있도록 답변을 만들어나가는 흐름, 즉 Story Map을 구성할 수 있도록 How to Guide, How to Answer, How to Correct를 통해 친절하게 안내하고 있습니다.

How to Guide는 Listening 길라잡이, Speaking 길라잡이를 통해서 듣기와 말하기 노하우를 학습할 수 있으며 무엇보다 수험생들이 자주 하는 실수를 최소화할 수 있도록 듣기함정 및 답변함정을 제공하고 있습니다. How to Answer는 실제 정기시험에서 활용할 수 있는 모범 답안을 학습할 수 있고, How to Correct는 실수하기 쉬운 실전 문법과 표현을 배울 수 있습니다.

마지막으로, How to Plus에서는 출제가능성이 높은 문제들을 선별하여 완벽한 시험 대비가 가능할 수 있도록 구성하였습니다. How to OPIc이라는 친절한 OPIc Guide Book을 따라가면 자연스럽게 OPIc 여행의 즐거움을 맛보시게 되고 원하시는 등급을 획득하여 여러분들을 취업과 승진의 스트레스에서 벗어나게 할 뿐만 아니라 진정한 국제화 시대의 인재로 만들어 드릴 것입니다.

아울러, 본 교재가 탄생할 수 있도록 많은 물심양면으로 도와주신 넥서스 사장님, 마케팅사업본부 및 출판사업본부 직원 여러분들 그리고 곁에서 항상 힘이 되어준 김경희님과 양혜진님께 깊은 감사의 말씀을 드립니다.

저자 **김용직 · 추현호**

CONTENTS

SECTION 1 _ How to NEW OPIc 공략

1강 OPIc Patterns 공략 — 016

2강 OPIc 실전문제 공략 — 030

3강 OPIc 초·중·후반부 문제 공략 — 042
  초반부 공략
  중반부 공략
  후반부 공략

4강 OPIc 신변잡기 공략 — 064
  학생편
  직장인편

5강 OPIc 핵심유형 공략 — 088
  ROLE-PLAY
  설문조사 THREE COMBO
  돌발 THREE COMBO

SECTION 2 _ 여가활동

6강 영화 & 콘서트 관람하기 — 112
  UNIT 1 영화
  UNIT 2 콘서트

7강 공원 & 캠핑 떠나기 — 138
  UNIT 1 공원
  UNIT 2 캠핑

8강 게임 & 집안일 하기 — 164
  UNIT 1 게임
  UNIT 2 집안일

9강 스포츠 & 공연 관람하기 — 190
  UNIT 1 스포츠 관람
  UNIT 2 공연 관람

10강 클럽에서 놀기 & 해변 가기 — 216
  UNIT 1 클럽에서 놀기
  UNIT 2 해변 가기

SECTION 3 _ 취미생활 및 기타

11강 음악 감상 & 악기 연주하기 242
    UNIT 1 음악 감상
    UNIT 2 악기 연주하기

12강 요리하기 & 애완동물 돌보기 268
    UNIT 1 요리하기
    UNIT 2 애완동물

13강 노래 부르기 & 춤과 댄스 교습 294
    UNIT 1 노래 부르기
    UNIT 2 춤과 댄스 교습

14강 축구 & 스케이트 타기 320
    UNIT 1 축구
    UNIT 2 스케이트

15강 여행 & 출장 떠나기 346
    UNIT 1 여행
    UNIT 2 출장

SECTION 4 _ 고득점을 위한 OPIc 공략법

16강 프로젝트 & 테크놀로지 372
    프로젝트
    테크놀로지

17강 건강 & 병원 388
    건강
    병원

18강 경찰 & 농부 404
    경찰
    농부

19강 공휴일 & 날씨 420
    공휴일
    날씨

20강 [NEW OPIc] 한국 청년 & 한국 주택 436
    한국 청년
    한국 주택

STRUCTURE & FEATURES

STORY MAP

수험생 스스로가 자신만의 답변을 만들 수 있도록 Intro ➡ Body ➡ Closing 구성의 Story Map을 제공하고 있다.

HOW TO GUIDE

Listening 길라잡이, Speaking 길라잡이를 통해서 듣기와 말하기 노하우를 학습할 수 있으며 수험생들이 자주 범하는 실수를 최소화할 수 있도록 듣기함정 및 답변함정을 제공하고 있다.

HOW TO ANSWER

실제 정기시험에서 활용할 수 있는 모범 답안을 제공하고 있다.

HOW TO CORRECT

수험생들이 실수하기 쉬운 실전 문법과 표현을 스스로 점검하며 학습할 수 있도록 구성하였다.

HOW TO PLUS

최신 뉴오픽 경향에 맞춰 앞으로 정기시험에 출제될 가능성이 높은 질문들을 추가로 제공하고 있다.

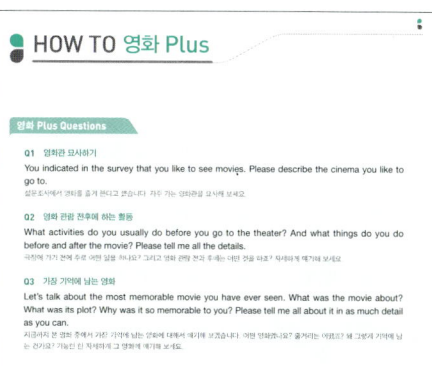

HOW TO OPIc ACTUAL TEST

뉴오픽의 경향을 한 눈에 파악할 수 있도록 다양한 내용의 실전문제를 제공하고 있다.

 이란?

OPIc은 컴퓨터를 통해 진행되는 반직접 평가로 외국어를 얼마나 잘 구사하는가를 평가하는 언어 능숙도 시험입니다. 응시자 개개인의 질문에 대한 대답을 녹음한 후 미국의 평가 서버에 전송되며, ACTFL 공인평가자가 평가하게 됩니다.

OPIc은 국제적인 명성의 ACTFL Oral Proficiency Interview(OPI)에 기초하고 있습니다. OPI는 ACTFL 공인 평가자와 면대면 또는 전화 인터뷰 방식으로 진행됩니다.

OPIc은 단순히 문법(Grammar), 어휘(Vocabulary)나 외국어 규칙을 얼마나 많이 알고 있는가를 측정하는 시험이 아닙니다. 실제 생활에서 얼마나 효과적이고 적절하게 언어를 사용할 수 있는지를 측정하는 시험입니다. 다시 말해서, OPIc은 응시자가 외국어로 어떤 일을 할 수 있고, 실생활의 목적들과 연관되게 언어 기술을 사용할 수 있는가를 측정하는 시험입니다. 따라서, OPIc은 응시자가 얼마나 오랫동안 외국어를 학습했는지, 언제, 어디에서, 어떤 이유로 어떻게 언어 능력을 습득하였는가 보다는 응시자의 본질적인 언어 활용 능력을 측정하게 됩니다.

OPIc은 5단계에 걸쳐 언어 능력을 측정하게 되며, Grammar, Vocabulary, Pronunciation은 5단계 평가 영역 중 Language Control의 한 가지 평가 영역에 불과합니다. 따라서, 특정 분야에 치우치지 않는 언어 수행 능력을 중심으로 한 총체적인 언어 수행 능력을 평가하게 됩니다.

OPIc은 절대평가 방식으로 측정됩니다. 응시자의 녹음된 대답 내용은 "ACTFL Proficiency Guidelines Speaking (Revised 1999)"라는 범용적인 말하기 기준에 따라 절대평가됩니다. ACTFL 공인 평가자는 녹음된 대답을 듣고 상기의 기준에 따라 Novice Low ~ Advanced Low까지의 등급을 부여하게 됩니다.

 의 특징

평가영역 OPIc은 수험자의 말하기 능력을 총체적으로 평가합니다. 언어적 요소(Accent, Grammar, Vocabulary, Fluency)뿐만 아니라 기능적 측면(Global Tasks and Functions, Context/Contents, Accuracy, Text type) 모두 집중함으로써 언어적인 요소만을 평가하는 타 외국어 시험과는 차별화됩니다.

문항구성 OPIc에서는 시험 전(前) Background Survey를 통해 응시자 개개인의 관심사에 맞춘 문제가 출제됩니다. 일방적으로 문제가 출제되는 타 시험들과는 구별된다고 할 수 있습니다.

충분한 녹음 시간의 확보 타 말하기 시험과는 달리, OPIc에는 각 문항당 답변의 제한시간이 없습니다. 충분한 녹음 시간 확보를 통해 수험자의 실질적인 말하기 실력을 측정합니다.

*출처: http://www.opic.or.kr

 시험 진행 구성 및 유형

OPIc은 총 4가지 평가 영역에서 수험자의 말하기 능력을 평가합니다. 4가지 평가 기준으로 의사소통의 총체적 능력(Holistic Approach)을 평가하므로 평가 결과를 신뢰할 수 있습니다.

시험 진행 구성

오리엔테이션 (약 20분)	❶ Background Survey ❷ Self Assessment ❸ Overview of OPIc ❹ Sample Question	시험 문항 출제를 위한 사전 설문 시험 난이도 결정을 위한 자가 평가 화면 구성, 문항 청취 및 답변 방법 안내 실제 답변 방법 연습
본 시험 (약 40분)	❶ 1st SESSION ❷ 난이도 재조정 ❸ 2nd SESSION	개인별 맞춤 문항(질문 청취 2회 가능) 2차 Self Assessment(쉬운 질문, 비슷한 질문, 어려운 질문 중 택 1) 1st 와 동일, 언어의 정확성
평가 및 결과 통보	❶ 답변 전송 ❷ 평가 ❸ 결과 통보	인터넷을 통한 실시간 답변 전송 ACTFL 공인 Rater 신뢰도, 객관성 유지 근무일 기준 5일 내외의 신속한 평가 결과 통보

시험 문제 유형

OPIc / OPI
영어로 당면 과제를 잘 수행하는가에 대한 측정

묘사와 설명, 상황에 대한 대처 방법의 지속적인 연습

| 특정 장소, 사람, 사물에 대한 묘사 | 평소에 하는 일이나 활동에 대한 묘사 | 과거의 경험의 설명 | 질문하고 질문에 대답하기 등 |

제반 일상 말하기 능력

*출처: http://www.opic.or.kr

OPIc 평가 및 등급 체계

ACTFL Proficiency Guidelines

OPIc의 평가는 ACTFL Proficiency Guidelines-Speaking에 따라 절대평가로 진행됩니다. 이는 말하기 능숙도(Oral Proficiency)에 대한 언어 능력 기준입니다.

ACTFL이 발행한 40년간의 노하우가 집적된 Guidelines는 교육과 평가, 실제 능력의 일치를 이루어 낸 가장 신뢰할 수 있는 평가 기준입니다.

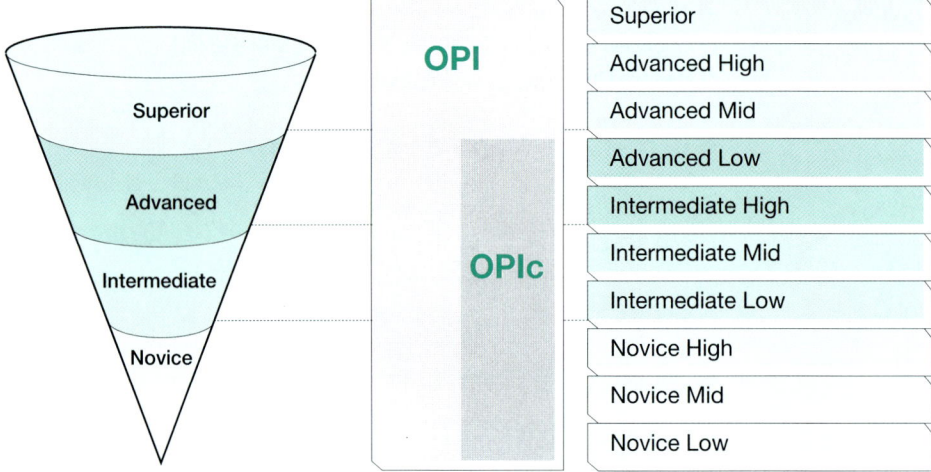

Level	레벨별 요약 설명
AL Advanced Low	사건을 서술할 때 일관적으로 동사 시제를 관리하고, 사람과 사물을 묘사할 때 다양한 형용사를 사용한다. 적절한 위치에서 접속사를 사용하기 때문에 문장 간의 결속력도 높고 문단의 구조를 능숙하게 구성할 수 있다. 익숙하지 않은 복잡한 상황에서도 문제를 설명하고 해결할 수 있는 수준의 능숙도이다.
IH Intermediate High	개인에게 익숙하지 않거나 예측하지 못한 복잡한 상황을 만날 때, 대부분의 상황에서 사건을 설명하고 문제를 효과적으로 해결하곤 한다. 발화량이 많고 다양한 어휘를 사용한다.
IM Intermediate Mid	일상적인 소재뿐만 아니라 개인적으로 익숙한 상황에서 문장을 나열하며 자연스럽게 말할 수 있다. 다양한 문장 형식이나 어휘를 실험적으로 사용하려고 하며 상대방이 조금만 배려해 주면 오랜 시간 대화가 가능하다.
IL Intermediate Low	일상적인 소재에서는 문장으로 말할 수 있다. 대화에 참여하고 선호하는 소재에서는 자신감을 가지고 말할 수 있다.
NH Novice High	일상적인 대부분의 소재에 대해서 문장으로 말할 수 있다. 개인 정보라면 질문을 하고 응답을 할 수 있다.
NM Novice Mid	이미 암기한 단어나 문장으로 말하기를 할 수 있다.
NL Novice Low	제한적인 수준이지만 외국어 단어를 나열하면 말할 수 있다.

*출처: http://www.opic.or.kr

 시험 진행 안내

ACTFL OPIc 시험 관리 및 신분증 규정에 따라 시험에 응시하여 주세요.

준비물

필수 지참 : 신분증 (규정 신분증 및 대체 신분증만 허용)

※수험표 없이 시험 응시 가능합니다. (단, 시험 시간 및 시험센터를 확인 후 출발하시기 바랍니다.)

규정신분증

구분	규정 신분증	대체 신분증 (규정 신분증 대신 사용 가능)
일반인 및 대학생	주민등록증, 운전면허증, 기간 만료 전 여권, 공무원증	거주지 또는 해당 동사무소에서 발급한 기간 만료 전 「주민등록증 발급 신청 확인서」
초등학생	주민등록등본/초본, 기간 만료 전 여권, 의료보험증, 청소년증	학교장의 직인을 득한 「신분 확인 증명서」 (반드시 시험일로 3개월 이내의 사진 必)
중/고등학생	학생증, 기간 만료 전 여권, 청소년증	학교장의 직인을 득한 「신분 확인 증명서」 (반드시 시험일로 3개월 이내의 사진 必)
군인	장교 및 부사관 신분증, 군무원증, 공익근무요원증, 기간만료 전 여권	군복무 확인 증명서
외국인	외국인등록증, 기간 만료 전 여권	없음

*위 규정에 명시되지 않는 신분증은 OPIc 규정 신분증으로 인정되지 않습니다.

입실 시간 : 시험 시작 10분전까지 입실하셔야 합니다.
지각시 시험 응시가 불가능합니다.

시험 시간 : 약 60분 정도 소요됩니다.

구분	내용	시간
Orientation	시험 진행 안내	20분
OPIc	본 시험 진행	40분

시험 진행 절차

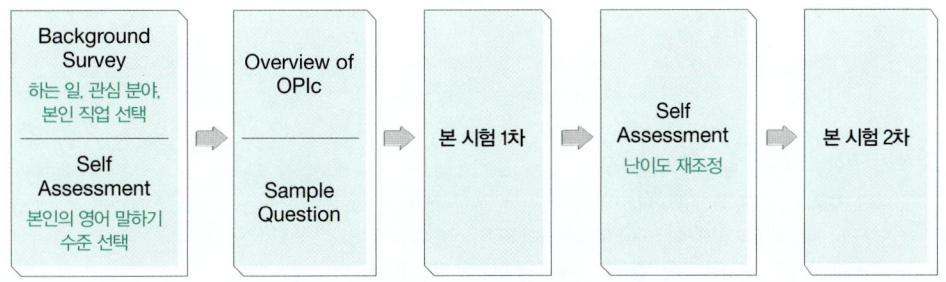

*출처: http://www.opic.or.kr

BACKGROUND SURVEY

:: 이 Background Survey 응답을 기초로 개인 맞춤형 문항이 출제 됩니다.
질문을 자세히 읽고 답변해 주시기 바랍니다.

1 현재 귀하는 어느 분야에 종사하고 계십니까?

   ○ 사업/회사

       1.1   현재 귀하는 직업이 있으십니까?

              ○ 네

       1.1.1   귀하의 근무 기간은 얼마나 되십니까?

              ○ 첫 직장 – 2개월 미만
              ○ 첫 직장 – 2개월 이상
              ○ 첫 직장 아님 – 경험 많음

   ○ 가사
   ○ 교사/교육자

       1.1   현재 귀하는 어디에서 학생을 가르치십니까?

              ○ 고등학교/대학교
              ○ 초등학교/중학교
              ○ 평생교육

   ○ 일 경험 없음

2 현재 귀하는 학생이십니까?

   ○ 네

       2.1   현재 귀하가 강의를 듣는 목적은 무엇입니까?

              ○ 학위 취득
              ○ 전문 기술을 향상시키기 위한 평생 학습
              ○ 어학 수업

   ○ 아니오.

3 현재 귀하는 어디에 살고 계십니까?

   ○ 독신자로서 개인 주택이나 아파트에 거주
   ○ 친구나 룸메이트와 함께 주택이나 아파트에서 거주
   ○ 가족(배우자/자녀/기타 가족 일원)과 함께 주택이나 아파트에 거주
   ○ 학교 기숙사
   ○ 군대 막사

✖ 아래의 4~7번 문항에서 12개 이상을 선택해 주시기 바랍니다.

4 귀하는 여가 활동으로 주로 무엇을 하십니까? (두 개 이상 선택)

- ○ 영화 보기
- ○ 클럽/나이트클럽 가기
- ○ 공연 보기
- ○ 콘서트 보기
- ○ 박물관 가기
- ○ 공원 가기
- ○ 캠핑하기
- ○ 해변 가기
- ○ 스포츠 관람
- ○ 자녀들의 운동시합 관람
- ○ 운동 지도하기
- ○ 혼자 게임 하기 (카드, 비디오 게임 등)
- ○ 어른들끼리 게임하기 (카드, 당구, 보드 게임 등)
- ○ 아이들과 게임 하기 (카드, 보드게임 등)
- ○ 자녀들의 숙제 돕기
- ○ 집안일 거들기
- ○ 승용차 정비하기

5 귀하의 취미나 관심사는 무엇입니까? (한 개 이상 선택)

- ○ 아이에게 책 읽어 주기
- ○ 음악 감상하기
- ○ 악기 연주하기
- ○ 혼자 노래하기
- ○ 그룹으로 노래 부르기
- ○ 댄스 교습하기
- ○ 춤추기
- ○ 글쓰기(편지, 단편, 시 등)
- ○ 그림 그리기
- ○ 바느질 또는 자수
- ○ 뜨개질하기
- ○ 요리하기
- ○ 정원 가꾸기
- ○ 애완동물 기르기

6 귀하는 주로 어떤 운동을 즐기십니까? (한 개 이상 선택)

- ○ 농구
- ○ 야구/소프트볼
- ○ 축구
- ○ 미식축구
- ○ 럭비
- ○ 아이스하키
- ○ 하키
- ○ 크리켓
- ○ 골프
- ○ 배구
- ○ 테니스
- ○ 배드민턴
- ○ 탁구
- ○ 수영
- ○ 자전거
- ○ 스쿠버 다이빙/스노클
- ○ 스키/스노보드
- ○ 수상스키
- ○ 아이스 스케이트
- ○ 인라인 스케이트
- ○ 승마
- ○ 조깅
- ○ 걷기
- ○ 격투기
- ○ 요가
- ○ 하이킹/트레킹
- ○ 낚시
- ○ 보트 타기
- ○ 헬스
- ○ 체조
- ○ 운동을 전혀 하지 않음

7 귀하는 어떤 휴가나 출장을 다녀온 경험이 있습니까? (한 개 이상 선택)

- ○ 국내 출장
- ○ 해외 출장
- ○ 집에서 보내는 휴가
- ○ 국내 여행
- ○ 해외 여행

*http://cafe.naver.com/opic

SECTION 1 _ How to NEW OPIc 공략

1강

OPIc Patterns 공략

OPIc Patterns 공략

다른 어학 시험과 마찬가지로 OPIc 시험 역시 정기시험을 치르기 전에 반드시 문제 유형을 정확하게 파악해둬야 합니다. 어떤 문제가 출제되는지 전혀 준비가 안 된 상태에서 시험을 치르게 되면 누구나 당황하기 마련이고 그만큼 실수도 늘게 될 것입니다. 난이도에 따라서 총 12~15문제로 구성이 되는 오픽 시험은 문제 유형이 그렇게 복잡하지 않으므로 좀 더 집중해서 유형 파악을 해두기 바랍니다. 새롭게 도입된 뉴오픽에서도 기존 구오픽 시험 버전의 문제 유형은 그대로 출제되고 있습니다. 자, 그럼 오픽 문제 유형은 어떤 것이 있는지 자세하게 들여다볼까요?

Description or introduction

첫 번째로 묘사 또는 소개 유형이 있습니다. 사물, 사람, 장소 등을 묘사하거나 소개를 하는 가장 기본적인 오픽 문제 유형으로서 난이도 역시 가장 낮다고 할 수 있습니다. 사물을 묘사하는 연습, 사람을 소개하는 연습, 장소와 위치를 묘사하는 연습을 평소에 중점적으로 해보시기 바랍니다.

Detailed description or current affairs(issues, topics)

두 번째는 세부 설명 또는 시사입니다. 세부 설명을 하는 문제는 보통 첫 번째 묘사 또는 소개 유형 문제가 출제된 이후에 주로 등장합니다. 즉, 앞선 문제를 보다 좀 더 구체적으로 물어보는 문제라 할 수 있습니다. 앞서 친구를 소개하는 문제가 나왔다면, 친구와 만나서 무엇을 하고 주로 어디를 가는지 등을 묻는 문제가 바로 세부 설명 유형에 해당됩니다. 시사와 관련된 문제는 난이도가 높은 문제 유형입니다. 한국 주택(부동산 시장)의 문제점이라든지, 대학교의 교육 정책의 이슈라든지 보통 난이도 5~6단계를 선택할 경우에 출제되는 문제 유형이라고 이해하시면 될 것 같습니다.

(past, memorable, special, unforgettable) Experience

세 번째 유형은 바로 경험과 관련된 문제입니다. 어렸을 적에 겪었던 경험, 지금까지 겪어왔던 경험, 최근에 겪었던 경험, 그리고 기억에 남거나, 특별하거나, 잊을 수 없는 경험 등 아주 다양한 시점과 다양한 경험을 묻는 문제가 출제됩니다. 예컨대, 영화 관람 항목을 선택할 예정이라면, 어렸을 적에 봤던 영화, 기억에 남는 영화, 최근에 관람한 영화 등 다양한 시점과 관련된 영화에 대한 경험을 미리 자세하게 대비해두는 것이 좋습니다. 오픽 시험의 특성 중 한 가지가 바로 연속으로 출제되는 Three Combo(3문제 연속 출제)의 문제 패턴이기 때문에 위 3가지 유형을 정확하게 파악해 두세요!

HOW TO OPIc

오픽 시험에서 빼놓을 수 없는 문제가 바로 Role-play입니다. Role-play는 롤플레이, 역할연기, 상황연기, 상황문제 등으로 다양하게 불리고 있습니다. Role-play 문제에도 유형이 나뉘고 유형마다 비법이 숨어 있는데요, 유형은 한 번 파악할 때 제대로 알아둬야 합니다. 유형은 영어 문법처럼 변하지 않는 법칙이니 한 번 정확하게 외워두면 실수할 수가 없는 법이거든요. 그럼 유형별로 다시 설명해 보겠습니다.

(Role-play) Asking questions to somebody

오픽 유형 네 번째이자 Role-play 첫 번째 유형은 특정인 누군가에게 질문을 하는 상황 문제입니다. 영화표를 예약하는 상황이라면 매표소 직원에게 전화하는 상황이 연결이 되고, 친구와 공부를 하려는 상황이라면 친구에게 전화해서 몇 가지 물어보는 상황이 연결됩니다. 질문의 대상이 상황에 따라 달라지므로 정해지지 않았다는 점을 꼭 기억해두기 바랍니다. 타인에게 질문하는 상황 문제는 Role-play 문제 유형 중에서는 난이도 중에 해당됩니다.

(Role-play) Solving problems

Role-play 두 번째 유형은 바로 문제 해결하기입니다. 이 문제는 Role-play 첫 번째 유형과 항상 함께 따라다닙니다. 앞의 문제와 어울리는 내용임과 동시에 어떤 특정한 문제가 발생하게 됩니다. 예를 들어 볼까요? 앞에서 영화표를 예약하는 상황에서 매표소 직원에게 전화해서 영화표 관련해서 질문을 해보라는 상황 문제가 출제되었다면, 바로 뒤이은 문제는 영화표를 예매했는데 영화 상영 시간대가 다른 영화표를 예매했다는 문제의 상황이 주어집니다. 이를 해결할 수 있도록 해결책 또는 대안을 제시하는 문제가 바로 Role-play 두 번째 유형에 해당됩니다. 따라서 OPIc Pattern - 4, 5는 항상 덩어리로 준비해둬야 한다는 것을 유념하시기 바랍니다.

(Role-play) Asking questions to the interviewer

마지막 오픽 유형 여섯 번째 패턴이자, Role-play 세 번째 유형은 바로 면접관에게 질문하기입니다. 설문조사에서 선택한 항목과 관련된 내용이 질문으로 출제되는데요, 가령 영화를 선택했다면 다음과 같은 문제가 출제됩니다. '저(면접관) 역시 영화 보는 것을 좋아합니다. 제가 가장 최근에 본 영화에 대해서 3~4가지 정도 물어보세요.' 자, 주의해야 할 것은 Role-play 첫 번째 유형은 특정인에게 질문을 하는 것이고 세 번째 유형은 면접관에게 질문하는 것이라는 차이점을 구분해서 알아두기 바랍니다.

지금까지 총 6개의 오픽 문제 유형을 살펴봤는데요. 유형을 100% 이해했다면 거의 50%를 준비한 거나 다름없습니다. 실전 문제를 통해서 좀 더 자세하게 유형을 대입시켜보고 정확하게 이해해두세요!

HOW TO **MAP YOUR STORY**

Q1 캠퍼스 묘사 Tr-011

You indicated that you are a college student. Can you describe your campus for me? Where is it located? Tell me in detail.

대학생이라고 했습니다. 캠퍼스를 묘사해 보시겠어요? 어디에 위치해 있나요? 자세히 말해 보세요.

STORY MAP

[캠퍼스 묘사] 캠퍼스 위치 • 캠퍼스 내 건물 소개 • 캠퍼스 주변 환경 소개

Map Intro _ 캠퍼스 위치

캠퍼스 이름과 위치
My university, Wonkwang University, is located in Iksan, Jeonbuk Province.
제 학교인 원광대학교는 전북, 익산에 위치해 있습니다.

캠퍼스 영역 소개
The campus is roughly divided into two sections: one is the residential area and the other is the academic area.
캠퍼스는 대략 두 영역으로 나눌 수 있는데, 하나는 거주를 위한 공간이고 나머지 하나는 학업을 위한 공간입니다.

Map Body _ 캠퍼스 내 건물 소개

대학 건물 소개
The Engineering College is located in the center of the university and the College of Natural Science stands next to the building, which has the shape of ㄴ(niun), the second letter of the Korean alphabet.
공과대학이 캠퍼스 한 가운데 위치해 있고 바로 건물 옆으로 한글의 두 번째 글자인 '니은'자 모양의 자연과학대학이 있습니다.

대학 건물 주변 소개
Beside the building, there is a lake called Suduk Ho where students can enjoy very beautiful scenery.
그 건물 옆에는 학생들이 아름다운 풍경을 감상할 수 있는 '수덕호'라는 이름의 호수가 있습니다.

Map Closing _ 캠퍼스 주변 환경 소개

학교 주변 환경 소개
The surroundings of Wonkwang University look like a typical college town, meaning there are plenty of places for people to go.
학교 주변 환경은 전형적인 대학로의 모습으로, 사람들이 다닐 만한 곳들이 가득하답니다.

학교 주변 건물
The general vicinity of the campus is surrounded by cheap, yet considerably good diners and rental houses for students.
캠퍼스 인근은 학생들을 위한 저렴하지만 질 좋은 조그마한 식당들과 하숙집들로 둘러싸여 있습니다.

개인적인 의견
Of course, there are dormitories and diners scattered throughout the campus, but students prefer to live and dine outside the campus in order to enjoy their freedom to the fullest.
물론, 교내에도 기숙사가 있고 식당들이 곳곳에 있기는 하지만, 학생들은 자유를 만끽하기 위해 캠퍼스를 벗어나서 거주하고 식사하는 것을 선호하는 편입니다.

HOW TO GUIDE

Listening 길라잡이
학교의 위치를 설명하고 교내 시설 및 주변 환경을 자세히 묘사하기

- **듣기함정** "describe your campus~"와 "where ~ located"에서 캠퍼스의 묘사와 더불어 위치까지 묻고 있으므로 두 가지 요구사항을 모두 답변해야 함을 기억한다.

Speaking 길라잡이
위치 소개 ⇒ 교내 주요 건물 및 정경 묘사 ⇒ 캠퍼스 주변 환경 묘사 ⇒ 개인적인 의견으로 답변 마무리

- **답변함정** 캠퍼스를 묘사하는 문제이므로 현재시제를 사용하도록 한다.

HOW TO ANSWER  Tr-011

My university, Wonkwang University, is located in Iksan, Jeonbuk Province. ❶ <u>The campus is roughly divided into two sections</u>: one is the residential area and the other is the academic area. The Engineering College is located in the center of the university and the College of Natural Science stands next to the building, which has the shape of ㄴ(niun), the second letter of the Korean alphabet. Beside the building, there is a lake called Suduk Ho where students can enjoy very beautiful scenery. The surroundings of Wonkwang University look like a typical college town, meaning ❷ <u>there are plenty of places for people to go</u>. The general vicinity of the campus is surrounded by cheap, yet considerably good diners and rental houses for students. Of course, there are dormitories and diners scattered throughout the campus, but ❸ <u>students prefer to live and dine outside the campus</u> in order to enjoy their freedom to the fullest.

제 학교인 원광대학교는 전북, 익산에 위치해 있습니다. 캠퍼스는 대략 두 영역으로 나눌 수 있는데, 하나는 거주를 위한 공간이고 나머지 하나는 학업을 위한 공간입니다. 공과대학이 캠퍼스 한 가운데 위치해 있고 바로 건물 옆으로 한글의 두 번째 글자인 '니은'자 모양의 자연과학대학이 있습니다. 그 건물 옆에는 학생들이 아름다운 풍경을 감상할 수 있는 '수덕호'라는 이름의 호수가 있습니다. 학교 주변 환경은 전형적인 대학가의 모습으로, 사람들이 다닐 만한 곳들이 가득합니다. 캠퍼스 인근은 학생들을 위한 저렴하지만 질 좋은 조그마한 식당들과 하숙집들로 둘러싸여 있습니다. 물론, 교내에도 기숙사가 있고 식당들이 곳곳에 있기는 하지만, 학생들은 자유를 만끽하기 위해 캠퍼스를 벗어나서 거주하고 식사하는 하는 것을 선호하는 편입니다.

어휘 the College of Natural Science 자연과학대학   surroundings 환경   plenty of 많은   vicinity 인근, 부근   diner 작은 식당   scattered 뿔뿔이 흩어진, 드문드문 있는

HOW TO CORRECT

문법 바로잡기

❷ [수의 일치] **plenty of + 복수명사**
There are plenty of ~~place~~ for people to go.
There are **plenty of places** for people to go.

❸ [to부정사를 목적어로 취하는 동사 prefer] **prefer + to부정사**
Students prefer ~~living and dining~~ outside the campus.
Students **prefer to live and dine** outside the campus.

표현 바로잡기

❶ [구분, 구별, 분류의 표현] **divided + into**
The campus is roughly ~~divided in~~ two sections.
The campus is roughly **divided into** two sections.

공원에서 하는 활동 Tr-011

How often do you go to the park? What do you usually do there? Please tell me all about your typical activities at the park.

공원에는 얼마나 자주 가나요? 공원에서 주로 어떤 일을 하나요? 당신이 공원에서 하는 일상적인 활동들에 대해 말해 보세요.

STORY MAP

[공원에서 하는 활동] 공원을 찾는 목적과 시간 • 공원 활동 • 공원 날씨

Map Intro _ 공원을 찾는 목적과 시간

자주 찾는 공원	I am a big fan of outdoor activities, and one of my most favorite places to go is the park. 저는 야외활동을 정말 좋아하는 편인데, 즐겨 가는 장소 가운데 한 곳이 바로 공원입니다.
공원에 가는 시간	I spend most of my weekends outdoors, and often, in parks. 주말의 대부분을 야외에서 보내는데, 자주 공원에서 보내거든요.

Map Body _ 공원 활동

혼자 하는 활동	On days when I go alone, I bring a good book and read it under the shade. Sometimes, I ride the bicycle alongside the small river that flows throughout the park. Unfortunately, there is no designated road for bicycles, so I cannot bike as fast as I would like to. 혼자 가는 날에는, 읽기 좋은 책을 한 권 가지고 가서 그늘진 곳에서 독서를 해요. 가끔은 공원에 흐르고 있는 작은 강을 따라 자전거를 타기도 하고요. 아쉽게도, 자전거 전용도로가 없어서 원하는 속도로 빠르게 탈 수는 없습니다.
가족과 하는 활동	When I go with my family, we usually relax and chat as we sit around a basket full of Mother's special homemade sandwiches. 가족들과 함께 갈 때는, 대개 휴식을 취하거나 뛰노는 아이들을 지켜보면서 어머니가 특별히 집에서 만든 샌드위치들이 가득한 바구니에 둘러 앉아 담소를 나누곤 합니다.

Map Closing _ 공원 날씨

날씨	However, it is not always a sunny and fine day. 그러나 항상 날이 화창하고 좋은 것만은 아니에요.

HOW TO GUIDE

Listening 길라잡이
공원을 찾는 빈도와 공원에서의 일상적인 활동들에 대해 설명하기
- 듣기함정 "How often do you go to ~"와 "all your typical activities"에서 공원을 찾는 빈도와 공원에서의 활동들을 동시에 묻고 있음을 유념한다.

Speaking 길라잡이
공원을 찾는 빈도 설명 ⇒ 공원에서 하는 다양한 활동 설명 ⇒ 공원과 관련된 내용을 보충 설명하며 답변 마무리
- 답변함정 "usually~"와 "typical activities"에서 주된 활동, 일상적인 활동을 설명하고 있으므로 현재시제를 사용하도록 한다.

HOW TO ANSWER  Tr-011

I am a big fan of outdoor activities, and ❶ one of my most favorite places to go is the park. I spend most of my weekends outdoors, and often, in parks. On days, when I go alone, I bring a good book and read it under the shade. Sometimes, I ride the bicycle alongside the small river that flows throughout the park. Unfortunately, there is no designated road for bicycles, so ❷ I cannot bike as fast as I would like to. When I go with my family, we usually relax and chat as we sit around a basket full of Mother's special homemade sandwiches. However, ❸ it is not always a sunny and fine day.

저는 야외활동을 정말 좋아하는 편인데, 즐겨 가는 장소 가운데 한 곳이 바로 공원입니다. 주말의 대부분을 야외에서 보내는데, 자주 공원에서 보내거든요. 혼자 가는 날에는, 읽기 좋은 책을 한 권 가지고 가서 그늘진 곳에서 독서를 해요. 가끔은 공원에 흐르고 있는 작은 강을 따라 자전거를 타기도 하고요. 아쉽게도, 자전거 전용도로가 없어서 원하는 속도로 빠르게 탈 수는 없습니다. 가족들과 함께 갈 때는, 대개 휴식을 취하거나 뛰노는 아이들을 지켜보면서 어머니가 특별히 집에서 만든 샌드위치들이 가득한 바구니에 둘러 앉아 담소를 나누곤 합니다. 그러나 항상 날이 화창하고 좋은 것만은 아니에요.

어휘 alongside ~옆에, 나란히 designated 지정된

HOW TO CORRECT

문법 바로잡기

❷ [원급비교] as + 형용사/부사의 원급 + as
I cannot bike ~~as faster as~~ I would like to.
I cannot bike **as fast as** I would like to.

❸ [부분부정] 부정어(not) + all, both, every, always
It is **not** a sunny and fine day. → 전체부정
It is **not always** a sunny and fine day. → 부분부정

표현 바로잡기

❶ ['여러 개 중 하나'를 뜻하는 표현] one + of + 소유격/the(한정사) + 복수명사
~~One of most favorite place~~ to go is the park.
One of my most favorite places to go is the park.

인상 깊게 본 영화 Tr-011

Tell me about a memorable movie you've seen. What was the story about? Who were the main actors and actresses? Why was it so memorable for you? How did it affect you? Tell me all of the details.

인상 깊게 본 영화에 대해 말해 보세요. 어떤 내용의 영화였나요? 주연 배우와 주연 여배우는 누구였나요? 그 영화가 왜 그토록 인상에 남죠? 그 영화가 어떤 영향을 주었나요? 자세히 말해 보세요.

STORY MAP

[인상 깊게 본 영화] 영화 제목과 주연 배우 • 영화 줄거리 • 기억에 남는 이유 및 영향

Map Intro _ 영화 제목과 주연 배우

기억에 남는 영화 소개
The most memorable movie I have ever seen is Iron Man 2 with Robert Downey Jr. as Tony Stark, the Iron Man.
제가 가장 인상 깊게 본 영화는 로버트 다우니 주니어가 아이언맨인 토니 스타크 역으로 나오는 영화 '아이언맨 2'입니다.

영화 기본 정보 소개
It begins with the scene from the previous Iron Man movie, where Tony Stark reveals himself as the Iron Man.
영화는 토니 스타크가 자신을 아이언맨이라고 밝히는 장면인 전편 아이언맨에서부터 시작합니다.

Map Body _ 영화 줄거리

전체적인 영화 내용
Like all superhero movie series, the second Iron Man depicts the hero's temporary downfall that he will recover from towards the end of the movie.
모든 영웅 영화 시리즈물과 마찬가지로, 아이언맨 2도 영화 후반부에 가면서 영웅이 어려움을 극복해 나가는 모습을 그리고 있습니다.

주인공과 관련된 내용 소개
In this movie, Tony Stark overindulges himself upon recognizing that he does not have much time to live because the energy source he uses in place of his heart is contaminating his body.
이 영화에서 토니 스타크가 심장을 대신해서 사용하고 있는 에너지의 원천이 자신의 신체를 망가뜨리고 있기 때문에 얼마 살지 못할 것이라는 사실을 알게 되자마자 제멋대로 행동하게 됩니다.

영화 마지막 내용 소개
He overcomes his crisis by developing a new energy source to defeat his Russian nemesis as well as to save his life.
그는 러시아의 강적을 쓰러뜨리고 자신의 목숨도 구할 수 있는 새로운 에너지 원천을 개발하면서 위기를 넘어섭니다.

Map Closing _ 기억에 남는 이유 및 영향

기억에 남는 이유
Despite the rather lousy plot line, I grew up with Marvel Comics and am happy to see Iron Man made into a major blockbuster movie series.
다소 무리가 있는 이야기 구성이 있었음에도 불구하고, 저는 마블 코믹스와 함께 자랐고, 아이언맨이 블록버스터 영화 시리즈물로 만들어져서 기쁩니다.

영화가 끼친 영향
Since I was deeply moved by the movie, I try to have genuine intent and never give-up attitude like the main character, Tony Stark.
저는 이 영화에 깊은 감동을 받아서, 주인공인 토니 스타크처럼 진실된 의도와 절대 포기하지 않는 태도를 갖고자 노력하고 있습니다.

HOW TO GUIDE

Listening 길라잡이
인상 깊게 본 영화 소개 / 세부내용(줄거리, 배우, 기억에 남는 이유, 끼친 영향)을 자세히 설명하기
- 듣기함정 "memorable movie you've seen", "Why was it~"에서 현재완료와 과거로 묻고 있으므로, 질문은 과거의 경험에 대한 소개로 이해해야 한다.

Speaking 길라잡이
영화 제목 및 배우 소개 ⇒ 영화 내용 소개 ⇒ 기억에 남는 이유 소개 ⇒ 영화가 끼친 영향을 설명하며 답변 마무리
- 답변함정 "~ you've seen"에서 현재완료로 묻고 있지만, 영화에 대한 소개는 현재시제를 사용하여 답변하도록 한다.

HOW TO ANSWER  Tr-011

The most memorable movie I have ever seen is Iron Man 2 with Robert Downey Jr. as Tony Stark, the Iron Man. It begins with the scene from the previous Iron Man movie, where Tony Stark reveals himself as the Iron Man. Like all superhero movie series, the second Iron Man depicts the hero's temporary downfall that he will recover from towards the end of the movie. In this movie, Tony Stark overindulges himself upon recognizing that he does not have much time to live because the energy source he uses in place of his heart is contaminating his body. ❶ He overcomes his crisis by developing a new energy source to defeat his Russian nemesis as well as to save his life. ❷ Despite the rather lousy plot line, I grew up with Marvel Comics and am happy to see Iron Man made into a major blockbuster movie series. Since I was deeply moved by the movie, I try to have genuine intent and never give-up attitude like the main character, Tony Stark.

제가 가장 인상 깊게 본 영화는 로버트 다우니 주니어가 아이언맨인 토니 스타크 역으로 나오는 영화 '아이언맨 2'입니다. 영화는 토니 스타크가 자신을 아이언맨이라고 밝히는 장면인 전편 아이언맨에서부터 시작합니다. 모든 영웅 영화 시리즈물과 마찬가지로, 아이언맨 2도 영화 후반부에 가면서 영웅이 어려움을 극복해 나가는 모습을 그리고 있습니다. 이 영화에서 토니 스타크가 심장을 대신해서 사용하고 있는 에너지의 원천이 자신의 신체를 망가뜨리고 있기 때문에 얼마 살지 못할 것이라는 사실을 알게 되자마자 제멋대로 행동하게 됩니다. 그는 러시아의 강적을 쓰러뜨리고 자신의 목숨도 구할 수 있는 새로운 에너지 원천을 개발하면서 위기를 넘어섭니다. 다소 무리가 있는 이야기 구성이 있었음에도 불구하고, 저는 마블 코믹스와 함께 자랐고, 아이언맨이 블록버스터 영화 시리즈물로 만들어져서 기쁩니다. 저는 이 영화에 깊은 감동을 받아서, 주인공인 토니 스타크처럼 진실된 의도와 절대 포기하지 않는 태도를 갖고자 노력하고 있습니다.

어휘 depict 그리다, 묘사하다 downfall 몰락 lousy 엉망인, 형편없는

HOW TO CORRECT

문법 바로잡기
❷ [구와 절의 구분] despite(in spite of)+명사(구) / although+절(S+V)
~~Although~~ the rather lousy plot line, I grew up with Marvel Comics.
Despite the rather lousy plot line, I grew up with Marvel Comics.

표현 바로잡기
❶ [수단, 방법의 표현] by+~ing+목적어
He overcomes his crisis ~~by develope~~ a new energy source.
He overcomes his crisis **by developing** a new energy source.

HOW TO ROLE-PLAY

TYPE 1 질문하기+문제 해결하기

 컴퓨터 구매 (질문하기) Tr-012

I'll give you a situation. Please act it out. You heard that a new computer has been launched, and you really want to buy it. Call a store you know and ask at least three questions to find out more about the new computer.

제가 상황을 드리겠습니다. 역할 연기를 해보세요. 새로 출시된 컴퓨터가 있는데, 정말로 사고 싶어 한다고 해보겠습니다. 당신이 알고 있는 매장에 전화해서, 새로 출시된 컴퓨터에 대해 좀 더 알아볼 수 있도록 적어도 세 가지 질문을 해보세요.

HOW TO GUIDE

질문 길라잡이
1. 새로 출시된 컴퓨터를 사려고 한다고 가정
2. 판매점에 전화해서 컴퓨터와 관련된 질문하기

정답 길라잡이
1. 업그레이드가 가능한지 질문
2. 컴퓨터 사양 관련 질문
3. 보증 기간 질문
4. 업그레이드를 위한 비용 질문

HOW TO ANSWER Tr-012

Hi. I heard about the new computer being launched, and I am calling you to ask a few questions about it. First of all, how big is the RAM of this computer, and is it upgradable? I also heard that the new computer has a new operating system. To what extent does this operating system perform better than the old ones? Also, how long is the warranty? Lastly, I would like to know how much it would cost to upgrade the graphic card. Thank you for your time.

여보세요, 새 컴퓨터가 출시되었다고 하던데 몇 가지 좀 물어보려고 전화했습니다. 우선, 이 컴퓨터 램이 얼마나 큰가요, 그리고 업그레이드도 가능한가요? 운영 체제도 새로운 걸 장착했다고 하던데요. 그러면, 이 시스템은 이전 사양보다 어느 정도 범위로 작동이 되나요? 그리고 보증 기간은 얼마나 되죠? 마지막으로, 그래픽 카드를 업그레이드 하려면 비용이 얼마나 드는지도 알고 싶습니다. 시간 내주셔서 감사합니다.

어휘 operating system (컴퓨터 등의) 운영 체제 warranty 보증(기간)

컴퓨터에 문제가 생긴 상황 (문제 해결하기) Tr-012

I'm sorry, but you have a problem to solve. You bought a new computer recently, but it isn't working properly. Call the store and explain the problem. And offer some alternatives to address this matter immediately.

유감스럽게도 해결해야 할 문제가 생겼습니다. 최근에 컴퓨터를 한 대 새로 구입했는데, 작동이 잘 되지 않습니다. 판매점에 전화해서 문제점을 설명하세요. 그러고 나서 이 문제를 즉시 해결할 수 있는 대안을 몇 가지 제시해 보세요.

HOW TO GUIDE

질문 길라잡이
1. 구입한 컴퓨터가 작동이 되지 않음을 가정
2. 판매점에 전화해서 문제점을 설명하고 해결할 수 있는 대안을 제시하기

정답 길라잡이
1. 노트북 배터리를 보내달라는 대안 하나
2. 아니면 수리공을 보내달라는 대안 둘

HOW TO ANSWER  Tr-012

Hello. Is this Circuit City? I bought a laptop from your store a few weeks ago and it seems to have some problems. The battery life has considerably decreased. According to the pamphlet, the battery is supposed to last up to 150 minutes. But the battery did not last more than one hour. I am well aware that the proper warranty procedure is sending the laptop for inspection, but I think that it will take too much time. Since I need my laptop for the next few weeks, I am wondering if you can send me the battery for this specific laptop. If possible, it would be perfect if you could send the repairman over. I would not mind paying for it. Thank you.

여보세요, Circuit City죠? 몇 주 전에 노트북을 구입했는데 문제가 좀 있는 것 같습니다. 배터리 수명이 상당히 줄어들었거든요. 팸플릿을 보면, 배터리가 넉넉잡아 150분 정도 지속된다고 되어 있어요. 그런데, 배터리가 한 시간 이상을 가지 않더라고요. 보증서에 나와 있는 적절한 조치사항은 조사 목적으로라면 노트북을 보내야 한다는 것을 잘 알고 있습니다만, 시간이 너무 걸릴 것 같아서요. 앞으로 몇 주 동안 노트북이 필요해서 그러는데, 이 노트북 사양에 맞는 배터리를 보내주실 수 있는지 궁금합니다. 가능하다면, 수리공을 보내주시면 정말 좋고요. 비용은 당연히 지불하겠습니다. 감사합니다.

어휘 laptop 휴대용 (노트북) 컴퓨터   considerably 많이, 상당히

TYPE 2 면접관에게 질문하기

 공원 시설 Tr-012

I also like to go to parks. Ask me three or four questions to learn more about facilities at the park I like to visit.

저도 공원에 가는 것을 좋아합니다. 제가 즐겨 가는 공원의 시설에 대해 좀 더 알아볼 수 있도록 서너 가지 질문을 해보세요.

HOW TO GUIDE

❶ 공원이라는 서로의 관심사가 같으므로 답변을 시작할 때, 내가 자주 가는 공원에 대한 기본정보에 대해서 간단하게 설명한다.
❷ 기본적으로 떠올릴 수 있는 공원 시설의 종류와 시설의 구비 여부 등을 질문한다.

HOW TO ANSWER Tr-012

❶ I usually go to the park near my neighborhood with my friends in my free time. The park has various facilities for the residents. Can I ask some questions about the park you frequently go to? ❷ What kind of facilities does the park have for visitors? Does it have **sports facilities**? How about **well-being facilities** or **amusement facilities**? Is there a parking lot?

저는 주로 시간이 남을 때 친구들과 함께 동네 공원에 가요. 그 공원에는 주민들을 위한 다양한 시설들이 마련되어 있습니다. 당신이 즐겨 가는 공원에 대해서 몇 가지 질문을 해도 될까요? 그 공원에는 방문자들을 위해 어떤 종류의 시설들이 마련되어 있나요? 스포츠 시설들이 있나요? 복지 시설이나 아니면 놀이 시설은 어떤가요? 주차장이 있나요?

어휘 well-being facilities 복지 시설 amusement facilities 놀이 시설

HOW TO OPIc GUIDE

OPIc 길라잡이

OPIc 홈페이지(www.opic.or.kr)에 들어가 보면 OPIc 평가 가이드라인을 확인할 수 있습니다. 평가 가이드라인의 일부를 발췌하여 설명 드리겠습니다.

ADVANCED LOW
Superior 수준의 주제를 수행할 때는 언어적 질과 양이 크게 나빠진다.

INTERMEDIATE HIGH
Advanced 수준의 과제는 계속해서 수행하지 못한다.

INTERMEDIATE MID
Advanced 수준의 과제 및 기능 수행이 요구될 때에는 약간의 정보를 제공하기는 하나, 생각을 연결하거나 대화 시간을 관리하거나, 대화를 확장하는 등의 의사소통 전략을 사용하는 데에는 어려움이 있다.

NOVICE HIGH
Intermediate 수준의 다양한 과제를 다룰 수 있지만 Intermediate 수준을 일관되게 유지할 수는 없다.

현재 OPIc은 Novice Low~Advanced Low 등급까지 총 9등급으로 분류되어 있습니다. 그리고 OPIc 시험의 난이도는 총 1~6단계로 나뉘어져 있으며 Advanced Low 수준에 해당되는 난이도는 바로 6단계라 할 수 있습니다. 평가 가이드라인의 내용을 살펴보면 Advanced Low 단계에서는 Superior 수준에 해당되는 문제가 출제된다는 것을 확인할 수 있습니다. 또한, Intermediate Mid~High 등급에서도 한 단계가 높은 Advanced 수준의 문제가 출제된다고 나와 있습니다. 따라서 '1~6단계 중에서 난이도 단계를 하나 선택하면 해당 난이도보다 한 단계 높은 수준의 문제가 출제된다.'라고 이해할 수 있습니다. 즉, 본인이 선택하려는 시험 단계에서 출제되는 문제 유형과 난이도를 적절하게 공략해야 좋은 점수를 받을 수 있을 것입니다.

오픽 시험은 난이도 1~2단계 선택 시 보통 12문제, 그리고 난이도 3~6단계 선택 시 보통 15문제가 출제됩니다. 수험생들이 가장 많이 선택하는 단계가 3~4단계이므로 15문제의 구성을 간단하게 정리해 드리겠습니다.

- **자기소개(1문제)**: 1문제
- **롤플레이(5문제)**: 3콤보 문제 1set + 2콤보 문제 1set
- **설문조사(6문제)**: 3콤보 문제 2set
- **비설문조사(3문제)**: 3콤보 문제 1set

먼저, 자기소개 1문제가 출제되고 Role-play 2가지 유형의 문제가 총 5문제 가량 출제됩니다. 그리고 배경 설문조사에서 선택한 12개 이상의 항목들 중에서 보통 6문제 가량이 출제되며, 설문조사와 관계없는 돌발 문제가 3문제 가량 출제됩니다. 오픽 시험 후기를 조사한 결과, 위 문제의 구성이 가장 일반적인 기준으로 나타났습니다.

SECTION 1 _ How to NEW OPIc 공략

2강

OPIc
실전문제 공략

OPIc 실전문제 공략

OPIc 시험은 난이도 6단계 중에서 1~2단계는 12문제가 출제되고, 3~6단계에서는 15문제가 출제됩니다. 본시험 1차에서는 처음에 선택한 난이도에 맞는 문제를 풀어보게 되며, 시험 중간에 난이도를 재조정 한 후 본 시험 2차에서는 재조정된 난이도에 맞는 문제를 풀어보게 됩니다. 이번 2강에서는 실전문제 15문제를 학습할 예정입니다. 본시험 1차와 2차로 나누어서 실전문제를 분석해 보겠습니다.

OPIc 본시험 1차

1. Now, let's begin the interview. Please tell me about yourself.

[Q 2~4]

2. You indicated in the survey that you go to school. Please describe your school in detail.

3. Tell me about a typical day on your campus. When do your classes start and finish? With whom do you eat lunch? Tell me all about your typical campus life.

4. Let's talk about your first visit to the campus. What was your first impression when you visited your campus? How did you go there? Who did you go there with? What did you do on the campus at that time? Tell me all of the details.

[Q 5~7]

5. Tell me about the seasons in your country. What season do you like best? Why do you like it? What things do you usually do in that season?

6. What kind of things do Korean people do during the summer and winter? Tell me in detail.

7. Do you have some memorable things about the weather? If so, how was the weather at that time? What happened? Why was it memorable to you?

1번 문제는 변함없이 자기소개를 해보라는 질문이 등장합니다. 연결 질문은 비슷한 내용의 질문이 연이어서 출제되는 것을 의미하며 3문제 연속으로 출제되는 것을 하우투 오픽에서는 Three Combo라 설명하고 있습니다. 2~4번 문제는 설문조사에서 학생을 선택할 경우 주어지는 학교와 관련된 Three Combo입니다. 학교 캠퍼스, 강의, 수강신청, 학교 행사, 과 동기 및 교수님, 과제 및 프로젝트, 학교에서 이용하는 다양한 테크놀로지 등과 관련된 문제가 자주 출제되고 있습니다.

5~7번 문제는 'season, weather, in your country' 등의 어휘를 확인해볼 때 한국의 계절과 날씨에 관한 질문임을 알 수 있습니다. 설문조사에서는 계절, 날씨와 관련된 항목이 나와 있지 않죠? 네, 그렇습니다. 이렇게 설문조사와 관련이 없이 출제되는 문제를 돌발 문제, 예외 문제라고 이해해두시기 바랍니다. 매 시험마다 이런 돌발 문제는 1~2개, 즉 3~6문제가 출제되고 있으니 가능한 한 많은 돌발 문제를 대비해야 합니다.

HOW TO OPIc

OPIc 본시험 2차

[Q 8~10]

8 I'm going to give you a certain situation. Please act it out. Imagine that you are now at a bank to open an account. Go to the bank window and ask a teller three or four questions to open an account immediately.

9 I'm sorry, but you have a problem that you need to solve. You opened the account and got a bank book and a credit card, but you left them at a coffee shop. Call the coffee shop and describe them in detail. Then offer two alternatives to get them as soon as possible.

10 Have you ever experienced that you left or lost a bank book or a credit card somewhere? If so, when was it? How did you handle that? Tell me about the experience in as much detail as possible.

[Q 11~13]

11 You indicated in the survey that you play games. What kind of games do you like to play? Tell me about your favorite game.

12 Pick one of your favorite games and tell me about it in detail. Why do you like it? Tell me how to play it with a lot of details.

13 How did you begin to be interested in playing games? How did you learn to play the games? Who taught you? Please tell me about it in as many details as possible.

[Q 14~15]

14 You indicated in the survey that you like to swim. How often do you go swimming? When and where do you usually swim?

15 I also like to swim. Ask me three or four questions to learn more about my swimming.

7번 문제 이후에 난이도 재조정을 하게 됩니다. 처음에 선택한 난이도가 적절하다면 그대로 유지하고, 어려웠다면 난이도를 내리면 되며, 쉬웠다면 난이도를 높이면 됩니다. 8~10번 문제에서는 'situation, act it out' 등이 등장했군요. 네, 맞습니다. 오픽 시험에서 아주 중요한 Role-play 문제입니다. 8, 9번이 롤플레이 문제이고 10번은 롤플레이에서 주어지는 특정 상황을 직접 겪어본 적이 있는지 관련 경험을 묻는 문제입니다. 은행에서 계좌를 개설하는 상황과 어느 장소에 카드 등을 깜박하고 두고 온 상황은 누구나 경험할 수 있는 일이죠? 실제 정기 시험에서도 출제된 바가 있으니 이 상황을 꼭 대비해둬야 합니다.

11~13번 문제 역시 3문제가 연결이 되었군요. 설문조사에서 게임하기를 선택했기 때문에 출제된 것입니다. 좋아하는 게임, 하는 방식 등을 떠올리면서 준비해 보세요. 14~15번 문제는 수영과 관련된 문제이고 특히 15번 문제는 면접관에게 직접 3~4가지 정도 자유롭게 질문하게 되는 Role-play 문제입니다.

자, 15문제가 어떻게 구성되는지 감 잡으셨나요? 오픽은 이와 비슷한 내용으로 2~3문제가 연속으로 출제되기 때문에 항상 문제를 덩어리로 대비해둬야 합니다. 그럼 모의고사 실전문제로 확실하게 감을 잡아보세요.

HOW TO OPIc ACTUAL TEST

01

Q Now, let's begin the interview. Please tell me about yourself.

A I am a college student studying Biology with a minor in Psychology. Right now I am taking Cellular Neuroscience, Molecular Biology, and Developmental Biology. All of these subjects are essential courses that I need to take for graduation. I am quite outgoing and friendly, so I join various clubs such as the basketball club and do many volunteering activities. Unfortunately, since my junior year, I've been stressful on getting a job and haven't had much time to do these activities. As the society and job market are unstable, many students study in order to become a public servant. Actually, I had also considered taking the civil service exam like them. But I ended up deciding to stick to my original dream to be a biologist. After becoming a biologist, I want to help people all over the world.

질문 인터뷰를 시작하겠습니다. 자기소개를 해보세요.

답변 저는 생물학을 전공하고 심리학을 부전공으로 하고 있는 대학생입니다. 현재 세포 신경과학, 분자 생물학 그리고 발생 생물학을 수강하고 있습니다. 이 과목들 모두 졸업을 위해 수강해야 하는 필수 과목들입니다. 저는 꽤 외향적이고 친근한 성격이어서 농구 동호회 같이 여러 동호회와 다양한 봉사활동에 참여하고 있습니다. 애석하지만, 4학년이 된 후로는 취업 때문에 스트레스를 받고 있고, 이러한 활동들을 할 시간이 많지 않습니다. 사회와 구직시장이 불안정하기 때문에, 많은 학생들이 공무원이 되려고 공부를 하고 있는데요. 실은, 저도 그런 학생들처럼 공무원 시험을 준비할까 하는 고민을 해봤습니다. 하지만, 결국 생물학자가 되겠다는 원래의 꿈을 고수하기로 마음먹었어요. 전 훌륭한 생물학자가 되어서 전 세계 사람들을 돕고 싶습니다.

어휘 Psychology 심리학 Cellular Neuroscience 세포 신경과학 Molecular Biology 분자 생물학 Developmental Biology 발생 생물학 outgoing 외향적인, 사교적인 stick to 고수하다, 계속하다

[Q 02~04]

02

Q You indicated in the survey that you go to school. Please describe your school in detail.

A I attend a large national university in Gwangju. There are about 50 buildings on campus, which is a harmony of historical and modern. Some buildings are newly constructed, such as the Business School and the 4th Dormitory. At the corner of the campus, there is a large pond which is named "Yong-Ji." It literally means the Lake of a Dragon. During festivals, couples enjoy a cozy boat on their date. At the center of the campus, there is also a small pond which is named "Bong-Ji." It literally means the Lake of a Phoenix. There are a lot of benches and trees for many students and neighbor citizens to take a rest around the campus. The reason I like my university so much is that it's very peaceful and quiet, like the park. I like my campus a lot. I'd like to recommend you to visit my campus.

질문 설문조사에서 학교에 다니고 있다고 했습니다. 학교를 자세히 묘사해 보세요.

답변 저는 광주에 있는 규모가 큰 국립 대학교에 다니고 있습니다. 캠퍼스에는 50여개의 건물들이 있는데, 유서 깊은 건물들과 현대식 건물들이 조화를 이루고 있습니다. 경영대학원과 4번째 기숙사와 같이 새로 지어진 건물들도 있습니다. 교내 가장자리에는 "용지"라고 하는 커다란 연못이 있습니다. 글자 그대로, 용의 호수를 뜻합니다. 축제 기간에 연인들이 조그마한 보트를 타며 데이트를 즐길 수 있습니다. 캠퍼스 한 가운데에는 또한, "봉지"라는 조그만 연못이 있는데요. 문자 그대로 봉황새의 호수를 뜻합니다. 벤치도 많이 있고 나무도 많이 있어서 학생들과 이웃 주민들이 교내에서 산책을 즐길 수 있습니다. 제가 학교를 정말 좋아하는 이유는 공원처럼 평화롭고 조용하기 때문이에요. 저는 학교를 정말 좋아합니다. 저희 학교에 한번 방문해 보시길 권하고 싶습니다.

어휘 pond 연못 literally 문자 그대로 Phoenix 봉황새, 불사조

03
Tr-021

Q Tell me about a typical day on your campus. When do your classes start and finish? With whom do you eat lunch? Tell me all about your typical campus life.

A My typical day on campus consists of nothing special. Although it depends on whether I have classes in the morning or not, I usually get up in the early morning to grab some breakfast before going to class. On Mondays, Wednesdays, and Fridays, I have lectures from morning to around 4 p.m. with a lunch break. I usually eat sandwiches for lunch with dorm friends. We make arrangements so that we can eat lunch together. It is not always with the same people because I have a different schedule every day and so do my friends. On Tuesdays and Thursdays, I have workshops with teacher assistants. On days when I don't have many assignments to do, I usually try to get some exercise after classes although it is not as easy as it sounds.

질문 학교에서의 보통 하루 일과에 대해 말해 보세요. 수업은 언제 시작하고 언제 끝나죠? 점심은 누구와 함께 먹나요? 당신의 일상적인 학교 생활에 대해 말해 보세요.

답변 학교에서의 제 하루 일과는 그리 특별하지 않습니다. 아침에 수업이 있는지 여부에 달려있지만, 보통 수업에 가기 전에 아침 식사를 챙겨 먹으려고 일찍 일어나는 편입니다. 월요일, 수요일, 그리고 금요일에는 점심시간을 포함해서 아침부터 오후 4시 경까지 수업이 있습니다. 보통은 기숙사 친구들과 함께 점심으로 샌드위치를 먹습니다. 우리는 점심을 같이 먹으려고 약속을 정합니다. 저도 매일 스케줄이 다르고 친구들도 마찬가지여서 항상 같은 사람들과 함께 모이지는 않습니다. 화요일과 목요일에는, 조교 선생님들과 워크숍이 있습니다. 해야 되는 과제물이 많지 않은 날에는, 말처럼 쉽지는 않지만 보통 수업이 끝나고 운동을 하러 갑니다.

어휘 consist of ~로 이루어지다   grab a breakfast 아침식사를 하다

04
Tr-021

Q Let's talk about your first visit to the campus. What was your first impression when you visited your campus? How did you go there? Who did you go with? What did you do on the campus at that time? Tell me all of the details.

A The impression I got on my first visit to campus was very friendly. Many upperclassmen who were orientation counselors came out to receive the freshmen and helped us carry our luggage into the dorm rooms. They also kept asking whether we needed anything and tried to comfort my father who drove me to the dorm. The first day in settling in the dormitory always requires a lot of labor. In my case, I lived in a dorm for three years during my high school years. It means that my father was already used to sending me off. That also meant that I had to do all the unpacking by myself. After I was done, I took a walk around the dorm with my new roommates.

질문 학교에 처음 방문했던 얘기를 해보겠습니다. 학교를 방문했을 때, 첫인상은 어땠나요? 학교는 어떻게 찾아 갔나요? 누구와 함께 갔었죠? 그때 학교에서 무슨 일을 했나요? 자세하게 말해 보세요.

답변 제가 처음 학교를 방문 했을 때의 인상은 아주 친근했습니다. 많은 선배들이 오리엔테이션 카운슬러가 되어 신입생들을 맞이하러 나왔고 기숙사 방으로 짐을 옮기는 일도 도와주었습니다. 또한, 필요한 것이 있는지 계속 물어봐 주었으며, 저를 기숙사까지 데려다 주신 아버지를 편하게 해주려고 노력했습니다. 기숙사에 적응하는 첫날은 항상 많은 일이 따르게 마련입니다. 제 경우에는 고등학교 3년 동안 기숙사에서 살았습니다. 이 말은 제 아버지께서는 이미 저를 집 밖에 보내는 일에 익숙하시다는 것을 의미합니다. 또 다른 의미로는 짐을 푸는 모든 일을 저 혼자 해야만 한다는 것을 뜻합니다. 제 짐을 다 정리한 후에는, 새 룸메이트들과 함께 기숙사 주변을 거닐었습니다.

어휘 friendly (분위기 등이) 다정한, 상냥한   luggage 짐, 수하물   settle in (새 집 · 직장 등에 자리를 잡고) 적응하다

[Q 05~07]

05

Q Tell me about the seasons in your country. What season do you like best? Why do you like it? What things do you usually do in that season?

A In Korea, there are four distinct seasons although the summers and winters are growing longer thanks to global warming. The season I like best among the four used to be winter. Nowadays, I enjoy fall the best because of the favorable weather for going on a picnic. There is a Korean saying related to fall; Fall, the season when the sky is high and horses grow fat. The latter is exactly what I do. Although I keep a close watch as to how much I weigh, fall is the season when my patience seems almost pointless. With all the people enjoying the beautiful mountains, I also go to the mountains and see the beautiful red and yellow leaves in late fall. Enjoying the pretty scenery with a packed lunch is awesome.

질문 한국의 계절에 대해 이야기해 보세요. 어느 계절을 가장 좋아하나요? 그 계절을 왜 좋아하죠? 그 계절에는 주로 어떤 일들을 하나요?

답변 지구 온난화 때문에 여름과 겨울이 점점 길어지고 있지만, 한국에는 뚜렷한 4계절이 있습니다. 4계절 중 제가 가장 좋아하는 계절은 전에는 겨울이었습니다. 지금은, 소풍가기 좋은 날씨 때문에 가을을 가장 좋아합니다. 가을은 하늘은 높고 말은 살찌는 계절이라는 한국 속담이 있습니다. 후자는 제 경우와 꼭 맞아 떨어집니다. 살이 얼마나 찌는지 주의 깊게 관찰하지만, 가을은 제 참을성이 거의 없어지는 계절인 것 같습니다. 모든 사람들이 아름다운 산을 즐기는 것처럼, 저 역시 산에 올라가 늦가을의 아름다운 단풍을 만끽합니다. 도시락과 함께 아름다운 광경을 즐기는 것은 너무 좋습니다.

어휘 distinct 뚜렷한, 뚜렷이 구분되는   saying 속담   latter (둘 중의) 후자   pointless 무의미한   awesome 기막히게 좋은, 굉장한

06

Q What kind of things do Korean people do during summer and winter seasons? Tell me in detail.

A During summer, people usually go on vacations. Of course, beaches are generally the hot spots. Some people find themselves in small creeks and valleys in mountains to avoid the crowd, but the creeks have also been overcrowded during vacation times. During winter, some people go skiing. Others stay home and think that going skiing is a waste of money, my folks being one of them. The vast majority of Koreans, as a matter of fact, are celebrating Christmas during winter. It is not much different than an American-style Christmas. Maybe it is because the very idea and the methods of celebrating had come from the West.

질문 한국 사람들은 여름과 겨울에 어떤 종류의 일들을 하나요? 자세히 말해 보세요.

답변 여름철에 사람들은 대게 휴가를 떠납니다. 당연히 해수욕장이 일반적으로 인기가 많은 곳이죠. 어떤 이들은 사람들을 피해 산에 있는 개울이나 계곡을 찾는데, 이 역시 휴가철에는 사람들로 붐빕니다. 겨울에는 어떤 이들은 스키를 타러 갑니다. 집에서 쉬면서 스키를 타러 가는 게 돈 낭비라고 생각하는 사람들도 있는데, 우리 가족이 그런 부류에 속한답니다. 사실, 많은 한국 사람들이 겨울에 크리스마스를 기념합니다. 미국식 크리스마스와 별반 차이가 없는데요. 아마 크리스마스를 기념한다는 발상이나 방식들이 서방에서 유래되었기 때문에 그런 것 같습니다.

어휘 creek 개울, 시내   my folks 우리 가족, 부모   the very 바로 그

07

Q Do you have some memorable things about the weather? If so, how was the weather at that time? What happened? Why was it memorable to you?

A The most memorable moment regarding weather happened a couple of years ago. It was when I was enrolled in the army. That winter, it snowed the heaviest for more than a century. The code of conduct of the army states that the military bases shall always remain in battle-capable condition because Korea is technically still at war. As a result of being a private, I had to shovel and sweep away snow almost the entire winter with other privates. This is the time that gradually turned my favorite season to my least favorite. The snow that I used to love so much is now viewed as nothing more than trash falling from the sky. However much I shoveled out, the snow was endlessly stacked up on the yard. The scene is still lingering in my eyes to this day.

질문 날씨와 관련된 기억에 남는 일이 있나요? 있다면, 그 당시 날씨는 어땠나요? 어떤 일이 있었죠? 그때의 일이 왜 기억에 남나요?

답변 날씨에 관한 가장 기억에 남는 순간은 바로 몇 년 전에 있었습니다. 제가 군대에 있었을 때입니다. 그 해 겨울, 수백여 년 동안 눈이 가장 많이 내렸었습니다. 군대 복무규정에 따르면, 한국은 엄밀히 말하면 여전히 전쟁 중이기 때문에 군사 기지는 항상 전쟁이 가능한 상태로 있어야 합니다. 이등병이었던 저는 거의 모든 겨울을 다른 이등병들과 함께 삽으로 눈을 치워야 했습니다. 이때가 바로 가장 좋아하는 계절이 제일 싫어하는 계절로 점점 바뀌어 가던 시기입니다. 제가 그렇게 좋아하던 눈이 이제는 하늘에서 떨어지는 쓰레기로밖에 보이지 않았습니다. 아무리 삽으로 많이 퍼내도, 눈은 연병장에 끝없이 쌓여갔습니다. 그 장면이 아직까지도 눈에 아른거립니다.

어휘 code of conduct 복무규정   military base 군사 기지   private 이등병   shovel 삽질하다, 삽으로 파다   trash 쓰레기   linger 남다, 머무르다

[Q 08~10]

08

Q I'm going to give you a certain situation. Please act it out. Imagine that you are now at a bank to open an account. Go to the bank window and ask a teller three or four questions to open an account immediately.

A Hi. I'm here to open up an account. This is my first time, so I may ask questions that are rather self-explanatory or even somewhat stupid, but please bear with me. First of all, what is the interest rate on a normal savings account? Are there any other accounts having higher interest rates than the normal one? And what kind of documents are needed? Is an identification card such as a driving license essential? Finally, can you explain to me how I should go about managing my account online?

질문 상황을 드리겠습니다. 역할 연기를 해보세요. 계좌를 개설하려고 은행에 와 있다고 해보겠습니다. 은행 창구에 가서 직원에게 계좌를 바로 개설할 수 있도록 서너 가지 질문을 해보세요.

답변 안녕하세요, 계좌를 개설하려고 왔습니다. 처음 방문이라, 당연한 내용을 여쭙거나 약간 엉뚱한 질문을 하더라도 양해 부탁드립니다. 우선, 보통 예금의 이자율이 어떻게 되나요? 보통 예금보다 더 높은 이자를 주는 다른 예금들은 없나요? 그리고 어떤 서류가 필요하나요? 운전면허증과 같은 신분증은 필수인가요? 마지막으로, 제 계좌를 온라인으로 관리하려면 어떻게 해야 하는지 설명해 주시겠어요?

어휘 bank window 은행 창구   self-explanatory 따로 설명이 필요 없는   go about ~을 하다, 시작하다

09

Tr-021

Q I'm sorry, but you have a problem that you need to solve. You opened the account, and got a bankbook and a credit card, but you left them at a coffee shop. Call the coffee shop and describe them in detail. Then offer two alternatives to get them back as soon as possible.

A Hello. Is this Starbucks? I am calling to find out if I can get my checkbook back and the credit card I left there a few hours ago. Has anyone turned them in? If not, can you help me find them and hold on to them for me? From what I remember, they were on the same table. The checkbook is a plain yellow one from Kookmin Bank. My credit card should be with the bank book and has a soccer player image on it. I would appreciate it if you could send them to my address by express mail, but it must be such a burden for you. So, would you please hold onto them until I get there? If you have a shift coming up, it would be nice if you left them with your manager so that I can get them from him.

질문 유감스럽게도, 해결해야 할 문제가 생겼습니다. 계좌를 개설해서, 통장을 받고 신용카드까지 받았는데, 커피숍에 두고 와버렸습니다. 커피숍에 전화해서, 두고 온 물건들을 자세히 설명하세요. 그리고 나서 물건들을 가능한 한 빨리 찾을 수 있도록 두 가지 대안을 제시해 보세요.

답변 여보세요, 스타벅스죠? 제가 몇 시간 전에 그곳에 통장하고 신용카드를 두고 와서 그러는데 찾을 수 있을까 해서 전화 드렸습니다. 혹시 물건들을 돌려주고 간 사람이 있나요? 아니면, 찾아서 보관해주실 수 있을까요? 제 기억으로, 모두 한 테이블에 있었거든요. 통장은 그냥 노란색 국민은행 통장이고요. 신용카드는 통장 바로 옆에 놓여 있었고 카드에 축구선수 사진이 새겨져 있습니다. 제 주소로 속달 우편으로 보내주시면 정말 감사하겠지만, 분명 큰 짐이 될 것 같군요. 그럼, 제가 거기로 갈 때까지 카드와 통장을 좀 보관해 주시겠어요? 혹시 교대 시간이 오면, 제가 가서 찾을 수 있도록 매니저님께 맡겨주시면 감사하겠습니다.

어휘 bankbook 예금 통장   turn in 돌려주다, 반납하다   express mail 속달 우편   shift 교대 근무

10

Tr-021

Q Have you ever experienced that you left or lost a bankbook or a credit card somewhere? If so, when was it? How did you handle that? Tell me about the experience in detail.

A I have experienced losing my credit card not too long ago. In fact, I lost my entire wallet. I happened to ride a taxi one day with my parents, and my wallet was in the pocket of my jacket. But it fell out sometime during the taxi ride. Since I was with my parents, they paid the taxi fare and I got off without noticing the missing wallet. When I got to my hotel room, I realized that my wallet was missing. I immediately called the bank to have my credit card nullified in case someone used it. I afterwards contacted the cab service to find out if the wallet was in lost and found. Fortunately, it turned out that it had been turned in by the taxi driver. I went to the cab service headquarters to pick up my wallet where I found everything in the wallet safe and sound.

질문 통장이나 신용카드를 어딘가에 두고 오거나 잃어버린 적이 있나요? 있다면, 언제였나요? 어떻게 해결했나요? 해당 경험에 대해 자세하게 말해 보세요.

답변 얼마 전에 신용카드를 잃어버린 적이 있었습니다. 실은, 지갑 전부를 잃어 버렸죠. 어느 날 부모님과 함께 택시를 탔는데, 지갑은 제 재킷 주머니에 있었습니다. 그런데, 택시에 타고 있던 어느 순간 지갑이 빠졌습니다. 부모님과 함께 있어서 부모님이 택시 요금을 내 주셨고, 저는 지갑을 잃어버렸다는 것도 모른 채 내렸습니다. 호텔에 도착해서야 지갑을 잃어버렸다는 걸 알아 차렸습니다. 저는 즉시 은행에 전화해서 누군가가 카드를 사용할 것을 대비해 신용카드를 정지시켰어요. 그리고 나서 즉시 택시회사에 전화를 걸어 제 지갑이 분실물 센터에 있는지 확인했습니다. 다행히도, 택시 기사님께서 제 지갑을 맡겨두셨습니다. 저는 택시 회사 사무실에 가서 제 지갑을 가져왔고, 지갑 속의 물건들도 무사히 찾을 수 있었습니다.

어휘 fare (교통) 요금   nullify 효력 없게 만들다   lost and found 분실물 취급소

[Q 11~13]

11

Q You indicated in the survey that you play games. What kind of games do you like to play? Tell me about your favorite game.

A I like playing computer games in my free time. After school, I just go to a PC game room with my friends. In PC game rooms, there are many interesting games that I enjoy at a low price. The PC game room is located near my school, so my friends and I can drop by and enjoy games at any convenient time. Even though I like all kinds of computer games, I especially love playing the online sports game such as FIFA Online. I can pick up my favorite club or national soccer team and also have a match with my friends. Sometimes, we play it for a drink, or a meal.

질문 설문조사에서 게임을 즐겨 한다고 답했습니다. 어떤 종류의 게임을 즐겨 하나요? 가장 좋아하는 게임에 대해 말해 보세요.

답변 저는 여가 시간에 컴퓨터 게임을 하는 것을 좋아합니다. 수업이 끝나면, 친구들과 함께 PC 게임방에 갑니다. 게임방에는 저렴하게 즐길 수 있는 재미있는 게임들이 많이 구비되어 있습니다. 게임방은 학교 근처에 있어서 친구들과 함께 언제든 편한 시간에 들러서 게임을 즐길 수 있습니다. 제가 모든 종류의 컴퓨터 게임을 좋아하기는 하지만, 특히 피파 온라인과 같은 온라인 스포츠 게임을 정말 좋아합니다. 제가 좋아하는 클럽 팀이나 국가대표 팀을 고를 수도 있고 친구들과 함께 경기를 할 수 있습니다. 가끔씩은 술이나 식사 내기 게임을 하기도 한답니다.

어휘 drop by 들르다   at any convenient time 언제든 편한 시간에

12

Q Pick one of your favorite games and tell me about it in detail. Why do you like it? Tell me how to play it with a lot of details.

A My favorite game is FIFA Online. I play it almost every day. I usually play the game with my friends in a PC game room. But I sometimes do enjoy it alone because I can easily find my counterpart on the Internet site. I usually play FIFA with counterparts as a form of a friendly match. I can choose any team that I like in that game regardless of nation or club league. In addition, I can make my own league or tournament. Within this tournament, I can handle all the things about the game such as time, the number of substitutes, extra time and golden goal. Actually, I did make the tournament game which was exactly the same as the 2010 World Cup. In that tournament, the winner was, of course, Korea.

질문 좋아하는 게임 중 하나를 선정해서 자세히 말해 보세요. 왜 그 게임을 좋아하나요? 그 게임은 어떻게 하는지 자세히 설명해 보세요.

답변 제가 가장 좋아하는 게임은 피파 온라인 게임입니다. 저는 그 게임을 거의 매일 해요. 주로 친구들과 함께 PC 방에서 게임을 즐깁니다. 하지만, 인터넷 사이트에서 게임을 할 수 있는 상대방을 쉽게 찾을 수 있어서 가끔씩 혼자서도 합니다. 저는 보통 상대방과 친선 경기로 게임을 합니다. 저는 게임에서 국가나 클럽리그를 막론하고 제가 좋아하는 어느 팀이나 고를 수 있습니다. 게다가, 저만의 리그나 토너먼트를 만들 수도 있습니다. 이 토너먼트에서는 시간, 교체할 수 있는 선수 숫자, 연장시간 그리고 골든 골과 같은 경기와 관련된 모든 사항들을 제가 조정할 수 있습니다. 실제로, 2010년 월드컵과 똑같은 토너먼트 경기를 만든 적이 있어요. 이 토너먼트의 우승팀은 당연히 한국이었습니다.

어휘 regardless of ~에 상관없이, 구애받지 않고   golden goal 골든 골 (연장전에서의 결승 골)

13

Q How did you begin to be interested in playing games? How did you learn to play the games? Who taught you? Please tell me about it in as many details as possible.

A As matter of fact, I did not like playing computer games during high school. I was so busy studying and preparing for a lot of tests at that time, so I had no time to play. After entering the University, I had much more time to play than in high school. One day, one of my friends took me to a PC game room in order to kill time. I hesitated to go there because I did not know how to play computer games. But my friend kindly taught me how to play the game. After that, I was getting interested in playing computer games and practiced them a lot. Now, I teach my friends and junior students how to play the games and even some know-how.

질문 어떻게 해서 게임에 흥미를 갖게 되었나요? 게임을 하는 법은 어떻게 배웠나요? 누가 가르쳐 줬나요? 최대한 자세하게 말해 보세요.

답변 사실, 고등학교 시절 저는 컴퓨터 게임을 좋아하지 않았습니다. 그 때에는 공부를 하느라 그리고 각종 시험 준비에 바빠서 놀 시간이 없었어요. 대학에 입학하고 나서부터, 고등학교 시절보다 시간이 훨씬 많아졌습니다. 어느 날, 한 친구 녀석이 시간을 때우자며 저를 PC 게임방에 데리고 갔습니다. 저는 컴퓨터 게임을 어떻게 하는지 몰라서 PC 게임방에 가는 것이 망설여졌었죠. 하지만, 친구가 게임 방법을 친절하게 알려주었습니다. 그 이후로 저는 컴퓨터 게임에 재미를 붙였고 연습도 많이 했습니다. 이제는 제가 친구들이나 후배들에게 게임 방법이나 노하우까지 알려주고 있습니다.

어휘 as matter of fact 사실은   kill time 시간을 때우다, 시간을 죽이다   hesitate 망설이다, 주저하다

[Q 14~15]

14

Q You indicated in the survey that you like to swim. How often do you go swimming? When and where do you usually swim?

A Yes, indeed, I do like to swim. I go to the swimming pool once a week. On days when I do swim, I simply go to the swimming pool closest to my home. It just takes 5 minutes to go there on foot. I choose swimming as a way of keeping me in shape. It is not exactly swimming itself that attracts me, but the effects do. Swimming does not require any equipment other than swimming trunks and a pair of water goggles, and I can put my stuff in the individual locker room. I prefer to swim in the early morning or at night because there are fewer people. Sometimes, I try to mimic the beautiful stroke that swimmers do on TV.

질문 설문조사에서 수영을 좋아한다고 했습니다. 얼마나 자주 수영을 하나요? 언제 그리고 어디에서 주로 수영을 하죠?

답변 네, 저는 수영을 정말 좋아합니다. 저는 일주일에 한 번 수영장에 갑니다. 수영을 하는 날에는 집에서 가장 가까운 수영장을 찾습니다. 집에서 걸어서 5분밖에 걸리지 않습니다. 저는 몸매 관리를 위한 방편으로 수영을 택했는데요. 수영 그 자체는 매력적이지는 않지만, 효과만큼은 탁월합니다. 수영은 수영복과 물안경 외에 다른 도구가 필요 없고 물건들도 개인 라커룸에다 보관할 수 있습니다. 전 새벽이나 저녁 시간을 선호하는 편인데 그 시간에 사람이 적기 때문입니다. 가끔씩은, TV에 나오는 수영 선수들의 멋진 수영법들을 흉내 내보기도 한답니다.

어휘 on foot 걸어서   mimic 흉내 내다, 따라하다   stroke (수영의) 영법

15

Tr-021

Q I also like to swim. Just ask me three or four questions to learn more about my swimming.

A I like to go swimming in my free time. Generally, I swim to keep myself in shape rather than to become better at swimming. Why do you like swimming? Is it for enjoyment or self-training? Where do you swim, and when do you go for a swim? I prefer to go to the swimming pool near my place.

질문 저도 수영을 좋아합니다. 제 수영에 대해 좀 더 알아볼 수 있도록 저에게 서너 가지 질문을 해보세요.

답변 저는 여가 시간에 수영을 즐겨 해요. 대체적으로, 수영을 잘하기 위해서라기보다는 몸매 유지를 위해서 수영을 합니다. 당신은 수영을 왜 좋아하나요? 즐기기 위해서인가요, 아니면 스스로를 단련시키기 위해서인가요? 어디에서 수영을 하고 언제 수영을 하러 가죠? 저는 집 근처 수영장에 가는 것을 좋아합니다.

어휘 **keep in shape** 체력 관리를 하다, 몸매를 유지하다 **near** 근처에, 인근에

HOW TO OPIc GUIDE

OPIc 시험은 설문조사 항목에서 모두 출제되는가?

정답은 '아니오'입니다. OPIc은 돌발 문제라는 변수가 있는데 보통 매 시험마다 3문제, 많게는 6문제까지 출제되고 있습니다. 돌발 문제를 제외한 나머지 모든 문제는 설문조사에서 선택한 항목과 밀접하게 관련되어 있습니다.

OPIc 시험은 보통 15문제가 출제되고, 1번 문제로 출제되는 자기소개를 제외하면 14문제가 남게 됩니다. 보통 한 가지 항목과 관련해서 3문제가 연속으로 출제되기 때문에 [3콤보 문제×4(12문제) + 2콤보 문제(2문제)]로 14문제가 구성된다고 볼 수 있습니다. 자, 그렇다면 콤보 문제를 1가지 주제 또는 1개 항목으로 정할 때, 총 5가지 주제 또는 5개 항목이 시험에 등장하게 된다는 것을 알 수 있습니다. 3콤보 문제, Role-play 문제, 돌발 문제 유형을 모두 합해서 5가지 주제가 시험에 출제된다고 이해해 두시기 바랍니다.

설문조사에서는 '신분, 거주지, 여가활동, 취미 생활, 스포츠, 휴가나 출장' 등 다양한 주제에서 여러 항목들을 선택하게 됩니다. 신분이나 거주지와 관련해서도 거의 매 시험마다 출제되고 있기 때문에 12개의 선택항목 이외에도 꼭 대비해야 할 주제라 할 수 있습니다. 시험 후기를 통해서 출제 빈도수가 높은 주제를 살펴보면 다음과 같습니다.

〔오픽 주제별 출제 빈도 관계〕

신분 〉 거주지 〉 여가활동 = 관심사나 취미 〉 스포츠 = 휴가나 출장

SECTION 1 _ How to NEW OPIc 공략

3강

OPIc
초·중·후반부
문제 공략

- 초반부 공략
- 중반부 공략
- 후반부 공략

OPIc 초·중·후반부 문제 공략

자, 이번 3강에서는 초반부, 중반부, 후반부에 자주 출제되고 있는 문제를 자세하게 다뤄볼 예정입니다. 초반부(1~5번 문제), 중반부(6~10번 문제), 후반부(11~15번 문제)로 나누어서 시험 정보와 실전 문제를 구성하였습니다. 그럼, 초반부에 자주 등장하는 문제가 어떤 것들이 있는지 함께 살펴볼까요?

1번 문제는 항상 자기소개를 묻는 문제가 출제되니 2~4번에 주로 등장하는 문제를 확인해 보겠습니다. 설문조사를 시작하면 여가, 취미 생활 등을 선택하기 전에 먼저 신분(직장인, 학생)과 거주지를 선택하게 되죠? 이 신분, 거주지와 관련된 문제가 초반부에 자주 출제되고 있습니다. 그렇다면, 왜 이런 문제들이 초반부에 자주 출제가 될까요? 일반적인 면접 상황을 떠올려 보겠습니다. 면접을 시작하면 처음에 면접자가 누구인지 자기소개를 하게 됩니다. 자기소개가 끝나면 면접관은 가족 관계나 지금까지 해왔던 일, 즉 학생, 졸업생, 직장인으로서 경력이나 경험을 물어보게 됩니다. 이런 상황을 떠올려보면 자기소개, 신분, 거주지 등 가장 기본적이라 할 수 있는 문제가 왜 초반부에 등장하는지 쉽게 이해할 수 있겠죠?

초반부에 등장하는 문제를 한 가지 더 소개하자면, 바로 한국과 관련된 질문 내용입니다. 한국의 날씨, 한국의 계절, 한국의 명절 등 한국의 문화 등을 묻는 문제가 가끔 등장하고 있습니다. OPI와 OPIc 시험의 평가자는 미국인인 반면에 수험생은 비영어권에 살고 있는 사람들입니다. 이런 상황을 고려해볼 때, 면접관 입장에서는 수험생이 살고 있는 나라의 오늘 날씨가 어떤지 궁금해 할 수도 있을 것입니다. 바로 이런 점 때문에 초반부에 가끔씩 등장하고 있다는 점을 기억해두기 바랍니다.

두 번째, 중반부(6~10번 문제)에 등장하는 문제를 살펴보겠습니다. 설문조사에서 여가 생활, 관심사나 취미, 운동, 휴가나 출장 등에 포함된 항목을 11개 이상 선택하게 됩니다. 초반부에서 기본적인 내용을 물어봤다면 중반부에서는 수험생에 대해서 좀 더 알아볼 수 있도록 일상생활 등과 관련된 질문을 물어보겠죠? 설문조사에서 선택한 문제가 출제될 경우에 첫 번째 문제의 시작은 'You indicated that you ~ in the survey.' 등의 문장이 주어지게 됩니다. 이 문장을 듣게 되면 '아, 내가 선택한 설문조사 항목과 관련된 문제가 시작하는구나.'라고 이해해 두세요.

또한, 중반부에서 돌발 문제, 예외 문제가 가끔 등장합니다. 돌발 문제의 정의를 내리자면 설문조사와 전혀 상관이 없는 문제, 즉 예기치 못한 문제를 일컫습니다. 돌발 문제에는 경찰, 농부, 시골, 건강, 신분증, 은행, 약속 등

HOW TO OPIc

의 관련 문제 등이 있습니다. 돌발 문제의 특징은 한 번 출제되면 3문제, 즉 돌발 Three Combo로 출제됩니다. 15문제 중에서 3문제면 20%에 해당하기 때문에 돌발 문제를 잘 해결하지 못하면 높은 등급을 받기가 어렵습니다. 가능한 한 다양한 돌발 문제를 접하고 대비하는 것이 최선의 대비책이라는 말씀을 드립니다. 돌발 문제에 관해서는 4주차 학습인 16~20강에서 자세하게 학습할 수 있습니다. 중반부에서는 7번 문제와 8번 문제 사이에 난이도 재조정을 하게 된다는 것도 꼭 알아두세요!

마지막 후반부(11~15번 문제)에 등장하는 문제를 소개해 드리겠습니다. 후반부는 한 마디로 Role-play 문제라고 할 수 있습니다. 1강에서 Role-play의 3가지 패턴에 대해서 학습했죠? 아직 머릿속에 Role-play의 패턴이 저장되지 않았다면, 연습장에 보기 쉽게 잘 정리해둬서 100% 이해할 때까지 몇 번이고 계속 다시 들춰봐야 합니다. Role-play가 보통 2~3문제가 출제되지만 함께 연관되어 출제되는 문제까지 포함하면 3~5문제가 됩니다. 15문제 중에서 5문제라면, 33%의 비중을 차지하게 됩니다. OPIc 시험에서 가장 중요한 유형 중의 하나가 바로 Role-play이므로 가능한 한 많은 상황을 접하고 대비해둬야 합니다.

Role-play에서 주어지는 특정 상황도 돌발 문제처럼 설문조사 항목과 연관이 없을까요? 분명 어느 정도 관계가 있습니다. 국내 여행을 선택했다면 기차표 예매 등과 관련된 상황이 주어지게 됩니다. 물론 전혀 엉뚱한 상황이 주어질 수도 있습니다. 특정 상황은 돌발 상황으로 충분히 이해할 수 있으니까요. 그렇다면, Role-play를 효율적으로 대비할 수 있는 방법이 있다면 도대체 무엇일까요? 먼저 설문조사에서 선택하려고 하는 항목에 대해서는 모두 Role-play 대비를 해야 합니다. '영화'를 선택하려고 한다면, 매표소에 찾아가거나 전화해서 영화표를 예매하는 상황을 대비해야 한다는 것입니다. 그러고 나서 OPIc 전문 커뮤니티에서 다양한 후기 등을 참조해서 다양한 상황을 살펴보고 대비해두는 것입니다. 이 두 가지를 병행하게 되면 보다 완벽하게 Role-play를 대비할 수 있습니다.

지금까지 초, 중, 후반부에 등장하는 문제를 살펴봤는데요. 15문제의 흐름이나 문제 포지션에 대해서 고개가 끄덕여지나요? 물론 100% 이대로 출제된다는 것은 아닙니다. 보통 이런 패턴으로 출제되고 있으니 예상하고 대비해두라는 것입니다. 문제를 어느 정도 예측할 수 있다는 것은 보다 편한 마음으로 다음 문제를 미리 대비할 수 있다는 것이므로 실제 시험을 치를 때 큰 도움이 될 것입니다. 자, 그럼 실전 문제로 바로 들어가 보겠습니다.

HOW TO MAP YOUR STORY | 초반부 공략

Q1 거주지 묘사 Tr-031

Describe the interior of your house. What is your favorite room? Please describe where you live in as much detail as possible.

집안 내부를 묘사해 보세요. 어떤 방을 제일 좋아하나요? 살고 있는 곳을 최대한 자세하게 묘사해 보세요.

STORY MAP

[거주지 묘사] 집 위치 • 내부 인테리어 상세 소개 • 좋아하는 방과 그 이유 설명

Map Intro _ 집 위치와 현관에서 보이는 내부 인테리어 소개

아파트 위치
My house is on the 15th floor of an apartment building.
저희 집은 아파트 건물 15층에 있습니다.

현관에 들어섰을 때 보이는 공간 소개
When you enter the house, you can see a small space where visitors take off their shoes.
현관에 들어오면, 손님들이 신발을 벗을 수 있는 조그마한 공간이 있습니다.

Map Body _ 집 내부 인테리어 상세 소개

내부 인테리어 소개
My house consists of three rooms, a kitchen and two bathrooms. Three rooms are on the left and they are the master bedroom, my bedroom and the closet room. Every room is simply decorated with some furniture.
집에는 방이 3개, 부엌이 1개 그리고 화장실이 2개 있습니다. 왼편에 방이 3개 있는데 안방, 제 침실 그리고 옷장 방입니다. 모든 방은 간단한 가구들로 꾸며져 있습니다.

Map Closing _ 좋아하는 방과 그 이유 설명

좋아하는 방 소개
My favorite room is, contrary to normal cases, not my room. My favorite is the room that is used for storing clothes that my family calls the closet room.
일반적인 경우와 달리, 제가 제일 좋아하는 방은 제 방이 아닙니다. 제가 좋아하는 방은 바로 저희 가족들이 옷장 방이라고 부르는 옷을 보관하기 위해 사용되는 방입니다.

좋아하는 방 설명
The closet room is the coolest room in the house, in terms of temperature.
온도로 보면, 옷장 방이 집에서 가장 시원한 방입니다.

좋아하는 이유 설명
It has become my favorite room all throughout the year because I cannot stand being hot.
제가 더운 걸 잘 견디지 못해서 이 방이 1년 내내 제가 가장 좋아하는 방이 되었습니다.

HOW TO GUIDE

Listening 길라잡이
〔거주지(집) 소개 질문〕 좋아하는 방과 집안 내부 자세히 묘사하기

- 듣기함정 "Describe the interior~"에서 집안 내부의 모습을 묻고 있으므로 질문을 현재로 이해해야 한다.

Speaking 길라잡이
거주지(집) 소개 ⇒ 집안 내부 설명 ⇒ 좋아하는 방 소개 ⇒ 좋아하는 이유를 설명하며 답변 마무리

- 답변함정 집안 내부를 묘사해야 하므로, 현재시제로 답변해야 한다.

HOW TO ANSWER  Tr-031

My house is on the 15th floor of an apartment building. ❶ When you enter the house, you can see a small space where visitors take off their shoes. My house consists of three rooms, a kitchen and two bathrooms. Three rooms are on the left and they are the master bedroom, my bedroom and the closet room. ❷ Every room is simply decorated with some furniture. ❸ My favorite room is, contrary to normal cases, not my room. My favorite is the room that is used for storing clothes that my family calls the closet room. The closet room is the coolest room in the house, in terms of temperature. It has become my favorite room all throughout the year because I cannot stand being hot.

저희 집은 아파트 건물 15층에 있습니다. 현관에 들어오면, 손님들이 신발을 벗을 수 있는 조그마한 공간이 있습니다. 집에는 방이 3개, 부엌이 1개 그리고 화장실이 2개 있습니다. 왼편에 방이 3개 있는데 안방, 제 침실 그리고 옷장 방입니다. 모든 방은 간단한 가구들로 꾸며져 있습니다. 일반적인 경우와 달리, 제가 제일 좋아하는 방은 제 방이 아닙니다. 제가 좋아하는 방은 바로 저희 가족들이 옷장 방이라고 부르는 옷을 보관하기 위해 사용되는 방입니다. 온도로 보면, 옷장 방이 집에서 가장 시원한 방입니다. 제가 더운 걸 잘 견디지 못해서 이 방이 1년 내내 제가 가장 좋아하는 방이 되었습니다.

어휘 consist of ~로 이루어지다, 구성되다 master bedroom 주(主)침실, 큰 방 closet 옷장

HOW TO CORRECT

문법 바로잡기

❶ [자동사와 타동사 구분] enter(타동사)+목적어: ~에 들어가다 / enter into(시작하다, 착수하다)
When you ~~enter into the house~~, you can see a small space.
When you **enter the house**, you can see a small space.

❷ [수의 일치] every(each)+단수명사
~~Every rooms are~~ simply decorated with some furniture.
Every room is simply decorated with some furniture.

표현 바로잡기

❸ [대조 설명] contrary to+명사: ~에 반하여, ~과 달리
My favorite room is, ~~contrary normal cases~~, not my room.
My favorite room is, **contrary to normal cases**, not my room.

집의 변화 설명 Tr-031

What changes have been made in your house in recent years? Why were those changes made? Are your family members satisfied with them? Tell me in detail.

최근 몇 년 동안 당신의 집에는 어떤 변화들이 있었나요? 그러한 변화는 왜 일어난 거죠? 가족들은 그 변화에 만족하나요? 자세히 말해 보세요.

STORY MAP

[집의 변화 설명] 변화된 부분 소개 • 변화가 필요한 이유 • 가족들의 만족도

Map Intro _ 변화된 부분 소개

최근에 집에서 변화된 부분 소개
Recently, we changed the wallpaper.
최근에 벽지를 새로 했어요.

변화되기 전 설명
It used to be normal, not too brilliant, ivory colored.
이전까지는 그렇게 밝지 않은 보통의 아이보리 색상이었습니다.

Map Body _ 변화가 필요한 이유 설명

변화가 필요한 이유 설명
All my family members have thought that the house looked too much like a hospital building. So we decided to paper the rooms in emerald green to go along with the furniture.
저희 가족 모두 집이 너무 병원처럼 보인다고 생각했어요. 그래서 방에 가구와 잘 어울릴 것 같은 에메랄드 녹색 벽지를 바르기로 했습니다.

가족들의 제안
Although father seemed to prefer blue over green, my mother turned it down. On the other hand, I liked soft gray, which my father also turned down.
아버지는 녹색보다는 파랑색을 더 맘에 들어 하셨는데, 어머니가 승낙하지 않으셨습니다. 반면, 저는 아버지가 내켜하지 않으신 은은한 회색이 맘에 들었어요.

Map Closing _ 변화에 대한 가족의 만족도 설명

변화에 대한 가족의 만족도 설명
As you can tell by the way of choosing the color of wallpaper, our mother is the power figure in our household. Mother is pleased with the change in the house so far while my father and I are still pouting childish complaints under our breaths.
벽지를 고르는 방식에서 알 수 있듯이, 어머니가 저희 집안에서 가장 힘이 센 분이십니다. 어머니는 지금까지 집안의 변화에 대해 흡족해 하셨지만, 아버지와 저는 여전히 작은 소리로 유치한 불만들을 내밀고 있답니다.

HOW TO GUIDE

Listening 길라잡이
거주지(집)의 변화 설명 질문 / 집안 내부의 변화와 이유 그리고 가족들의 반응 설명하기
- 듣기함정   "What changes have been made ~?"에서 완료시제로 묻고 있으므로 질문을 과거로 이해해야 한다.

Speaking 길라잡이
집의 변화 소개 ⇒ 변화된 내용의 상세 설명 ⇒ 이유 설명 ⇒ 가족의 반응으로 답변 마무리
- 답변함정   변화 내용은 과거가 되어야 하므로 현재시제가 아닌 과거시제를 사용해야 한다.

HOW TO ANSWER  Tr-031

Recently, we changed the wallpaper. ❶ It used to be normal, not too brilliant, ivory colored. All my family members have thought that the house looked too much like a hospital building. So we decided to paper the rooms in emerald green to go along with the furniture. Although father seemed to prefer blue over green, my mother turned it down. On the other hand, I liked soft gray, which my father also turned down. As you can tell by the way of choosing the color of wallpaper, our mother is the power figure in our household. ❷ Mother is pleased with the change in the house so far while my father and I are still pouting childish complaints under our breaths.

최근에 벽지를 새로 했어요. 이전까지는 그렇게 밝지 않은 보통의 아이보리 색상이었습니다. 가족 모두 집이 너무 병원처럼 보인다고 생각했어요. 그래서 방에 가구와 잘 어울릴 것 같은 에메랄드 녹색 벽지를 바르기로 했습니다. 아버지는 녹색보다는 파랑색을 더 맘에 들어 하셨는데, 어머니가 승낙하지 않으셨습니다. 반면, 저는 아버지가 내켜하지 않으신 은은한 회색이 맘에 들었어요. 벽지를 고르는 방식에서 알 수 있듯이, 어머니가 저희 집안에서 가장 힘이 센 분이십니다. 어머니는 지금까지 집안의 변화에 대해 흡족해 하셨지만, 아버지와 저는 여전히 작은 소리로 유치한 불만들을 내밀고 있답니다.

어휘   wallpaper 벽지   paper 도배하다   turn down 거절하다   figure 인물   pout (입을) 뿌루퉁하다

HOW TO CORRECT

문법 바로잡기
❷ [수동태(감정동사)] **be pleased with**: ~을 기뻐하다
Mother is pleased by the change in the house so far.
Mother **is pleased with** the change in the house so far.

표현 바로잡기
❶ [현재와 다른 과거 상태의 올바른 표현] **used to+동사원형**
It was normal, not too brilliant, ivory colored. → 단순히 과거의 상태 설명
It **used to be** normal, not too brilliant, ivory colored. → 현재와 다른 과거의 상태 설명

특별하거나 재미있는 경험 소개 Tr-031

Do you have any special memory or interesting thing that you experienced at your place? When was it? What exactly happened? Tell me about the experience in as much detail as you can.

집에서 겪은 특별한 기억이나 재밌었던 일이 있나요? 그때가 언제였나요? 정확히 어떤 일이 있었죠? 해당 경험에 대해 최대한 자세하게 말해 보세요.

STORY MAP

[특별하거나 재미있는 경험 소개] 과거 시간 및 경험에 대한 기억 소개 · 과거 경험 구체적인 설명 · 경험을 통한 생각이나 의견 소개

Map Intro _ 과거 시간 및 경험에 대한 기억 소개

과거 시간 및 기억 소개

Although I do have a vivid memory of what happened when I was six, it was not a pleasant experience.

제가 6살 때 어떤 일이 있었는지 정확하게 기억하고 있긴 하지만, 그다지 유쾌한 경험은 아닙니다.

Map Body _ 과거 경험 구체적인 설명

그 당시 하고 있었던 일 설명

I was playing with my cousin in front of a small playground around the apartment. This part I am not too clear about, but I had to run to the house to get a tinfoil in order to play house or something.

저는 아파트 근처 작은 놀이터 앞에서 사촌과 놀고 있었어요. 이 부분이 정확하지는 않지만, 소꿉놀이 같은 걸 하려고 집에 은박지를 가지러 가야 했습니다.

기억에 남는 특별한 사건 소개

When I ran out of the playground to get the foil, a car came screeching by because a parking lot was just right outside the playground.

제가 호일을 가지러 놀이터에서 달려 나올 때, 운동장 바로 바깥쪽에 주차장이 있어서 자동차 한 대가 끼익 소리를 내며 다가왔습니다.

다행스러운 결과 설명

I was lucky to escape with minor injuries.

저는 운이 좋게도 작은 부상을 몇 군데만 입고 무사했습니다.

Map Closing _ 경험을 통한 생각이나 의견 소개

경험을 통한 교훈 소개

That's when I learned my lesson: always look both ways when crossing a road. It became my first rule that I comply with, and I adhere to very strongly even now.

저는 그때 길을 건널 때에는 항상 양쪽을 살펴야 한다는 교훈을 얻었습니다. 그 교훈은 제가 지키는 첫 번째 규칙이 되었고 지금도 아주 굳건하게 따르고 있습니다.

HOW TO GUIDE

Listening 길라잡이
특별한 경험 질문 / 정확히 어떤 일인지 소개하기

- 듣기함정: "Do you have any special memory~?"에서 현재시제로 묻고 있다고 하더라도 과거의 특별한 기억에 대한 질문이므로 현재시제로 이해해서는 안 된다.

Speaking 길라잡이
과거 경험에 대한 소개 ⇒ 당시 상황 설명 ⇒ 경험을 통한 생각이나 의견으로 마무리

- 답변함정: 경험과 관련된 질문에 대한 답변은 과거와 과거완료 시제를 중점적으로 사용하도록 한다.

HOW TO ANSWER  Tr-031

Although I do have a vivid memory of what happened when I was six, it was not a pleasant experience. I was playing with my cousin in front of a small playground around the apartment. This part I am not too clear about, but ❶ I had to run to the house to get a tinfoil in order to play house or something. When I ran out of the playground to get the foil, a car came screeching by because a parking lot was just right outside the playground. ❷ I was lucky to escape with minor injuries. That's when I learned my lesson: always look both ways when crossing a road. It became my first rule that I comply with, and I adhere to very strongly even now.

제가 6살 때 어떤 일이 있었는지 정확하게 기억하고 있긴 하지만, 그다지 유쾌한 경험은 아니었습니다. 저는 아파트 근처 작은 놀이터 앞에서 사촌과 놀고 있었어요. 이 부분이 정확하지는 않지만, 소꿉놀이 같은 걸 하려고 집에 은박지를 가지러 가야 했습니다. 제가 호일을 가지러 놀이터에서 달려 나올 때, 운동장 바로 바깥쪽에 주차장이 있어서 자동차 한 대가 끼익 소리를 내며 다가왔습니다. 저는 운이 좋게도 작은 부상을 몇 군데만 입고 무사했습니다. 저는 그때 길을 건널 때에는 항상 양쪽을 살펴야 한다는 교훈을 얻었습니다. 그 교훈은 제가 지키는 첫 번째 규칙이 되었고 지금도 아주 굳건하게 따르고 있습니다.

어휘 vivid 생생한, 선명한 play house 소꿉놀이를 하다 tin foil (식품포장에 쓰이는)은박지, 호일 screech 끼익 소리(차가 멈출 때 나는 소리)를 내다 adhere to ~을 고수하다, 충실히 지키다

HOW TO CORRECT

문법 바로잡기
❶ [조동사] have to + 동사원형
I had to ran to the house to get a tinfoil.
I **had to run** to the house to get a tinfoil.

표현 바로잡기
❷ [감정, 느낌(행운)의 표현] be lucky to + 동사원형: 운 좋게도 ~하다
I was lucky to escaping with minor injuries.
I **was lucky to escape** with minor injuries.

HOW TO MAP YOUR STORY | 중반부 공략

복장 소개 Tr-032

Let's talk about the clothes you usually wear when going to school. How are you dressed today?

학교에 갈 때 입고 가는 옷에 관한 얘기를 해보겠습니다. 오늘 어떤 옷을 입었나요?

STORY MAP

[복장 소개] 일반적인 복장 소개 • 캐주얼 복장을 하는 이유 • 오늘 복장 소개

Map Intro _ 일반적인 복장 소개

일반적인 복장 소개
I usually opt for a comfortable, casual style when I go to school. Generally, it consists of a T-shirt and jeans with sneakers.
저는 보통 학교에 갈 때 편한 캐주얼 복장을 입는 편입니다. 운동화에 티셔츠와 바지가 일반적인 옷차림입니다.

추운 날 옷차림
On chilly days, I put a sweatshirt on.
날씨가 쌀쌀할 때는, 위에다가 추리닝 상의를 껴입어요.

Map Body _ 캐주얼 복장을 하는 이유

간편한 옷차림을 하는 이유 설명
In the morning, I throw on whatever is in the dresser after taking a shower. The reason I care less about my appearance is simple. It is because I have to go to classes in the morning with lack of sleep.
아침에 샤워를 마치고 나면 옷장에 있는 아무 옷이나 걸쳐 입습니다. 제가 외모에 그다지 신경을 쓰지 않는 이유는 간단해요. 잠을 충분히 자지 못하고 수업에 가야 하기 때문입니다.

캐주얼 복장의 편리함
On top of that, I feel much more comfortable in casual clothes when I study at school.
게다가, 학교에서 공부할 때는 캐주얼 복장이 훨씬 편하거든요.

Map Closing _ 오늘 복장 소개

오늘 복장 소개
Today, I got also that style – casual wear – as it is soft and easy to move around in. It takes less time to put on, so I chose that style in order not to be late for today's interview.
오늘도 마찬가지로 같은 옷차림인, 움직이기 쉽고 편한 캐주얼 복장을 했습니다. 입는데 시간도 덜 걸리고 해서, 오늘 인터뷰에 늦지 않으려고 이 스타일로 정했어요.

HOW TO GUIDE

Listening 길라잡이
복장 질문 / 학교 갈 때 입는 복장과 오늘 입은 복장 소개하기

💣 듣기함정 "usually wear~"로 묻고 있으므로 현재로 이해해야 한다.

Speaking 길라잡이
등교 시 복장 소개 ⇒ 세부 복장 소개 ⇒ 이유 설명 ⇒ 오늘의 복장 소개로 답변 마무리

💣 답변함정 학교에서의 복장은 현재시제를 사용하고, 오늘 복장(완료)은 과거에 해당되므로 과거시제를 사용해도 무방하다.

HOW TO ANSWER  Tr-032

I usually opt for a comfortable, casual style when I go to school. Generally, it consists of a T-shirt and jeans with sneakers. On chilly days, I put a sweatshirt on. In the morning, I throw on whatever is in the dresser after taking a shower. The reason I care less about my appearance is simple. It is because I have to go to classes in the morning with lack of sleep. On top of that, ❶ <u>I feel much more comfortable in casual clothes</u> when I study at school. Today, I got also that style – casual wear – as it is soft and easy to move around in. It takes less time to put on, so ❷ <u>I chose that style in order not to be late for today's interview.</u>

저는 보통 학교에 갈 때 편한 캐주얼 복장을 입는 편입니다. 운동화에 티셔츠와 바지가 일반적인 옷차림입니다. 쌀쌀할 날에는, 위에다가 추리닝 상의를 껴입어요. 아침에 샤워를 마치고 나면 옷장에 있는 아무 옷이나 걸쳐 입습니다. 제가 외모에 그다지 신경을 쓰지 않는 이유는 간단해요. 잠을 충분히 자지 못하고 수업에 가야 하기 때문입니다. 게다가, 학교에서 공부할 때는 캐주얼 복장이 훨씬 편하거든요. 오늘도 마찬가지로 같은 옷차림인, 움직이기 쉽고 편한 캐주얼 복장을 했습니다. 입는데 시간도 덜 걸리고 해서, 오늘 인터뷰에 늦지 않으려고 이 스타일로 정했어요.

어휘 sneakers 운동화 sweatshirt 추리닝(운동복) 상의 dresser 옷장 on top of that 또한, 게다가

HOW TO CORRECT

문법 바로잡기

❶ [비교급 강조 구문] **much(even, still, far)+비교급**
I feel ~~very more~~ comfortable in casual clothes.
I feel **much more** comfortable in casual clothes.

표현 바로잡기

❷ [to 부정사의 올바른 부정형태 표현] **not+to부정사 (=in order not to do)**
I chose that style in order ~~to not be~~ late for today's interview.
I chose that style **in order not to be** late for today's interview.

주중과 주말에 입는 옷 비교 설명 🔊 Tr-032

What kind of clothes do you like to wear on weekdays and weekends? Are there any differences in your fashion style on those days? If so, tell me all about them in detail.

주중과 주말에 어떤 종류의 옷을 입나요? 주중과 주말의 패션스타일에 서로 차이가 있나요? 있다면, 그 차이점들에 대해 자세히 말해 보세요.

STORY MAP

[주중과 주말에 입는 옷 비교 설명] 주중에 입는 옷 · 주말에 입는 옷 · 특별한 날에 입는 옷

Map Intro _ 주중에 입는 옷

주중 옷차림	I usually dress casually on weekdays because I go to school.
	주중에는 보통 학교에 가야하기 때문에 간편하게 옷을 입습니다.
간편한 옷차림을 하는 이유	Although I want to dress up even on normal days, I am too lazy to do that and it is a little uncomfortable at school.
	평상시에도 옷을 잘 차려 입고 싶긴 하지만, 그러기에는 제가 너무 게으른데다 학교에서도 약간 불편하거든요.

Map Body _ 주말에 입는 옷

주말 옷차림	Like many other students, my style on weekends is about the same as the one during weekdays.
	다른 학생들과 마찬가지로, 주말 복장 역시 주중과 별반 다를 게 없습니다.
운동할 때 옷차림	But I do exercise often, despite my lazy nature, on weekends. Thus, I try to wear clothes suitable for the sport of my choice from the beginning of the day.
	게으르긴 하지만, 그래도 저는 주말에 이따금씩 운동을 해요. 그래서 하루의 시작부터 하려고 하는 운동과 어울리는 옷을 갖춰 입으려고 애를 씁니다.

Map Closing _ 특별한 날에 입는 옷

특별한 날의 옷차림	Of course, when I have to attend formal occasions, like weddings of a senior, I have no choice but to dress up in a suit.
	물론, 선배들의 결혼과 같은 공식적인 행사에 참석해야 할 때에는 정장을 갖춰 입어야 합니다.

HOW TO GUIDE

Listening 길라잡이
복장(주중, 주말) 질문 / 주중 그리고 주말의 패션스타일에 대해 설명하기
- 듣기함정 "What kind of clothes do you like to~"에서 현재 조동사 do가 쓰였으므로 현재시제 질문임을 이해한다.

Speaking 길라잡이
주중에 입는 옷 ⇒ 주말에 입는 옷 ⇒ 특별한 날에 입는 옷 설명으로 답변 마무리
- 답변함정 주중에 입는 옷과 주말에 입는 옷을 구분해서 답변하도록 한다.

HOW TO ANSWER  Tr-032

❶ I usually dress casually on weekdays because I go to school. Although I want to dress up even on normal days, I am too lazy to do that and it is a little uncomfortable at school. Like many other students, my style on weekends is about the same as the one during weekdays. But I do exercise often, despite my lazy nature, on weekends. Thus, I try to wear clothes suitable for the sport of my choice from the beginning of the day. Of course, when ❷ I have to attend formal occasions, like weddings of a senior, ❸ I have no choice but to dress up in a suit.

주중에는 보통 학교에 가야하기 때문에 간편하게 옷을 입습니다. 평상시에도 옷을 잘 차려 입고 싶긴 하지만, 그러기에는 제가 너무 게으른 데다 학교에서도 약간 불편하거든요. 다른 학생들과 마찬가지로, 주말 복장 역시 주중과 별반 다를 게 없습니다. 게으르긴 하지만, 그래도 저는 주말에 이따금씩 운동을 해요. 그래서 하루의 시작부터 하려고 하는 운동과 어울리는 옷을 갖춰 입으려고 애를 씁니다. 물론, 선배들의 결혼과 같은 공식적인 행사에 참석해야 할 때에는 정장을 갖춰 입어야 합니다.

어휘 suitable 적합한, 어울리는 occasion (특별한) 행사, 의식

HOW TO CORRECT

문법 바로잡기

❶ [전치사 on] **on**+요일, 특정한 날
I usually dress casually ~~in weekdays~~.
I usually dress casually **on weekdays**.

❷ [자동사, 타동사의 구분] **attend**(타동사)+목적어: ~에 참석하다 / **attend**(자동사) **to**: ~을 처리하다, 돌보다
I have to ~~attend to~~ formal occasions.
I have to **attend formal occasions**.

표현 바로잡기

❸ [관용 표현(~하지 않을 수 없다)] **have no choice but** + **to**부정사(=cannot but 동사원형/cannot help ~ing)
I have no choice but ~~dressing~~ up in a suit.
I have no choice but to dress up in a suit.

특별한 날의 복장 Tr-032

People wear a formal dress or a suit when participating in special events or occasions. What clothes do you normally wear on a special day? Please describe your dress code on that day.

사람들은 특별한 행사나 일이 있을 때 정장이나 격식을 갖춘 옷을 입게 되는데요. 당신은 특별한 날에 보통 어떤 옷을 입나요? 특별한 날에 입는 옷차림을 묘사해 보세요.

STORY MAP

[특별한 날의 복장] 즐겨 입는 옷차림 • 특별한 날의 옷차림 • 비공식적인 자리

Map Intro _ 즐겨 입는 옷차림

편하게 입는 옷차림
It depends on how formal that special day is. Actually, I am a die-hard fan of dressing comfortably.
제 복장은 특별한 날이 얼마나 공식적인가에 따라 다릅니다. 사실 저는 편하게 입는 것을 정말 좋아하는 편입니다.

행사 참석 옷차림
Sometimes, I would show up to events in attire that seemed a bit too casual. I do keep my small rebellions to a sensible level, however, and I dress appropriately for events on most occasions.
이따금씩, 행사에 아주 캐주얼한 차림으로 나타나기도 해요. 하지만, 실용적인 수준의 조그마한 반항 정도로 유지하려고 하며, 대부분의 경우 적절하게 옷을 갖춰 입습니다.

Map Body _ 특별한 날의 옷차림

결혼식 옷차림
As I have mentioned, I get my suit out for weddings.
말씀드린 대로, 결혼식에는 정장을 차려입고요.

장례식 옷차림
Although I have not had to attend funerals yet, I would expect to buy myself a black suit for the occasion.
아직 장례식에는 가보지 못했지만, 그날에는 검정색 양복을 사야 할 것 같습니다.

Map Closing _ 비공식적인 자리

비공식적인 자리의 옷차림
Generally, I wear a polo shirt and slacks on semi-formal occasions. For example, at meals with my maternal grandmother, I wear a polo shirt with slacks. On such occasions, I wear casual dress shoes rather than my usual flip-flops.
그렇게 공식적이지 않은 날에는 대개 폴로셔츠와 편한 바지를 입습니다. 예를 들면, 외할머니와 식사할 때는 폴로셔츠와 편한 바지를 입어요. 그런 날에는, 샌들보다는 운동화 스타일의 캐주얼화를 신습니다.

HOW TO GUIDE

Listening 길라잡이
복장(특별한 날) 질문 / 특별한 날에 입는 복장에 대해 자세히 소개하기
- 듣기함정 "What clothes do you normally wear on a special day?"에서 특별한 날에 입는 옷에 대한 내용이 질문의 핵심이다.

Speaking 길라잡이
보통 때의 옷차림 ⇒ 특별한 날의 옷차림 ⇒ 비공식적인 자리의 옷차림으로 답변 마무리
- 답변함정 특별한 날을 다양하게 정해서 그에 따른 특별한 옷차림을 설명해주는 것이 좋다.

HOW TO ANSWER Tr-032

❶ It depends on how formal that special day is. Actually, I am a die-hard fan of dressing comfortably. Sometimes, I would show up to events in attire that seemed a bit too casual. ❷ I do keep my small rebellions to a sensible level, however, and I dress appropriately for events on most occasions. As I have mentioned, I get my suit out for weddings. Although I have not had to attend funerals yet, I would expect to buy myself a black suit for the occasion. Generally, I wear a polo shirt and slacks on semi-formal occasions. For example, at meals with my maternal grandmother, I wear a polo shirt with slacks. On such occasions, I wear casual dress shoes rather than my usual flip-flops.

제 복장은 특별한 날이 얼마나 공식적인가에 따라 다릅니다. 사실 저는 편하게 입는 것을 정말 좋아하는 편입니다. 이따금씩, 행사에 아주 캐주얼한 차림으로 나타나기도 해요. 하지만, 실용적인 수준의 조그마한 반항 정도로 유지하려고 하며, 대부분의 경우 적절하게 옷을 갖춰 입습니다. 말씀드린 대로, 결혼식에는 정장을 차려입고요. 아직 장례식에는 가보지 못했지만, 그날에는 검정색 양복을 사야 할 것 같습니다. 그렇게 공식적이지 않은 날에는 대개 폴로셔츠와 편한 바지를 입습니다. 예를 들면, 외할머니와 식사할 때는 폴로셔츠와 편한 바지를 입어요. 그런 날에는, 샌들보다는 운동화 스타일의 캐주얼화를 신습니다.

어휘 rebellion (규칙에 대한) 반항 sensible (의복 등이) 실용적인 slack 바지 (상의와 한 벌을 이루는 정장용이 아닌 남·여 바지)
maternal grandmother 외할머니 flip-flop 샌들

HOW TO CORRECT

문법 바로잡기
❷ [조동사 do의 강조 용법] do/does/did (수와 시제의 일치) + 동사원형
I ~~does keep~~ my small rebellions to a sensible level.
I **do keep** my small rebellions to a sensible level.

표현 바로잡기
❶ [의문부사 how(얼마나) 절의 올바른 표현] how + 형용사/부사 + 주어 + 동사
It depends on ~~how that special day is formal~~.
It depends on **how formal that special day is**.

HOW TO MAP YOUR STORY | 후반부 공략

Q1. 좋아하는 운동 소개

You have indicated in the survey that you like to play basketball. Where and when do you usually play it? And who do you go to the court with?

설문조사에서 농구를 좋아한다고 답했습니다. 주로 어디에서 그리고 언제 농구를 하나요? 그리고 누구와 함께 농구를 하러 가나요?

STORY MAP

[좋아하는 운동 소개] 좋아하는 운동 • 함께 운동하는 친구들 • 농구 경기

Map Intro _ 좋아하는 운동

농구 실력	Frankly speaking, I am not good at playing basketball.
	솔직하게, 저는 농구를 그다지 잘하지는 못합니다.
농구 체격 조건	I am short and a little fat which means I am unsuitable shape for playing basketball. However, I do not think liking a sport has to require being good at it.
	키가 작고 살짝 통통한 편인데 이는 농구를 하기엔 어울리지 않는 몸매입니다. 하지만, 운동을 좋아한다는 게 꼭 운동을 잘해야 한다는 것을 뜻한다고 생각하지는 않아요.

Map Body _ 함께 운동하는 친구들

함께 농구하는 사람	I usually play basketball on weekends with a couple of my friends, both of whom are tall.
	저는 주로 주말에 친구 두 명과 함께 농구를 하는데, 두 명 모두 키가 큽니다.
농구하는 장소	We usually go to a court in nearby schools.
	우리는 보통 근처 학교에 있는 농구장에 가요.

Map Closing _ 농구 경기

농구 기술	When playing, I do hustle to make up for the lack of skill and that seems not to be enough for my friends.
	전 농구를 할 때, 부족한 기술을 만회하기 위해 많이 움직이는데, 친구들은 마음이 썩 내키지 않는 것 같습니다.
농구 시합	I usually try to choose watching whenever my friends feel plucky and settle a bet with other players.
	친구들이 마음을 굳게 먹고 다른 선수들과 내기를 할 때마다, 저는 주로 그냥 구경하는 쪽을 택하려고 하는 편입니다.

HOW TO GUIDE

Listening 길라잡이
좋아하는 운동(농구)관련 질문 / 농구를 하는 장소와 시기 그리고 함께 하는 사람 설명하기
- 듣기함정 "Where", "When", "Who"에서 세부 내용을 묻고 있는 의문사에 주의해서 질문을 이해해야 한다.

Speaking 길라잡이
나의 농구 실력 소개 ⇒ 농구를 하는 장소/시기/함께 하는 사람 설명 ⇒ 농구 경기를 소개하며 답변 마무리
- 답변함정 답변 역시 여러 가지 내용을 묻고 있는 의문사에 대한 답변을 빠뜨리지 않도록 주의한다.

HOW TO ANSWER    Tr-033

Frankly speaking, ❶ I am not good at playing basketball. I am short and a little fat which means I am unsuitable shape for playing basketball. However, I do not think liking a sport has to require being good at it. ❷ I usually play basketball on weekends with a couple of my friends, both of whom are tall. We usually go to a court in nearby schools. When playing, I do hustle to make up for the lack of skill and that seems not to be enough for my friends. I usually try to choose watching whenever my friends feel plucky and settle a bet with other players.

솔직하게, 저는 농구를 그다지 잘하지는 못합니다. 키가 작고 살짝 통통한 편인데 이는 농구를 하기엔 어울리지 않는 몸매입니다. 하지만, 운동을 좋아한다는 게 꼭 운동을 잘해야 한다는 것을 뜻한다고 생각하지는 않아요. 저는 주로 주말에 친구 두 명과 함께 농구를 하는데, 두 명 모두 키가 큽니다. 우리는 보통 근처 학교에 있는 농구장에 가요. 전 농구를 할 때, 부족한 기술을 만회하기 위해 많이 움직이는데, 친구들은 마음이 썩 내키지 않는 것 같습니다. 친구들이 마음을 굳게 먹고 다른 선수들과 내기를 할 때마다, 저는 주로 그냥 구경하는 쪽을 택하려고 하는 편입니다.

어휘 frankly speaking 솔직히 말하면   hustle 활기차게 움직이다   plucky 용기 있는   bet 내기

HOW TO CORRECT

문법 바로잡기
❷ [수의 일치] **a couple of**＋복수(가산)명사
I usually play basketball on weekends with ~~a couple of my friend~~.
I usually play basketball on weekends with **a couple of my friends**.

표현 바로잡기
❶ [능력의 표현] 주어＋**be good at ~ing**: ~에 능숙하다 (cf. 주어＋be poor at ~ing: ~에 미숙하다)
I am not ~~good at play~~ basketball.
I **am** not **good at playing** basketball.

경기 규칙 설명 Tr-033

I'd like to talk about some rules when you play basketball. How long do you normally play basketball? How many players are required to play it? Give me a detailed description of them.

농구경기를 할 때의 규칙에 대해서 얘기를 해보겠습니다. 보통 얼마나 오랫동안 농구를 하나요? 경기를 하려면 선수가 몇 명 필요하죠? 자세하게 설명해 보세요.

STORY MAP

[경기 규칙 설명] 인원에 따른 규칙 설명 • 풀 코트와 반코트 경기 • 경기 시간

Map Intro _ 인원에 따른 규칙 설명

10명 이상일 때
Rules depend on how many people there are. When more than ten of us meet, I and my friends play a full-court, five-on-five game.
규칙은 사람이 얼마만큼 있느냐에 달려 있습니다. 10명 이상이 모일 때는, 저와 친구들은 5대5로 풀 코트 게임을 하고요.

6명 이하일 때
When there are less than six people, we play a half-court, three-on-three or two-on-two game.
6명이 안 될 경우에는, 3대3 이나 2대2로 반코트 시합을 합니다.

Map Body _ 풀 코트와 반코트 경기

풀 코트 경기 규칙
When we play full-court, the general rule of formal basketball applies, not that half-court is too different from full-court basketball.
풀 코트 경기를 할 경우엔, 반코트 경기도 크게 다르지는 않지만 공식 농구의 일반적인 규칙들이 적용됩니다.

반코트 경기 규칙
Half-court basketball is a little different. First of all, when the shot is made and it hits the rim, the rebounder cannot shoot at the goal again if he is not on the same team as the shooter. However, if the shot misses the rim, the receiver is allowed to shoot regardless of his affiliation.
반코트 경기는 약간 다른데요. 우선, 슛을 쏘거나 림에 닿으면, 리바운드를 한 사람은 슛을 쏜 사람과 같은 팀이 아니면 다시 슛을 던질 수가 없습니다. 하지만, 슛이 림에 닿지 않으면, 공을 받은 사람은 팀에 관계없이 슛을 던질 수 있습니다.

Map Closing _ 경기 시간

경기 시간
Also, games always start from the half line. Each quarter usually takes ten minutes in real games, but time doesn't matter for amateurs like us.
그리고 경기는 중앙선에서 시작합니다. 실제 경기에서는 매 쿼터 당 10분이 소요되지만, 저희처럼 아마추어들에게는 경기시간은 크게 문제가 되지 않습니다.

060

HOW TO GUIDE

Listening 길라잡이
농구경기의 규칙에 대한 질문 / 경기 규칙, 인원 수, 경기 시간 등을 설명하기
- 듣기함정 "How long~", "How many~", 질문의 세부 내용(경기 시간, 인원)을 잘 파악하도록 한다.

Speaking 길라잡이
농구 경기 인원 수 설명 ⇒ 경기 규칙 설명 ⇒ 경기 시간 설명으로 답변 마무리
- 답변함정 답변 역시 질문의 세부 내용(경기 시간, 인원)을 잘 기억해서 모두 대답하도록 한다.

HOW TO ANSWER  Tr-033

Rules depend on how many people there are. When more than ten of us meet, I and my friends play a full-court five-on-five game. When there are less than six people, we play a half-court, three-on-three or two-on-two game. When we play full-court, the general rule of formal basketball applies, not that half-court is too different from full-court basketball. Half-court basketball is a little different. First of all, when the shot is made and it hits the rim, the rebounder cannot shoot at the goal again if he is not on the same team as the shooter. However, ❶ <u>if the shot misses the rim, the receiver is allowed to shoot regardless of his affiliation</u>. Also, games always start from the half line. ❷ <u>Each quarter usually takes ten minutes in real games</u>, but time doesn't matter for amateurs like us.

규칙은 사람이 얼마큼 있느냐에 달려 있습니다. 10명 이상이 모일 때는, 저와 친구들은 5대5로 풀 코트 게임을 하고요. 6명이 안 될 경우에는, 3대3 이나 2대2로 반코트 시합을 합니다. 풀 코트 경기를 할 경우엔, 반코트 경기도 크게 다르지는 않지만 공식 농구의 일반적인 규칙들이 적용됩니다. 반코트 경기는 약간 다른데요. 우선, 슛을 쏘거나 림에 닿으면, 리바운드를 한 사람은 슛을 쏜 사람과 같은 팀이 아니면 다시 슛을 던질 수가 없습니다. 하지만, 슛이 림에 닿지 않으면, 공을 받은 사람은 팀에 관계없이 슛을 던질 수 있습니다. 그리고 경기는 중앙선에서 시작합니다. 실제 경기에서는 매 쿼터 당 10분이 소요되지만, 저희처럼 아마추어들에게는 경기시간은 크게 문제가 되지 않습니다.

어휘 rim 테두리, 가장자리 regardless of ~에 관계없이 affiliation 가입, 소속, 단체

HOW TO CORRECT

문법 바로잡기
❶ [시제] 시간, 조건의 부사절(if/when)에서는 현재시제가 미래시제를 대신함
If the shot ~~will miss~~ the rim, the receiver is allowed to shoot regardless of his affiliation.
If the shot **misses** the rim, the receiver is allowed to shoot regardless of his affiliation.

표현 바로잡기
❷ [소요되는 시간의 표현] **take(s)**+소요 시간: ~시간이 걸리다
Each quarter usually ~~spends~~ ten minutes in real games.
Each quarter usually **takes** ten minutes in real games.

농구 코트 질문 Tr-033

I like to play basketball as well. Please ask me three or four questions to learn more about the basketball court I like to go to.

저도 농구를 즐겨 하는데요. 제가 즐겨 가는 농구장에 대해 좀 더 알아볼 수 있도록 서너 가지 질문을 해보세요.

HOW TO GUIDE

❶ 농구라는 서로의 관심사가 같으므내가 주로 가는 농구장에 대한 정보를 간단하게 언급한 후 본격적인 질문을 시작한다.
❷ 농구장의 거리나 위치 또는 선택이유 등 기본적으로 로 생각할 수 있는 내용을 질문해주는 것이 좋다.

HOW TO ANSWER Tr-033

❶ As I have been saying, I also like playing basketball. When I play basketball, I just go to the basketball court **closest to my home**. ❷ **Where** do you usually play it? Is the court **far from your home**, or is it close? If the court is far, are there any **special reasons** why you chose that court? Is the court indoors or outdoors?

말씀 드린 것처럼, 저도 농구를 좋아합니다. 전 농구를 할 때, 저희 집에서 가까운 농구장을 가는데요. 당신은 주로 어디에서 농구를 하나요? 경기장이 집에서 멀리 떨어져 있나요, 아니면 가까운 곳에 있나요? 경기장이 멀리 있다면, 그 경기장을 고르게 된 특별한 이유가 있나요? 농구장이 실내에 있나요, 아니면 실외에 있나요?

어휘 court 코트

HOW TO OPIc GUIDE

초·중·후반부에는 주로 어떤 문제가 출제될까?

1 오픽 시험 초반부 1~5번 문제 분석

먼저 신분, 거주지, 설문조사 문제, 돌발 문제, Role-play 문제 등 총 5가지로 구분해서 설명 드리겠습니다. 초반부에 가장 많이 출제되는 오픽 설문 주제는 바로 '신분'입니다. 시험 후기 분석 결과 학생과 학교, 직장인과 회사와 관련된 문제가 초반부 2~4번 문제로 가장 많이 등장하는 걸로 조사되었습니다. 실제 회사 면접에서도 자기소개와 개인 신상에 대해서 가장 먼저 묻게 되죠? 오픽도 면접시험이니 비슷한 순서대로 질문이 등장한다고 이해하시면 될 것 같습니다. 그 다음 자주 출제되는 문제가 바로 '돌발 문제'입니다. 첫 시작부터 처음부터 돌발 문제가 출제되었다는 후기를 쉽게 볼 수 있습니다. 그 다음 순으로는 '거주지, 설문조사 항목 관련 문제'가 출제되고 있고 설문조사 항목 중에서는 휴가(해외여행, 국내여행, 집에서 휴가)가 자주 등장하고 있습니다.

오픽 시험 초반부 : 신분 〉 돌발 문제 〉 거주지 = 설문조사 문제

2 오픽 시험 중반부 6~10번 문제 분석

두 번째, 시험 중반부 5~10번 문제는 어떤 주제가 많이 출제될까요? 가장 많이 출제되는 주제는 바로 '설문조사 문제'입니다. 자기소개나 거주지, 신분 등 비교적 가벼운 문제가 초반부에 등장한다면, 중반부에는 설문조사에서 선택한 항목과 관련해서 중점적으로 출제된다고 할 수 있습니다. 설문조사에서 선택한 항목 문제는 사실, 초, 중, 후반부 가리지 않고 골고루 출제되고 있습니다. 그 중에서 중반부에 좀 더 자주 출제되는 경향이 있다고 이해해두시면 될 것 같습니다. 설문조사 다음으로는 "주거지 〉 신분 〉 돌발 문제" 순으로 출제되는 걸로 조사되었습니다.

오픽 시험 중반부 : 설문조사 문제 〉 주거지 〉 신분 〉 돌발 문제

3 오픽 시험 후반부 11~15번 문제 분석

오픽 시험 후반부는 한 마디로 Role-play로 정의할 수 있습니다. Role-play에 등장하는 상황이 설문조사 항목과 관련이 있는지 궁금해 하시는 분들이 많을 텐데요. 거의 99% 설문조사 항목과 관련이 있다고 이해해 두세요. 영화를 선택했다면, 영화표를 예매하는 상황이 등장하게 됩니다. 신분에서 학생을 선택했다면 학교 도서관, 교수님, 강의 등과 관련된 상황이 주어지게 되고, 국내여행을 선택했다면 교통편이나 숙박시설과 관련된 상황이 주어집니다. 따라서 신분, 주거지, 그리고 12개의 설문조사 항목들 중에서 어떤 주제가 Role-play 상황으로 등장할지 모르기 때문에 각 주제별로 Role-play 문제를 대비해둬야 합니다. 보통 2가지 Role-play 유형에서 5문제 가량이 출제되기 때문에 유형과 자주 등장하는 상황을 정확하게 파악하고 준비하시기 바랍니다.

오픽 시험 후반부 : Role-play(선택한 설문조사 항목과 관련된 상황 발생 99%)

SECTION 1 _ How to NEW OPIc 공략

4강

OPIc 신변잡기 공략

- 학생편
- 직장인편

OPIc 신변잡기 공략 | 학생과 직장인

4강 주제는 '신변잡기(학생, 직장인) 공략'입니다. 현재 설문조사에서는 학생 또는 직장인을 선택하게 되는데요. 매 시험마다 빠지지 않고 출제되고 있고 질문 영역이 아주 넓고 다양해서 만반의 대비를 해야 하는 항목입니다.

먼저 살펴볼 부분은 학생과 관련된 정보입니다. 'Full-time 학생, Part-time 학생'으로 구분이 되어 있지만, 우리나라 대학생의 경우는 Full-time 학생에만 해당이 되므로 이 항목을 선택하면 됩니다. 학생도 아니고 직장인도 아니라면 취업 준비생, 또는 재입사하려는 직장인이라고 이해할 수 있습니다만, 신분이 애매모호해서 취업 준비생인데 직장생활을 묻는 문제가 출제될 수 있고, 반대로 직장 경력이 있는데 학창생활을 묻는 문제가 출제될 수도 있습니다. 따라서 직장 경력이 6개월 이하라면 그리고 취업 준비생이라 하더라도 학생을 선택하는 것이 좋고, 직장 경력이 6개월 이상이면 직장인을 선택해서 시험을 치르는 것이 현명한 방법입니다. 자, 그럼 실제 오픽 정기시험에서는 학생과 관련하여 어떤 문제가 출제되고 있는지 자세하게 다뤄보겠습니다.

캠퍼스와 관련된 질문이 자주 등장합니다. 대학교 캠퍼스 묘사, 처음 캠퍼스에 도착했을 때의 느낌 또는 첫인상 소개, 캠퍼스 건물 등을 잘 몰랐을 때 즉, 신입생일 때 장소를 찾는 데 어려움을 겪은 경험 소개 등의 문제가 일반적입니다. 학교 정문에서부터 보이는 풍경과 캠퍼스 내의 대학건물, 도서관, 식당, 놀이 및 운동 시설, 기숙사, 대학교 행정 건물 등의 위치를 잘 파악해두면 캠퍼스 묘사 문제를 완벽하게 대비할 수 있습니다. 대학교에 처음 왔을 때의 기억도 잘 정리해봐야겠죠? 신입생일 때는 전공이나 교양 과목 강의실을 잘못 찾아가거나 찾아가려고 애를 먹었던 경험이 누구나 있을 것입니다. 무엇보다 이야기를 짜임새 있게 전달하는 것이 중요하므로 이런 경험들은 미리 정리해서 영어 답안으로 다시 준비하는 것이 좋은 방법입니다.

수강과목과 수강신청과 관련된 질문도 자주 출제되고 있습니다. 지금까지 수강했던 과목과 지금 수강하고 있는 과목을 소개하는 문제, 재미있거나 관심이 없는 강의와 이유를 설명하는 문제, 수강 신청할 때 어려웠거나 기억에 남는 경험을 얘기하는 문제 등이 빈번하게 등장하는 질문입니다.

학교에서 개최되는 행사(졸업식, 입학식, 축제 등), 기억에 남는 행사, 최근에 참여한 행사 그리고 학교에서의 하루 일과, 이용하는 교통수단 등도 대비해둬야 합니다.

학생과 관련된 문제 중에서도 가장 난이도가 높은 문제는 과제/프로젝트와 테크놀로지(기술)를 묻는 문제입니다.

HOW TO OPIc

현재 진행 중인 프로젝트, 최근에 진행했던 프로젝트, 기억에 남는 프로젝트를 묻는 질문과 자주 사용하는 기술, 기술을 습득한 방법, 과거와 현재 기술의 변화 등을 설명하는 질문이 자주 등장하고 있습니다.

다음은 직장인 관련 문제를 설명해 드리겠습니다. 직장인 역시 학생과 마찬가지로 출제 영역이 아주 넓기 때문에 준비해야 할 문제가 아주 많습니다. 기본적으로 몸담고 있는 회사 정보를 묻는 문제가 출제됩니다. 회사 연혁 소개하기, 직원 수 소개하기, 핵심 서비스 및 상품 소개하기, 매출 및 수익을 전년도와 비교 설명하기, 회사 건물 및 사무실 묘사하기, 사무기기 설명하기, 회사 장비 설명하기 등으로 정리할 수 있습니다.

회사에서의 주요 업무가 무엇이고, 회사에서의 하루 일과가 무엇인지, 그리고 업무가 잔뜩 쌓여 있는데 상사가 다른 업무를 지시했던 경험 등을 묻는 문제가 출제된 바가 있습니다. 상사와의 트러블이 있었던 일과 해결했던 방법을 설명하는 문제, 상사나 사장님을 처음 뵈었을 때의 첫인상, 좋아하는 직장 동료 등 사람과 관련된 문제도 미리 대비해둬야 합니다.

학생과 마찬가지로 직장인과 관련된 가장 난이도가 높은 문제 역시 과제/프로젝트와 테크놀로지(기술)를 묻는 문제일 것입니다. 현재 진행 중인 프로젝트, 최근에 진행했던 프로젝트, 기억에 남는 프로젝트, 앞으로 해보고 싶은 새로운 프로젝트 등 프로젝트 Combo와 회사에서 자주 사용하는 기술, 기술을 배우게 된 계기와 방법, 프로젝트 등에 활용했던 기술 등을 얘기해보라는 질문이 가끔씩 선보이고 있습니다.

추가로 대비해야 할 문제로는 회사 출퇴근 방법 소개하기, 출근 전후에 하는 일 설명하기, 출근길에 겪었던 경험 얘기하기, 점심 식사 메뉴와 점심을 누구와 어디에서 먹는지 소개하기, 회사에 지각한 경험 얘기하기, 회사를 이직한 이유 설명하기 등이 있습니다.

자, 정리해 볼까요? 직장 경력이 6개월 이하 또는 이상이냐에 따라서 학생이나 직장인을 선택하라는 말씀을 드렸죠? 학생과 직장인 관련 일반적인 문제, 난이도 높은 문제도 구분해서 정리해두고 또한 적절하게 대비해야 합니다. 실전문제에서 앞서 설명했던 질문을 모두 다룰 수 없으므로 언급되었던 질문만큼은 연습장에 잘 정리해서 나만의 차별화된 답안을 준비해보기 바랍니다. 실전문제의 'Story Map'을 통해서 답안의 흐름도 잘 살펴보세요!

HOW TO MAP YOUR STORY | 학생편

Q1. 전공과목 소개 Tr-041

You indicated in the survey that you are a student. What is your major? What subjects are you taking now?

배경설문에서 학생이라고 답했습니다. 전공은 무엇인가요? 지금 어떤 과목들을 수강하고 있나요?

STORY MAP

[전공과목 소개] 전공과 부전공 • 전공과목 소개 • 전공에 대한 목표

Map Intro _ 전공과 부전공

학교와 전공 소개
I am a student at Hanyang University. My major is Industrial Engineering with a minor in Business Administration.
저는 한양대학교에 다니고 있는 학생입니다. 제 전공은 산업공학이고, 부전공은 경영학입니다.

전공에 대한 앞으로의 포부
I hope to work for the R&D department at a national institute such as Korea Development Institute.
저는 한국개발연구원과 같은 국립연구소의 R&D부서에서 일하고 싶습니다.

Map Body _ 전공과목 소개

전공과목 선택
So I am taking the courses which can equip me adequately to achieve my dream.
그래서 저는 제 꿈을 이룰 수 있게끔 제대로 준비를 갖추게 해줄 수 있는 과목들을 수강하고 있습니다.

전공과목 소개
I am taking Management Information Systems, Human Factors Engineering and CAD/CAM. In Business Administration, I am taking Human Resource Management and Organization Behavior.
저는 경영 정보 시스템, 인간 요인 공학, CAD/CAM을 듣고 있습니다. 경영학 과목으로는 인적자원관리와 조직 행동을 수강하고 있습니다.

Map Closing _ 전공에 대한 목표

전공에 대한 목표
Admittedly, I am rather overloaded because I should master two studies at the same time. But being the ambitious young man that I am, I think I will perform well in these classes and go on to fulfill my dream.
인정하건대, 두 가지 공부를 동시에 해야 하기 때문에 버거운 것이 사실입니다. 그래도 야망을 가지고 있는 젊은이이기에 이 수업들을 잘 이수해서 제 꿈을 계속 이뤄 갈 것입니다.

HOW TO GUIDE

Listening 길라잡이
전공(과목) 소개 질문 / 전공과 현재 수강중인 과목들을 소개하기
- 듣기함정   "What subjects ~ taking now?"는 현재 진행형으로 질문을 이해해야 한다.

Speaking 길라잡이
전공(부전공) 소개 ⇒ 수강중인 과목 소개 ⇒ 전공에 대한 목표를 소개하며 답변 마무리
- 답변함정   자신의 전공과 수강중인 과목들을 현재시제(진행형)를 사용하여 답변하도록 한다.

HOW TO ANSWER  Tr-041

I am a student at Hanyang University. My major is Industrial Engineering with a minor in Business Administration. ❶ I hope to work for the R&D department at a national institute such as Korea Development Institute. So I am taking the courses which can equip me adequately to achieve my dream. ❷ I am taking Management Information Systems, Human Factors Engineering and CAD/CAM. In Business Administration, I am taking Human Resource Management and Organization Behavior. Admittedly, I am rather overloaded because I should master two studies at the same time. But being the ambitious young man that I am, I think I will perform well in these classes and go on to fulfill my dream.

저는 한양대학교에 다니고 있는 학생입니다. 제 전공은 산업공학이고, 부전공은 경영학입니다. 저는 한국개발연구원과 같은 국립연구소의 R&D부서에서 일하고 싶습니다. 그래서 저는 제 꿈을 이룰 수 있게끔 제대로 준비를 갖추게 해줄 수 있는 과목들을 수강하고 있습니다. 저는 경영 정보 시스템, 인간 요인 공학, CAD/CAM을 듣고 있습니다. 경영학 과목으로는 인적자원관리와 조직 행동을 수강하고 있습니다. 인정하건대, 두 가지 공부를 동시에 해야 하기 때문에 버거운 게 사실입니다. 그래도 야망을 가지고 있는 젊은이이기에 이 수업들을 잘 이수해서 제 꿈을 계속 이뤄 갈 것입니다.

어휘   equip (필요한 지식 등을 가르쳐) 준비를 갖춰 주다   admittedly 인정하건대

HOW TO CORRECT

문법 바로잡기
❶ [to 부정사를 목적어로 취하는 동사 hope] hope(want, wish)+to부정사
I hope working for the R&D department at a national institute.
I **hope to work** for the R&D department at a national institute.

표현 바로잡기
❷ [세 가지 이상을 나열할 때의 올바른 표현] **A, B, and C**
I am taking Management Information Systems and Human Factors Engineering and CAD/CAM.
I am taking Management Information Systems, Human Factors Engineering **and** CAD/CAM.

학교 테크놀로지 설명 Tr-041

Let's talk about some technologies you use at school. What kind of technology do you like to use? Tell me about it.

학교에서 이용하는 테크놀로지(기술)에 대한 얘기를 해보겠습니다. 어떤 종류의 기술을 사용하나요? 설명해 보세요.

STORY MAP

[학교 테크놀로지 설명] 자주 사용하는 기술 • 온라인 기술 • 출석 관련 기술

Map Intro _ 자주 사용하는 기술

대학교의 투자 기술	Since my school invests a lot in facilities such as computers, Hanyang University is much advanced in terms of IT. 우리 한양대학교는 컴퓨터와 같은 학교 시설에 많은 투자를 하기 때문에, IT 분야에 있어서 훨씬 앞서나가고 있습니다.
학생들이 자주 접하는 기술	Like it or not, almost all students including me have to do lots of things online. So this is the most frequently used technology. 그래서 좋던 싫던 간에, 저를 포함한 거의 모든 학생들은 많은 것들을 가장 자주 사용되는 기술인 온라인에서 해야 합니다.

Map Body _ 온라인 기술

과제 제출	For example, most assignments are given and turned in online. 이를테면, 대부분의 과제들이 온라인을 통해서 주어지고 제출됩니다.
수강 신청	The course registrations are done online as well. 또한, 수강 신청 역시 온라인으로 이루어집니다.
학생 식단 계획	Not only that but, student meal plans can be adjusted online, too. 학생 식단 계획도 온라인에서 조정될 수 있습니다.

Map Closing _ 출석 관련 기술

결석과 관련된 강의	Sometimes, professors have their entire lectures posted for those students who missed the class. Thus, I can say I am surrounded by technology when I take the class. 이따금, 교수님들께서 수업에 빠진 학생들을 위해서 전체 강의를 온라인에 올려 주시기도 합니다. 그래서 저는 수업을 들을 때는 기술에 둘러싸여 있다고 할 수 있습니다.

HOW TO GUIDE

Listening 길라잡이
학교에서 사용하는 기술에 대한 질문 / 학교에서 사용하게 되는 여러 가지 기술을 설명하기
- **듣기함정** "technologies you use at school"에서 학교에서 사용하는 기술에 대한 질문임을 감지한다.

Speaking 길라잡이
답안 유도를 위한 간단한 배경 설명 ⇒ 학교의 기술 소개 ⇒ 다양한 기술 소개
- **답변함정** 기계 기술, 전공 기술, 학습 기술 모두 테크놀로지에 포함되므로 사용하는 기술과 용도 그리고 사용하는 이유 등을 적절하게 답변하도록 한다.

HOW TO ANSWER Tr-041

Since my school invests a lot in facilities such as computers, Hanyang University is much advanced in terms of IT. Like it or not, almost all students including me have to do lots of things online. So this is the most frequently used technology. For example, most assignments are given and turned in online. ❶ <u>The course registrations are done online as well</u>. Not only that but, student meal plans can be adjusted online, too. Sometimes, ❷ <u>professors have their entire lectures posted for those students who missed the class</u>. Thus, I can say I am surrounded by technology when I take the class.

우리 한양대학교는 컴퓨터와 같은 학교 시설에 많은 투자를 하기 때문에, IT 분야에 있어서 훨씬 앞서나가고 있습니다. 그래서 좋든 싫던 간에, 저를 포함한 거의 모든 학생들은 많은 것들을 가장 자주 사용되는 기술인 온라인에서 해야 합니다. 이를테면, 대부분의 과제들이 온라인을 통해서 주어지고 제출됩니다. 또한, 수강 신청 역시 온라인으로 이루어집니다. 학생 식단 계획도 온라인에서 조정될 수 있습니다. 이따금, 교수님들께서 수업에 빠진 학생들을 위해서 전체 강의를 온라인에 올려 주시기도 합니다. 그래서 저는 수업을 들을 때는 기술에 둘러싸여 있다고 할 수 있습니다.

어휘 in terms of ~면에서, 관해서 turn in ~을 제출하다

HOW TO CORRECT

문법 바로잡기
❷ [사역동사] 사역동사(have/make)＋목적어＋목적보어(동사원형: 능동 / p.p.: 수동)
Professors ~~have their entire lectures posting~~ for those students who missed the class.
Professors **have their entire lectures posted** for those students who missed the class.

표현 바로잡기
❶ [동조(~도 또한)의 올바른 표현] ~, as well(=too). 문장 끝에 위치
The course registrations are done online also.
The course registrations are done online **as well**.

프로젝트나 과제에 사용하는 테크놀로지 Tr-041

I'd like to know about the technology when you conduct some projects or assignments. Why do you use that technology? Please describe it for me in detail.

프로젝트나 과제를 수행할 때 사용하는 기술에 대해 얘기해 보겠습니다. 그 기술은 왜 사용하나요? 그 기술에 대해 자세히 설명해 보세요.

STORY MAP

[프로젝트나 과제에 사용하는 테크놀로지] 사용하는 기술 • 보고서 작성에 필요한 기술 • 프레젠테이션에 필요한 기술

Map Intro _ 사용하는 기술

| 사용하는 기술 소개 | Since I am an engineering student, I have to say that I am most familiar with the tools that Microsoft provides.
제가 공학도라서, 마이크로소프트사에서 제공하는 툴에 가장 익숙하다고 말할 수 있어야 합니다. |

Map Body _ 보고서 작성에 필요한 기술

MS 워드 사용	Usually, I write reports on Microsoft Word. 저는 보통 MS 워드로 리포트를 작성해요.
엑셀 사용	Sometimes, I use the Excel program when neatly aligned data and graphs are necessary to better present the information portrayed in my report. I used to use Excel the most because of lab courses, but now that I am taking more theoretical courses, I do not use Excel as much. 이따금씩, 보고서에 있는 정보들을 보다 잘 전달하기 위해 깔끔하게 정리된 데이터나 그래프들이 필요할 때는 엑셀 프로그램을 사용하기도 합니다. 실험실 수업 때문에 엑셀을 가장 많이 사용하곤 했지만, 지금은 이론 수업들을 더 많이 듣고 있어서 그 때만큼은 많이 사용하고 있지 않습니다.

Map Closing _ 프레젠테이션에 필요한 기술

파워포인트 사용	PowerPoint is my favorite tool to use when pretty presentation is needed. 멋진 프레젠테이션이 필요할 때 제가 가장 즐겨 사용하는 툴은 파워포인트입니다.
파워포인트를 사용하는 이유	I use these tools because one, they are convenient and two, they are widely used by other people. 첫째, 편리하고 둘째, 여러 사람들이 널리 사용하기 때문에 저는 이러한 툴들을 사용합니다.

HOW TO GUIDE

Listening 길라잡이
테크놀로지(기술) 소개 질문 / 프로젝트나 과제 수행 시 사용하는 기술에 대해 설명하기
- 듣기함정: "when you conduct some projects or assignments"에서 프로젝트나 과제수행과 관련된 기술을 묻고있음을 이해한다.

Speaking 길라잡이
답안 유도를 위한 간단한 배경 설명 ⇒ 사용하는 기술 소개 ⇒ 보고서와 프리젠테이션에 필요한 기술과 이유 소개
- 답변함정: "Why~"라고 묻고 있으므로 해당 기술을 사용하는 이유를 반드시 대답하도록 한다.

HOW TO ANSWER  Tr-041

Since I am an engineering student, I have to say that I am most familiar with the tools that Microsoft provides. Usually, I write reports on Microsoft Word. Sometimes, I use the Excel program when neatly aligned data and graphs are necessary to better present the information portrayed in my report. ❶ I used to use Excel the most because of lab courses, but now that I am taking more theoretical courses, I do not use Excel as much. ❷ PowerPoint is my favorite tool to use when pretty presentation is needed. I use these tools because one, they are convenient and two, they are widely used by other people.

제가 공학도라서, 마이크로소프트사에서 제공하는 툴에 가장 익숙하다고 말할 수 있어야 합니다. 저는 보통 MS 워드로 리포트를 작성해요. 이따금씩, 보고서에 있는 정보들을 보다 잘 전달하기 위해 깔끔하게 정리된 데이터나 그래프들이 필요할 때는 엑셀 프로그램을 사용하기도 합니다. 실험실 수업 때문에 엑셀을 가장 많이 사용하곤 했지만, 지금은 이론 수업들을 더 많이 듣고 있어서 그 때만큼은 많이 사용하고 있지 않습니다. 멋진 프레젠테이션이 필요할 때 제가 가장 즐겨 사용하는 툴은 파워포인트입니다. 첫째, 편리하고 둘째, 여러 사람들이 널리 사용하기 때문에 저는 이러한 툴들을 사용합니다.

어휘 align 나란히 만들다, 나란하다   portray 그리다, 묘사하다

HOW TO CORRECT

문법 바로잡기
❷ [시제] 시간, 조건의 부사절(if~/when~)은 현재시제가 미래시제를 의미
PowerPoint is my favorite tool to use when pretty presentation will be needed.
PowerPoint is my favorite tool to use when pretty presentation **is** needed.

표현 바로잡기
❶ [과거의 규칙적인 습관의 표현] **used to**+동사원형: ~하곤 했다
I used to using Excel the most because of lab courses.
I **used to use** Excel the most because of lab courses.

전공 관련 이슈 소개 Tr-041

What is the newest issue related to your major? How does it affect the students and you? What's your response to that issue? Please tell me about the issue with a lot of details.

전공과 관련해서 가장 최근에 어떤 이슈가 있나요? 그 사안이 학생들과 당신에게 어떤 영향을 끼치고 있나요? 당신은 그 사안에 대해 어떤 반응을 보이고 있죠? 그 문제에 관해서 자세히 말해 보세요.

STORY MAP

[전공 관련 이슈 소개] 최근 이슈 소개 • 이슈로 인한 변화 • 이슈에 대한 목표

Map Intro _ 최근 이슈 소개

전공과 관련된 이슈
The newest issue related to my major is "Green Industry."
제 전공과 관련된 가장 최근의 이슈는 바로 '녹색 산업'입니다.

세계적인 트렌드
Now "Green" has become the most dominant new trend of the world. And accordingly, green products are reshaping the landscape of the markets.
지금 '그린(녹색)'은 전 세계적으로 가장 우세한 트렌드가 되었습니다. 따라서 녹색 산업이 시장의 전체 그림을 다시 그리고 있습니다.

Map Body _ 이슈로 인한 변화

주목받는 제품
Environmentally friendly home appliances and IT products are drawing attention.
환경 친화적인 가전제품 그리고 IT 제품들이 주목받고 있습니다.

주목받는 과목과 영향
Due to this issue, some relevant subjects have been newly opened in many schools. This trend has influenced both professors and students.
이러한 이슈 때문에, 많은 학교에서 몇몇 관련과목들이 새로 개설되었습니다. 이러한 현상은 교수님들이나 학생들 모두에게 영향을 미치고 있는 셈입니다.

Map Closing _ 이슈에 대한 목표

이슈에 대한 나의 목표
In order to keep up with this tendency, I am subscribing to economic newspapers and periodicals. They are really helpful.
저는 이러한 경향에 뒤처지지 않으려고, 경제 신문과 잡지를 구독하고 있습니다. 이것들은 정말 많은 도움이 됩니다.

HOW TO GUIDE

Listening 길라잡이
전공 관련 질문 / 전공과 관련된 이슈와 함께 그에 따른 영향(변화) 그리고 반응 설명하기
- 듣기함정: "issue related to your major"에서 전공과 관련된 이슈를 묻고 있음을 주의해서 들어야 한다.

Speaking 길라잡이
전공 관련 이슈 소개 ⇒ 해당 이슈가 미친 영향 ⇒ 그에 따른 나의 반응 설명 및 목표를 설명하며 답변 마무리
- 답변함정: 전공과 관련된 이슈와 함께 그에 따른 영향의 인과관계를 설명하고, 동시에 그에 따른 개인적인 반등, 태도, 다짐 등을 반드시 대답하도록 한다.

HOW TO ANSWER Tr-041

The newest issue related to my major is "Green Industry." Now "Green" has become the most dominant new trend of the world. And accordingly, green products are reshaping the landscape of the markets. Environmentally friendly home appliances and IT products are drawing attention. ❶ <u>Due to this issue, some relevant subjects have been newly opened in many schools.</u> ❷ <u>This trend has influenced both professors and students.</u> In order to keep up with this tendency, I am subscribing to economic newspapers and periodicals. They are really helpful.

제 전공과 관련된 가장 최근의 이슈는 바로 '녹색 산업'입니다. 지금 '그린(녹색)'은 전 세계적으로 가장 우세한 트렌드가 되었습니다. 따라서 녹색 산업이 시장의 전체 그림을 다시 그리고 있습니다. 환경 친화적인 가전제품 그리고 IT 제품들이 주목받고 있습니다. 이러한 이슈 때문에, 많은 학교에서 몇몇 관련과목이 새로 개설되었습니다. 이러한 현상은 교수님들이나 학생들 모두에게 영향을 미치고 있는 셈입니다. 저는 이러한 경향에 뒤쳐지지 않으려고, 경제 신문과 잡지를 구독하고 있습니다. 이것들은 정말 많은 도움이 됩니다.

어휘 dominant 우세한, 지배적인 reshape (모양, 구조를) 고치다, 개조하다 keep up with ~에 발맞추다, 뒤쳐지지 않으려고 노력하다

HOW TO CORRECT

문법 바로잡기
❶ [구와 절의 구분] **due to(=because of)+구 / because+절**
~~Because this issue~~, some relevant subjects have been newly opened in many schools.
Due to this issue, some relevant subjects have been newly opened in many schools.

표현 바로잡기
❷ [관용표현] **both A and B: A와 B 모두 (복수 취급)**
This trend has influenced both professors or students.
This trend has influenced **both professors and students**.

기억에 남는 경험 소개 Tr-041

Let's talk about an interesting or memorable experience on your campus. Can you tell me exactly what happened? When was it? Why was it so memorable? Tell me about it in as much detail as you can.

학교에서 재미있었거나 기억에 남을 만한 경험에 대한 얘기를 해보겠습니다. 정확히 무슨 일이 있었는지 얘기해 보시겠어요? 그때가 언제였나요? 왜 그 경험이 그렇게 기억에 남나요? 관련 경험에 대해 최대한 자세히 말해 보세요.

STORY MAP

[기억에 남는 경험 소개] 기억에 남는 행사 소개 • 경험했던 일 • 기억에 남는 이유

Map Intro _ 기억에 남는 행사

과거 시간
The most memorable event I had was during my freshman year.
가장 기억에 남는 행사는 1학년 때였습니다.

기억에 남는 행사
My freshman year, unfortunately, has been rather uneventful so the most memorable event was nothing more than a cookout.
애석하지만, 제가 신입생이었을 때는 그다지 특별한 일이 없었기 때문에, 가장 기억에 남는 행사가 야외 요리파티 이외에는 없습니다.

Map Body _ 경험했던 일 설명

행사 준비
To be more exact, it was a snack cookout. The cookout was arranged by the faculty members responsible for the dormitory.
좀 더 정확히 말씀드리자면, 야외에서 간단한 요리를 만들어 먹는 행사였어요. 이 요리 행사는 기숙사를 담당하고 있는 교직원들이 준비했습니다.

함께 요리를 했던 사람들
Actually, I half expected no one to show up with anything and we would enjoy a simple snack which does not require skills. However, some people including me were capable of making delicious food. I easily got close to girls as we were making the snack together.
사실, 저는 무언가를 챙겨 오는 사람도 없고 해서 그냥 요리기술이 필요 없는 간단한 음식을 먹지 않을까 하는 생각이 반이었죠. 하지만, 저를 포함 일부 사람들이 맛있는 음식을 만들 수 있었어요. 함께 요리를 하면서 저는 여학생들과 쉽게 친해질 수 있었습니다.

Map Closing _ 기억에 남는 이유

요리 파티가 기억에 남는 이유
Although there were more incidents afterwards, the cookout continued to be the most memorable event of my campus life. It was when I first met my boyfriend.
그 후로도 더 많은 일들이 있었지만, 야외 요리 파티가 제 캠퍼스 생활 중 가장 기억에 남는 행사로 계속 남아 있습니다. 제 남자 친구를 처음 만났을 때도 바로 이때에요.

HOW TO GUIDE

Listening 길라잡이
기억에 남는 경험 질문 / 해당 경험에 대한 내용과 기억에 남는 이유를 설명하기

💣 듣기함정　"an interesting or memorable experience ~"에서 경험을 묻고 있으므로 질문은 과거로 이해해야 한다.

Speaking 길라잡이
기억에 남는 행사 소개 ⇒ 당시 상황 세부 설명 ⇒ 기억에 남는 이유 설명으로 답변 마무리

💣 답변함정　답변 역시 주로 과거시제를 사용하도록 한다.

HOW TO ANSWER  Tr-041

The most memorable event I had was during my freshman year. My freshman year, unfortunately, has been rather uneventful so the most memorable event was nothing more than a cookout. To be more exact, it was a snack cookout. ❶ <u>The cookout was arranged by the faculty members responsible for the dormitory.</u> Actually, I half expected no one to show up with anything and we would enjoy a simple snack which does not require skills. However, ❷ <u>some people including me were capable of making delicious food.</u> I easily got close to girls as we were making the snack together. Although there were more incidents afterwards, the cookout continued to be the most memorable event of my campus life. It was when I first met my boyfriend.

가장 기억에 남는 행사는 1학년 때였습니다. 애석하지만, 제가 신입생이었을 때는 그다지 특별한 일이 없었기 때문에, 가장 기억에 남는 행사가 야외 요리파티 이외에는 없습니다. 좀 더 정확히 말씀드리자면, 야외에서 간단한 요리를 만들어 먹는 행사였어요. 이 요리 행사는 기숙사를 담당하고 있는 교직원들이 준비했습니다. 사실, 저는 무언가를 챙겨 오는 사람도 없고 해서 그냥 요리기술이 필요 없는 간단한 음식을 먹지 않을까 하는 생각이 반이었죠. 하지만, 저를 포함 일부 사람들이 맛있는 음식을 만들 수 있었어요. 함께 요리를 하면서 저는 여학생들과 쉽게 친해질 수 있었습니다. 그 후로도 더 많은 일들이 있었지만, 야외 요리 파티가 제 캠퍼스 생활 중 가장 기억에 남는 행사로 계속 남아 있습니다. 제 남자 친구를 처음 만났을 때도 바로 이때에요.

어휘　uneventful 특별한 일이 없는　cookout 야외 파티　faculty 교직원

HOW TO CORRECT

문법 바로잡기
❶ [관계대명사의 생략] 관계대명사절에서 주격관계대명사+be 동사는 생략 가능
The cookout was arranged by the faculty members ~~who~~ responsible for the dormitory.
The cookout was arranged by the faculty members (**who were**) responsible for the dormitory.

표현 바로잡기
❷ [능력의 표현] **be capable of ~ing**: ~할 수 있다, 능력이 있다(=be able to+동사원형)
Some people including me ~~were capable to make~~ delicious food.
Some people including me **were capable of making** delicious food.

HOW TO MAP YOUR STORY | 직장인편

Q1 회사 소개 Tr-042

You indicated in the survey that you work at a company. When was your company established? Where is it located? What services or products does it offer? Please introduce your company to me.

설문조사에서 직장에 다니고 있다고 했습니다. 회사는 언제 설립이 되었나요? 어디에 위치해 있죠? 어떤 서비스나 제품을 공급하나요? 회사를 소개해 보세요.

STORY MAP

[회사 소개] 회사의 연혁과 위치 • 회사의 사업 분야 • 회사의 기타 활동

Map Intro _ 회사 연혁과 위치

회사 연혁
The company I work for is Kookmin Bank which was established about 45 years ago.
제가 다니고 있는 회사는 약 45년 전에 설립된 국민은행입니다.

회사 위치
I work at a local branch. My work place is located in the middle of Incheon and about 40 minutes away from my house by subway.
저는 지점에서 일하고 있어요. 제가 일하는 있는 곳은 집에서 지하철로 약 40분 떨어진 인천의 중심가에 위치해 있습니다.

Map Body _ 회사의 사업 분야

회사 핵심 서비스
Since my company is involved in the banking industry, we provide people with financial services such as funds, deposits, and loans.
우리 회사는 금융업에 속해 있어서, 사람들에게 펀드, 예금, 대출과 같은 금융 서비스를 제공합니다.

회사 비전
The vision of KB is 'A global bank leading the Asian financial industry.'
국민은행의 비전은 '아시아 금융계를 이끄는 세계적인 은행'입니다.

Map Closing _ 회사의 기타 활동

회사 봉사활동
In order to fulfill this vision, my firm offers a variety of activities including volunteering.
이 비전을 이루기 위해 우리 회사는 봉사활동을 포함한 다양한 활동들을 하고 있습니다.

봉사활동 시간
Sometimes, I feel the volunteering activity is a tiresome duty because it takes place on Saturday or Sunday.
이따금, 저는 봉사활동이 토요일이나 일요일에 이루어지기 때문에 성가신 의무처럼 느껴지기도 합니다.

HOW TO GUIDE

Listening 길라잡이
회사 질문 / (다니고 있는) 회사에 대해 자세히 소개하기
- 듣기함정 "When, Where, What~" 의문사가 묻고 있는 여러 개의 질문을 잘 듣고 기억해 둔다.

Speaking 길라잡이
회사 이름 ⇒ 회사의 설립년도, 위치 소개 ⇒ 제품이나 서비스 소개 ⇒ 기타 내용 소개로 답변 마무리
- 답변함정 답변 역시 다양한 질문을 잘 기억하여 빠뜨리지 않고 모두 답변하도록 한다.

HOW TO ANSWER  Tr-042

The company I work for is Kookmin Bank which was established about 45 years ago. I work at a local branch. ❶ My work place is located in the middle of Incheon and about 40 minutes away from my house by subway. Since my company is involved in the banking industry, we provide people with financial services such as funds, deposits, and loans. The vision of KB is 'A global bank leading the Asian financial industry.' In order to fulfill this vision, ❷ my firm offers a variety of activities including volunteering. Sometimes, I feel the volunteering activity is a tiresome duty because it takes place on Saturday or Sunday.

제가 다니고 있는 회사는 약 45년 전에 설립된 국민은행입니다. 저는 지점에서 일하고 있어요. 제가 일하는 있는 곳은 집에서 지하철로 약 40분 떨어진 인천의 중심가에 위치해 있습니다. 우리 회사는 금융업에 속해 있어서, 사람들에게 펀드, 예금, 대출과 같은 금융 서비스를 제공합니다. 국민은행의 비전은 '아시아 금융계를 이끄는 세계적인 은행'입니다. 이 비전을 이루기 위해 우리 회사는 봉사활동을 포함한 다양한 활동들을 하고 있습니다. 이따금, 저는 봉사활동이 토요일이나 일요일에 이루어지기 때문에 성가신 의무처럼 느껴지기도 합니다.

어휘   fulfill 이행하다, 지키다   tiresome 성가신, 짜증스러운

HOW TO CORRECT

문법 바로잡기
❷ [수의 일치] **a variety of** + 복수(가산)명사
My firm offers a variety of activity including volunteering.
My firm offers **a variety of activities** including volunteering.

표현 바로잡기
❶ [거리의 표현] 시간 + **away from** 장소: ~로부터 (시간 만큼) 떨어진
My work place is located in the middle of Incheon and about 40 minutes away my house by subway.
My work place is located in the middle of Incheon and about 40 minutes **away from my house** by subway.

출퇴근 방법 설명 Tr-042

How do you go to and come from your office? Do you commute by car, subway or bus? Tell me about the transportation you use when commuting.

사무실로 출퇴근은 어떻게 하나요? 자동차, 지하철 또는 버스로 출퇴근하나요? 출퇴근 시 이용하는 교통수단에 대해서 말해 보세요.

STORY MAP

[출퇴근 방법 설명] 이용하는 교통수단 • 대중교통의 단점 • 지하철의 장점

Map Intro _ 이용하는 교통수단

지하철 이용
I usually ride the subway when I am commuting.
저는 출퇴근 할 때 보통 지하철을 탑니다.

직장인이 이용하는 지하철
As a normal salary man, my working hours are not different from those who work in other companies. Thus, the most logical method of commuting is by subway.
평범한 직장인이기에, 저의 출퇴근 시간들은 다른 직장에서 일하는 사람들과 별반 다르지 않습니다. 그래서 가장 합리적인 출퇴근 방법은 지하철입니다.

Map Body _ 대중교통의 단점

지하철의 단점
It is true that subways are extremely crowded during commuting hours and, on many cases, not so pleasant due to overcrowding.
지하철은 통근 시간에 정말 많이 붐비고, 여러 번 초만원으로 인해서 몹시 불쾌하기도 한 게 사실입니다.

버스의 단점
It usually takes about 30 minutes from my house to my workplace by bus when there are no traffic jams. However, it is irritating to wait in a long line and bear vehicles' exhaust fumes.
교통 체증이 없을 때는, 집에서 회사까지 버스로 보통 30분 정도 걸립니다. 하지만, 자동차 매연을 참아가며 긴 줄을 기다리기란 참기 힘든 일이에요.

Map Closing _ 지하철의 장점

지하철의 장점
In terms of efficiency, in other words both money and time, the subway outstrips all other forms of transportation by far.
효율성 측면에서, 다시 말해 돈과 시간이라는 측면에서 볼 때, 지하철은 다른 모든 가능한 교통수단보다 낫다고 할 수 있습니다.

HOW TO GUIDE

Listening 길라잡이
회사 출·퇴근 방법 질문 / 출퇴근 시 이용하는 교통수단 소개하기
- 듣기함정 "How do you~"에서 방법을 묻고 있음에 유의하고, 질문은 현재로 이해해야 한다.

Speaking 길라잡이
출·퇴근 교통수단 소개 ⇒ 대중교통의 장단점을 설명하며 답변 마무리
- 답변함정 현재시제를 사용하도록 하며, 다른 교통수단과의 비교 설명을 하면 더욱 좋다.

HOW TO ANSWER  Tr-042

I usually ride the subway when I am commuting. As a normal salary man, ❶ my working hours are not different from those who work in other companies. Thus, the most logical method of commuting is by subway. It is true that subways are extremely crowded during commuting hours and, on many cases, not so pleasant due to overcrowding. ❷ It usually takes about 30 minutes from my house to my workplace by bus when there are no traffic jams. However, ❸ it is irritating to wait in a long line and bear vehicles' exhaust fumes. In terms of efficiency, in other words both money and time, the subway outstrips all other forms of transportation by far.

저는 출퇴근 할 때 보통 지하철을 탑니다. 평범한 직장인이기에, 제 업무 시간은 다른 직장에서 일하는 사람들과 별반 다르지 않습니다. 그래서 가장 합리적인 출퇴근 방법은 지하철입니다. 지하철은 통근 시간에 정말 많이 붐비고, 여러 번 초만원으로 인해서 몹시 불쾌하기도 한 게 사실입니다. 교통 체증이 없을 때는, 집에서 회사까지 버스로 보통 30분 정도 걸립니다. 하지만, 자동차 매연을 참아가며 긴 줄을 기다리기란 참기 힘든 일이에요. 효율성 측면에서, 다시 말해 돈과 시간이라는 측면에서 볼 때, 지하철은 다른 모든 가능한 교통수단보다 낫다고 할 수 있습니다.

어휘 overcrowding 초만원 irritating 짜증나는 exhaust fume 배기가스 outstrip 능가하다

HOW TO CORRECT

문법 바로잡기
❸ [가주어 it] it (가주어)＋동사＋진주어(to 부정사 / 동명사)
~~It is irritating wait~~ in a long line and bear vehicles' exhaust fumes.
It is irritating to wait in a long line and bear vehicles' exhaust fumes.

표현 바로잡기
❶ [관용 표현(~하는 사람들)] **those (people)＋who＋동사**: 주격 관계대명사절
My working hours are not different from ~~them who~~ work in other companies.
My working hours are not different from **those who** work in other companies.

❷ [특정장소까지 이동할 때 걸리는 시간의 표현] **It takes＋시간＋from A to B**
It usually takes about 30 minutes ~~from my house my workplace~~ by bus.
It usually takes about 30 minutes **from my house to my workplace** by bus.

업무 소개 Tr-042

What are your main duties at work? What activities do you usually do as soon as you arrive at the office? What kind of work do you do during working hours? Tell me all about your duties at work in detail.

회사에서 주로 어떤 업무를 맡고 있나요? 사무실에 도착하면, 보통 어떤 일을 하죠? 업무시간에는 어떤 종류의 일을 하나요? 당신의 업무에 대해 자세히 말해 보세요.

STORY MAP

[업무 소개] 직책과 업무 소개 • 업무 세부 설명 • 업무의 특성

Map Intro _ 직책과 업무 소개

직책 소개
I work for as a bank teller.
저는 출납계원으로서 은행에서 일하고 있습니다.

업무 소개
As other normal tellers do, my duty is to provide teller services to bank customers.
다른 일반 은행원들과 마찬가지로, 제 업무는 은행 고객들에게 출납 서비스를 제공하는 것입니다.

Map Body _ 업무 세부 설명

출납 서비스 업무
Teller services include handling and posting transactions, accepting payments and verifying funds. I am also responsible for balancing the cash drawer and handling customer inquiries of a routine nature.
출납 서비스는 은행 거래들의 처리와 개시, 수납 업무 그리고 펀드 확인 업무를 말합니다. 그리고 잔고를 맞추고, 통상적인 성격의 고객 문의 사항을 처리하는 일을 맡고 있습니다.

오전 업무
The first thing I do in the morning is to turn my computer on, which has become a standard procedure for most desk-job employees around the world.
제가 오전에 가장 먼저 하는 일은 컴퓨터를 켜는 것인데요, 이 일은 전 세계 모든 사무직 직원들에게 정석이 되었습니다.

Map Closing _ 업무의 특성

업무의 특성
My job sometimes requires patience as well. Once I have the balancing work done, I can leave the office with peace of mind.
제 업무는 이따금씩 약간의 인내를 요구하기도 해요. 일단 제가 잔액을 맞추는 일을 끝내고 나야, 편한 마음으로 퇴근할 수 있습니다.

HOW TO GUIDE

Listening 길라잡이
업무 소개 질문 / 회사에서 담당하고 있는 업무 소개하기

듣기함정 "What activities do you usually do ~"에서 반복되는 업무를 묻고 있으므로 질문은 현재로 이해해야 한다.

Speaking 길라잡이
업무 소개 ⇒ 업무 세부 설명 ⇒ 업무의 특성을 추가 설명하며 답변 마무리

답변함정 개괄적인 업무에서부터 세부적인 업무까지 일괄적으로 답변하도록 한다.

HOW TO ANSWER

I work as a bank teller. As other normal tellers do, my duty is to provide teller services to bank customers. Teller services include handling and posting transactions, accepting payments and verifying funds. ❶ I am also responsible for balancing the cash drawer and handling customer inquiries of a routine nature. The first thing I do in the morning is to turn my computer on, which has become a standard procedure for most desk-job employees around the world. My job sometimes requires patience as well. ❷ Once I have the balancing work done, I can leave the office with peace of mind.

저는 출납계원으로서 은행에서 일하고 있습니다. 다른 일반 은행원들과 마찬가지로, 제 업무는 은행 고객들에게 출납 서비스를 제공하는 것입니다. 출납 서비스는 은행 거래들의 처리와 개시, 수납 업무 그리고 펀드 확인 업무를 말합니다. 또한, 잔고를 맞추고 통상적인 성격의 고객 문의 사항을 처리하는 일을 맡고 있습니다. 제가 오전에 가장 먼저 하는 일은 컴퓨터를 켜는 것인데요, 이 일은 전 세계 모든 사무직 직원들에게 정석이 되었습니다. 제 업무는 이따금씩 약간의 인내를 요구하기도 해요. 일단 제가 잔액을 맞추는 일을 끝내고 나야, 편한 마음으로 퇴근할 수 있습니다.

어휘 teller (은행의) 창구 직원, 출납계원 verify 확인하다 cash drawer 금전 등록기 standard procedure 표준 절차, 정석

HOW TO CORRECT

문법 바로잡기

❷ [사역동사 have] **have + 사물목적어 + p.p.** / **have + 사람목적어 + 동사원형**
Once I ~~have the balancing work do~~, I can leave the office.
Once I **have the balancing work done**, I can leave the office.

표현 바로잡기

❶ ['담당, 책임'의 표현] **be responsible for**
I ~~am also responsible to~~ balancing the cash drawer.
I **am** also **responsible for** balancing the cash drawer.

수행 중인 프로젝트 소개 Tr-042

Let's talk about some projects you are doing now. What are the projects about? Do you conduct them alone or with your co-workers? Tell me about the projects in as much detail as you can.

현재 수행하고 있는 프로젝트에 대한 얘기를 해보겠습니다. 무엇에 관한 프로젝트인가요? 혼자 하고 있나요, 아니면 동료들과 함께 수행하고 있나요? 그 프로젝트에 대해 최대한 자세히 말해 보세요.

STORY MAP

[수행 중인 프로젝트 소개] 수행 중인 프로젝트 • 프로젝트 내용 설명 • 프로젝트에 대한 생각

Map Intro _ 수행 중인 프로젝트

수행 중인 프로젝트
I am taking part in the team project that creates a Customer Satisfaction Manual at my local branch.
저는 현재 지점에서 고객 만족 매뉴얼을 만드는 팀 프로젝트에 참여하고 있습니다.

프로젝트 성격
We are working on reading the previous version, which was released last quarter.
우리는 지난 분기에 발행된 이전 버전을 읽어보는 작업을 하고 있습니다.

Map Body _ 프로젝트 내용 설명

매뉴얼 업데이트
The manual is usually updated every quarter.
매뉴얼은 보통 매 분기마다 업데이트됩니다.

매뉴얼 작업의 어려움
It is a very tough job because the updated contents should be creative and customer-friendly. This also requires not only an analysis of client-service procedure but also a creation of the fantastic structure of the sentences and paragraphs.
업데이트 된 내용들은 창의적이고 고객 친화적이어야 하기 때문에 매뉴얼 작업은 아주 힘든 일입니다. 또한 고객 서비스 절차에 대한 분석뿐만 아니라 문장과 단락의 멋진 구조로 만들어야 합니다.

직원들의 어려움
Not only so, my co-workers and I have difficulties in making new sentences and passages.
뿐만 아니라, 저와 동료들은 문장들과 문구들을 새롭게 만드는 데에 어려움을 호소하고 있습니다.

Map Closing _ 프로젝트에 대한 생각

프로젝트에 대한 생각
Although I do enjoy my job, it is sometimes mind-exhausting.
제 일을 즐기고 있긴 하지만, 가끔은 마음이 지치기도 합니다.

HOW TO GUIDE

Listening 길라잡이
수행 중인 프로젝트 소개 질문 / 수행 중인 프로젝트에 대해 자세히 설명하기
- 듣기함정 "some projects your are doing now"에서 현재 수행 중인 프로젝트에 대해 묻고 있으므로, 질문을 현재시제로 이해하도록 한다.

Speaking 길라잡이
수행 중인 프로젝트 소개 ⇒ 세부 내용(내용, 어려움 등) 설명 ⇒ 프로젝트에 대한 개인적인 생각 첨언으로 답변 마무리
- 답변함정 답변 역시 현재시제를 사용하도록 하며, 수행 중인 프로젝트에서 맡은 업무, 동료, 어려움 등 세부적인 내용들을 언급해 주면 좋다.

HOW TO ANSWER  Tr-042

❶ I am taking part in the team project that creates a Customer Satisfaction Manual at my local branch. We are working on reading the previous version, which was released last quarter. The manual is usually updated every quarter. It is a very tough job because the updated contents should be creative and customer-friendly. This also requires not only an analysis of client-service procedure but also a creation of the fantastic structure of the sentences and paragraphs. Not only so, ❷ my co-workers and I have difficulties in making new sentences and passages. Although I do enjoy my job, it is sometimes mind-exhausting.

저는 현재 지점에서 고객 만족 매뉴얼을 만드는 팀 프로젝트에 참여하고 있습니다. 우리는 지난 분기에 발행된 이전 버전을 읽어보는 작업을 하고 있습니다. 매뉴얼은 보통 매 분기마다 업데이트됩니다. 업데이트 된 내용들은 창의적이고 고객 친화적이어야 하기 때문에 매뉴얼 작업은 아주 힘든 일입니다. 또한 고객 서비스 절차에 대한 분석뿐만 아니라 문장과 단락의 멋진 구조로 만들어야 합니다. 뿐만 아니라, 저와 동료들은 문장들과 문구들을 새롭게 만드는 데에 어려움을 호소하고 있습니다. 제 일을 즐기고 있긴 있지만, 가끔은 마음이 지치기도 합니다.

어휘 release 출간하다, 발행하다   mind-exhausting 마음이 지친, 진이 빠진

HOW TO CORRECT

문법 바로잡기
❶ [수의 일치(선행사+관계대명사)] 선행사+주격 관계대명사+동사(선행사의 단·복수에 따라 수의 일치)
I am taking part in ~~the team project that create~~ a Customer Satisfaction Manual.
I am taking part in **the team project that creates** a Customer Satisfaction Manual.

표현 바로잡기
❷ [어려움, 힘듦의 표현] **have difficulty(trouble) (in) ~ing**: ~하는 데 어려움이 있다
My co-workers and I ~~have difficulties to make~~ new sentences and passages.
My co-workers and I **have difficulties in making** new sentences and passages.

기억에 남는 프로젝트 소개 Tr-042

What is the most unforgettable project you have ever finished? What project was it? What role did you assume at that time? Was it successful? Why was it so unforgettable to you? Tell me all the details.

지금까지의 프로젝트 중에서 어떤 프로젝트가 기억에 남나요? 무슨 프로젝트였나요? 그 당시 어떤 역할을 맡았죠? 성공적이었나요? 그 프로젝트가 왜 그렇게 기억에 남나요? 자세히 말해 보세요.

STORY MAP

[기억에 남는 프로젝트 소개] 프로젝트 소개 • 맡은 임무 • 프로젝트 결과

Map Intro _ 프로젝트 소개

기억에 남는 프로젝트 소개
The unforgettable project was the project of developing a Customer Satisfaction Management System. As you surely know, the priority in the banking industry is customer satisfaction.

정말 기억에 남는 프로젝트는 고객만족 관리시스템을 개발하는 프로젝트였습니다. 아시는 것처럼, 은행 업계에서 가장 우선시 되는 것은 고객 만족입니다.

처음 맡아 본 프로젝트
Since the project was my first time and the topic is quite serious, the hectic atmosphere was almost too scary for me.

제가 처음 맡은 프로젝트였고 주제도 꽤 심각한 것이어서, 정신없이 바쁜 분위기는 저를 무척 두렵게 만들었어요.

Map Body _ 맡은 임무

맡은 임무
I was given an easier job of collecting and analyzing survey data on the present CS system.

저에게는 그 당시의 CS(고객만족) 시스템에 대한 설문을 분석하고 수집하는 다소 쉬운 일이 주어졌습니다.

당시 부족했던 점
Frankly, I thought I was very under-qualified for the job because the company required a level of capability far above my expectations. Even worse, I was so clumsy at statistics and the Excel program.

솔직히 말해서, 회사가 제 기대 이상으로 더 높은 수준의 역량을 요구하는 이 일에 저는 자격이 부족하다고 생각했습니다. 더군다나, 전 통계와 엑셀 프로그램은 정말 서툴렀어요.

Map Closing _ 프로젝트 결과

프로젝트 결과
But I can learn many good functions of Excel, and the feeling of accomplishment was nothing less than bliss. It goes without saying that we were paid for some of our work.

그래도 저는 엑셀의 여러 좋은 기능들을 배울 수 있었고 성취감도 더없는 행복이었어요. 우리 모두 노력에 대한 보상을 받은 것은 두말할 나위도 없습니다.

HOW TO GUIDE

Listening 길라잡이
기억에 남는 프로젝트 질문 / 기억에 남는 프로젝트와 역할, 기억에 남는 이유에 대해 설명하기

💣 듣기함정 묻고 있는 세부내용(role, successful, Why)을 모두 머릿속으로 정리해서 기억해야 한다.

Speaking 길라잡이
프로젝트 소개 ⇒ 역할 설명 ⇒ 기억에 남는 이유 설명 ⇒ 프로젝트 성공 여부를 설명하며 답변 마무리

💣 답변함정 묻고 있는 세부내용들(role, successful, why)을 빠짐없이 모두 답하도록 한다.

HOW TO ANSWER

The unforgettable project was the project of developing a Customer Satisfaction Management System. As you surely know, the priority in the banking industry is customer satisfaction. Since the project was my first time and the topic is quite serious, the hectic atmosphere was almost too scary for me. ❶ I was given an easier job of collecting and analyzing survey data on the present CS system. Frankly, I thought I was very under-qualified for the job because the company required a level of capability far above my expectations. Even worse, I was so clumsy at statistics and the Excel program. But I can learn many good functions of Excel, and the feeling of accomplishment was nothing less than bliss. ❷ It goes without saying that we were paid for some of our work.

정말 기억에 남는 프로젝트는 고객만족 관리시스템을 개발하는 프로젝트였습니다. 아시는 것처럼, 은행 업계에서 가장 우선시 되는 것은 고객 만족입니다. 제가 처음 맡은 프로젝트였고 주제도 꽤 심각한 것이어서, 정신없이 바쁜 분위기는 저를 무척 두렵게 만들었어요. 저에게는 그 당시의 CS(고객만족) 시스템에 대한 설문을 분석하고 수집하는 다소 쉬운 일이 주어졌습니다. 솔직히 말해서, 회사가 제 기대 이상으로 더 높은 수준의 역량을 요구하는 이 일에 저는 자격이 부족하다고 생각했습니다. 더군다나, 저는 통계와 엑셀 프로그램은 정말 서툴렀어요. 그래도 저는 엑셀의 여러 좋은 기능들을 배울 수 있었고 성취감도 더없는 행복이었어요. 우리 모두 노력에 대한 보상을 받은 것은 두말할 나위도 없습니다.

어휘 priority 우선 사항 hectic 빡빡한, 정신없는 CS 고객만족(customer satisfaction의 약어) clumsy 어설픈 bliss 더 없는 행복, 지복

HOW TO CORRECT

문법 바로잡기
❶ [(목적어 수반) 수동태] **be given / be told** +목적어 (수동태지만, 예외적으로 목적어를 수반한다)
~~I give an easier job~~ of collecting and analyzing survey data.
I was given an easier job of collecting and analyzing survey data.

표현 바로잡기
❷ [관용 표현] **it goes without saying that** +절: ~은 말할 필요도 없다, 두말할 나위 없다.
~~It goes without say that~~ we were paid for some of our work.
It goes without saying that we were paid for some of our work.

SECTION 1 _ How to NEW OPIc 공략

5강

OPIc 핵심유형 공략

- ROLE-PLAY
- 설문조사 THREE COMBO
- 돌발 THREE COMBO

이번 5강에서는 OPIc의 핵심 유형인 Role-play와 설문조사 Three Combo, 그리고 돌발 Three Combo 이렇게 세 가지 유형을 살펴보도록 하겠습니다. 1강, 2강에서 가볍게 Role-play와 Combo에 대해서 설명을 드렸었죠? 조금 중복되는 부분이 있더라도 중요한 문제 유형이니 항상 세심한 주의를 기울이시기 바랍니다.

Role-play는
1. 질문하기(Asking Questions)
2. 문제 해결하기(Offer some alternatives to solve this matter)
이렇게 크게 2가지 유형으로 나뉘게 됩니다.

여기에서 질문하기(Asking Questions)가 다시 2가지로 분류됩니다.
1. 면접관에게 질문하기
2. 특정 상황에서 특정인에게 질문하기

문제 해결하기와 특정 상황에서 특정인에게 질문하기가 바로 대표적인 Role-play 문제라 할 수 있고, 면접관에게 질문하기는 특정 상황이라기보다는 면접관과 나의 공통 관심사에 대한 문제라 정의하는 것이 맞습니다. 설문조사에서 영화를 좋아한다고 선택했다면 면접관 역시 영화를 좋아하니 최근에 본 영화에 대해서 질문을 해보라는 문제가 출제되니까요.

정기시험에서는 롤플레이와 자연스럽게 어울리는 또 다른 문제가 출제됩니다. 따라서 롤플레이와 어울리는 문제는 어떤 유형을 띠고 있고, 어떻게 구성이 되는지 이번 5강에서 잘 파악해 두세요. 핵심 문제의 장점이자 단점이라면 3문제가 연이어서 출제되어서 쉬운 문제라면 답변도 쉽게 할 수 있지만, 어려운 문제라면 3문제 모두를 놓치게 되고 맙니다. 가능한 한 시험을 치르기 전까지 많은 실전문제를 접해볼 것을 권해 드립니다.

실전문제를 풀면 알게 되겠지만, 크게 위 3가지 롤플레이 문제는 기본문제와 함께 어울려서 정기시험에서는 보통 5문제 가량이 출제되고 있습니다. 여기에 설문조사와 돌발 Three combo가 출제되면 총 15문제 중에서 11문제가 이 핵심 3가지 요소에서 출제됨을 의미합니다. 정말 오픽 시험에서 핵심이라는 말이 맞는 것 같죠? 어느 것 하나 소홀히 준비하면 절대 좋은 성적을 받을 수 없다는 점을 꼭 명심하기 바랍니다.

ROLE-PLAY 빈출 문제

Role-play 면접관에게 질문하기

Q1

You indicated that you like to swim. How often do you go swimming? Where is the swimming pool located? When and with whom do you go there? Tell me all the details. 시제 현재시제 난이도 중

Q2

I like to swim with my friends, too. Ask me three or four questions to learn more about my swimming. 시제 현재시제 난이도 하

Role-play 특정인에게 질문하기 + 특정 상황 해결하기

Q1

I'm going to give you a situation and ask you to act out. Imagine that you want to go to see a performance and you need two tickets. Call the ticket office and ask three or four questions to get all information necessary for buying tickets. 시제 현재시제 난이도 중

Q2

I'm sorry, but you have a problem which you need to solve. You are suddenly ill on the day of the performance. Call your friend and explain your situation. Then offer some solutions to handle this situation. 시제 현재시제 난이도 상

Q3

Great! That's the end of the situation. Have you ever experienced that you bought a ticket or made a plan, but you couldn't go? What were the circumstances? Please tell me everything about it in as much detail as you can. 시제 과거시제 난이도 상

HOW TO ROLE-PLAY

TYPE 1 　질문하기 + 문제 해결하기

새로 출시된 제품(질문하기) Tr-051

I'll give you a certain situation. Please act it out adequately. Assume that you are going to a new store, but you get lost. There is an open restaurant, so go there and ask three or four questions about the new store.

제가 상황을 드리겠습니다. 적절하게 역할 연기를 해보세요. 새로 생긴 상점에 가려고 하는데, 길을 잃었다고 가정해 보겠습니다. 영업 중인 식당이 있는데, 식당에 들어가서, 새로 생긴 상점에 대해서 서너 가지 질문을 해 보세요.

HOW TO GUIDE

질문 길라잡이
1. 새로 생긴 상점에 가려고 한다고 가정
2. 식당에 들어가서 해당 상점과 관련된 질문하기

정답 길라잡이
1. 식당에 들어온 이유 설명
2. 본인 위치 질문
3. 상점 위치 질문
4. 찾아가는 방법 질문

HOW TO ANSWER  Tr-051

Hi. I'm sorry to bother you. Can I ask you some questions? I am looking for JC Penny's that just opened a couple of days ago. I heard that they are having a big opening sale, but I got lost. I am not from here, as you can see. I don't seem to be able to find myself on the map. Where exactly am I? Would you happen to know where JC Penny's is? Can you tell me how to get there?

안녕하세요, 실례하겠습니다. 몇 가지 좀 여쭤 봐도 될까요? 며칠 전에 개업한 JC Penny's를 찾고 있는데요. 대대적인 개업 세일을 한다고 들었는데, 길을 잃어버렸어요. 보시다시피, 저는 이곳 사람이 아니에요. 지도를 봐도 길을 찾을 수 없을 것 같아요. 정확히 제가 어디에 있나요? 혹시 JC Penny's가 어디에 있는지 알고 계세요? 거기까지 어떻게 가야 하는지 알려주시겠어요?

어휘 　bother 신경 쓰이게 하다　happen to 우연히 ~하다

식당에 지갑을 두고 온 돌발 상황(문제 해결하기) Tr-051

I'm sorry, but you have a problem that you need to solve. You just reached the new store, but you notice that you left your wallet at the restaurant you dropped by about thirty minutes ago. Call the restaurant and describe your wallet in detail. Then offer some solutions to get it back immediately.

유감스럽지만, 해결해야 할 문제가 생겼습니다. 새로 생긴 상점에 도착했는데, 30분 전에 들렀던 식당에 지갑을 두고 온 것을 알게 됩니다. 식당에 전화를 걸어 지갑을 자세히 설명하세요. 그리고 나서 지갑을 바로 찾을 수 있도록 해결책을 몇 가지 제시해 보세요.

HOW TO GUIDE

질문 길라잡이
1. 식당에 지갑을 놓고 온 것을 가정
2. 식당에 전화해서 지갑을 설명하고 해결할 수 있는 해결책을 제시하기

정답 길라잡이
1. 전화를 건 이유에 대한 설명
2. 놓고 온 지갑에 대한 설명
3. 지갑을 보관해 달라는 해결책
4. 외출 시 동료에게 전달해달라는 해결책

HOW TO ANSWER  Tr-051

Hello? I just dropped by your store to ask you some questions about JC Penny's. I'm very sorry to bother you multiple times, but I seem to have left my wallet at the restaurant. It is a small, black, and square-ish wallet. It has a Polo logo on the bottom right corner. I think I left it somewhere on the counter. Can you hold onto it for me? I am heading right back to retrieve it. If you have to leave, please give it to your fellow employee so that I can get it from him.

여보세요? 저는 방금 전에 그곳에 들러서 JC Penny's에 대해 몇 가지 여쭤 봤던 사람입니다. 여러 번 귀찮게 해드려 정말 죄송합니다만, 식당에 제 지갑을 두고 온 것 같아요. 검정 색상의 사각형 모양에 가까운 조그만 지갑입니다. 오른쪽 아래 모서리에 폴로 로고가 있고요. 제 생각에, 카운터 어딘가에 두고 온 것 같아요. 보관해 주실 수 있으세요? 제가 지금 찾으러 되돌아가고 있는 중이에요. 혹시 나가셔야 하면, 제가 찾을 수 있게끔 동료 종업원에게 맡겨주시기를 부탁드릴게요.

어휘 square 정사각형 모양의   -ish 거의(진술 뒤에 붙여 거의 그러함을 나타냄)   retrieve (잃은 것을) 되찾다

물건을 잃어버린 경험 소개 Tr-051

Have you experienced that you actually lost your wallet somewhere? If so, how did you address that? Did you finally find it? Tell me about that experience in as much detail as possible.

실제로 어떤 곳에서 지갑을 잃어버린 적이 있나요? 있다면, 어떻게 그 상황을 해결했나요? 결국 지갑을 찾았나요? 그러한 경험에 대해 최대한 자세하게 말해 보세요.

STORY MAP

[물건을 잃어버린 경험 소개] 물건을 잃어버린 시간 • 과거 당시 상황 설명 • 결과와 다짐 소개

Map Intro _ 물건을 잃어버린 시간

물건을 잃어버린 시간
If my memory serves me correctly, it happened three weeks ago.
만약 제 기억이 정확하다면, 3주 전에 그 일이 일어났어요.

사건의 진행 순서 설명
I dropped by a convenience store to recharge my transportation card that morning. And I had to hurry because I was supposed to get to the academy by 8:00. To my relief, I wasn't late for the class.
그날 아침, 저는 제 교통카드를 충전하러 편의점에 들렀습니다. 그리고 8시까지 학원에 가야 해서 서둘러야 했어요. 다행히, 저는 수업에 늦지 않았습니다.

Map Body _ 과거 당시 상황 설명

물건을 잃어버렸음을 인지
But I searched for my wallet, and it wasn't in my bag. I looked for it everywhere in my small bag. However, there was nothing that even looked like my brown wallet.
그런데 지갑을 찾아보니 가방에 지갑이 없는 것입니다. 조그마한 가방 속을 샅샅이 뒤져봤지만, 제 갈색 지갑처럼 보이는 것은 아무것도 없었습니다.

물건을 두고 온 장소 방문
I thought I happened to drop it at the convenience store. After class, I dashed back to the store.
저는 편의점에 두고 왔다는 생각을 했습니다. 수업을 마치고 나서 저는 편의점으로 쏜살같이 달려갔습니다.

물건을 찾지 못한 상황
But when I arrived at the store, I couldn't find it. Even the clerk said he hadn't seen any wallet in the area. Eventually quite depressed, I came home.
하지만 도착했을 때 저는 지갑을 찾을 수가 없었습니다. 심지어 직원은 그곳에서 지갑 같은 것은 보지도 못했다고 하더군요. 결국 저는 우울한 마음을 안고 집으로 돌아왔습니다.

Map Closing _ 결과와 다짐 소개

잃어버린 물건 세부 설명
There wasn't much money in the wallet, but I lost my ID card, transportation card, student ID card, and even a photo of my girlfriend. They were all valuable to me.
지갑에 돈은 많이 들어있지 않았지만, 신분증, 교통 카드, 학생증 그리고 여자 친구 사진까지 잃어버렸습니다. 저에게는 모두 소중한 것들이었어요.

물건을 잃어버린 후 다짐
From that day forth, I always keep my eyes on the wallet whenever purchasing goods at stores.
저는 그 날 이후로, 상점에서 물건을 살 때마다 지갑에 눈을 떼지 않는답니다.

HOW TO GUIDE

Listening 길라잡이
경험 소개 / 지갑을 잃어버린 경험을 자세히 설명하기

💣 듣기함정   "Have you experienced~", 완료로 묻고 있으므로, 질문은 과거로 이해해야 한다.

Speaking 길라잡이
해당 경험 소개 ⇒ 과거 당시 상황 설명 ⇒ 결과(지갑을 찾았는지 여부) 설명 ⇒ 개인적인 생각이나 의견으로 답변 마무리

💣 답변함정   과거의 경험에 대한 소개이므로, 과거시제를 사용하여 답변하도록 한다.

HOW TO ANSWER  Tr-051

If my memory serves me correctly, it happened three weeks ago. I dropped by a convenience store to recharge my transportation card that morning. And I had to hurry because I was supposed to get to the academy by 8:00. ❶ <u>To my relief, I wasn't late for the class.</u> But I searched for my wallet, and it wasn't in my bag. I looked for it everywhere in my small bag. However, there was nothing that even looked like my brown wallet. I thought I happened to drop it at the convenience store. After class, I dashed back to the store. ❷ <u>But when I arrived at the store, I couldn't find it.</u> Even the clerk said he hadn't seen any wallet in the area. Eventually quite depressed, I came home. There wasn't much money in the wallet, but I lost my ID card, transportation card, student ID card, and even a photo of my girlfriend. They were all valuable to me. From that day forth, I always keep my eyes on the wallet whenever purchasing goods at stores.

만약 제 기억이 정확하다면, 3주 전에 그 일이 일어났어요. 그 날 아침, 저는 제 교통카드를 충전하러 편의점에 들렀습니다. 그리고 8시까지 학원에 가야 해서 서둘러야 했어요. 다행히, 저는 수업에 늦지 않았습니다. 그런데 지갑을 찾아보니 가방에 지갑이 없는 것입니다. 조그마한 가방 속을 샅샅이 뒤져봤지만, 제 갈색 지갑처럼 보이는 것은 아무것도 없었습니다. 저는 편의점에 두고 왔다는 생각을 했습니다. 수업을 마치고 나서 저는 편의점으로 쏜살같이 달려갔습니다. 하지만 도착했을 때 저는 지갑을 찾을 수가 없었습니다. 심지어 직원은 그곳에서 지갑 같은 것은 보지도 못했다고 하더군요. 결국 저는 우울한 마음을 안고 집으로 돌아왔습니다. 지갑에 돈은 많이 들어있지 않았지만, 신분증, 교통 카드, 학생증 그리고 여자 친구 사진까지 잃어버렸습니다. 저에게는 모두 소중한 것들이었어요. 저는 그 날 이후로, 상점에서 물건을 살 때마다 지갑에 눈을 떼지 않는 답니다.

어휘   transportation card 교통카드(trans card)   keep one's eyes on~ ~에 전념하다, 눈을 떼지 않다

HOW TO CORRECT

문법 바로잡기
❷ [단순 과거시제] 시간과 조건의 부사절이 단순 과거사실을 설명할 때는 과거시제를 사용
But when I ~~arrive~~ at the store, I couldn't find it. → 시제의 불일치(주절이 과거임)
But when I **arrived** at the store, I couldn't find it.

표현 바로잡기
❶ [감정의 표현] to one's+감정명사 (to my relief: 다행스럽게도)
~~To relief~~, I wasn't late for the class.
To my relief, I wasn't late for the class.

설문조사 THREE COMBO

HOW TO OPIc

설문조사에서 여가생활, 관심사나 취미활동, 스포츠, 휴가 등에서 11~12개 이상의 항목을 선택하게 됩니다. 설문조사 Three Combo는 설문조사에서 선택한 항목 12개 중에서 하나와 관계가 있는 문제입니다. 쇼핑을 즐겨 한다면,

1. 쇼핑 장소가 어디인가?
2. 쇼핑을 왜 좋아하는가?
3. 기억에 남는 쇼핑 경험은 무엇인가?

등으로 쇼핑과 관련된 문제가 3문제 연속으로 출제되는 문제를 설문조사 Three Combo라고 합니다. 11개 선택 항목 중에서 어떤 게 출제될지 모르기 때문에 11개 선택 항목 모두 Three Combo 문제를 대비하고 평소에 꾸준한 연습이 필요합니다.

오픽 시험은 1번 자기소개를 제외한 14개의 문제는 보통 2~3문제에서 많게는 4~5문제까지 덩어리로 출제됩니다. Three Combo 문제는 15문제 중에서 1~3개까지 즉, 3~9문제까지 출제되기도 합니다. 2개의 Three Combo 문제가 출제되었다면 Role-play 5문제보다 많은 6문제가 출제되는 것이므로 가장 중요한 문제 유형이 되겠죠? 매 시험마다 1개 이상은 꼭 출제되고 있으니 완벽한 대비가 필요할 것입니다.

초보자들이 Three Combo 문제를 풀 때 가장 많이 실수하는 부분은 바로 중복 답변입니다. 1번 문제로 간단하게 자주 외식하는 식당을 소개하라는 문제가 나왔는데, 그 식당 음식은 뭐가 맛있고, 최근에는 어떤 걸 먹었으며, 가장 기억에 남는 일은 어떤 일이었다며 물어보지도 않은 말을 잔뜩 해버리게 됩니다.

2번 문제에서 최근에 외식을 하면서 어떤 음식을 먹었냐는 질문이 나왔다면 이게 바로 중복 답변의 실수라는 것입니다. 이미 앞에서 다 말을 했는데, 했던 말을 또 하자니 감점이 될 것 같고, 새로운 것을 말하자니 마땅히 떠오르는 내용도 없습니다. 그냥 솔직하게 앞에서 모두 답변했으니 다음 문제로 넘어가겠다고 한다면, 2번 문제는 적절한 답변을 못하고 넘어가는 결과가 되고 맙니다.

그렇다면 이 부분을 어떻게 해결해야 할까요? 먼저 질문을 정확하게 이해하고 필요한 답변 요소요소만 말하면 됩니다. 그리고 Three Combo 문제를 많이 접해보는 게 좋습니다. 이 문제 유형에 익숙해지면 처음부터 장황하게 이것저것 말을 늘어놓는 실수는 거의 99% 줄일 수 있을 것입니다.

THREE COMBO 빈출 문제

여행 Three Combo

Q1

Let's talk about a city or local place that you have visited on vacation. What does the city or local place look like? And what are the people like there? 〔시제〕 현재시제 〔난이도〕 하

Q2

When was your first trip to a local place? When was the trip? Where did you go? What did you do there? Tell me about it in as much detail as possible. 〔시제〕 현재시제 〔난이도〕 상

Q3

Have you ever experienced anything surprising or interesting during your trip? If so, tell me the details of that experience. Begin by explaining when and where you were traveling. Then give me a detailed description of the special memory. 〔시제〕 현재시제 〔난이도〕 상

영화 Three Combo

Q1

You indicated in the survey that you like to see movies. Where do you normally go to see a movie? Describe your favorite theater in detail. 〔시제〕 현재시제 〔난이도〕 하

Q2

What kind of things do you do before going to a theater? Do you check what is now playing there? If so, how do you usually get the information? Tell me about all the things you normally do before going to a theater. 〔시제〕 현재시제 〔난이도〕 중

Q3

Do you have a special memory about a movie or a movie theater? Maybe you went to a good theater, or you saw an interesting or memorable movie. Tell me about everything you remember in as much detail as you can. 〔시제〕 과거시제 〔난이도〕 상

HOW TO MAP YOUR STORY

 공원 묘사 Tr-052

You indicated in the survey that you go to a park. Where is it located? Please describe the park you like to go to.

설문에서 공원에 간다고 했습니다. 공원은 어디에 있나요? 즐겨 가는 공원을 묘사해 보세요.

STORY MAP

[공원 묘사] 공원까지 거리 • 공원 주변 환경 • 공원에서의 활동

Map Intro _ 공원까지 거리

즐겨 가는 공원	I love outdoor activities and one of my favorite places to go is the neighborhood park.
	저는 야외 활동을 좋아하는데요, 제가 즐겨 가는 곳 중 하나가 근처 공원입니다.
공원 거리	The park is about fifteen minutes walk from my house.
	공원은 집에서 걸어서 약 15분 거리에 있습니다.

Map Body _ 공원 주변 환경

공원 주변 환경	The park is surrounded by a small artificial bamboo forest. Because of the shade of the bamboo, the park became my favorite place to relax during summer.
	공원은 작은 인공 대나무 숲으로 둘러싸여 있습니다. 대나무 그늘 때문에, 공원은 제가 여름에 휴식을 취하는데 가장 좋아하는 장소가 되었어요.
자전거 타는 장소	Also, there is a small stream flowing through the park, which I like to cycle along with. Unfortunately, there is no designated road for bicycles.
	또한 공원을 가로질러 흐르는 시냇물이 있는데, 전 이곳을 따라 자전거를 즐겨 탑니다. 하지만, 안타깝게도 자전거 도로는 없어요.

Map Closing _ 공원에서의 활동

풀밭에서 휴식	Although there are a couple of benches, I choose to sit on the grass with newspaper under my bottom. I enjoy the smell of grass much more than the smell of varnished wood.
	벤치가 몇 개 있긴 하지만, 저는 신문지를 깔고 풀밭에 앉기로 합니다. 니스 칠 된 나무 냄새보다 풀 냄새를 훨씬 더 좋아하기 때문이에요.

HOW TO GUIDE

Listening 길라잡이
공원 묘사 질문 / 공원의 위치를 설명하고 공원의 모습을 자세히 묘사하기
- 듣기함정 "Where ~ located", "describe ~"에서 공원의 위치와 모습을 묻는 현재시제 질문임을 이해한다.

Speaking 길라잡이
주위 환기 ⇒ 공원 위치 설명 ⇒ 공원 내부 묘사 ⇒ 공원에서 하는 활동을 설명하며 답변 마무리
- 답변함정 공원을 묘사하는 질문이므로 현재시제로 답변하도록 한다.

HOW TO ANSWER  Tr-052

I love outdoor activities and one of my favorite places to go is the neighborhood park. ❶ The park is about fifteen minutes walk from my house. The park is surrounded by a small artificial bamboo forest. Because of the shade of the bamboo, ❷ the park became my favorite place to relax during summer. Also, there is a small stream flowing through the park, which I like to cycle along with. Unfortunately, there is no designated road for bicycles. Although there are a couple of benches, I choose to sit on the grass with newspaper under my bottom. I enjoy the smell of grass much more than the smell of varnished wood.

저는 야외 활동을 좋아하는데요, 제가 즐겨 가는 곳 중 하나가 근처 공원입니다. 공원은 집에서 걸어서 약 15분 거리에 있습니다. 공원은 작은 인공 대나무 숲으로 둘러싸여 있습니다. 대나무 그늘 때문에, 공원은 제가 여름에 휴식을 취하는데 가장 좋아하는 장소가 되었어요. 또한 공원을 가로질러 흐르는 시냇물이 있는데, 전 이곳을 따라 자전거를 즐겨 탑니다. 하지만, 안타깝게도 자전거 도로는 없어요. 벤치가 몇 개 있긴 하지만, 저는 신문지를 깔고 풀밭에 앉기로 합니다. 니스 칠 된 나무 냄새보다 풀 냄새를 훨씬 더 좋아하기 때문이에요.

어휘 neighborhood 인근, 동네 artificial 인공의, 인위적인 shade 그늘 stream 시냇물 varnish 니스를 바르다

HOW TO CORRECT

문법 바로잡기
❷ [during/while의 구분] during+명사(상당어구) / while+절(S+V)
The park became my favorite place to relax ~~while~~ summer.
The park became my favorite place to relax **during** summer.

표현 바로잡기
❶ [특정장소로 부터의 거리 표현] S+be동사+시간+from 특정장소
The park is about fifteen minutes walk ~~of~~ my house.
The park is about fifteen minutes walk **from** my house.

공원에서의 활동 Tr-052

How often do you go to a park? With whom do you go there? What things do you do when arriving at the park? Tell me in detail.

얼마나 자주 공원에 가나요? 누구와 함께 가죠? 공원에 도착하면 어떤 것들을 하나요? 자세히 말해 보세요.

STORY MAP

[공원에서의 활동] 공원에 가는 시간 • 공원에서의 활동 • 공원에 가는 이유

Map Intro _ 공원에 가는 시간

공원에 가는 시간

I usually go to the park on weekends because I always spend most of my time studying at campus during weekdays.
주중에는 항상 대부분의 시간을 학교에서 공부하면서 보내기 때문에 저는 보통 주말에 공원에 갑니다.

Map Body _ 공원에서의 활동

독서하기

Usually, I bring a book and read it under the shade.
주로 책을 한 권 가지고 가서 그늘 아래에서 읽곤 해요.

자전거 타기

Sometimes, I ride a bicycle alongside the small river that flows throughout the park.
때로는 공원을 가로질러 흐르는 작은 강을 따라 자전거를 타기도 합니다.

파티 열기

When I go with my friends, we can hold a small party for ourselves. We bring a packed meal or else buy a snack. But I prefer to order some food such as fried chicken, as preparing food is quite a burden.
친구들과 함께 갈 때는 우리들만을 위한 작은 파티를 열어요. 도시락을 싸오거나 아니면 간단한 음식들을 사옵니다. 하지만, 저는 음식을 준비하는 게 너무 부담스러워서 치킨과 같은 음식을 그냥 시켜 먹는 것을 더 선호합니다.

배드민턴 치기

Another thing we do is playing badminton. We play to see who will treat the food we buy.
우리는 배드민턴도 쳐요. 음식 값을 누가 낼지 정하려고 배드민턴 게임을 해요.

Map Closing _ 공원에 가는 이유

공원에 자주 가는 이유

I always have a good time with my buddies there, so I try to visit as often as possible.
저는 그곳에서 친구들과 함께 항상 즐거운 시간을 보낼 수 있어서 가능한 한 자주 공원에 가려고 노력합니다.

HOW TO GUIDE

Listening 길라잡이
공원에서의 활동 질문 / 공원에서의 활동을 자세히 설명하기
💣 듣기함정 "How often~", "With whom~", "What things~"에서 의문사의 질문들을 정확히 파악해 둔다.

Speaking 길라잡이
공원을 찾는 횟수 ⇒ 공원에서의 일반적인 활동 소개 ⇒ 공원에 가는 이유를 설명하며 답변 마무리
💣 답변함정 반복되는 일반적인 활동을 소개하고 있으므로 현재시제를 사용하도록 한다.

HOW TO ANSWER  Tr-052

I usually go to the park on weekends because ❶ I always spend most of my time studying at campus during weekdays. Usually, I bring a book and read it under the shade. Sometimes, I ride a bicycle alongside the small river that flows throughout the park. When I go with my friends, we can hold a small party for ourselves. We bring a packed meal or else buy a snack. But I prefer to order some food such as fried chicken as preparing food is quite a burden. Another thing we do is playing badminton. ❷ We play to see who will treat the food we buy. I always have a good time with my buddies there, so I try to visit as often as possible.

주중에는 항상 대부분의 시간을 학교에서 공부하면서 보내기 때문에 저는 보통 주말에 공원에 갑니다. 주로 책을 한 권 가지고 가서 그늘 아래에서 읽곤 해요. 때로는 공원을 가로질러 흐르는 작은 강을 따라 자전거를 타기도 합니다. 친구들과 함께 갈 때는 우리들만을 위한 작은 파티를 열어요. 도시락을 싸오거나 아니면 간단한 음식들을 사옵니다. 하지만, 저는 음식을 준비하는 게 너무 부담스러워서 치킨과 같은 음식을 그냥 시켜 먹는 것을 더 선호합니다. 우리는 배드민턴도 쳐요. 음식 값을 누가 낼지 정하려고 배드민턴 게임을 해요. 저는 그곳에서 친구들과 함께 항상 즐거운 시간을 보낼 수 있어서 가능한 한 자주 공원에 가려고 노력합니다.

어휘 alongside ~옆에, 나란히 burden 부담, 짐 buddy 친구

HOW TO CORRECT

문법 바로잡기
❷ [간접의문문의 어순] 의문사+주어+동사 (의문사가 주어일 때: 의문사+동사)
We play to see ~~who does the food we buy treat~~.
We play to see **who will treat** the food we buy. → 간접의문문의 주어가 who

표현 바로잡기
❶ [특정일에 대한 시간/비용의 소요 표현] spend+비용/시간+(on/in)+~ing
I always spend most of my time ~~study~~ at campus during weekdays.
I always **spend most of my time studying** at campus during weekdays.

기억에 남는 경험 소개 Tr-052

Let's talk about some memorable or interesting experience you have had at the park. What happened at that time? What did you do there? Tell me all about the experience in as much detail as possible.

공원에서 겪었던 기억에 남거나 재미있는 경험에 대한 얘기를 해보겠습니다. 그 때 어떤 일이 있었나요? 그곳에서 무슨 일을 했죠? 해당 경험에 대해 최대한 자세하게 말해 보세요.

STORY MAP

[기억에 남는 경험 소개] 기억에 남는 사건 • 과거 당시 상황 • 결과 소개

Map Intro _ 기억에 남는 사건

기억에 남는 사건 소개

It is nothing special, but I think the most memorable event that happened to me at the park was falling into the pond while playing with my cousin.

특별하지는 않지만, 그래도 공원에서 가장 기억에 남는 일은 사촌과 함께 공원에서 놀다가 작은 연못에 빠진 일입니다.

Map Body _ 과거 당시 상황

사촌과 어울렸던 일 설명

My cousin, being three years older than I am, used to boss me around. So I was on an errand to refill the small water gun we were playing with. It seemed that my cousin thought it would be funny to push me into the lake, as the lake was shallow.

저보다 세 살 위인 사촌은, 저에게 이래라 저래라 하곤 했습니다. 그래서 저는 가지고 놀던 조그마한 물총에 물을 채워 오라는 심부름을 해야 했어요. 호수가 얕았기 때문에 사촌은 저를 호수로 밀치는 게 재미있을 것이라고 생각했던 것 같습니다.

기억에 남는 문제 상황 소개

The problem was that I fell in with her. We started splashing each other, laughing.

문제는 그녀도 저와 함께 빠졌던 것입니다. 우리는 서로 물장구를 치기 시작하며 웃었습니다.

Map Closing _ 결과 소개

호수에 빠진 이후 결과

Of course, we had various nasty viral problems afterwards and I unconsciously avoid the pond even now.

물론 이후에 우리들은 여러 가지 끔찍한 바이러스성 질환을 앓게 되어서 지금도 무의식적으로 연못을 피하고 있답니다.

HOW TO GUIDE

Listening 길라잡이
기억에 남는 경험 질문 / 공원에서의 기억에 남는 경험을 자세히 설명하기
- 듣기함정 "experience you have had~"에서 경험을 묻고 있으므로 질문을 과거로 이해하도록 한다.

Speaking 길라잡이
기억에 남는 경험 소개 ⇒ 경험에 대한 내용 상세 설명 ⇒ 간단한 첨언으로 답변 마무리
- 답변함정 과거의 경험에 대한 설명이므로 기억에 남는 일과 과거 당시 상황을 중점적으로 설명한다.

HOW TO ANSWER  Tr-052

It is nothing special but I think ❶ the most memorable event that happened to me at the park was falling into the pond while playing with my cousin. My cousin, being three years older than I am, used to boss me around. ❷ So I was on an errand to refill the small water gun we were playing with. It seemed that my cousin thought it would be funny to push me into the lake, as the lake was shallow. The problem was that I fell in with her. We started splashing each other, laughing. Of course, we had various nasty viral problems afterwards and I unconsciously avoid the pond even now.

특별하지는 않지만, 그래도 공원에서 가장 기억에 남는 일은 사촌과 함께 공원에서 놀다가 작은 연못에 빠진 일입니다. 저보다 세 살 위인 사촌은, 저에게 이래라 저래라 하곤 했습니다. 그래서 저는 가지고 놀던 조그마한 물총에 물을 채워오라는 심부름을 해야 했어요. 호수가 얕았기 때문에 사촌은 저를 호수로 밀치는 게 재미있을 것이라고 생각했던 것 같습니다. 문제는 그녀도 저와 함께 빠졌던 것입니다. 우리는 서로 물장구를 치기 시작하며 웃었습니다. 물론 이후에 우리들은 여러 가지 끔찍한 바이러스성 질환을 앓게 되어서 지금도 무의식적으로 연못을 피하고 있답니다.

어휘 pond 연못 errand 심부름 refill 다시 채우다, 리필하다 shallow 얕은 splash (물·흙탕물 등을) 끼얹다, 첨벙거리다 nasty 지저분한, 끔찍한 viral 바이러스성의, 바이러스에 의한

HOW TO CORRECT

문법 바로잡기
❶ [during/while의 구분] during+명사(상당어구) / while+절(S+V)
The most memorable event ~ was falling into the pond ~~during playing with my cousin~~.
The most memorable event ~ was falling into the pond **while playing with my cousin**.
→ while(we are)playing with my cousin에서 we are를 생략하고 분사구문으로 표현

표현 바로잡기
❷ ['심부름 등을 하다'의 표현] be동사+on an errand to+동사원형
So I was ~~on errand to refill~~ the small water gun.
So I was **on an errand to refill** the small water gun.

돌발 THREE COMBO

HOW TO OPIc

OPIc 핵심문제 마지막은 바로 돌발 Three Combo입니다. 설문조사와 전혀 관계없는, 즉 비 설문조사 Three Combo로 이해해둬도 무방합니다. 정기시험을 치르게 되면 돌발 Three Combo도 보통 빠지지 않고 등장하는데요. 간혹 2개의 돌발 Three Combo가 출제되는 경우도 있으니 예외적으로 준비하지 않으면 큰 낭패를 보기 십상입니다.

해마다 새로운 돌발 Three Combo가 등장하고 있으며, 특히 2010년에는 좀 더 많은 새로운 문제들이 속속 선보이고 있습니다. 돌발 Three Combo의 질문 주제도 아주 다양합니다. 오픽을 준비하는 수험생이라면 익히 잘 알고 있는 '경찰, 농부, 시골, 은행, 치과' 등과 관련된 돌발 문제가 있습니다. 그리고 신분증, 건강, 약속, 명절, 계절, 날씨, 옷차림, 여가시간, 친척 등과 관련된 돌발 문제도 빈번하게 출제되고 있죠? 최근에는 점심, 젊은 사람, 옷 스타일 등 보다 새로운 주제와 관련된 돌발 Three Combo 문제가 출제되고 있습니다.

이외에도 다양한 돌발 Three Combo가 있는데요. 돌발 Three Combo 문제 유형에 대한 가장 좋은 대처법은 어떤 게 있을까요? 네, 맞습니다. 방법은 한 가지에요. 가능한 한 많은 돌발 Three Combo 문제를 알아두고, 실전문제도 풀어보고, 나만의 정답을 대비해두는 것입니다. 다들 경찰, 농부 그러는데 도대체 경찰이 뭐고 어떤 문제가 나오는지 알지 못한다면 정기시험에서 경찰 관련 문제를 접하면 100% 당황하게 될 것입니다.

돌발 Three Combo 문제 자체가 거의 대부분 질문을 듣더라도 답변 내용을 준비하지 않고서는 대답하기 힘듭니다. 경찰을 묘사하라는 문제가 나온다면, 거의 매일 경찰을 보지만 마땅히 할 얘기가 없습니다. 모자, 경찰배지(흉장), 상하의, X반도, 총, 수갑 등 전문적인 어휘도 미리 잘 알아둬야 실전 시험에서 활용할 수 있습니다. 농촌을 묘사하라는 문제의 경우 서울에서 태어나고 서울에서 자랐다면 정확하게 설명하기가 어려울 것입니다. TV나 영화 등을 통해서 많이 봐왔지만, 막상 말하려면 뭐를 중점적으로 해야 할지, 가본 적이 없는 시골을 어떻게 말하게 하려고 이런 문제가 나왔는지 여러 가지 생각이 들기 마련입니다. 자, 여러 차례 말씀 드렸죠? 1문제 놓치면 Three Combo는 3문제 모두 놓칠 가능성이 크다는 것 말입니다.

돌발 Three Combo 문제는 어느 정도 정해진 질문 패턴이 있습니다. 어떤 질문이 자주 등장하고 어떤 Three Combo가 빈번하게 출제되는지, 3문제는 어떻게 구성이 되는지를 많이 보고 풀어봐야 합니다. 매 시험마다 출제될 가능성이 아주 높으므로 예외가 아닌 필수적으로 꼭 만반의 대비를 해두기 바랍니다.

돌발 Three Combo 빈출 문제

약속 – 돌발 Three Combo

Q1
People make appointments for a number of reasons, including going see a friend, family, doctor, or someone else. What types of appointments do you normally make? 〔시제〕 현재시제 〔난이도〕 하

Q2
What kind of steps do you usually take when making an appointment? Tell me all about the steps with a lot of details. 〔시제〕 현재시제 〔난이도〕 상

Q3
When was the last appointment that you had? Why did you make it? Who did you meet with? What was the outcome of the appointment? Tell me all the details. 〔시제〕 현재시제 〔난이도〕 상

농부 – 돌발 Three Combo

Q1
Let's talk about farmers. What are the farmers in your country like? What types of things do they usually grew? 〔시제〕 현재시제 〔난이도〕 하

Q2
Describe the everyday activities of farmers. What activities do they do in the summer versus the winter? Please tell me all of them with a lot of details. 〔시제〕 현재시제 〔난이도〕 중

Q3
Have you ever visited a farm or do you know a farmer? Maybe you read about a farmer or watched a movie about a farm. Tell me about the experience with a farm or farmer in detail. 〔시제〕 과거시제 〔난이도〕 상

HOW TO MAP YOUR STORY

 건강한 사람 소개 Tr-053

Who do you think is a healthy person in your country? What kind of food do you think he eats?

한국에서 건강한 사람이 누구라고 생각하나요? 그 사람은 어떤 음식을 섭취하나요?

STORY MAP

[건강한 사람 소개] 건강한 사람 • 건강한 사람의 기준 • 건강을 위한 음식

Map Intro _ 건강한 사람

건강한 사람 소개 | I would say my father is one of the healthiest persons in his age group.
저는 저희 아버지가 아버지 연령대에서 가장 건강한 사람들 중 한 명이라고 말 할 수 있겠습니다.

Map Body _ 건강한 사람의 기준

건강한 사람의 정의 | I am sure there are healthier people out there, but they are usually people who spend an immense amount of time on their health. In other words, they are likely to be people who are retired and have nothing to do except for taking care of their health because they are financially stable.
물론 더 건강한 사람들이 있지만, 그들은 보통 건강 관리에 엄청난 시간을 투자하는 사람들입니다. 다시 말하자면, 경제적으로 안정적이기 때문에 은퇴한 후에 건강을 돌보는 것 이외에는 다른 일을 하지 않는 사람들이라는 뜻이에요.

건강을 위한 체력 관리 | My father, on the other hand, is a full-time professor who is conducting multiple researches. He finds it necessary to keep himself in shape to carry on his researches.
반면에, 아버지께서는 정교수로 여러 가지 연구를 수행하고 계십니다. 아버지께서는 연구 업무를 계속 수행하기 위해서는 스스로 체력 관리를 잘하는 것이 필수적이라고 여기세요.

Map Closing _ 건강을 위한 음식

건강을 위한 음식과 활동 | Thus, he stays on a balanced diet. For protein, he eats beans and nuts as both snack and a part of his meals. He also exercises regularly.
그래서 아버지는 균형 잡힌 식사를 하십니다. 단백질 섭취를 위해, 간식이나 식사로 콩과 견과류를 드십니다. 아버지는 또한 규칙적으로 운동을 하십니다.

HOW TO GUIDE

Listening 길라잡이
건강한 사람 소개 / 건강한 사람과 섭취하는 음식에 대해 자세히 설명하기
- **듣기함정** "healthy person~"에서 건강한 사람에 대한 질문임을 착안하여 섭취하는 음식 등을 자세히 설명하도록 한다.

Speaking 길라잡이
건강한 사람 소개 ⇒ 다른 사람들과 비교 설명 ⇒ 섭취하는 음식들을 설명하며 답변 마무리
- **답변함정** 사람에 대한 소개로 현재시제를 사용하여 답변하도록 한다. 일반적으로 '건강한 사람'하면 떠올릴 수 있는 건강과 관련된 기준을 가지고 건강한 사람을 소개한다.

HOW TO ANSWER  Tr-053

I would say my father is one of the healthiest persons in his age group. I am sure there are healthier people out there, but they are usually people who spend an immense amount of time on their health. In other words, ❶ <u>they are likely to be people who are retired</u> and ❷ <u>have nothing to do except for taking care of their health</u> because they are financially stable. My father, on the other hand, is a full-time professor who is conducting multiple researches. He finds it necessary to keep himself in shape to carry on his researches. Thus, he stays on a balanced diet. For protein, he eats beans and nuts as both snack and a part of his meals. He also exercises regularly.

저는 저희 아버지가 아버지 연령대에서 가장 건강한 사람들 중 한 명이라고 말 할 수 있겠습니다. 물론 더 건강한 사람들이 있지만, 그들은 보통 건강 관리에 엄청난 시간을 투자하는 사람들입니다. 다시 말하자면, 경제적으로 안정적이기 때문에 은퇴한 후에 건강을 돌보는 것 이외에는 다른 일을 하지 않는 사람들이라는 뜻이에요. 반면에, 아버지께서는 정교수로 여러 가지 연구를 수행하고 계십니다. 아버지께서는 연구 업무를 계속 수행하기 위해서는 스스로 체력 관리를 잘하는 것이 필수적이라고 여기세요. 그래서 아버지는 균형 잡힌 식사를 하십니다. 단백질 섭취를 위해, 간식이나 식사로 콩과 견과류를 드십니다. 아버지는 또한 규칙적으로 운동을 하십니다.

어휘 immense 엄청난 stable 안정된, 안정적인

HOW TO CORRECT

문법 바로잡기
❷ [전치사] **except for+~ing 또는 구 / except that+절(S+V)**
They have nothing to do ~~except that~~ taking care of their health.
They have nothing to do **except for taking** care of their health.

표현 바로잡기
❶ [관용표현] **be likely to+동사원형: ~일 것 같다, ~인 듯 싶다**
They ~~are likely to people~~ who are retired.
They **are likely to be** people who are retired.

건강한 사람들의 활동 소개 Tr-053

What activities do healthy people usually do on weekdays and weekends? Do they always exercise on a regular basis? Please tell me about all of them in detail.
건강한 사람들은 주중이나 주말에 주로 어떤 활동을 하나요? 정기적으로 운동을 하나요? 건강한 사람들에 관해 자세히 말해 보세요.

STORY MAP

[건강한 사람들의 활동 소개] 주중에 하는 활동 • 주말에 하는 활동 • 건강한 활동에 대한 생각

Map Intro _ 주중에 하는 활동

건강한 사람
On weekdays, healthy people are generally busy.
주중에 건강한 사람들은 일반적으로 바쁘게 생활합니다.

주중에 하는 활동
They have much work to do and cannot take care of their health in detail other than their diet.
그들은 할 일이 많아서 다이어트를 제외하고는 세세하게 건강을 돌보기가 어렵습니다.

Map Body _ 주말에 하는 활동

등산
It is on weekends that these health gurus get to care for their health. My father, for example, goes hiking every weekend.
이 건강 전문가들이 건강을 돌보는 시기는 바로 주말입니다. 이를 테면, 아버지는 주말마다 등산을 가십니다.

하이킹과 달리기
When the weather does not permit him to go on a long hike, he comes home early and is off to run. His hike usually consists of five- to six-hour hikes up to MuDeung Mountain. When he does run, he runs for about five miles at a time.
날씨가 좋지 않아 장시간 하이킹을 할 수 없을 때는, 집에 일찍 돌아오셔서 달리기를 하러 나가십니다. 하이킹은 보통 무등산까지 5시간에서 6시간 정도의 하이킹입니다. 달리기를 할 때는, 한 번에 약 5마일 정도를 달리시고요.

Map Closing _ 건강한 활동에 대한 생각

건강한 활동에 대한 생각
I just admire my father for sticking to his regular exercise plans.
다만 저는 정기적인 운동 계획을 끝까지 밀고 나가시는 아버지가 존경스러울 따름이에요.

HOW TO GUIDE

Listening 길라잡이
건강한 사람의 활동 설명 / 건강한 사람이 주중과 주말에 하는 활동에 대해 자세히 설명하기
- 듣기함정 "do healthy people usually do~"에서 일반적인 활동에 대한 설명으로 질문을 현재시제로 이해하도록 한다.

Speaking 길라잡이
건강한 사람들의 주중과 주말 활동 설명 ⇒ 개인적인 생각이나 의견을 제시하면서 답변 마무리
- 답변함정 답안 역시 반복적인 활동을 설명하므로, 현재시제를 사용하여 답변하도록 한다.

HOW TO ANSWER  Tr-053

On weekdays, healthy people are generally busy. They have much work to do and ❶ cannot take care of their health in detail other than their diet. ❷ It is on weekends that these health gurus get to care for their health. My father, for example, goes hiking every weekend. When the weather does not permit him to go on a long hike, he comes home early and is off to run. His hike usually consists of five- to six-hour hikes up to MuDeung Mountain. When he does run, he runs for about five miles at a time. I just admire my father for sticking to his regular exercise plans.

주중에 건강한 사람들은 일반적으로 바쁘게 생활합니다. 그들은 할 일이 많아서 다이어트를 제외하고는 세세하게 건강을 돌보기가 어렵습니다. 이 건강 전문가들이 건강을 돌보는 시기는 바로 주말입니다. 이를 테면, 아버지는 주말마다 등산을 가십니다. 날씨가 좋지 않아 장시간 하이킹을 할 수 없을 때는, 집에 일찍 돌아오셔서 달리기를 하러 나가십니다. 하이킹은 보통 무등산까지 5시간에서 6시간 정도의 하이킹입니다. 달리기를 할 때는, 한 번에 약 5마일 정도를 달리시고요. 다만 저는 정기적인 운동 계획을 끝까지 밀고 나가시는 아버지가 존경스러울 따름이에요.

어휘 guru 전문가, 권위자 be off to do ~하러 나가다 stick to 고수하다, 따르다

HOW TO CORRECT

문법 바로잡기
❷ [it is ~ that 강조용법] **It is**+강조대상+**that**+절(S+V)
It is on weekends ~~which~~ these health gurus get to care for their health.
It is on weekends that these health gurus get to care for their health.

표현 바로잡기
❶ [관용표현] **take care of**+명사/~ing (cf. care for+명사/~ing: ~을 돌보다)
They cannot ~~take care~~ their health in detail.
They cannot **take care of** their health in detail.
(cf) It is on weekends these health gurus get to care for their health.

최근에 만난 건강한 사람 소개 Tr-053

Who was the healthy person you met most recently? When did you meet the person? What was your first impression when meeting him or her? Tell me about the recent experience with many details.

가장 최근에 만난 건강한 사람은 누구였나요? 언제 그 사람을 만났죠? 그 사람을 만났을 때 첫인상은 어땠나요? 최근에 만난 경험을 자세하게 얘기해 보세요.

STORY MAP

[최근에 만난 건강한 사람 소개] 최근에 만난 건강한 사람 • 건강한 사람의 첫인상 • 건강 비결 경험

Map Intro _ 최근에 만난 건강한 사람

최근에 만난 건강한 사람 | Besides my father, I met one person who is healthier than him. He is also a professor.
아버지 이외에, 더 건강하신 분을 만난 적이 있습니다. 그 분 역시 교수님이셨는데요.

Map Body _ 건강한 사람의 첫인상

건강한 사람의 첫인상 | When I first met him, "upright" is the feeling I got. Although that is not exactly a usual first impression, I cannot describe him otherwise.
제가 그분을 처음 뵈었을 때, '곧다'라는 느낌을 받았습니다. 비록 일반적인 첫인상은 정확히 아니었지만, 저는 다른 말로는 표현하기가 좀 어렵습니다.

건강한 사람의 운동 | He rides a bicycle to and from work. He watches his diet, as my father does, as well as exercises regularly.
그분은 자전거로 출퇴근을 하십니다. 아버지처럼, 규칙적으로 운동도 하시고 식습관도 신경을 쓰십니다.

건강한 사람의 나이 | With the exception of balding, he appears to be in his fifties although he is well into his sixties, closer to his seventies.
연세가 60이 훨씬 넘으셔서 거의 70대에 가깝지만, 머리가 벗겨진 것을 빼고는 50대로 보입니다.

Map Closing _ 건강 비결 경험

건강 음식 | Once, I went to a vegetarian buffet with him for lunch. The food on his plate reminded me of a forest. There were plenty of greens and a smidgeon of brown, substitute meat here and there.
한 번은 그분과 함께 점심 식사를 하러 채식뷔페에 간 적이 있었어요. 그분의 접시 위에 있는 음식은 저로 하여금 숲을 연상시켰습니다. 접시에는 녹색들로 가득했고 여기 저기 고기 대용인 갈색이 약간 있었습니다.

건강 비결 | It seems that the secret to health is abstinence both in terms of diet and lifestyle.
건강의 비결은 식이 요법과 라이프스타일에 있어서 절제인 것 같습니다.

HOW TO GUIDE

Listening 길라잡이
건강한 사람 소개 / 건강한 사람과 그를 만난 경험(첫인상 등)에 대하여 자세히 설명하기

- 듣기함정: "healthy person ~ recently"에서 최근에 만난 건강한 사람에 대한 설명 질문임을 파악해둔다.

Speaking 길라잡이
최근에 만난 건강한 사람 소개 ⇒ 자세한 설명(첫인상, 활동, 나이 등) ⇒ 기타 첨언(건강 비결 등)으로 답변 마무리

- 답변함정: 최근에 만난 건강한 사람이므로 과거시제 답변을 하되 사람을 소개할 때는 사실을 말하는 것이므로 현재시제로 답변해도 좋다.

HOW TO ANSWER  Tr-053

Besides my father, I met one person who is healthier than him. He is also a professor. When I first met him, "upright" is the feeling I got. Although that is not exactly a usual first impression, I cannot describe him otherwise. He rides a bicycle to and from work. ❶ <u>He watches his diet, as my father does, as well as exercises regularly</u>. With the exception of balding, he appears to be in his fifties although he is well into his sixties, closer to his seventies. Once, I went to a vegetarian buffet with him for lunch. The food on his plate reminded me of a forest. There were plenty of greens and a smidgeon of brown, substitute meat here and there. ❷ <u>It seems that the secret to health is abstinence both in terms of diet and lifestyle</u>.

아버지 이외에, 더 건강하신 분을 만난 적이 있습니다. 그 분 역시 교수님이셨는데요. 제가 그분을 처음 뵈었을 때, '곧다'라는 느낌을 받았습니다. 비록 일반적인 첫인상은 정확히 아니었지만, 저는 다른 말로는 표현하기가 좀 어렵습니다. 그분은 자전거로 출퇴근을 하십니다. 아버지처럼, 규칙적으로 운동도 하시고 식습관도 신경을 쓰십니다. 연세가 60이 훌쩍 넘으셔서 거의 70대에 가깝지만, 머리가 벗겨진 것을 빼고는 50대로 보입니다. 한 번은 그분과 함께 점심 식사를 하러 채식뷔페에 간적이 있었어요. 그분의 접시 위에 있는 음식은 저로 하여금 숲을 연상시켰습니다. 접시에는 녹색들로 가득했고 여기 저기 고기 대용인 갈색이 약간 있었습니다. 건강의 비결은 식이 요법과 라이프스타일에 있어서 절제인 것 같습니다.

어휘 besides ~ 외에 upright 꼿꼿한, 곧은 smidgeon 아주 조금 substitute meat 고기 대용품 abstinence 자제, 금욕

HOW TO CORRECT

문법 바로잡기
❶ [상관접속사] **B as well as A**: A뿐만 아니라 B도 역시 (A와 B는 서로 같은 품사나 구조의 형태를 취함)
He watches his diet, as my father does, as well as ~~to exercise~~ regularly.
He watches his diet, as my father does, **as well as** exercises regularly.

표현 바로잡기
❷ [관용표현] **in terms of:** ~면에서는, ~에 관해서는
It seems that the secret to health is abstinence both ~~in terms~~ diet and lifestyle.
It seems that the secret to health is abstinence both **in terms of** diet and lifestyle.

SECTION 2 _ 여가활동

6강

영화 & 콘서트 관람하기

Unit1 영화
Unit2 콘서트

 **UNIT 1 영화**

 HOW TO OPIc

이번 6강부터는 설문조사 중에서 여가활동 분야의 항목을 학습하게 됩니다. 6강 첫 번째 Unit에서 살펴볼 설문조사 항목은 [영화]입니다. 영화는 일상생활에서 쉽고 편하게 즐길 수 있는 여가활동이기 때문에 필수적으로 선택하는 항목이라 할 수 있습니다. 실제 생활에서도 많이 접하고 즐기는 활동이어야 대답할 수 있는 내용도 다양한 법입니다. 여가활동에서는 최소 2개 이상의 항목을 선택해야 하므로 본인이 대답을 잘할 수 있는 항목을 선택하는 것이 무엇보다 중요합니다.

영화와 관련된 문제는 보통 중후반부(6~15번)에 출제되는데요. 영화 역시 한 번 출제되면 2~3문제 연속으로 문제가 등장하게 됩니다. 그럼 영화에서 자주 등장하고 있는 기본적인 질문, 구체적인 질문, 경험 관련 질문을 차례대로 살펴보겠습니다.

영화의 기본적인 질문으로는 자주 찾는 영화관을 묘사하는 문제와 좋아하는 영화배우, 그리고 좋아하는 영화 장르가 무엇인지를 묻는 문제를 꼽을 수 있습니다. 영화 항목을 선택했다면 위와 같은 질문이 가장 처음에 등장할 수 있으니 영화와 관련된 질문을 듣게 되면 기본적인 질문 내용을 떠올리면서 대처할 수 있어야 합니다.

영화에 대해서 본격적으로 물어보는 세부적인 질문은 얼마나 자주, 언제, 누구와 영화를 보는지, 여러 가지 내용을 물어보는 문제가 첫 번째입니다. 그리고 영화를 보기 전에 하는 일련의 활동들을 묻는 문제도 등장하게 됩니다. 영화관에 가기 전에 영화관 홈페이지에 들어가서 상영 중인 영화, 시간 등의 정보를 확인할 수 있죠? 극장에 가기 전에 하는 일과 극장에 도착해서 하는 일, 그리고 영화가 끝나고서 하는 일 등을 묻는 문제가 주어지므로 적절한 답변을 준비해두는 것이 좋습니다. 마지막으로 과거와 현재의 영화에 대한 관심 또는 취향의 변화에 대한 비교 설명을 하는 문제도 대비해 두세요.

영화에서도 직/간접적인 경험을 묻는 질문이 주어집니다. 어렸을 적에 봤던 영화, 가장 기억에 남는 영화, 최근에 관람한 영화, 영화관에서 겪었던 특별하거나 잊을 수 없는 경험 등등 다양한 경험을 대비해야 합니다. 간혹 경험과 관련된 문제가 연속으로 출제되는 경우도 있습니다. 예컨대, 최근에 본 영화를 묻고 나서 가장 기억에 남는 영화를 묻는 문제가 출제될 수 있습니다. 최근에 본 영화가 지금까지 가장 기억에 남는 영화가 될 수도 있지만, 답변이 상당 부분 중복이 되면 감점 요인이 될 수 있으므로 시험을 치르기 전에 경험별로 차별화된 답변을 준비해두기 바랍니다.

BEST QUESTIONS

영화 Mapping Questions

Q1 _ 영화 장르 소개하기

You indicated in the survey that you like to go to the cinema. What kind of movies do you like best? Why do you like it?

Q2 _ 영화 세부 설명하기

Who is your favorite movie star? Why do you like him or her? Have you heard about him or her through the news? If so, please tell me how he or she is getting along in detail.

Q3 _ 최근에 관람한 영화 얘기하기

Let's talk about the movie you saw most recently. What was the movie about? What things did you do before and after the movie? What activities did you do at the movie theater? Tell me all about the activities in detail.

영화 Role-play Questions

Q1 _ 영화 티켓 예매(질문하기)

I'll give you a situation. Please act it out. You and your friend will see a movie this Saturday and you are now at a theater to book tickets. Go to the ticket box and ask three or four questions to book two tickets.

Q2 _ 티켓이 매진된 상황(문제 해결하기)

I'm sorry, but there is a problem you should resolve. They say that the tickets for the movie you and your friend are planning to watch were already sold out. Call your friend and explain the problem. And then offer some alternatives to handle this issue.

Q3 _ 자주 가는 극장(면접관에게 질문하기)

I like to see movies as well. Just ask me three or four questions to find out more about the theater I frequently visit.

Q4 _ 좋아하는 영화 장르와 영화배우(면접관에게 질문하기)

I enjoy going to the theater, too. Ask me three or four questions to learn more about the kind of movies and movie stars I like best.

HOW TO **MAP YOUR STORY**

 Q1 영화 장르 소개 Tr-061

You indicated in the survey that you like to go to the cinema. What kind of movies do you like best? Why do you like it?

배경설문에서 영화를 즐겨 본다고 답했습니다. 어떤 영화 장르를 가장 좋아하나요? 왜 그 영화 장르를 좋아하죠?

STORY MAP

[영화 장르 소개] 영화 장르 • 좋아하는 장르의 영화 • 영화를 좋아하는 이유

Map Intro _ 영화 장르

좋아하는 영화 장르

The movies I like best are science fiction type movies which were recently released.

제가 가장 좋아하는 영화는 최근에 개봉한 공상과학 영화들입니다.

Map Body _ 좋아하는 장르의 영화

최근 개봉 영화 설명

I believe that the ideas for movies in Hollywood are practically dead and the ones released nowadays are nothing but movies based on novels, insipid and complex game-type movies, or beyond boring love comedies that follow a predictable plot such as meeting-love-conflict-resolution structure.

제 생각에는 할리우드 영화들의 아이디어가 사실상 거의 고갈되어 최근에 나온 영화들은 소설을 원작으로 하거나, 재미있고 복잡한 게임 스타일이거나 아니면 만남, 사랑, 갈등, 해결 구조와 같이 쉽게 예측할 수 있는 줄거리의 정말 지루한 영화들입니다.

좋아하는 영화

So I think the only movies worth seeing in the cinema, in other words paying full price for, are movies that entertain at least for my eyes. I enjoyed Transformers, Avatar, and Iron Man recently.

그래서 극장에서 볼만한 영화란, 다시 말해 돈을 다 주고 볼만한 영화는 최소한 제 눈이라도 즐겁게 해주는 영화라고 하겠습니다. 최근에 즐겁게 관람한 영화는 트랜스포머, 아바타 그리고 아이언맨이에요.

Map Closing _ 영화를 좋아하는 이유

영화를 좋아하는 이유

Watching those type of movies in theater is truly one of the mind-blowing experiences for me. The visual attractions in those movies are so great that I stop worrying about plot lines.

극장에서 이런 영화를 감상한다는 게 제게는 정말 감동적인 일 중의 하나입니다. 이런 영화들은 시각적인 효과가 정말 뛰어나서 줄거리 구성에 대한 걱정을 잊어버릴 수가 있답니다.

HOW TO GUIDE

Listening 길라잡이
영화 소개 / 좋아하는 영화의 종류와 이유 설명하기
- 듣기함정 "What kind of ~", "Why~"는 좋아하는 영화 장르와 이유를 함께 묻는 질문으로 이해하도록 한다.

Speaking 길라잡이
좋아하는 영화 장르 소개 ⇒ 좋아하는 영화 소개 ⇒ 영화를 좋아하는 이유를 설명하며 답변 마무리
- 답변함정 소개와 묘사 문제는 가장 기본적인 질문 유형에 해당되고 현재시제로 답변하면 된다.

HOW TO ANSWER  Tr-061

❶ The movies I like best are science fiction type movies which were recently released. I believe that the ideas for movies in Hollywood are practically dead and ❷ the ones released nowadays are nothing but movies based on novels, insipid and complex game-type movies, or beyond boring love comedies that follow a predictable plot such as meeting-love-conflict-resolution structure. So I think the only movies worth seeing in the cinema, in other words paying full price for, are movies that entertain at least for my eyes. I enjoyed Transformers, Avatar, and Iron Man recently. Watching those type of movies in theater is truly one of the mind-blowing experiences for me. The visual attractions in those movies are so great that I stop worrying about plot lines.

제가 가장 좋아하는 영화는 최근에 개봉한 공상과학 영화들입니다. 제 생각에는 할리우드 영화들의 아이디어가 사실상 거의 고갈되어 최근에 나온 영화들은 소설을 원작으로 하거나, 재미없고 복잡한 게임 스타일이거나 아니면 만남, 사랑, 갈등, 해결 구조와 같이 쉽게 예측할 수 있는 줄거리의 정말 지루한 영화들입니다. 그래서 극장에서 볼만한 영화란, 다시 말해 돈을 다 주고 볼만한 영화는 최소한 제 눈이라도 즐겁게 해주는 영화라고 하겠습니다. 최근에 즐겁게 관람한 영화는 트랜스포머, 아바타 그리고 아이언맨이에요. 극장에서 이런 영화를 감상한다는 게 제게는 정말 감동적인 일 중의 하나입니다. 이런 영화들은 시각적인 효과가 정말 뛰어나서 줄거리 구성에 대한 걱정을 잊어버릴 수가 있답니다.

어휘 science fiction 공상과학(=SF) insipid 재미없는, 풍미 없는 predictable 예측할 수 있는, 너무 뻔한 mind-blowing 너무나 감동적인

HOW TO CORRECT

문법 바로잡기
❶ [관계대명사 (목적격 생략)] 목적격 관계대명사 whom, which, that은 보통 구어체에서는 생략한다.
   The movies ~~what~~ I like best are science fiction type movies.
   The movies (**that/which**) I like best are science fiction type movies. → that/which 생략 가능

표현 바로잡기
❷ ['단지, 다만(only)'의 다른 표현] **nothing but**(=only) cf. anything but(=never) 결코~이 아닌
   The ones released nowadays are ~~anything but~~ movies based on novels.
   The ones released nowadays are **nothing but** movies based on novels.

영화배우 소개 Tr-061

Who is your favorite movie star? Why do you like him or her? Have you heard about him or her through the news? If so, please tell me how he or she is getting along in detail.

가장 좋아하는 영화배우는 누구인가요? 그 배우를 왜 좋아하나요? 뉴스를 통해서 그 배우의 소식을 들어본 적이 있나요? 있다면, 그 배우가 어떻게 지내고 있는지 설명해 보세요.

STORY MAP

[영화배우 소개] 좋아하는 영화배우 • 좋아하는 이유 • 최근 근황

Map Intro _ 좋아하는 영화배우

좋아하는 배우
I like Jim Carrey the most.
저는 짐 캐리를 가장 좋아해요.

배우의 특징 및 장점
He usually stars in comical movies and throws the audience into fits of laughter time after time.
그는 주로 코믹 영화에 출연해서 관객들을 계속해서 웃음의 도가니로 만들거든요.

Map Body _ 좋아하는 이유

배우의 연기
His prowess in comical acting is so great that he can induce smiles by merely changing his facial expressions. What I find admirable about Jim Carrey is not only his acting.
코믹 연기에서 그의 능력은 너무나도 뛰어나서 단지 얼굴 표정만 바꾸어서도 웃음을 자아내게 만듭니다. 제가 짐 캐리에 대해 존경하는 점은 단지 연기만은 아니에요.

가장 큰 장점
Truthfully speaking, there are few other comedians who are just as funny as Jim Carrey. What makes Jim Carrey stand out for me is that he is able to put smiley faces on others even though he suffers from extreme depression. That is professionalism right there.
솔직히 말해서, 짐 캐리만큼 재미있는 코미디언들은 거의 없습니다. 짐 캐리를 돋보이게 하는 점은 심한 우울증에 시달려도 사람들에게 웃는 얼굴을 보여줄 수 있다는 점이에요. 프로정신이란 바로 이런 겁니다.

Map Closing _ 최근 근황

배우의 최근 근황
According to the news release, Jim Carrey ended his five-year relationship with his wife, Jenny McCarthy. Even in this hard situation, he tried to gain flesh for his role in an upcoming movie.
최근 언론보도에 따르면, 짐 캐리는 부인인 제니 메카시와의 5년간의 결혼 생활을 청산했다고 해요. 이러한 힘든 상황에서도, 짐 캐리는 다음 영화의 배역을 위해서 살을 찌우는 노력을 했습니다.

HOW TO GUIDE

Listening 길라잡이
영화배우 소개 / 좋아하는 영화배우에 대해 자세히 설명하기
- 듣기함정 "Who~", "Why~"에서 좋아하는 배우와 함께 좋아하는 이유를 묻고 있는 질문임을 인지한다.

Speaking 길라잡이
영화배우 소개 ⇒ 좋아하는 이유 설명 ⇒ 최근 언론을 통한 배우의 근황을 소개하며 답변 마무리
- 답변함정 배우의 최근 근황은 과거에 해당될 수 있으므로 현재와 과거 시제를 적절하게 사용해야 함을 주의한다.

HOW TO ANSWER  Tr-061

I like Jim Carrey the most. He usually stars in comical movies and throws the audience into fits of laughter time after time. ❶ His prowess in comical acting is so great that he can induce smiles by merely changing his facial expressions. ❷ What I find admirable about Jim Carrey is not only his acting. Truthfully speaking, there are few other comedians who are just as funny as Jim Carrey. What makes Jim Carrey stand out for me is that he is able to put smiley faces on others even though he suffers from extreme depression. That is professionalism right there. According to the news release, Jim Carrey ended his five-year relationship with his wife, Jenny McCarthy. Even in this hard situation, he tried to gain flesh for his role in an upcoming movie.

저는 짐 캐리를 가장 좋아해요. 그는 주로 코믹 영화에 출연해서 관객들을 계속해서 웃음의 도가니로 만들거든요. 코믹 연기에서 그의 능력은 너무나도 뛰어나서 단지 얼굴 표정만 바꾸어서도 웃음을 자아내게 만듭니다. 제가 짐 캐리에 대해 존경하는 점은 단지 연기만은 아니에요. 솔직히 말해서, 짐 캐리만큼 재미있는 코미디언들은 거의 없습니다. 짐 캐리를 돋보이게 하는 점은 심한 우울증에 시달려도 사람들에게 웃는 얼굴을 보여줄 수 있다는 점이에요. 프로정신이란 바로 이런 겁니다. 최근 언론보도에 따르면, 짐 캐리는 부인인 제니 메카시와의 5년간의 결혼 생활을 청산했다고 해요. 이러한 힘든 상황에서도, 짐 캐리는 다음 영화의 배역을 위해서 살을 찌우는 노력을 했습니다.

어휘 fit (욱하는)감정 time after time 매번 prowess 기량, 솜씨 induce 유도하다, 초래하다

HOW TO CORRECT

문법 바로잡기
❷ [관계대명사 what] 선행사를 포함하는 관계대명사 what(~하는 것)과 동격의 절을 이끄는 that(~하는 것)의 구분
~~That~~ I find admirable about Jim Carrey is not only his acting. → that 절은 뒤에 완벽한 절을 이끈다.
What I find admirable about Jim Carrey is not only his acting.

표현 바로잡기
❶ ['so~ that 구문'의 올바른 표현] so+형용사+that+S+can: 너무 ~해서 ~하다
His prowess in comical acting is ~~very great that he can~~ induce smiles by merely changing ~.
His prowess in comical acting is **so great that he can** induce smiles by merely changing ~.

최근에 관람한 영화 Tr-061

Let's talk about the movie you saw most recently. What was the movie about? What things did you do before and after the movie? What activities did you do at the movie theater? Tell me all about the activities in detail.

가장 최근에 본 영화에 대한 얘기를 해보겠습니다. 어떤 내용의 영화였나요? 영화를 관람하기 전 그리고 관함 후에는 어떤 것들을 했나요? 극장에서는 어떤 활동들을 했죠? 극장에서의 활동들에 대해 자세히 말해보세요.

STORY MAP

[최근에 관람한 영화] 관람한 영화 정보 • 줄거리 • 관람 중에 일어난 일 소개

Map Intro _ 관람한 영화 정보

영화 제목과 배우 이름
The movie I watched most recently was Iron Man 2, starring Robert Downey Jr.
제가 최근에 본 영화는 로버트 다우니 주니어 주연의 아이언맨 2입니다.

영화 정보
The movie is the sequel to the first Iron Man, which depicted the birth of Iron Man.
이 영화는 아이언맨의 탄생을 그리고 있는 아이언맨 1편의 후속편이에요.

Map Body _ 줄거리

영화 줄거리
The plot of Iron Man 2 was not much different from the other superhero movies. It showed how the protagonist, Tony Stark, defeated a strong enemy and saved people.
줄거리는 다른 여타의 영웅 영화들의 이야기들과 별반 다를 바가 없었습니다. 영화는 주인공인 토니 스타크가 어떻게 강력한 적을 쓰러뜨리고 사람들을 구하는 지 보여줬습니다.

영화의 매력
But I did not mind it so much because of the special effects that kept my eyes entertained until the end of the movie.
하지만, 저는 영화가 끝날 때까지 저의 눈을 사로잡았던 특수효과들 때문에 크게 개의치 않았습니다.

Map Closing _ 관람 중에 일어난 일 소개

영화를 보면서 먹는 음식
During the movie, I munched on the excessively expensive popcorn that I had bought before the movie started. I usually buy something to eat such as popcorn and nachos before a movie.
영화를 보면서, 영화가 시작하기 전에 샀던 정말 비싼 팝콘을 우적우적 먹었습니다. 저는 보통 영화가 시작하기 전에 팝콘이나 나초와 같은 먹을거리를 사요.

영화 관람 후 활동
After the movie, I just wandered around the movie theater and had a meal with my friends.
영화를 보고 난 후에는, 그냥 극장 주변을 돌아다녔고 친구들과 함께 밥을 먹었습니다.

HOW TO GUIDE

Listening 길라잡이
영화 경험 소개 / 최근에 관람한 영화와 영화관에서의 활동 설명하기
- 듣기함정   "the movie you saw~"에서 과거의 경험을 묻고 있으므로 질문을 과거로 이해하도록 한다.

Speaking 길라잡이
최근에 관람한 영화 소개 ⇒ 영화 내용 소개 ⇒ 영화관에서 일어난 일을 설명하면서 답변 마무리
- 답변함정   최근 관람한 영화이므로 영화 이름, 배우, 줄거리 등 기본적인 영화 정보는 자유롭게 말할 수 있어야 한다.

HOW TO ANSWER  Tr-061

The movie I watched most recently was Iron Man 2, starring Robert Downey Jr. The movie is the sequel to the first Iron Man, which depicted the birth of Iron Man. The plot of Iron Man 2 was not much different from the other superhero movies. ❶ ❷ It showed how the protagonist, Tony Stark, defeated a strong enemy and saved people. But I did not mind it so much because of the special effects that kept my eyes entertained until the end of the movie. During the movie, I munched on the excessively expensive popcorn that I had bought before the movie started. I usually buy something to eat such as popcorn and nachos before a movie. After the movie, I just wandered around the movie theater and had a meal with my friends.

제가 최근에 본 영화는 로버트 다우니 주니어 주연의 아이언맨 2입니다. 이 영화는 아이언맨의 탄생을 그리고 있는 아이언맨 1편의 후속편이에요. 줄거리는 다른 여타의 영웅 영화들의 이야기들과 별반 다를 바가 없었습니다. 영화는 주인공인 토니 스타크가 어떻게 강력한 적을 쓰러뜨리고 사람들을 구하는 지 보여줬습니다. 하지만, 저는 영화가 끝날 때까지 저의 눈을 사로잡았던 특수효과들 때문에 크게 개의치 않았습니다. 영화를 보면서, 영화가 시작하기 전에 샀던 정말 비싼 팝콘을 우적우적 먹었습니다. 저는 보통 영화가 시작하기 전에 팝콘이나 나초와 같은 먹을거리를 사요. 영화를 보고 난 후에는, 그냥 극장 주변을 돌아다녔고 친구들과 함께 밥을 먹었습니다.

어휘   sequel 속편   depict 그리다, 묘사하다   protagonist (영화, 연극) 주인공   munch on ~을 아삭아삭, 우적우적 먹다

HOW TO CORRECT

문법 바로잡기
❶ [간접의문문] 의문사+주어+동사 어순

It showed ~~how did the protagonist, Tony Stark, defeat~~ a strong enemy.
It showed **how the protagonist, Tony Stark, defeated** a strong enemy.

표현 바로잡기
❷ ['전쟁, 시합에서 상대를 이기다'의 적절한 표현] **defeat**(타동사)+목적어

It showed how the protagonist, Tony Stark, ~~defeated to a strong enemy~~.
It showed how the protagonist, Tony Stark, **defeated a strong enemy**.

HOW TO ROLE-PLAY

TYPE 1 질문하기+문제 해결하기

영화표 예매(질문하기) Tr-062

I'll give you a situation. Please act it out. You and your friend will see a movie this Saturday, and you are now at a theater to book tickets. Go to the ticket box and ask three or four questions to book two tickets.

상황을 드리겠습니다. 역할 연기를 해보세요. 친구와 함께 이번 주 토요일에 영화를 보려고 해서 당신은 지금 표를 예매하려고 극장에 왔다고 해보겠습니다. 매표소에 가서 영화표 2장을 예매할 수 있도록 서너 가지 질문을 해보세요.

HOW TO GUIDE

질문 길라잡이
1 영화표를 예매 한다고 가정
2 매표소를 찾아가서 영화표 예매와 관련된 질문하기

정답 길라잡이
1 매표소를 찾아온 이유 설명
2 좌석 관련 질문
3 시간 질문
4 상영관 질문
5 할인 질문

HOW TO ANSWER Tr-062

Good morning, sir. I am here to reserve two seats for Transformers 3 on the release date. Preferably, I would like to have two seats next to each other. Is it available? Also, I do realize that it is most crowded from seven to nine. Are there any other times you could recommend for us? In addition, is there any 3D theater? I've never seen a movie in a 3D theater and I'd love to. Finally, are there any discounts depending on what card I use?

안녕하세요, 선생님. 트랜스포머 3편 개봉 일자에 좌석 2개를 예약하려고 해요. 기왕이면 붙어 있는 좌석으로 주셨으면 합니다. 자리가 있나요? 그리고 가장 붐비는 시간대가 7시부터 9시까지 인걸로 알고 있어요. 추천하시고 싶은 다른 시간대가 있을까요? 아울러, 3D 상영관이 있나요? 3D 상영관에서 영화를 본 적이 없어서 한 번 보고 싶거든요. 마지막으로, 제가 사용하는 카드에 따라 할인도 받을 수 있나요?

어휘   preferably 가급적이면, 오히려

영화표가 예매되지 않은 돌발 상황 (문제 해결하기) Tr-062

I'm sorry, but there is a problem you should resolve. They say that the tickets for the movie you and your friend are planning to watch were already sold out. Call your friend and explain the problem. And then offer some alternatives to handle this issue.

유감스럽습니다만, 해결해야 할 문제가 생겼습니다. 영화관 측에서 친구와 함께 보려고 하는 영화표가 이미 매진이 되었다고 합니다. 친구에게 전화해서 상황을 설명하세요. 그러고 나서 이 문제를 해결할 수 있도록 대안을 몇 가지 제시해 보세요.

HOW TO GUIDE

질문 길라잡이
1. 영화표가 매진되었다고 가정
2. 친구에게 전화해서 문제에 대한 설명과 그에 따른 대안 제시

정답 길라잡이
1. 영화표 매진에 대한 설명
2. 다른 영화를 보자는 대안
3. 기다려 보는 대안
4. 영화 관람을 취소하고 저녁을 먹자는 대안

HOW TO ANSWER  Tr-062

Hello, Ho Sung? It's me, Hyun Ho. We've got a problem. All the tickets for Transformer 3 were already sold out. So, I have deeply considered how to handle this problem. Here are the alternatives I came up with. First, we can just watch another movie and watch Transformer 3 some other day. Or we could sit and wait for empty seats because some people do fail to show up sometimes. Lastly, we could just cancel the entire movie thing and go for dinner. I will treat! What do you think? Let me know your choice.

여보세요, 호성이니? 나야 현호. 문제가 좀 생겼어. 트랜스포머 3 표가 모두 매진이래. 그래서 이 문제를 해결해야 할지 몇 가지 대안을 찾아 봤거든. 한 가지는, 그냥 다른 영화를 보고 트랜스포머는 나중에 보는 거야. 아니면, 사람들이 오지 않는 경우도 가끔 있으니까 그냥 가서 기다려보는 방법도 있고. 마지막은, 그냥 영화 보는 걸 취소하고 저녁이나 먹으러 가는 거야. 내가 살게. 어떻게 생각하니? 어떤 게 맘에 드는지 알려줘.

어휘 come up with (해답·돈 등을) 찾아내다, 내놓다   some other day 나중에, 다른 날에

TYPE 2 면접관에게 질문하기

 즐겨 찾는 극장 Tr-062

I like to see movies as well. Just ask me three or four questions to find out more about the theater I frequently visit.

저도 영화를 즐겨 봅니다. 제가 즐겨 가는 극장에 대해 좀 더 알아볼 수 있도록 서너 가지 질문을 해보세요.

HOW TO GUIDE

❶ 내가 먼저 자주 가는 영화관에 대해서 언급한 후 상대방에게 질문을 시작한다.
❷ 영화관의 위치, 거리, 좋아하는 이유 등 4가지 정도를 물어보면 된다.

HOW TO ANSWER  Tr-062

❶ I usually go to the Lotte Cinema in Lotte Department Store to see a movie and partly for shopping. ❷ **Where** is the movie theater you frequently visit? Do you mind if I ask you why you like that theater? How about **the facilities**? New multiplex cinemas have really good facilities. By the way, is the movie theater **far from** your home? If it is far away from your house, could you tell me any special reasons **why** you like to go to that particular theater despite the long distance?

저는 보통 쇼핑도 할 겸 해서 롯데 백화점에 있는 롯데 시네마로 영화를 보러 가요. 당신이 자주 가는 영화관이 어디인가요? 왜 그 영화관을 좋아하는지 물어봐도 괜찮겠죠? 부대시설들은 어떤가요? 최근에 복합 상영관들은 시설이 정말 좋더라고요. 아, 그런데, 극장이 집에서 먼가요? 집에서 멀리 떨어 곳에 있다면, 먼 거리에도 불구하고 그 영화관을 찾는 특별한 이유가 있다면 말씀해 주시겠어요?

 좋아하는 영화 장르와 영화배우 Tr-062

I enjoy going to the theater, too. Ask me three or four questions to learn more about the kind of movies and movie stars I like best.

저도 영화관에 가는 것을 좋아합니다. 제가 가장 좋아하는 영화 장르와 영화배우에 대해 좀 더 알아볼 수 있도록 서너 가지 질문을 해보세요

HOW TO ANSWER  Tr-062

I like movies with spectacular CG effects. I also like comedies as well. What about you? **What type** of movies do you like? **Why** do you like those types of movies? Are there **any particular movie stars** you like? Would you happen to like those movies because of these actors?

저는 멋진 컴퓨터 그래픽 효과가 있는 영화들을 좋아하는데요. 물론 코미디물도 좋아합니다. 당신은 어떤 영화 장르를 좋아하나요? 왜 그러한 영화 장르를 좋아하나요? 특별히 좋아하는 배우가 있나요? 혹시 배우들 때문에 좋아하는 건 아닌가요?

HOW TO 영화 Plus

영화 Plus Questions

Q1 _ 영화관 묘사하기

You indicated in the survey that you like to see movies. Please describe the cinema you like to go to.
설문조사에서 영화를 즐겨 본다고 했습니다. 자주 가는 영화관을 묘사해 보세요.

Q2 _ 영화 관람 전후에 하는 활동

What activities do you usually do before you go to the theater? And what things do you do before and after the movie? Please tell me all the details.
극장에 가기 전에 주로 어떤 일을 하나요? 그리고 영화 관람 전과 후에는 어떤 것을 하죠? 자세하게 얘기해 보세요.

Q3 _ 가장 기억에 남는 영화

Let's talk about the most memorable movie you have ever seen. What was the movie about? What was its plot? Why was it so memorable to you? Please tell me all about it in as much detail as you can.
지금까지 본 영화 중에서 가장 기억에 남는 영화에 대해서 얘기해 보겠습니다. 어떤 영화였나요? 줄거리는 어땠죠? 왜 그렇게 기억에 남는 건가요? 가능한 한 자세하게 그 영화에 얘기해 보세요.

영화 Role-play Questions

Q1 _ 최신 영화(질문하기)

I'll give you a situation. Please act it out. You want to see a new movie this Saturday which your best friend already saw. Call your friend and leave a recorded message, asking three or four questions about the new movie.
상황을 드리겠습니다. 역할 연기를 해보세요. 친한 친구가 이미 관람한 최신 영화를 이번 주 토요일에 보려고 합니다. 친구에게 전화해서 최신 영화에 대해서 서너 가지 물어보면서 녹음 메시지를 남겨보세요.

Q2 _ 영화를 볼 수 없는 상황(문제 해결하기)

I'm sorry, but there is a problem you should resolve. You bought two movie tickets a yesterday, but you can't see the movie with your friend due to an urgent matter. Call your friend and explain what your situation is. And then offer two alternatives to handle this issue.
유감스럽지만 해결해야 할 문제가 있습니다. 어제 영화표 두 장을 예매했는데 급한 문제 때문에 친구와 함께 영화를 볼 수 없습니다. 친구에게 전화해서 당신의 상황을 설명하세요. 그러고 나서 이 문제를 해결할 수 있도록 두 가지 대안을 제안해 보세요.

 # UNIT 2 콘서트

 HOW TO OPIc

6강 두 번째 여가활동 항목은 바로 '콘서트'입니다. 문화생활을 즐기는 사람들을 위해서 영화와 콘서트를 묶어서 구성하였습니다. 주로 평일보다는 주말에 즐길 수 있는 여가활동이고 자주 즐기기는 어렵지만 젊은 대학생들이 자주 선택하고 있는 항목인 만큼 콘서트 관련 문제 역시 빈번하게 출제되고 있는 상황입니다. 문화생활을 좋아하는 수험생이라면 6강에 구성된 영화와 콘서트 항목을 적극 공략해보기 바랍니다.

자, 그럼 콘서트와 관련된 문제도 자세하게 짚어봐야겠죠? 첫 번째, 광범위하고 기초적인 질문입니다. 콘서트가 열리는 콘서트홀을 묘사하는 문제를 떠올릴 수 있겠네요. 그리고 기본적으로 좋아하는 가수를 소개해 보라는 질문도 충분히 예상할 수 있습니다. 간혹, 경험과 관련된 질문이긴 하지만 콘서트에 관심을 가지거나 좋아하게 된 계기가 무엇인지를 묻는 문제도 초반에 등장하기도 합니다. 따라서 기본적으로 콘서트와 관련된 기초적인 질문은 이 3가지 정도에서 대비해두는 좋습니다.

두 번째는 구체적이고 상세한 질문입니다. 언제, 얼마나 자주, 누구와 콘서트를 보러 가는지에 대한 문제가 출제됩니다. 이런 문제 유형을 복합 질문(여러 개의 질문) 또는 묶음 질문으로 정리해 두세요. 콘서트를 보러 콘서트홀에 도착하고 콘서트가 끝날 때까지 하는 활동을 묻는 문제도 자주 선보이는 문제입니다. 그리고 지난 10년간 콘서트 문화의 변화에 대한 예제 설명을 하는 문제도 충분히 예상할 수 있으므로 적절하게 대비해두기 바랍니다.

마지막으로 경험과 관련된 질문입니다. 기억에 남는 콘서트 경험, 콘서트홀에서 겪었던 잊을 수 없는 경험, 최근에 관람한 콘서트 등을 떠올릴 수 있습니다. 누구나 겪어봤을 법한, 그리고 일어날 수 있을 법한 일들을 경험의 소재로 삼는 것이 좋습니다. 특별한 경험을 묻는다 하더라도 전혀 엉뚱한 상황을 답변으로 채택하게 되면 평가자(rater) 역시 상황을 공감하기가 어려워서 좋은 점수로 연결되기가 어려울 수도 있으니 일반적인 상황에 따른 경험을 답변할 수 있도록 준비해 두세요.

콘서트는 영화처럼 티켓을 예매하는 Role-play 상황이 자주 등장하고 있습니다. 티켓이 이미 매진된 상황, 티켓을 예매했는데 급한 문제 때문에 갈 수 없는 상황 등도 함께 어울리는 Role-play이므로 꼭 준비해둬야 합니다. 콘서트 Best Questions와 Plus Questions에서 다루고 있는 Role-play 상황만큼은 정기시험을 치르기 전에 꼭 만반의 대비를 해두기 바랍니다.

BEST QUESTIONS

콘서트 Mapping Questions

Q1 _ 콘서트홀 묘사하기

You indicated in the survey that you like to go to the concerts. Where is your favorite concert hall? Please describe it in detail.

Q2 _ 콘서트 세부 설명하기

Who do you normally go to concerts with? How often do you go to a concert? Is there a concert hall you frequently go to? What things do you usually do when arriving at the concert hall? Tell me all the details.

Q3 _ 첫 콘서트 경험 얘기하기

When did you first go to a concert? What was the concert about? Was there a memorable episode? If so, tell me about the episode and your first experience in as much detail as you can.

콘서트 Role-play Questions

Q1 _ 콘서트 티켓 예약(질문하기)

I'll give you a situation. Please act it out. You are going to go to a concert with your friend, and you have to reserve tickets. Call a person in charge of the concert and ask three or four questions to reserve tickets.

Q2 _ 티켓 예약이 되지 않은 상황(문제 해결하기)

I'm afraid, you have a problem to solve. You reserved tickets a week ago and just arrived at the concert hall with your friend. To pick up the tickets, you went to the ticket booth but they said that there was no record of reservations. Explain the situation and offer some solutions to address this matter.

Q3 _ 좋아하는 콘서트홀(면접관에게 질문하기)

I also like to go to concerts. Please ask me three or four questions to learn about my favorite concert hall.

Q4 _ 기억에 남는 콘서트와 좋아하는 가수(면접관에게 질문하기)

I enjoy going to concerts, as well. Just ask me three or four questions to learn more about my most memorable concert and my favorite singer.

HOW TO MAP YOUR STORY

Q1 콘서트홀 묘사 Tr-063

You indicated in the survey that you like to go to concerts. Where is your favorite concert hall? Please describe it in detail.

배경설문에서 콘서트에 가는 것을 좋아한다고 답했습니다. 가장 좋아하는 콘서트홀은 어디인가요? 좋아하는 콘서트홀을 자세히 묘사해 보세요.

STORY MAP

[콘서트홀 묘사] 콘서트홀 소개 • 인테리어 • 콘서트홀 위치

Map Intro _ 콘서트홀 소개

콘서트홀 이름
I like to go the Ansan Culture and Art Center.
저는 안산 문화예술회관에 즐겨 갑니다.

콘서트홀 연혁
Since its establishment in 2004, it has been esteemed as the nation's foremost domestic and local mecca of culture and art. It has been setting various kinds of concerts ranging from international festivals to family musicals.
2004년에 설립된 이후로 안산 문화예술회관은 국내 그리고 지역 내 문화 예술의 메카로 자리매김했습니다. 안산 문화예술회관에서는 국제 축제부터 가족 뮤지컬까지 다양한 종류의 콘서트가 열리고 있습니다.

Map Body _ 인테리어

콘서트홀 주변 환경
By walking around the center building, you can see an outdoor performance stage where spectators can enjoy beautiful surroundings and experience dynamic performances.
건물 주변을 거닐면, 관객들이 아름다운 경관을 감상하고 역동적인 공연을 관람할 수 있는 야외 공연무대가 있어요.

내부 인테리어
As you walk a bit more, you can find the concert hall and exhibition hall. The concert hall is a large-scale conference hall equipped with six simultaneous interpretation rooms.
조금만 더 가면, 콘서트홀과 전시홀이 있습니다. 콘서트홀은 6개의 동시통역 공간이 완비된 큰 규모의 회의장입니다.

Map Closing _ 콘서트홀 위치

콘서트홀 위치
The Ansan Culture and Art Center is located at Danwon-gu in Ansan. Walk five minutes from Gojan Station and the center will come into view.
안산 문화예술회관은 안산의 단원구에 위치해 있어요. 고잔역에서 5분만 걸어가면, 문화예술회관이 바로 눈에 보일 겁니다.

HOW TO GUIDE

Listening 길라잡이
콘서트홀 소개 질문 / 자주 가는 콘서트홀의 모습을 자세히 묘사하기

💧 듣기함정　"describe~"가 들리면 묘사 질문으로 항상 현재시제로 이해하도록 한다.

Speaking 길라잡이
콘서트홀 이름과 연혁 소개 ⇒ 콘서트홀 묘사 ⇒ 위치를 설명하며 답변 마무리

💧 답변함정　묘사 문제는 기본적인 오픽 문제 유형으로 현재시제를 사용하여 답변하면 된다.

HOW TO ANSWER  Tr-063

I like to go the Ansan Culture and Art Center. ❶ <u>Since its establishment in 2004, it has been esteemed as the nation's foremost domestic and local mecca of culture and art.</u> ❷ <u>It has been setting various kinds of concerts ranging from international festivals to family musicals.</u> By walking around the center building, you can see an outdoor performance stage where spectators can enjoy beautiful surroundings and experience dynamic performances. As you walk a bit more, you can find the concert hall and exhibition hall. The concert hall is a large-scale conference hall equipped with six simultaneous interpretation rooms. The Ansan Culture and Art Center is located at Danwon-gu in Ansan. Walk five minute from Gojan Station and the center will come into view.

저는 안산 문화예술회관에 즐겨 갑니다. 2004년에 설립된 이후로 안산 문화예술회관은 국내 그리고 지역 내 문화 예술의 메카로 자리매김했습니다. 안산 문화예술회관에서는 국제 축제부터 가족 뮤지컬까지 다양한 종류의 콘서트가 열리고 있습니다. 건물 주변을 거닐면, 관객들이 아름다운 경관을 감상하고 역동적인 공연을 관람할 수 있는 야외 공연무대가 있어요. 조금만 더 가면, 콘서트홀과 전시홀이 있습니다. 콘서트홀은 6개의 동시통역 공간이 완비된 큰 규모의 회의장입니다. 안산 문화예술회관은 안산의 단원구에 위치해 있어요. 고잔역에서 5분만 걸어가면, 문화예술회관이 바로 눈에 보일 겁니다.

어휘　foremost 유명한, 가장 중요한　outdoor 야외의, 실외의　simultaneous 동시의

HOW TO CORRECT

문법 바로잡기

❶ [전치사 since] since(~부터, 이후)+과거의미 ~, S+현재완료/과거완료
Since its establishment in 2004, ~~it is esteemed~~ as the nation's foremost domestic and local mecca ~.
Since its establishment in 2004, **it has been esteemed** as the nation's foremost domestic and local mecca ~.

표현 바로잡기

❷ [양, 크기 등의 범위 표현] range(자동사) from A to B(전치사의 쓰임 주의)
It has been setting various kinds of concerts ranging from international festivals ~~into~~ family musicals.
It has been setting various kinds of concerts **ranging from** international festivals **to** family musicals.

콘서트 세부 설명 Tr-063

Who do you normally go to concerts with? How often do you go to a concert? Is there a concert hall you frequently go to? What things do you usually do when arriving at the concert hall? Tell me all the details.

보통 누구와 함께 콘서트를 보러 가나요? 얼마나 자주 가나요? 자주 가는 콘서트홀이 있나요? 콘서트홀에 도착하면 주로 어떤 것들을 하나요? 자세히 말해 보세요.

STORY MAP

[콘서트 세부 설명] 콘서트 동행인 소개 • 관람 횟수 • 콘서트홀에서 하는 일

Map Intro _ 콘서트 동행인 소개

동행인
Whenever I go to concert halls, I always go with my friend.
콘서트홀을 찾을 때면 저는 제 친구와 항상 동행을 해요.

동성 친구
Unfortunately, the friend I take with me is rarely one of the opposite gender. Thus, there are no other reasons for me to go to concert halls except to watch whatever is on the show.
애석하게도, 함께 가는 친구는 거의 대부분 제 이성 친구가 아닙니다. 그래서 어떤 공연을 하던 간에 공연 관람을 빼고는 콘서트홀을 찾는 다른 이유가 없다고 할 수 있어요.

Map Body _ 관람 횟수

좋아하는 콘서트홀
Because of this, my visits to concert halls are irregular. My favorite concert hall is different from the place we frequently visit. That's because there are many couples and we do not want to be among them.
이런 이유 때문에, 저는 비정기적으로 콘서트홀을 찾습니다. 제가 좋아하는 콘서트홀은 제가 자주 가는 장소와 달라요. 그 곳에는 연인들이 많이 있어서 그 속에 껴 있고 싶지 않기 때문입니다.

콘서트 관람 횟수
At times, I go to concerts every other week because the shows on air, in my opinion, are must-sees.
가끔은 제 생각이지만 공연 중인 콘서트들이 꼭 봐야만 하는 것들이라서 2주에 한 번 꼴로 콘서트를 보러 갑니다.

Map Closing _ 콘서트홀에서 하는 일

콘서트 홀에서 하는 활동
On days when I do go, the first thing I do is to check if there are any interesting performances coming up next.
콘서트가 열리는 당일에 제가 가장 먼저 하는 일은 다음번에 재미있는 공연이 있는지를 알아보는 일이에요.

활동을 하는 이유
It may seem odd, but I always hope to make my dream come true someday. My dream? Absolutely, seeing a concert with my girlfriend.
이상하게 비춰질 수도 있지만, 언젠가 제 꿈이 이루어지길 항상 바라고 있어요. 제 꿈이요? 당연히, 여자 친구와 함께 콘서트를 관람하는 겁니다.

HOW TO GUIDE

Listening 길라잡이
콘서트 관련 세부 질문 / 콘서트를 함께 가는 사람, 빈도, 활동 등 콘서트에 대해서 자세히 설명하기
- 듣기함정 "Who~", "How often ~", "What things~"에서 세부내용을 묻는 의문사를 주의해서 듣도록 한다.

Speaking 길라잡이
함께 가는 사람 설명 ⇒ 콘서트 관람 횟수 소개 ⇒ 콘서트홀에서의 활동 설명
- 답변함정 묻고 있는 세부 질문들을 잘 기억해서 가급적이면 질문 순서대로 답변하도록 한다.

HOW TO ANSWER  Tr-063

Whenever I go to concert halls, I always go with my friend. Unfortunately, the friend I take with me is rarely one of the opposite gender. Thus, there are no other reasons for me to go to concert halls except to watch whatever is on the show. Because of this, my visits to concert halls are irregular. My favorite concert hall is different from the place we frequently visit. That's because there are many couples and we do not want to be among them. ❶ At times, I go to concerts every other week because the shows on air, in my opinion, are must-sees. On days when I do go, ❷ the first thing I do is to check if there are any interesting performances coming up next. It may seem odd, but I always hope to make my dream come true someday. My dream? Absolutely, seeing a concert with my girlfriend.

콘서트홀을 찾을 때면 저는 제 친구와 항상 동행을 해요. 애석하게도, 함께 가는 친구는 거의 대부분 제 이성 친구가 아닙니다. 그래서 어떤 공연을 하던 간에 공연 관람을 빼고는 콘서트홀을 찾는 다른 이유가 없다고 할 수 있어요. 이런 이유 때문에, 저는 비정기적으로 콘서트홀을 찾습니다. 제가 좋아하는 콘서트홀은 제가 자주 가는 장소와 달라요. 그 곳에는 연인들이 많이 있어서 그 속에 껴 있고 싶지 않기 때문입니다. 가끔은 제 생각이지만 공연 중인 콘서트들이 꼭 봐야만 하는 것들이라서 2주에 한 번 꼴로 콘서트를 보러 갑니다. 콘서트가 열리는 당일에 제가 가장 먼저 하는 일은 다음번에 재미있는 공연이 있는지를 알아보는 일이에요. 이상하게 비춰질 수도 있지만, 언젠가 제 꿈이 이루어지길 항상 바라고 있어요. 제 꿈이요? 당연히, 여자 친구와 함께 콘서트를 관람하는 겁니다.

어휘 rarely 드물게, 좀처럼 ~ 않는   irregular 불규칙적인   odd 이상한, 특이한

HOW TO CORRECT

문법 바로잡기
❷ [명사절을 이끄는 if] 타동사+if 절 (~인지 아닌지) = **whether ~ or not**
The first thing I do is to check ~~that~~ there are any interesting performances coming up next.
The first thing I do is to check **if** there are any interesting performances coming up next.

표현 바로잡기
❶ ['가끔은, 때때로'의 표현] **at times = sometimes = from time to time**
~~At time~~, I go to concerts every other week.
At times, I go to concerts every other week.

첫 콘서트 경험 Tr-063

When did you first go to a concert? What was the concert about? Was there a memorable episode? If so, tell me about the episode and your first experience in as much detail as you can.

언제 처음으로 콘서트에 가게 되었나요? 어떤 콘서트였죠? 기억에 남는 에피소드가 있나요? 있다면, 그 에피소드와 처음 콘서트에 간 경험에 대해 최대한 자세히 말해 보세요.

STORY MAP

[첫 콘서트 경험] 첫 콘서트 관람 • 에피소드 • 콘서트 분위기

Map Intro _ 첫 콘서트 관람

처음 콘서트를 봤을 때
My first visit to a concert was not a long time ago. It was the Green Day concert in January 2010.
제가 처음으로 콘서트를 간 것은 그렇게 오래 전 일은 아닙니다. 2010년 1월, 그린데이 콘서트 때였어요.

콘서트에 간 이유
My friend Shin Young and I had always been huge Green Day fans back in the sixth grade of our elementary school. We would always be listening to their CDs no matter what we were doing, and it just helped keep the mood fun.
친구 신영이와 저는 초등학교 6학년 시절부터 그린데이의 열렬한 팬이었습니다. 우리는 어떤 일을 하더라도 그린데이의 CD를 항상 들었고, 음악을 들으면 기분이 좋아졌습니다.

Map Body _ 에피소드

밴드의 내한 공연
So when we heard that they were coming to Korea to play a show, we jumped at the chance to see one of our favorite bands live. The day of the show was one of the longest days of my life. Their performance still lives in my memory.
그래서 우리는 그들이 내한 공연을 하러 온다는 소식을 접했을 때, 가장 좋아하는 밴드의 라이브 공연을 볼 수 있는 기회를 놓치지 않았어요. 공연 당일은 제 인생에서 가장 긴 하루였습니다. 그들의 공연이 아직도 눈에 선합니다.

에피소드 소개
Oh, actually, there was one shocking moment on the stage. Some girl suddenly went on stage and kissed a band member while he was playing the guitar on bended knees. Her weird behavior was more like an accident. Billie Joe, however, generously said to her she deserved a stage dive and she jumped into the crowd.
아, 실은 무대에서 충격적인 일이 벌어지긴 했는데요. 어떤 여자 관객이 갑자기 무대에 올라가서 무릎을 꿇고 기타 연주를 하던 밴드 멤버에게 키스를 해버렸습니다. 그녀의 이상한 행동은 사고나 다름없었죠. 하지만, 빌리 조는 너그럽게도 무대 아래에서도 뛰어들 자격이 있다고 했고, 그녀는 관객들 속으로 몸을 날렸습니다.

Map Closing _ 콘서트 분위기

콘서트 분위기
I couldn't understand her rude and ridiculous manner but it made the crowd more excited.
저는 그녀의 무례하고 어이없는 태도를 이해할 수 없었지만, 그녀의 행동은 관중들을 더욱 흥분시켰습니다.

HOW TO GUIDE

Listening 길라잡이
콘서트 경험 질문 / 처음 콘서트를 갔던 경험에 대해 자세히 설명하기

- **듣기함정** "When", "What ~ about" 등 경험에 대한 세부 질문에 경험에 대한 설명이므로 질문을 과거로 이해하도록 한다.

Speaking 길라잡이
처음 콘서트를 간 때 소개 ⇒ 콘서트를 간 이유 설명 ⇒ 에피소드 소개 ⇒ 콘서트 분위기를 얘기하며 답변 마무리

- **답변함정** 경험에 대한 질문이므로 과거시제를 사용하고 기억에 남는 에피소드는 현실적으로 불가능하거나 경험하기 어려운 일보다는 일반적으로 누구나 겪어볼 수 있는 일을 선정하여 답변하는 것이 좋다.

HOW TO ANSWER  Tr-063

My first visit to a concert was not a long time ago. It was the Green Day concert in January 2010. My friend Shin Young and I had always been huge Green Day fans back in the sixth grade of our elementary school. ❶ <u>We would always be listening to their CDs no matter what we were doing</u>, and it just helped keep the mood fun. So when we heard that they were coming to Korea to play a show, we jumped at the chance to see one of our favorite bands live. The day of the show was one of the longest days of my life. Their performance still lives in my memory. Oh, actually, there was one shocking moment on the stage. Some girl suddenly went on stage and kissed a band member while he was playing the guitar on bended knees. ❷ <u>Her weird behavior was more like an accident.</u> Billie Joe, however, generously said to her she deserved a stage dive and she jumped into the crowd. I couldn't understand her rude and ridiculous manner but it made the crowd more excited.

제가 처음으로 콘서트를 간 것은 그렇게 오래 전 일은 아닙니다. 2010년 1월, 그린데이 콘서트 때였어요. 친구 신영이와 저는 초등학교 6학년 시절부터 그린데이의 열렬한 팬이었습니다. 우리는 어떤 일을 하더라도 그린데이의 CD를 항상 들었고, 음악을 들으면 기분이 좋아졌습니다. 그래서 우리는 그들이 내한 공연을 하러 온다는 소식을 접했을 때, 가장 좋아하는 밴드의 라이브 공연을 볼 수 있는 기회를 놓치지 않았어요. 공연 당일은 제 인생에서 가장 긴 하루였습니다. 그들의 공연이 아직도 눈에 선합니다. 아, 실은 무대에서 충격적인 일이 벌어지긴 했는데요. 어떤 여자 관객이 갑자기 무대에 올라가서 무릎을 꿇고 기타 연주를 하던 밴드 멤버에게 키스를 해버렸습니다. 그녀의 이상한 행동은 사고나 다름없었죠. 하지만, 빌리 조는 너그럽게도 무대 아래에서도 뛰어들 자격이 있다고 했고, 그녀는 관객들 속으로 몸을 날렸습니다. 저는 그녀의 무례하고 어이없는 태도를 이해할 수 없었지만, 그녀의 행동은 관중들을 더욱 흥분시켰습니다.

어휘 weird 기이한, 기묘한　deserve 자격이 있다　rude 무례한

HOW TO CORRECT

문법 바로잡기
❶ [양보 구문 no matter 의문사] **no matter what** (=whatever)+절(S+V): 아무리 ~ 하더라도
We would always be listening to their CDs ~~what~~ we were doing.
We would always be listening to their CDs **no matter what** we were doing.

표현 바로잡기
❷ [반어적 표현] **more like**+명사 : 오히려 ~에 더 가까운
Her weird behavior was like an accident.
Her weird behavior was **more like an accident**.

HOW TO ROLE-PLAY

TYPE 1 질문하기+문제 해결하기

 콘서트 예매(질문하기) Tr-064

I'll give you a situation. Please act it out. You are going to go to a concert with your friend, and you have to reserve tickets. Call a person in charge of the concert and ask three or four questions to reserve tickets.

상황을 드리겠습니다. 역할 연기를 해보세요. 친구와 함께 콘서트를 관람하기 위해서 표를 예매한다고 해보겠습니다. 콘서트 담당자에게 전화를 걸어 표를 예매할 수 있도록 서너 가지 질문해 보세요.

HOW TO GUIDE

질문 길라잡이
1. 콘서트를 관람하기 위해서 표를 예매한다고 가정
2. 매표소에 전화해서 예매와 관련된 질문하기

정답 길라잡이
1. 예약담당자와의 통화 시도
2. 전화를 건 이유 설명
3. 좌석 질문
4. 가격 질문
5. 할인 관련 질문

HOW TO ANSWER  Tr-064

Hello. Is this the Heritz Concert Hall? May I speak with the person in charge of reservations? I'd like to reserve two seats next to each other for the upcoming concert. Would it be possible to reserve seats with a good view of the musicians? How much do they cost? Are there any available Internet sites to reserve the tickets? Finally, I'd like to know if there are special discount cards or point cards you accept.

여보세요. 헤리츠 콘서트홀인가요? 예약 담당자 분과 통화할 수 있을까요? 다가오는 콘서트에 서로 붙어 있는 좌석을 예약하고 싶습니다. 연주자들이 잘 보이는 좌석으로 예매할 수 있을까요? 가격은 얼마인가요? 인터넷으로도 표를 예매할 수 있나요? 마지막으로, 사용할 수 있는 특별한 할인 카드나 포인트 카드가 있는지 여쭤 보고 싶습니다.

어휘 in charge of ~을 담당하다 upcoming 다가오는, 곧 있을

예약이 되지 않은 돌발 상황(문제 해결하기) Tr-064

I'm afraid you have a problem to solve. You reserved tickets a week ago and just arrived at the concert hall with your friend. To pick up the tickets, you went to the ticket booth but they said that there was no record of reservations. Explain the situation and offer some solutions to address this matter.

유감스럽지만, 해결해야 할 문제가 생겼습니다. 일주일 전에 표를 예매하고 친구와 함께 이제 막 콘서트홀에 도착했습니다. 티켓을 발급 받으려고 매표소에 갔는데, 예매 기록이 없다고 합니다. 상황을 설명하고 이 문제를 해결할 수 있는 해결책을 제시해 보세요.

HOW TO GUIDE

질문 길라잡이
1 표가 예매되지 않았다고 가정
2 매표소에 가서 문제에 대한 설명과 그에 따른 해결 방안 제시

정답 길라잡이
1 표가 예매되지 않은 문제점 설명
2 책임 소재에 대한 언급
3 입장시켜달라는 요청
4 매니저와 상담해보라는 요청

HOW TO ANSWER  Tr-064

Hi. My name is Michael Kang, and I made a reservation for two tickets for this concert one week ago. I have the receipt with me here. It says that I have booked seats D-5 and D-6 on May 31st. I think there has been a mistake on processing the reservation at your site. As you can see, the receipt specifically states that a reservation for two seats has been made. I don't understand why this thing happens. It would be nice if you can let us in. If you do not have the proper authority, I think you should consult your manager about this.

안녕하세요, 제 이름은 마이클 강인데요, 이번 콘서트 표를 일주일 전에 예약을 했습니다. 여기 영수증도 가지고 왔어요. 영수증에는 제가 5월 31일에 D열 5번, 6번 좌석을 예약했다고 되어 있습니다. 귀 사의 사이트에서 예약 처리 중에 실수가 있었던 것 같은데요. 보시는 것처럼, 영수증에는 분명히 2개의 좌석이 예약되었다고 나와 있습니다. 이런 일이 왜 벌어졌는지 이해할 수가 없네요. 저희들 들어가게 해주시면 감사하겠습니다. 권한이 없으시다면, 이 문제를 매니저님께 문의해 보시는 편이 좋을 것 같습니다.

어휘 receipt 영수증 specifically 분명히, 명확하게 authority 권한, 인가

TYPE 2 면접관에게 질문하기

 좋아하는 콘서트홀  Tr-064

I also like to go to concerts. Please ask me three or four questions to learn about my favorite concert hall.

저도 콘서트를 즐겨 보러 갑니다. 제가 가장 좋아하는 콘서트홀에 대해 알 수 있도록 서너 가지 질문을 해보세요.

HOW TO GUIDE

❶ 콘서트 관람이라는 서로의 관심사가 같으므로 나와 관련된 콘서트 정보를 가볍게 언급한 후에 면접관에게 질문을 시작한다.
❷ 콘서트홀의 위치, 거리, 크기 등 쉽게 떠올릴 수 있는 질문을 묻도록 한다.

HOW TO ANSWER Tr-064

❶ **I sometimes go to concerts at weekends with my boyfriend, too.** Do you mind if I ask some questions? **My favorite concert hall** is the small concert hall downtown. ❷ **Where** is your favorite concert hall? **How far** is it from your home? Are there any **particular reasons why you like** to go to this particular concert hall? What is the maximum **seating capacity** of the concert hall?

저도 이따금씩 주말에 남자 친구와 함께 콘서트를 보러 가는데요. 몇 가지만 여쭤도 될까요? 제가 좋아하는 콘서트홀은 시내에 있는 조그마한 콘서트홀인데요. 당신이 좋아하는 콘서트홀은 어디에 있나요? 집에서는 얼마나 떨어져 있죠? 그 콘서트홀을 좋아하는 특별한 이유라도 있는 건가요? 그 콘서트홀의 최대 좌석 수는 얼마나 되나요?

 기억에 남는 콘서트와 가수  Tr-064

I enjoy going to concerts, as well. Just ask me three or four questions to learn more about my most memorable concert and my favorite singer.

저도 콘서트에 즐겨 갑니다. 제가 기억할 만한 콘서트와 좋아하는 가수에 대해 좀 더 알아볼 수 있도록 서너 가지 질문을 해보세요.

HOW TO ANSWER Tr-064

I love going to music concerts, too. I still remember my first time going to a concert. It was so exciting. Do you have any memorable concerts? Could you tell me specifically about the concert, such as the singer or guests? Actually, seeing a guest singer is one of the reasons why I like going to musical concerts. **What** did you like best **about the concert**? Was there **a large audience** at the concert?

저도 음악회에 가는 것을 좋아합니다. 저는 아직도 처음으로 갔던 콘서트를 기억해요. 정말 재미있었죠. 당신은 기억에 남는 콘서트가 있나요? 그 콘서트에 대해 좀 더 자세히 얘기해 주시겠어요? 실은, 초청 가수를 보는 것도 제가 음악회를 즐겨 찾는 이유 중 하나예요. 그 콘서트에서 어떤 점이 가장 좋았나요? 가수인가요, 아니면 초청 가수들인가요? 관객들은 많이 왔나요?

HOW TO 콘서트 Plus

콘서트 Plus Questions

Q1 _ 좋아하는 가수
You indicated in the survey that you like to go to concerts. Who is your favorite singer? Please introduce him or her to me in detail.
설문조사에서 콘서트에 가는 것을 좋아한다고 했습니다. 가장 좋아하는 가수는 누구인가요? 좋아하는 가수를 자세하게 소개해 보세요.

Q2 _ 콘서트홀에서 하는 일
What kind of activities do you usually do at the concert hall? Tell me about all the activities you do before and after a concert.
콘서트홀에서는 보통 어떤 활동을 하나요? 콘서트가 시작되기 전후에 하는 모든 일들을 얘기해 보세요.

Q3 _ 최근에 관람한 콘서트
When was the last time you went to a concert? Whose concert was it? Who did you go with? Please tell me about a recent concert you saw in as much detail as you can.
마지막으로 갔던 콘서트가 언제였나요? 누구의 콘서트였죠? 누구와 함께 갔나요? 가능한 한 자세하게 최근에 관람했던 콘서트에 대해서 얘기해 보세요.

콘서트 Role-play Questions

Q1 _ 콘서트 동행(질문하기)
I'll give you a situation. Please act it out. You want to go to a concert with your friend next month. Call your friend and leave a recorded message, asking three or four questions to go there together.
상황을 드리겠습니다. 역할 연기를 해보세요. 당신은 친구와 함께 다음 달에 콘서트를 보러 가고 싶어 합니다. 친구에게 전화해서 함께 콘서트를 보러 갈 수 있도록 서너 가지 질문을 하면서 녹음 메시지를 남겨보세요.

Q2 _ 콘서트에 갈 수 없는 상황(문제 해결하기)
I'm afraid you have a problem to solve. You bought two tickets at the ticket box a few days ago, but you have to finish an important project by next Friday, so you can't go to the concert with your friend. Call your friend and explain what the situation is, and then offer some ideas to address this matter.
유감스럽지만 해결해야 할 문제가 있습니다. 며칠 전에 매표소에서 티켓 두 장을 예매했는데 다음 주 금요일까지 중요한 프로젝트를 끝내야 해서 친구와 함께 콘서트를 보러 갈 수 없습니다. 친구에게 전화해서 상황을 설명하고 나서 문제를 해결할 수 있도록 몇 가지 대안을 제시해 보세요.

SECTION 2 _ 여가활동

7강

공원 & 캠핑 떠나기

Unit1 공원
Unit2 캠핑

UNIT 1 공원

7강에서 살펴볼 첫 번째 항목은 바로 공원입니다. 기분 전환할 수 있는 동네의 조그마한 공원, 시민공원, 등산을 할 수 있는 국립공원, 그리고 놀이공원이 모두 해당될 수 있습니다. 도시에서는 가벼운 산책이나 운동, 나들이를 즐길 수 있는 공원이 많이 있어서 시간에 구애받지 않고 자유롭게 공원을 찾아가게 됩니다. 대답하기 편하고 쉬운 공원을 하나 정해서 완벽하게 대비해두기 바랍니다.

공원도 여느 항목과 마찬가지로 2~3문제 덩어리로 출제되고 있으니 기본적인 질문 패턴을 정리해서 적절한 답변을 미리 준비해둬야 합니다. 그럼 공원에서 자주 등장하고 있는 기본적인 질문, 구체적인 질문, 경험 관련 질문, 그리고 Role-play 질문까지 순서대로 살펴볼까요?

공원과 관련된 기본적인 질문으로는 좋아하거나 즐겨 찾는 공원을 묘사하는 문제를 꼽을 수 있습니다. 좀 더 구체적인 질문은 얼마나 자주, 언제, 주로 누구와 공원에 가는지를 물어봅니다. 그리고 공원에서 하는 활동과 공원을 찾은 어른과 어린이들이 즐겨하는 활동을 설명하는 질문도 자주 등장하고 있습니다. 나들이, 산책, 스포츠, 조깅, 독서, 공부 등등 공원에서 시민들이 하는 다양한 활동을 설명할 수 있어야 하므로 실전에서 사용할 수 있는 유용한 표현도 잘 정리해 두세요.

다음으로 공원과 관련된 경험에 대한 질문입니다. 어렸을 적에 공원에 갔던 경험, 최근에 공원에 가서 했던 일, 공원에서 있었던 재미있거나 기억에 남는 이벤트 소개, 특별하거나 잊을 수 없는 경험 등으로 정리할 수 있겠군요. 경험과 관련된 문제가 연속으로 등장할 수 있기 때문에 경험 질문에 대한 답변도 모두 다르게 준비해야 한다고 앞에서 설명 드렸습니다. 최근 경험이 가장 기억에 남는 경험이라면 답변이 중복되기 때문에 반드시 다른 답변을 준비해야 합니다.

공원과 관련된 Role-play 상황은 친구와 함께 공원에 가기 위해서 질문하는 상황과 급한 일 때문에 친구와 함께 공원에 갈 수 없는 상황을 해결하는 문제 등을 기본적으로 생각해볼 수 있습니다. 특히 야외에서 즐길 수 있는 활동의 경우 갑자기 비가 내려서 갈 수 없는 상황에 대처하는 문제가 여러 번 등장한 바 있으니 비가 오는 상황도 대비해두기 바랍니다.

BEST QUESTIONS

공원 Mapping Questions

Q1 _ 공원 묘사하기
You indicated in the survey that you go to a park. Where is it located? Can you describe a park you frequently visit?

Q2 _ 공원에서 하는 활동
What activities do you normally do at the park? Also, what kind of things do people such as the young and the old do at the park? Tell me in detail.

Q3 _ 기억에 남는 경험
I'd like to know about your most memorable experience at the park. Why was it so memorable? Tell me about all the things that happened at the park from beginning to end.

공원 Role-play Questions

Q1 _ 친구와 공원에 가기(질문하기)
I'll give you a situation. Please act it out. Imagine that you want to go to a park in your neighborhood with your friend this weekend. Call your friend and ask three or four questions to go there with him or her.

Q2 _ 공원에 가는 날 비가 오는 상황(문제 해결하기)
I'm sorry, but you have a problem to solve. You and your friend are scheduled to go to a park today, but it will rain heavily throughout the day. What would you do? Call your friend and explain the problem. Then offer two alternatives to deal with this issue.

Q3 _ 공원에서 하는 활동(면접관에게 질문하기)
I also like to go to parks. Just ask me three or four questions to find out more about the activities I do at the park.

Q4 _ 좋아하는 공원과 내부시설(면접관에게 질문하기)
I enjoy going to parks with my family members, too. Ask me three or four questions to learn more about my favorite park and its facilities.

HOW TO MAP YOUR STORY

 공원 묘사 Tr-071

You indicated in the survey that you go to a park. Where is it located? Can you describe a park you frequently visit?

설문조사에서 공원에 간다고 하였습니다. 공원은 어디에 있나요? 자주 방문하는 공원을 묘사할 수 있나요?

STORY MAP

[공원 묘사] 이름과 위치 • 공원 내부시설 • 공원의 장점

Map Intro _ 이름과 위치

공원 이름
I often go to a Lake Park in my neighborhood.
저는 이따금 동네에 있는 호수 공원에 가곤 합니다.

위치
The park is located nearby Sang-Moo subway station.
그 공원은 상무역 근처에 위치해 있습니다.

Map Body _ 공원 내부시설

공원의 인공호수
After going through the entrance, as you surely know from the name "Lake Park," you can see a big artificial lake in the middle of it.
공원 입구에 들어서면, 호수 공원이라는 이름에서 알 수 있듯이, 공원 중앙에 커다란 인공호수가 있습니다.

조깅 트랙
And the lake is surrounded by a jogging track. Recently, the path was renovated and now is in better condition for walking and jogging.
그리고 이 호수는 조깅트랙으로 둘러싸여 있어요. 최근에 보수를 해서 지금은 걷거나 조깅을 하기가 더욱 좋아졌습니다.

주변 환경과 시설
There are many trees and flowers throughout the park, but in the corner of the park there is a small playground where people can enjoy some sports such as badminton.
공원 곳곳에 나무와 꽃들이 많이 있고, 한쪽에는 사람들이 배드민턴과 같은 운동을 할 수 있는 작은 운동장도 있습니다.

아이들 놀이터
It has also swings and a slide where children can play with their friends.
또한 아이들이 친구들과 함께 놀 수 있도록 그네와 미끄럼틀도 마련되어 있습니다.

Map Closing _ 공원의 장점

공원의 장점
I think the park is a really great place for families to enjoy their weekends.
이 공원은 가족들이 주말을 보내기에 정말 좋은 장소인 것 같습니다.

HOW TO GUIDE

Listening 길라잡이
공원 소개 / 자주 가는 공원을 자세히 묘사하기

💣 듣기함정   "describe ~"와 같이 묘사하기, 설명하기 문제는 질문을 현재시제로 이해하도록 한다.

Speaking 길라잡이
공원 소개 ⇒ 공원의 위치 설명 ⇒ 공원의 모습 묘사 ⇒ 주변 환경과 공원의 장점 설명

💣 답변함정   공원을 묘사하는 문제이므로 공원 내부의 환경을 위주로 현재시제로 답변한다.

HOW TO ANSWER  Tr-071

I often go to a lake park in my neighborhood. The park is located nearby Sang-Moo subway station. After going through the entrance, as you surely know from the name "Lake Park," ❶ you can see a big artificial lake in the middle of it. And the lake is surrounded by a jogging track. Recently, the path was renovated and now is in better condition for walking and jogging. There are many trees and flowers throughout the park, but in the corner of the park ❷ there is a small playground where people can enjoy some sports such as badminton. It has also swings and a slide where children can play with their friends. I think the park is a really great place for families to enjoy their weekends.

저는 이따금 동네에 있는 호수 공원에 가곤 합니다. 그 공원은 상무역 근처에 위치해 있습니다. 공원 입구에 들어서면, 호수 공원이라는 이름에서 알 수 있듯이, 공원 중앙에 커다란 인공호수가 있습니다. 그리고 이 호수는 조깅트랙으로 둘러싸여 있어요. 최근에 보수를 해서 지금은 걷기나 조깅을 하기가 더욱 좋아졌습니다. 공원 곳곳에 나무와 꽃들이 많이 있고, 한쪽에는 사람들이 배드민턴과 같은 운동을 할 수 있는 작은 운동장도 있습니다. 또한 아이들이 친구들과 함께 놀 수 있도록 그네와 미끄럼틀도 마련되어 있습니다. 이 공원은 가족들이 주말을 보내기에 정말 좋은 장소인 것 같습니다.

어휘   **neighborhood** 근처, 동네   **artificial lake** 인공 호수   **renovate** 개조하다, 보수하다

HOW TO CORRECT

문법 바로잡기
❷ [관계부사 where] 관계부사(전치사+관계대명사), 선행사가 장소일 경우 **where**사용
   There is a small playground ~~which~~ people can enjoy some sports such as badminton.
   There is a small playground **where** people can enjoy some sports such as badminton.

표현 바로잡기
❶ [위치 표현] **in the middle(midst, heart) of:** ~의 복판에, 중간에
   You can see a big artificial lake ~~in the middle at~~ it.
   You can see a big artificial lake **in the middle of** it.

공원에서의 활동 Tr-071

What activities do you normally do at the park? Also, what kind of things do people such as the young and the old do at the park? Tell me in detail.

공원에서는 주로 어떤 활동을 하나요? 또한 젊은이들과 어르신들은 공원에서 주로 어떤 종류의 활동을 하나요? 자세히 말해 보세요.

STORY MAP

[공원에서의 활동] 나의 활동 • 노인과 젊은이가 하는 활동 • 모두가 하는 활동

Map Intro _ 나의 활동

다양한 스포츠 활동 | In the park, I can do many activities. As other people do, I walk, jog and play some sports.
저는 공원에서 여러 가지 활동을 할 수 있어요. 다른 사람들이 하는 것처럼, 저도 걷고 조깅을 하며 다양한 스포츠를 즐깁니다.

Map Body _ 노인과 젊은이가 하는 활동

노인들의 활동 | I am not 100 percent sure, but the activities people enjoy in the park can be divided into age groups. The elderly normally take a slow walk along paths and relax under trees to enjoy games such as go or jjangi, Korean chess.
100% 확실하지는 않겠지만, 사람들이 공원에서 즐겨하는 활동은 나이별로 나누어 질 수 있습니다. 나이가 드신 분들은 길을 따라 천천히 걷거나, 나무 아래에 쉬시면서 바둑이나 한국 체스인 장기를 즐깁니다.

젊은이들의 활동 | On the other hand, young people like to enjoy physical activities such as inline skating, skateboarding or riding a bike. I also like riding a bicycle and inline skating.
반면에, 젊은 사람들은 인라인 스케이트나 스케이트보드, 자전거 타기와 같은 육체적인 운동을 즐겨요. 저 또한 자전거나 인라인 스케이트 타는 것을 좋아합니다.

Map Closing _ 모두가 하는 활동

모두가 하는 활동 | However, there is one activity that I would not miss, which is eating a packed lunch which all people like regardless of their age.
하지만, 꼭 짚고 넘어가야 할 활동이 한 가지 있는데요. 바로 나이에 관계없이 모든 사람들이 좋아하는 도시락 먹기랍니다.

HOW TO GUIDE

Listening 길라잡이
공원에서의 활동 소개 / 공원에서의 활동, 특히 젊은이들의 활동과 어르신들의 활동을 비교, 대조해서 설명하기
- 듣기함정 "the+young(형용사)=young people: 젊은 사람들"의 쓰임을 잘 알아두도록 한다. the+형용사는 복수명사의 형태이다.

Speaking 길라잡이
내가 하는 활동 소개 ⇒ 나이별 활동들을 비교 설명하며 답변 마무리
- 답변함정 어르신들과 젊은이들의 공원 활동을 구분(비교/대조)하여 설명하도록 한다.

HOW TO ANSWER Tr-071

In the park, I can do many activities. ❶ <u>As other people do, I walk, jog and play some sports.</u> I am not 100 percent sure, but the activities people enjoy in the park can be divided into age groups. ❷ <u>The elderly normally take a slow walk along paths</u> and relax under trees to enjoy games such as go or jjangi, Korean chess. On the other hand, young people like to enjoy physical activities such as inline skating, skateboarding or riding a bike. I also like riding a bicycle and inline skating. However, there is one activity that I would not miss, which is eating a packed lunch which all people like regardless of their age.

저는 공원에서 여러 가지 활동을 할 수 있어요. 다른 사람들이 하는 것처럼, 걷고 조깅을 하며 다양한 스포츠를 즐깁니다. 100% 확실하지는 않겠지만, 사람들이 공원에서 즐겨하는 활동은 나이별로 나누어 질 수 있습니다. 나이가 드신 분들은 길을 따라 천천히 걷거나, 나무 아래에 쉬면서 바둑이나 한국 체스인 장기를 즐깁니다. 반면에, 젊은 사람들은 인라인 스케이트나 스케이트보드, 자전거 타기와 같은 육체적인 운동을 즐겨요. 저 또한 자전거나 인라인 스케이트 타는 것을 좋아합니다. 하지만, 꼭 짚고 넘어가야 할 활동이 한 가지 있는데요, 바로 나이에 관계없이 모든 사람들이 좋아하는 도시락 먹기랍니다.

어휘 (the game of) go 바둑 jjangi 장기(=korean chess) packed lunch 도시락(box lunch)

HOW TO CORRECT

문법 바로잡기
❶ [대동사 do] 동사의 반복을 피하기 위한 대동사 do
As other people ~~does~~, I walk, jog and play some sports.
As other people **do**, I walk, jog and play some sports. → 주어가 복수이므로 대동사 do를 사용

표현 바로잡기
❷ [주어와 동사의 수 일치] 주어와 동사 사이에 쓰이는 수식어를 주의하자. (The elderly=elderly people)
The elderly normally ~~takes~~ a slow walk along paths.
The elderly normally **take** a slow walk along paths.

기억에 남는 경험 Tr-071

I'd like to know about your most memorable experience at the park. Why was it so memorable? Tell me about all the things that happened at the park from beginning to end.

공원에서의 가장 기억에 남는 경험에 대해 알고 싶습니다. 그 일이 왜 그렇게 기억에 남나요? 공원에서 일어났던 모든 일들을 처음부터 끝까지 자세히 말해 보세요.

STORY MAP

[기억에 남는 경험] 사건과 시간 · 당시 상황 설명 · 이후 결과

Map Intro _ 사건과 시간

기억에 남는 사건
My most memorable experience at the park was making a mistake in a singing contest.
공원에서 겪은 가장 기억에 남는 경험은 노래 대회에서 실수를 했던 일입니다.

사건이 일어난 때
When I was a sophomore in my university, I was lucky to take part in the singing contest held in the neighborhood park.
제가 대학교 2학년 때, 동네 공원에서 열린 노래 대회에 운이 좋게 참여하게 되었어요.

Map Body _ 당시 상황 설명

상황 설명
As not many people can pass the preliminary stage, it is quite an honor to be one of the finalists. But I shortly recognized that it was a stroke of luck that I passed.
많은 사람들이 예선에서 떨어졌는데, 저는 결선까지 진출하는 영광을 안게 되었습니다. 그러나 저는 이내 제가 결선 통과를 했던 게 뜻밖의 행운이었다는 것을 알게 되었어요.

문제점과 이유
I became so nervous on the stage that I could not remember the lyrics. It may have been because it was my first time to be in front of so many people.
무대에서 너무나 긴장한 나머지 가사가 생각나지 않는 것이었습니다. 그렇게 많은 사람들 앞에 서보는 게 그때가 처음이었기 때문에 그랬던 것 같습니다.

Map Closing _ 이후 결과

사건 결과
Obviously, I ruined my song and I did not get any prizes.
당연히, 노래를 완전히 망쳤고 상도 타지 못했어요.

얻은 교훈
However, I learned the importance of practice from that terrible experience.
하지만, 저는 그 끔찍한 경험을 통해 연습의 중요성을 배울 수 있었습니다.

HOW TO GUIDE

Listening 길라잡이
공원에서의 경험 소개 / 기억에 남는 경험을 처음부터 끝까지 자세히 설명하기
- 듣기함정 "experience"에서 과거의 경험을 묻고 있음을 짐작하고 질문을 과거로 이해하도록 한다.

Speaking 길라잡이
경험 소개 ⇒ 당시 상황 상세 설명 ⇒ 결과 및 느낌 등에 대한 언급으로 답변 마무리
- 답변함정 "from the beginning to the end"가 질문에서 들리면 가급적 시간의 순서대로 일어난 일들을 자세하게 설명해주는 것이 좋다.

HOW TO ANSWER  Tr-071

My most memorable experience at the park was making a mistake in a singing contest. When I was a sophomore in my university, ❶ I was lucky to take part in the singing contest held in the neighborhood park. As not many people can pass the preliminary stage, it is quite an honor to be one of the finalists. But I shortly recognized that it was a stroke of luck that I passed. ❷ I became so nervous on the stage that I could not remember the lyrics. It may have been because it was my first time to be in front of so many people. Obviously, I ruined my song and I did not get any prizes. However, I learned the importance of practice from that terrible experience.

공원에서 겪은 가장 기억에 남는 경험은 노래 대회에서 실수를 했던 일입니다. 제가 대학교 2학년 때, 동네 공원에서 열린 노래 대회에 운이 좋게 참여하게 되었어요. 많은 사람들이 예선에서 떨어졌는데, 저는 결선까지 진출하는 영광을 안게 되었어요. 그러나 저는 이내 제가 결선 통과를 했던 게 뜻밖의 행운이었다는 것을 알게 되었어요. 무대에서 너무나 긴장한 나머지 가사가 생각나지 않는 것이었습니다. 그렇게 많은 사람들 앞에 서보는 게 그때가 처음이었기 때문에 그랬던 것 같습니다. 당연히, 노래를 완전히 망쳤고 상도 타지 못했어요. 하지만, 저는 그 끔찍한 경험을 통해 연습의 중요성을 배울 수 있었습니다.

어휘 sophomore 2학년생 preliminary stage 예선전 a stroke of luck 뜻밖의 행운

HOW TO CORRECT

문법 바로잡기
❶ [관계대명사의 생략] 주격관계대명사+be동사는 생략 가능
I was lucky to take part in the singing contest ~~which~~ held in the neighborhood park.
I was lucky to take part in the singing contest (**which was**) held in the neighborhood park.

표현 바로잡기
❷ ['so~ that 구문'의 올바른 표현] so+형용사+that+S+can not: 너무 ~해서 ~할 수 없다
I became so nervous on the stage ~~that I could~~ remember the lyrics. → not이 없으면 의미 불분명
I became **so nervous** on the stage **that I could not** remember the lyrics.

HOW TO ROLE-PLAY

TYPE 1 질문하기+문제 해결하기

공원 동행 여부(질문하기) Tr-072

I'll give you a situation. Please act it out. Imagine that you want to go to a park in your neighborhood with your friend this weekend. Call your friend and ask three or four questions to go there with him or her.

제가 상황을 드릴 테니 역할 연기를 해보세요. 이번 주말에 친구와 함께 동네 공원에 가고 싶다고 가정해보겠습니다. 친구에게 전화를 해서 공원에 함께 갈 수 있도록 서너 가지 질문을 해보세요.

HOW TO GUIDE

질문 길라잡이
1. 근처 공원에 가려고 한다고 가정
2. 친구에게 전화해서 공원에 함께 갈 수 있도록 관련 내용을 질문하기

정답 길라잡이
1. 전화를 건 이유 설명
2. 거리 관련 질문
3. 챙겨가야 할 것 질문
4. 장소 관련(쉴 곳) 질문

HOW TO ANSWER  Tr-072

Hello, Haejin. It's me. I am calling to ask you a few questions about the park we agreed to go to. How long would it take from your place? Do you need a ride? I am planning to bring a packed lunch. What else do you think I should bring? Are there any places where we can sit and take a rest on the grass, or do we have to sit on benches?

안녕. 혜진아. 나야. 함께 가기로 한 공원에 대해 몇 가지 좀 물어보려고 전화했어. 너희 집에서 얼마나 걸리니? 차를 태워줄까? 도시락을 가져가려고 하는데. 도시락 말고 또 어떤 걸 챙겨가야 할까? 잔디에 앉아서 쉴 만을 만한 곳도 있겠지? 아니면 벤치에 앉아야 하니?

어휘 take a rest 휴식을 취하다

공원에 가려는 날 폭우가 오는 돌발 상황(문제 해결하기) Tr-072

I'm sorry, but you have a problem to solve. You and your friend are scheduled to go to a park today, but it will rain heavily throughout the day. What would you do? Call your friend and explain the problem. Then offer two alternatives to deal with this issue.

유감스럽게도 해결해야 할 문제가 생겼습니다. 친구와 함께 오늘 공원에 가려고 하는데, 하루 종일 폭우가 쏟아진다고 합니다. 어떻게 해야 할까요? 친구에게 전화를 걸어 문제를 설명하세요. 그리고 나서 이 문제를 해결할 수 있도록 두 가지 대안을 제시해 보세요.

HOW TO GUIDE

질문 길라잡이
1. 폭우가 내린다고 가정
2. 친구에게 전화해서 문제에 대한 설명과 그에 따른 대안 제시

정답 길라잡이
1. 폭우에 대한 설명
2. 다른 날에 혹은 다른 공원에 가자는 대안
3. 실내 체육관에 가자는 대안

HOW TO ANSWER  Tr-072

Hi, Haejin. I am sorry that we could not go to the park today because of the heavy rain. But don't worry about that because I came up with a few alternatives. The first is that we can go to the park next weekend or the one after, as long as we make sure that it won't rain on that day. Or we can go to a park somewhere else, perhaps a bit further away, where it does not rain. Though those two options are not bad, I have another option. We may go to an indoor gym instead. Which of these options do you prefer?

안녕, 혜진아. 폭우 때문에 오늘 공원에 못 갈 것 같아. 그래도 내가 몇 가지 대안들을 생각해 놓은 게 있으니, 너무 걱정하지 마. 첫 번째 안은, 비가 오지 않으면, 다음 주나 그 다음 주에 공원에 가도 괜찮을 것 같아. 아니면, 약간 거리가 있겠지만 다른 공원으로 가도 괜찮고. 이 두 가지도 나쁘지 않긴 한데, 다른 대안도 있어. 대신 실내 체육관에 가도 되고 말이야. 어떤 게 좋겠니?

어휘 heavy rain 호우, 폭우 indoor gym 실내 체육관

TYPE 2 면접관에게 질문하기

 공원에서의 활동 Tr-072

I also like to go to parks. Just ask me three or four questions to find out more about the activities I do at the park.

저도 공원에 즐겨 가는데요. 제가 공원에서 하는 활동에 대해 알아볼 수 있도록 서너 가지 질문을 해보세요.

HOW TO GUIDE

① 질문의 핵심은 공원에서 하는 활동이므로 서로의 공원 활동을 공유하면서 질문하도록 한다.
② 공원에서의 활동에 대해 질문하기이므로, 가급적이면 활동의 종류, 함께 하는 사람, 가져가는 물건 등을 질문한다.

HOW TO ANSWER  Tr-072

❶ I usually go to parks on weekends. When I do go to the park, I like to cycle at a leisurely pace and watch the people at the park. What about you? ❷ **What kind of activity** do you usually do at the park? **Who** do you enjoy your activities with? Do you **do anything different** when you are with other people? And **what** things do you usually **bring** when you go to a park?

저는 주로 주말에 공원을 찾습니다. 공원에 가면, 저는 한가롭게 자전거를 타거나, 공원에 있는 사람들을 구경하곤 합니다. 당신은 어떤가요? 공원에서 주로 어떤 종류의 활동을 하나요? 누구와 함께 그러한 활동을 즐기나요? 사람들과 있을 때는 어떤 다른 것을 하나요? 그리고 공원에 갈 때 주로 무엇을 가져가나요?

 좋아하는 공원과 공원 시설 Tr-072

I enjoy going to parks with my family members, too. Ask me three or four questions to learn more about my favorite park and its facilities.

저도 가족들과 함께 공원에 즐겨갑니다. 제가 가장 좋아하는 공원과 시설에 대해 좀 더 알아볼 수 있도록 서너 가지 질문을 해보세요.

HOW TO GUIDE

① 내가 자주 가는 공원에 대해서 간단하게 설명하고 상대방이 자주 가는 공원에 대해서 질문을 시작한다.
② 공원의 위치, 좋아하는 이유 등 기본적으로 떠올릴 수 있는 질문을 하는 것이 좋다.

HOW TO ANSWER  Tr-072

❶ I usually just go to the park closest to my house because of both convenience and the facilities of the park. What about you? ❷ **Where** is your favorite park? **What kinds of facilities** does your favorite park have? Is there **anything special** about the park?

저는 편리하고 시설도 좋은 집 근처 공원을 주로 가는데요. 당신은 어떤가요? 가장 좋아하는 공원은 어디인가요? 그 공원은 어떤 종류의 시설이 있나요? 그 공원에 특별한 게 있나요?

HOW TO 공원 Plus

공원 Plus Questions

Q1 _ 공원에 가는 목적과 이유

You indicated in the survey that you go to parks. What is the purpose of going to parks? Why do you like to go there?
설문조사에서 공원에 간다고 했습니다. 공원에 가는 목적이 무엇인가요? 왜 공원에 가는 것을 좋아하죠?

Q2 _ 공원 세부 설명

How often do you go to parks? When and with whom do you go to parks? What activities do you usually do there? Tell me all the details.
얼마나 자주 공원에 가나요? 언제 누구와 함께 공원에 가죠? 공원에서 주로 어떤 활동을 하나요? 자세하게 말해 보세요.

Q3 _ 최근에 공원에 간 경험

When did you recently go to the park? With whom did you go to the park? What things did you do at the park? Tell me all about the recent experience in as much detail as you can.
최근에 언제 공원에 갔나요? 누구와 함께 공원에 갔죠? 공원에서 무엇을 했나요? 가능한 한 자세하게 최근 경험을 얘기해 보세요.

공원 Role-play Questions

Q1 _ 공원 동행 여부(질문하기)

I'll give you a situation. Please act it out. Suppose that you want to go to a park with your best friend tomorrow. Call your friend and leave a recorded message, asking three or four questions to go there together.
상황을 드리겠습니다. 역할 연기를 해보세요. 내일 친한 친구와 함께 공원에 가고 싶어 한다고 가정해 보겠습니다. 친구에게 전화해서 공원에 함께 갈 수 있도록 서너 가지 물어보면서 녹음 메시지를 남겨보세요.

Q2 _ 공원에 함께 갈 수 없는 상황(문제 해결하기)

I'm afraid you have a problem to solve. You and your friend are scheduled to go to a park today, but you have to go to school to conduct an urgent project, so you can't go there. What should you do? Call your friend and explain the problem. And then offer some solutions to address this issue.
유감스럽게도 해결해야 할 문제가 있습니다. 친구와 당신은 오늘 공원에 갈 예정이었는데 급한 프로젝트를 수행하기 위해 학교에 가야 해서, 공원에 갈 수 없습니다. 어떻게 해야 할까요? 친구에게 전화해서 문제점을 설명하세요. 그러고 나서 이 문제를 해결할 수 있도록 몇 가지 해결책을 제안해 보세요.

 # UNIT 2 캠핑

7강의 두 번째 항목 역시 야외에서 즐길 수 있는 활동인 캠핑입니다. 가족끼리, 친구끼리, 또는 대학교 선후배, 직장 동료들끼리 계획을 짜서 캠핑을 떠나게 됩니다. 꼭 야영지에서 텐트를 치고 음식도 직접 해서 먹어야 하는 것은 아닙니다. 야외에서 즐길 수 있는 활동이라면 여행보다는 캠핑으로 접근을 해서 준비하는 것이 좋습니다. 다른 여가활동들과 마찬가지로 여러 문제가 연이어서 출제되기 때문에 철저한 준비가 필요합니다.

캠핑을 선택하면 어떤 문제들이 출제될까요? 3가지 질문 유형으로 자세하게 살펴보겠습니다. 첫 번째는 광범위하고 기초적인 질문입니다. 자주 가거나 좋아하는 캠핑 장소를 묻는 문제를 우선적으로 예상할 수 있습니다. 캠핑을 하는 이유나 목적도 기초적인 질문으로 묶어두세요. 캠핑을 떠나게 된 계기라는 과거의 일을 묻는 질문도 가장 먼저 주어질 수 있으므로 이 역시 포함해서 대비해두는 것이 좋습니다.

두 번째로는, 구체적이고 상세한 질문을 살펴보겠습니다. 언제, 얼마나 자주, 누구와 어디로 캠핑을 떠나는지 등 여러 가지 질문을 한꺼번에 쏟아내는 문제가 있습니다. 캠핑을 떠나기 전에 준비하는 것들과 가져가야 하는 물건들을 나열해보라는 질문도 등장합니다. 여행이나 캠핑을 떠날 때는 생활필수품을 챙겨가게 되죠? 이 두 가지 항목을 선택할 경우에는 꼭 대비해야 하는 문제 1순위입니다. 그리고 캠핑장에 도착해서 하는 여러 가지 활동들을 묻는 문제도 대비해둬야 합니다. 1박 2일로 캠핑을 계획한다면 캠핑장에 도착해서 잠을 자고 캠핑장을 떠나기 전까지 하는 활동을 시간 순서대로 설명해주면 보다 완벽한 답변이 될 수 있습니다.

마지막 세 번째는 빠질 수 없는 경험과 관련된 질문입니다. 기억에 남는 캠핑 경험, 야영지에서 겪었던 잊을 수 없는 사건, 최근에 다녀온 캠핑 경험, 캠핑과 관련된 잊을 수 없는 경험 등을 묻는 문제들이 대부분입니다.

캠핑과 관련하여 예상할 수 있는 Role-play 상황도 살펴볼까요? 함께 가는 동행인과 캠핑 장소, 캠핑 일정, 생활필수품 등에 대해서 먼저 자세한 얘기를 나눠야 할 것입니다. 이와 관련하여 전화해서 여러 가지 물어보는 상황을 일반적으로 생각할 수 있습니다. 갑작스러운 일이 생기거나, 캠핑을 떠나는 날 많은 비가 오는 등 예정된 캠핑 일정에 문제가 발생하는 상황을 대처하는 문제도 출제될 가능성이 아주 높으니 만반의 대비를 해둬야 합니다. 꼭 챙겨가야 하는 물건을 두고 오는 상황도 발생할 수 있으므로 추가로 대비해두기 바랍니다.

BEST QUESTIONS

캠핑 Mapping Questions

Q1 _ 캠핑을 좋아하는 이유와 계기

You indicated in the survey that you enjoy going camping. Why do you like camping? When were you first interested in going camping?

Q2 _ 캠핑 세부 설명

How often and when do you go camping? Where do you normally go camping? What do you usually do at the camping site? Tell me all the details.

Q3 _ 가장 최근 캠핑 경험

When was your last camping? Where did you go camping? With whom did you go there? What kind of things did you do there? Please tell me about it with a lot of details.

캠핑 Role-play Questions

Q1 _ 캠핑 준비물(질문하기)

I'll give you a situation. Please act it out. You and your friend are planning to go camping at a local place this weekend. Call your friend and ask three or four questions about items and the camping kit you and your friend should take before leaving.

Q2 _ 캠핑 장비를 집에 두고 온 상황(문제 해결하기)

I'm sorry, but you have a problem to solve. You are on the way to the place where you planned to meet your friend, but you noticed that you left the tent for camping at home. Call your friend and explain the situation. Then give some options to handle this matter.

Q3 _ 좋아하는 캠핑장(면접관에게 질문하기)

I like to go camping with my friends as well. Please ask me three or four questions to know about my favorite camping site.

Q4 _ 챙겨가는 캠핑 장비(면접관에게 질문하기)

I enjoy going camping, too. Just ask me three or four questions to learn more about the items and camping gear I take when going camping.

HOW TO MAP YOUR STORY

Q1 캠핑을 좋아하는 이유 Tr-073

You indicated in the survey that you enjoy going camping. Why do you like camping? When were you first interested in going camping?

설문에서 캠핑을 즐긴다고 했습니다. 캠핑은 왜 좋아하나요? 언제 처음으로 캠핑에 관심을 갖게 되었나요?

STORY MAP

[캠핑을 좋아하는 이유] 캠핑 가는 시간 • 동행인 • 캠핑을 즐기는 이유

Map Intro _ 캠핑 가는 시간

캠핑 가는 시간 | I usually go camping during vacations with friends. I used to go camping with my parents during my childhood.
저는 보통 휴가 기간에 친구들과 함께 캠핑을 갑니다. 어렸을 때는 부모님과 캠핑을 가곤 했습니다.

Map Body _ 동행인

첫 캠핑 | As a matter of fact, my first camping was with my family. I felt happy when all family members gathered and played together at that time.
사실, 제 첫 캠핑은 가족과 함께였습니다. 가족들이 모두 모여서 함께 시간을 보내는 것이 행복했어요.

캠핑의 장점 | I think camping is a great channel for releasing our emotions and getting close.
제 생각엔 캠핑은 우리들의 감정을 표현하고, 가족들 서로가 가까워질 수 있는 좋은 방법인 것 같아요.

친구들과의 캠핑 | But camping with my friends has a somewhat different reason.
하지만 친구들과 함께 하는 캠핑은 이유가 약간 다릅니다.

Map Closing _ 캠핑을 즐기는 이유

캠핑을 즐기는 이유 | We enjoy camping because it gives us a feeling of achievement and empowerment. In other words, we can be faced with some difficulties while being in the wilderness of nature and we naturally learn many things by handling those difficulties.
우리가 캠핑을 즐기는 이유는 캠핑을 하면 성취감과 할 수 있다는 느낌을 맛볼 수 있기 때문입니다. 다시 말해, 우리는 자연의 야생에서 어려움을 겪게 되고, 이러한 어려움을 극복하면서 자연스럽게 많은 것을 배울 수 있습니다.

HOW TO GUIDE

Listening 길라잡이
캠핑에 대한 질문 / 캠핑을 좋아하는 이유와 캠핑에 대해 처음 관심을 갖게 된 시기 설명하기
- 듣기함정 "Why~", "When~"에서 세부 내용을 묻는 의문사에 집중해서 듣도록 한다.

Speaking 길라잡이
캠핑에 대한 일반 내용 소개 ⇒ 처음 캠핑을 간 경험 설명 ⇒ 캠핑을 좋아하는 이유를 설명하면서 답변 마무리
- 답변함정 여러 개의 질문에 대한 답변은 빠뜨리지 않도록 하고 가급적 질문에서 묻고 있는 순서대로 답변하는 것이 좋다.

HOW TO ANSWER  Tr-073

I usually go camping during vacations with friends. ❶ I used to go camping with my parents during my childhood. As a matter of fact, my first camping was with my family. I felt happy when all family members gathered and played together at that time. I think camping is a great channel for releasing our emotions and getting close. But camping with my friends has a somewhat different reason. We enjoy camping because it gives us a feeling of achievement and empowerment. In other words, ❷ we can be faced with some difficulties while being in the wilderness of nature and we naturally learn many things by handling those difficulties.

저는 보통 휴가 기간에 친구들과 함께 캠핑을 갑니다. 어렸을 때는 부모님과 캠핑을 가곤 했었습니다. 사실, 제 첫 캠핑은 가족과 함께였습니다. 가족들이 모두 모여서 함께 시간을 보내는 것이 행복했어요. 제 생각에 캠핑은 우리들의 감정을 표현하고, 가족들 서로가 가까워질 수 있는 좋은 방법인 것 같아요. 하지만, 친구들과 함께 하는 캠핑은 이유가 약간 다릅니다. 우리가 캠핑을 즐기는 이유는 캠핑을 하면 성취감과 할 수 있다는 느낌을 맛볼 수 있기 때문입니다. 다시 말해, 우리는 자연의 야생에서 어려움을 겪게 되고, 이러한 어려움을 극복하면서 자연스럽게 많은 것을 배울 수 있습니다.

어휘 release 표현하다, 방출하다   empowerment 역량 강화   wilderness 황야

HOW TO CORRECT

문법 바로잡기
❶ [조동사 used to] used to+동사원형 (과거의 규칙적인 습관 또는 현재와 반대되는 상태)
I ~~used to going~~ camping with my parents during my childhood.
I **used to go** camping with my parents during my childhood.

표현 바로잡기
❷ ['~에 직면하다'의 적절한 표현] be동사+faced+with+명사 / face(타동사)+명사
We can ~~be faced some difficulties~~ while being in the wilderness of nature.
We can **be faced with some difficulties** while being in the wilderness of nature.

캠핑 세부 설명 Tr-073

How often and when do you go camping? Where do you normally go camping? What do you usually do at the camping site? Tell me all the details.

얼마나 자주, 그리고 언제 캠핑을 가나요? 주로 어디로 캠핑을 가나요? 캠핑지에서는 주로 어떤 것을 하나요? 자세히 말해 보세요.

STORY MAP

[캠핑 세부 설명] 캠핑 시기 • 캠핑장에서의 활동 • 마지막 활동

Map Intro _ 캠핑 시기

캠핑을 자주 갈 수 없는 이유
Although I do like camping, I cannot camp often. It is because camping is very exhausting both mentally and physically. Business at work, at school or at home could be other reasons as well.
저는 캠핑을 정말 좋아하는데, 자주 갈 수가 없습니다. 캠핑은 정신적으로 그리고 육체적으로 매우 피곤하기 때문이에요. 일터에서, 학교에서 또는 집에서 바쁘다는 것도 다른 이유들이 될 수 있어요.

캠핑 시기
So during holiday or vacation, I go camping.
그래서 저는 휴일이나 휴가 때 캠핑을 떠납니다.

Map Body _ 캠핑장에서의 활동

캠핑장에서 하는 일
Whenever I go camping, my friends and I do what people normally do at the camping site, plus some more "barbaric," as my mother calls it, activities in addition.
캠핑을 갈 때마다, 저와 친구들은 다른 사람들이 캠핑장에서 늘 하는 일을 하는데요. 거기에 덧붙이자면, 제 어머니께서 말씀하시기를, 좀 더 야만스러운 것들을 해요.

텐트 치기
First, we put tents up. The next chain of activities is what my mother deems barbaric.
우선, 텐트를 치고요. 그 다음이 어머니가 생각하시는 야만스러운 행동입니다.

음식과 요리
Unlike most people who go camping, we don't bring canned food. Instead, we catch fish and cook them. Cooking fish usually involves a number of activities that include beheading, gutting, and such.
캠핑을 가는 대부분의 사람들과 달리, 우리는 캠핑을 갈 때 통조림을 가져가지 않습니다. 대신에, 우리는 물고기를 잡아서 요리해요. 생선 요리는 보통 머리를 자르고, 내장을 꺼내는 등의 일들을 포함합니다.

Map Closing _ 마지막 활동

마지막 활동
When we are done with the cooking, my friends and I usually just clean up the cooking site and get ready for bed.
요리를 끝내고 나면, 저와 친구들은 보통 주변을 정리하고 잠자리에 들 준비를 합니다.

HOW TO GUIDE

Listening 길라잡이
캠핑과 관련된 세부내용 소개 / 캠핑을 가는 시기, 캠핑에서 하는 활동 등에 대해 자세히 설명하기
- 듣기함정   "How often~", "Where~", "What~"등의 세부질문을 묻는 의문사를 주의해서 듣도록 한다.

Speaking 길라잡이
캠핑에 대한 일반적 내용(빈도수, 장소 등) 소개 ⇒ 캠핑에서의 활동 세부 설명
- 답변함정   "usually", "normally"가 현제시제를 나타내는 부사임을 감안하여, 일반적인 활동 소개는 현제시제로 답하도록 한다.

HOW TO ANSWER  Tr-073

Although I do like camping, I cannot camp often. It is because camping is very exhausting both mentally and physically. Business at work, at school or at home could be other reasons as well. So, during holiday or vacation, I go camping. ❶ <u>Whenever I go camping, my friends and I do what people normally do at the camping site</u>, plus some more "barbaric," as my mother calls it, activities in addition. First, we put tents up. The next chain of activities is what my mother deems barbaric. Unlike most people who go camping, we don't bring canned food. Instead, we catch fish and cook them. Cooking fish usually involves a number of activities that include beheading, gutting, and such. ❷ <u>When we are done with the cooking, my friends and I usually just clean up the cooking site</u> and get ready for bed.

저는 캠핑을 정말 좋아하는데, 자주 갈 수가 없습니다. 캠핑은 정신적으로 그리고 육체적으로 매우 피곤하기 때문이에요. 일터에서, 학교에서 또는 집에서 바쁘다는 것도 다른 이유들이 될 수 있어요. 그래서 저는 휴일이나 휴가 때 캠핑을 떠납니다. 캠핑을 갈 때마다, 저와 친구들은 다른 사람들이 캠핑장에서 늘 하는 일을 하는데요, 거기에 덧붙이자면, 제 어머니께서 말씀하시기를, 좀 더 야만스러운 것들을 해요. 우선, 텐트를 치고요. 그 다음이 어머니가 생각하시는 야만스러운 행동입니다. 캠핑을 가는 대부분의 사람들과 달리, 우리는 캠핑을 갈 때 통조림을 가져가지 않습니다. 대신에, 우리는 물고기를 잡아서 요리해요. 생선 요리는 보통 머리를 자르고, 내장을 꺼내는 등의 일들을 포함합니다. 요리를 끝내고 나면, 저와 친구들은 보통 주변을 정리하고 잠자리에 들 준비를 합니다.

어휘   barbaric 야만인의, 미개인의   deem 여기다, 생각하다   beheading 머리 자르기

HOW TO CORRECT

문법 바로잡기
❶ [접속사 whenever] **whenever**+절(S+V): ~할 때마다(=every time+절)
   ~~Whenever go camping~~, my friends and I do what people normally do at the camping site.
   Whenever I go camping, my friends and I do what people normally do at the camping site.

표현 바로잡기
❷ ['일이나 행동을 마치다'의 표현] **be동사+done+with+명사 / ~ing**
   When we ~~are done the cooking~~, my friends and I usually just clean up the cooking site.
   When we **are done with the cooking**, my friends and I usually just clean up the cooking site.

최근 캠핑 경험 Tr-073

When was your last camping? Where did you go camping? With whom did you go there? What kind of things did you do there? Please tell me about it with a lot of details.

마지막으로 캠핑을 간 게 언제였나요? 어디로 캠핑을 갔나요? 누구와 함께 갔었나요? 그곳에서 어떤 것들을 했죠? 마지막으로 떠난 캠핑에 대해 자세히 얘기해보세요.

STORY MAP

[최근 캠핑 경험] 최근 캠핑 시기 • 당시 상황 설명 • 경험 이후의 결과

Map Intro _ 최근 캠핑 시기

최근에 캠핑을 갔던 시기

I have not been camping for a while because of several reasons. The last time I went camping was three months ago in Jiri Mountain with my usual crowd.

몇 가지 이유 때문에, 저는 한동안 캠핑을 가지 못했습니다. 제가 마지막으로 캠핑을 갔던 때는 단짝 친구들과 함께 지리산에 갔던 3개월 전이에요.

Map Body _ 당시 상황 설명

특별했던 경험 설명

We did nothing that was out of the norm, for us at least, during the last camping trip. We did, however, manage to catch a bass that was almost twice as large as my forearm. We had a hard time cleaning the fish because the largest fish we ever caught before was nowhere as big.

지난번 캠핑 여행 동안, 적어도 우리 기준에서는, 평범함에서 벗어난 것들은 하지 않았습니다. 그런데, 우리는 거의 제 팔뚝의 두 배만한 농어를 잡았습니다. 지금까지 잡았던 물고기 중에서 가장 큰 물고기여서 생선을 씻는데도 애를 좀 먹었습니다.

문제 상황 소개

In fact, they were pathetically small. Instead of grilling the fish like we usually do, we decided to try a stew of some sort. However, the stew turned out to be a miserable failure.

사실, 지금까지 잡은 물고기들은 민망할 정도로 작은 녀석들이었죠. 늘 즐겨먹는 생선 구이 대신에, 우리는 매운탕을 하기로 마음먹었어요. 그러나 매운탕은 비참할 정도로 실패작이었습니다.

Map Closing _ 경험 이후의 결과

경험 이후의 결과

So we went to bed all grumpy and hungry after a lot of rather hard labor of catching and cleaning the fish.

그래서 우리는 생선을 잡아 손질한 노력에도 불구하고, 오히려 배가 고파서 툴툴대며 잠자리에 들었습니다.

HOW TO GUIDE

Listening 길라잡이
캠핑 경험 소개 / 마지막으로 떠난 캠핑에 대해 자세히 설명하기
- 듣기함정 "last camping~"에서 과거의 경험을 묻고 있으므로 질문을 과거로 이해하도록 한다.

Speaking 길라잡이
최근 캠핑 소개 ⇒ 당시 상황 상세 설명 ⇒ 개인적인 생각이나 의견을 얘기하며 답변 마무리
- 답변함정 답변 역시 과거시제로 답변하도록 하며, 최대한 자세하고 실감나게 당시 상황을 전달해야 높은 점수를 받을 수 있다.

HOW TO ANSWER  Tr-073

I have not been camping for a while because of several reasons. The last time I went camping was three months ago in Jiri Mountain with my usual crowd. We did nothing that was out of the norm, for us at least, during the last camping trip. ❶❷<u>We did, however, manage to catch a bass that was almost twice as large as my forearm.</u> We had a hard time cleaning the fish because the largest fish we ever caught before was nowhere as big. In fact, they were pathetically small. Instead of grilling the fish like we usually do, we decided to try a stew of some sort. However, the stew turned out to be a miserable failure. So we went to bed all grumpy and hungry after a lot of rather hard labor of catching and cleaning the fish.

몇 가지 이유 때문에, 저는 한동안 캠핑을 가지 못했습니다. 제가 마지막으로 캠핑을 갔던 때는 단짝 친구들과 함께 지리산에 갔던 3개월 전 이에요. 지난번 캠핑 여행 동안, 적어도 우리 기준에서는, 평범함에서 벗어난 것들은 하지 않았습니다. 그런데, 우리는 거의 제 팔뚝의 두 배 만한 농어를 잡았습니다. 지금까지 잡았던 물고기 중에서 가장 큰 물고기여서 생선을 씻는데도 애를 좀 먹었습니다. 사실, 지금까지 잡은 물고기들은 민망할 정도로 작은 녀석들이었죠. 늘 즐겨먹는 생선 구이 대신에, 우리는 매운탕을 하기로 마음먹었어요. 그러나 매운탕은 비참할 정도로 실패작이었습니다. 그래서 우리는 생선을 잡아 손질한 노력에도 불구하고, 오히려 배가 고파서 툴툴대며 잠자리에 들었습니다.

어휘 usual crowd 늘 만나는 사람들   bass 농어   pathetically 형편없이   stew 스튜, 탕   grumpy 성격이 나쁜, 짜증내는

HOW TO CORRECT

문법 바로잡기
❶ [to 부정사를 목적어로 취하는 동사 manage] **manage to**+동사원형: 그럭저럭, 가까스로 ~하다
  We did, however, ~~manage catching~~ a bass that was almost twice as large as my forearm.
  We did, however, **manage to catch** a bass that was almost twice as large as my forearm.

표현 바로잡기
❷ [배수 표현] **twice+as** 형용사 **as**+비교되는 명사: ~의 2배 크기이다
  We did, however, manage to catch a bass that was almost ~~twice as large~~ my forearm.
  We did, however, manage to catch a bass that was almost **twice as large as** my forearm.

HOW TO ROLE-PLAY

TYPE 1   질문하기 + 문제 해결하기

 캠핑 필수품과 캠핑 도구(질문하기) Tr-074

I'll give you a situation. Please act it out. You and your friend are planning to go camping to a local place this weekend. Call your friend and ask three or four questions about items and the camping kit you and your friend should take before leaving.

제가 상황을 드리겠습니다. 역할 연기를 해보세요. 친구와 함께 이번 주말에 지방으로 캠핑을 가려고 합니다. 친구에게 전화해서 캠핑을 떠나기 전에 가져가야 할 물건들과 캠핑 도구들에 대해 서너 가지 질문을 해보세요.

HOW TO GUIDE

질문 길라잡이
1. 캠핑을 떠난다고 가정
2. 친구에게 가지고 갈 물건들과 캠핑 도구와 관련된 질문하기

정답 길라잡이
1. 전화를 건 이유 설명
2. 챙겨야 할 물건
3. 음식 도구 질문
4. 음식 질문
5. 구급상자 질문

HOW TO ANSWER  Tr-074

Hi, David. I'm calling to ask you a couple of things about the camping trip. I know that I am the one bringing the tent, but I am not sure what else I should bring. Should I bring canned food? Or if you are planning to catch fish, should I bring a kitchen knife or a cutting board? Also, do you need a night lamp? I know you like to read even after dark sometimes. Last but not least, can you take a first-aid kit in case of emergency?

안녕, 데이비드. 캠핑 여행과 관련해서 몇 가지 좀 물어보려고 전화했어. 텐트는 내가 챙겨서 갈 건데, 그 밖에 어떤 것들을 챙겨야 할지 확실치가 않아서. 통조림을 가져갈까? 아니면, 낚시를 할 거면 내가 부엌용 칼이나 도마를 가져갈까? 그리고 야간등도 필요하지 않니? 이따금 어두워진 후에도 책을 보고 그러잖아. 마지막으로, 응급상황이 있을지 모르니 구급상자를 챙겨올 수 있겠니?

어휘 canned food 통조림 식품 cutting board 도마 first-aid kit 구급상자

텐트를 챙겨오지 않은 돌발 상황(문제 해결하기) Tr-074

I'm sorry, but you have a problem to solve. You are on the way to the place where you planned to meet your friend, but you noticed that you left the tent for camping at home. Call your friend and explain the situation. Then give some options to handle this matter.

유감스럽게도 해결해야 할 문제가 생겼습니다. 친구를 만나기로 되어 있는 장소로 가고 있는 중에, 집에다가 텐트를 두고 온 사실을 알아차렸습니다. 친구에게 전화를 해서 상황을 설명하세요. 그러고 나서 이 문제를 해결할 수 있도록 해결책을 몇 가지 제시해 보세요.

HOW TO GUIDE

질문 길라잡이
1. 텐트를 집에 두고 왔다는 가정
2. 친구에게 전화해서 문제에 대한 설명과 그에 따른 해결 방안 제시

정답 길라잡이
1. 상황에 대한 설명
2. 다시 텐트를 가져오는 방법
3. 캠핑을 연기하는 방법
4. 텐트를 빌리는 방법

HOW TO ANSWER  Tr-074

Hey, David. I'm calling to tell you that I accidentally left the tent at my house. As you know, camping is impossible without a tent. Well, I came up with a couple of solutions. One, I could just drive back and get the tent. Of course, it would be several hours late but we could still camp out with our own tent. Or if you insist, we could postpone the camping until some other day. My last idea is renting a tent from a store. I am sure there are a couple of stores that rent tents around the camping site.

안녕, 데이비드. 실수로 텐트를 집에 두고 와서 너한테 말해주려고 전화했어. 너도 알다시피, 텐트 없이 캠핑을 할 수 없잖아. 그래서 내가 몇 가지 방안을 생각해 봤거든. 첫 번째는 내가 다시 돌아가서 텐트를 가져오는 거야. 물론 몇 시간 정도 늦겠지만, 그래도 텐트에서 야영을 할 수 있을 거야. 아니면 너만 괜찮다면, 캠핑 날짜를 연기할 수도 있어. 마지막 방안은, 가게에서 텐트를 빌리는 방법이야. 분명히 야영지 근처에 텐트를 빌려주는 가게가 있을 거야.

어휘 come up with (해답·돈 등을) 찾아내다, 내놓다 some other day 나중에, 다른 날에

TYPE 2 면접관에게 질문하기

캠핑 장소 Tr-074

I like to go camping with my friends as well. Please ask me three or four questions to know about my favorite camping site.

저도 친구들과 캠핑 가는 것을 좋아합니다. 제가 가장 좋아하는 캠핑 장소에 대해 알아볼 수 있도록 서너 가지 질문을 해보세요.

HOW TO GUIDE

❶ 내가 캠핑을 갈 때 자주 가는 장소 등에 대해서 간단하게 설명을 하면서 답변을 시작한다.
❷ 캠핑 장소, 위치, 거리, 등 쉽게 할 수 있는 질문을 하도록 한다.

HOW TO ANSWER   Tr-074

❶ I like to go camping occasionally on weekends. My favorite camping sites are generally those that are close to lakes where we can fish. What about your favorite camping site? ❷ **Where** is it? Is there **anything special** about the site? **How far** is it from your home?

저는 이따금씩 주말에 캠핑 가는 것을 좋아합니다. 제가 가장 좋아하는 캠핑 장소는 일반적으로 낚시를 할 수 있는 호수 주변입니다. 당신이 가장 좋아하는 캠핑 장소는 어떤 곳인가요? 그곳은 어디에 있나요? 그 장소에는 어떤 특별한 것이 있나요? 집에서는 얼마나 떨어져 있나요?

준비물이나 캠핑 도구  Tr-074

I enjoy going camping, too. Just ask me three or four questions to learn more about the items and camping gear I take when going camping.

저도 캠핑 가는 것을 좋아합니다. 캠핑 갈 때 제가 가져가는 물건들이나 캠핑 도구들에 대해 좀 더 알아볼 수 있도록 서너 가지 질문을 해보세요.

HOW TO GUIDE

❶ 내가 캠핑을 갈 때 가져가는 물건이나 도구 등에 대해서 간단하게 설명하고 나서 면접관에게 본격적으로 질문을 시작해야 한다.
❷ 캠핑 도구와 준비물이 질문의 핵심이므로 이를 중점적으로 질문하도록 한다.

HOW TO ANSWER   Tr-074

❶ When I go camping, I usually fish with my friends for our dinner. So I usually bring my **fishing equipment**. What about you? ❷ **What kinds of** camping gear do you bring with you? Do you bring **anything special** other than standard camping kits, like a tent? If so, **why** do you take them?

저는 캠핑 갈 때, 저녁 요리를 위해 친구들과 함께 보통 낚시를 해요. 그래서 저는 주로 낚시 장비를 챙겨서 갑니다. 당신은 어떤가요? 어떤 종류의 캠핑도구를 가져가나요? 텐트 같은 일반적인 캠핑도구 말고 다른 특별한 것을 가져가나요? 그렇다면, 왜 그것들을 가져가나요?

HOW TO 캠핑 Plus

캠핑 Plus Questions

Q1 _ 좋아하는 캠핑장

You indicated in the survey that you enjoy going camping. Where is your favorite camping site? Please describe your favorite camping site for me.
설문조사에서 캠핑을 즐긴다고 했습니다. 가장 좋아하는 캠핑장은 어디인가요? 좋아하는 캠핑장을 묘사해 보세요.

Q2 _ 챙겨가는 물건

What kind of items or things do you have to take before going camping? Please list all of them with a lot of details.
캠핑을 가기 전에 챙겨가는 물건들은 어떤 것들이 있나요? 챙겨가는 물건들을 자세하게 나열해 보세요.

Q3 _ 기억에 남는 경험

Have you experienced a memorable thing or event when camping or at the camping site? What was the thing or event about? What exactly happened? Tell me all about it in as much detail as possible.
캠핑을 떠나서 혹은 캠핑장에서 기억에 남는 일이나 사건을 경험한 적이 있나요? 어떤 일이나 사건이었나요? 정확히 어떤 일이 일어났죠? 기억에 남는 일을 가능한 한 자세하게 얘기해 보세요.

캠핑 Role-play Questions

Q1 _ 캠핑장과 캠핑 일정(질문하기)

I'll give you a situation. Please act it out. Suppose that you and your friend want to go camping at a suburb next week. Call your friend and leave a recorded message, asking three or four questions about the camping site and schedule.
상황을 드리겠습니다. 역할 연기를 해보세요. 친구와 함께 다음 주에 교외로 캠핑을 가고 싶어 한다고 가정해 보겠습니다. 친구에게 전화해서 캠핑장과 캠핑 일정에 대해서 서너 가지 물어보면서 녹음 메시지를 남겨보세요.

Q2 _ 비 때문에 캠핑을 떠날 수 없는 상황(문제 해결하기)

I'm sorry, but you have a problem to solve. You and your friend are scheduled to go camping tomorrow morning, but it will rain heavily. Call your friend and explain the problem. Then give some alternatives to address this matter.
유감스럽지만 해결해야 할 문제가 있습니다. 친구와 당신은 내일 오전에 캠핑을 갈 예정인데 비가 많이 올 거라고 합니다. 친구에게 전화해서 상황을 설명하세요. 그리고 나서 문제를 해결할 수 있도록 몇 가지 대안을 제시해 보세요.

SECTION 2 _ 여가활동

8강

게임 &
집안일 하기

Unit1 게임
Unit2 집안일

 # UNIT 1 게임

 **HOW TO OPIc**

여가활동 세 번째, 8강에서 살펴볼 설문조사 항목은 게임과 집안일입니다. 먼저 게임부터 자세히 확인해 보겠습니다. 뉴오픽에서 게임은 기존 3가지 항목 그대로 선택할 수 있습니다. 설문조사에는 '혼자서 게임 즐기기, 어른들끼리 게임 즐기기, 아이들과 함께 게임 즐기기' 이렇게 3가지 선택 항목이 주어지게 됩니다. 집에서 혼자 하는 게임, 친구 등과 여럿이서 함께 하는 게임이 있다면 앞의 두 가지 게임 항목을 선택해도 좋은 방법입니다. 아이들과 하는 게임을 선택하면 '아이들이 하는 게임의 장단점 설명하기' 등 다소 답변하기 곤란한 문제가 나올 수 있으므로, 실제 경험이 없다면 주의해서 항목을 선택해야 합니다.

모든 설문조사 항목이 2~3문제 연속으로 출제된다고 이해해 두세요. 1~2문제 준비하는 것은 100% 게임 항목을 대비할 수 없습니다. 자, 그럼 게임과 관련된 기본적인 질문, 구체적인 질문, 경험 관련 질문, 그리고 Role-play 질문까지 자세하게 살펴 보겠습니다.

먼저 기본적인 광범위하게 묻는 질문입니다. 가장 기본적으로 게임하는 장소와 좋아하는 게임 장르 또는 종류를 묻는 질문을 떠올릴 수 있겠네요. 게임을 배우게 된 계기도 함께 포함해서 대비해두기 바랍니다. 세부적인 질문 역시 기본적으로 얼마나 자주, 언제, 누구와, 어디에서 게임을 하는지를 꼽을 수 있습니다. 그리고 게임 방법, 게임 규칙을 자세하게 설명해보라는 질문도 등장할 수 있고요. 게임의 특성 및 게임 기술 등 기본적인 게임 정보도 미리 대비해 둔다면 게임과 관련된 문제에서 널리 활용할 수 있을 것입니다.

세 번째는 게임과 관련된 경험 질문입니다. 게임을 배운 방법, 게임을 배우면서 어려웠던 점, 최근에 했던 게임, 게임을 하면서 기억에 남는 사건, 특별하거나 잊을 수 없는 게임 관련 경험 등으로 정리해볼 수 있습니다.

마지막으로 게임과 관련된 Role-play 상황은 새로운 게임기를 구매하기 위해서 게임 매장에 전화해서 질문하는 상황, 친구에게서 게임기를 빌렸는데 실수로 고장을 낸 상황 등이 출제된 적이 있습니다. 친구와 함께 게임할 수 있도록 질문하는 상황, 그리고 갑자기 다른 일이 생겨서 게임을 함께 할 수 없는 상황도 준비해두기 바랍니다. Role-play 문제는 질문하는 특정 상황이 먼저 주어지고 특정 상황에 문제가 생겨서 이를 해결하는 질문이 함께 주어지게 됩니다. 앞뒤 관계를 잘 이해하고 따져서 답변하는 연습도 평소에 많이 해두시기 바랍니다.

BEST QUESTIONS

게임 Mapping Questions

Q1 _ 게임 소개
You indicated in the survey that you like to play games. What kind of games do you like to play? When and with whom do you play games?

Q2 _ 게임 방법 설명
How did you first learn how to play the games? Who taught you? Were they difficult? Do you have some skills to play them well? If so, tell me about them in detail.

Q3 _ 기억에 남는 게임 경험
Now, let's talk about your memorable or interesting game experience. Which game did you play at that time? What exactly happened? Why was the game so memorable or interesting for you? Please tell me all about the experience with many details.

게임 Role-play Questions

Q1 _ 새로운 게임 구매하기(질문하기)
I'll give you a situation. Please act it out. A new video game you have been interested in has been recently launched. Call a game store and ask three or four questions to buy the new game.

Q2 _ 게임기를 망가뜨린 상황(문제 해결하기)
I'm sorry, but there is a problem you need to solve. You borrowed a new video game from your friend, but you broke it. Call your friend and explain the situation. Then offer two or three alternatives to resolve this matter.

Q3 _ 좋아하는 게임(면접관에게 질문하기)
I also like to play games with my friends. Just ask me three or four questions to find out more about my favorite game.

Q4 _ 최근에 했던 게임(면접관에게 질문하기)
I enjoy playing games with my friends, too. Ask me three or four questions to learn more about the game I recently played with my friends.

HOW TO MAP YOUR STORY

 게임 소개   Tr-081

You indicated in the survey that you like to play games. What kind of games do you like to play? When and with whom do you play games?

설문에서 게임을 즐긴다고 답했습니다. 어떤 종류의 게임을 즐기나요? 언제 그리고 누구와 함께 게임을 하나요?

STORY MAP

[게임 소개] 좋아하는 게임 장르 소개 · 게임 설명 · 좋아하는 이유

Map Intro _ 좋아하는 게임 장르 소개

좋아하는 게임 특징
I like to play games that do not involve instant decisions on the spot. In other words, I like games that are played at a slow pace.
저는 즉석에서 순간적인 결정이 필요치 않는 게임들을 좋아합니다. 다시 말해, 천천히 즐길 수 있는 게임을 좋아한다는 뜻입니다.

좋아하는 게임
My favorite game is a soccer simulator game in which I become a manager of a club.
제가 가장 좋아하는 게임은, 게임 속에서 축구클럽의 매니저가 되는 축구 시뮬레이션 게임입니다.

Map Body _ 게임 설명

게임 정보
I usually play the game alone on weekends. In that game, I get to not only decide the tactics and usage of my club, but also control the buying and selling of players, picking feeder clubs, and so on. To make a long story short, I can control every aspect of the club except for the actual game play.
저는 주로 주말에 혼자 게임을 즐기는데요. 게임에서 저는 클럽의 전술과 사용법을 결정할 뿐만 아니라, 선수를 사고 파는 것을 조절할 수도 있으며, 피더 클럽을 고를 수도 있습니다. 요약해서 말씀드리자면, 실제 경기를 제외한 클럽의 모든 부분을 조절할 수 있는 것입니다.

게임 설명
I can try and motivate the players as much as I want and apply tactics that most befit my players, but I cannot control the players during the game at all. Quite literally, I become a manager in almost every sense.
저는 선수들을 시험해보고 그만큼 선수들에게 자극도 주고, 제 선수들에게 가장 잘 어울리는 전술을 적용시켜 보기도 하지만, 경기 중에 선수들을 통제할 수는 없습니다. 문자 그대로, 저는 거의 모든 면에서 매니저가 되는 겁니다.

Map Closing _ 좋아하는 이유

게임을 좋아하는 이유
Why I like this game the most is because one, I love soccer, and two, I can make the tiniest decision regarding my team. I feel like a manager of a real soccer club.
제가 이 게임을 좋아하는 가장 큰 이유는 첫째는 제가 축구를 너무 좋아하기 때문이고 둘째는, 제 팀에 관한 아주 작은 결정까지도 할 수 있다는 거예요. 정말 실제 축구팀의 매니저가 된 것 같은 기분이 듭니다.

HOW TO GUIDE

Listening 길라잡이
게임 소개 / 즐겨하는 게임에 대해 자세히 설명하기
- 듣기함정 "What kind of ~", "When and with whom~"에서 의문사에 초점을 맞추어 질문을 이해하도록 한다.

Speaking 길라잡이
좋아하는 게임의 장르 소개 ⇒ 게임 세부내용 설명 ⇒ 게임을 좋아하는 이유 설명
- 답변함정 게임 종류를 간단하게 설명하되, 구체적인 게임 방법, 기술 등은 바로 뒤이어 문제가 출제되어 답변이 중복될 수 있으므로 답변을 하더라도 아주 간단한 정보만 설명하도록 한다.

HOW TO ANSWER  Tr-081

I like to play games that do not involve instant decisions on the spot. In other words, I like games that are played at a slow pace. ❶ My favorite game is a soccer simulator game in which I become a manager of a club. I usually play the game alone on weekends. In that game, I get to not only decide the tactics and usage of my club, but also control the buying and selling of players, picking feeder clubs, and so on. ❷ To make a long story short, I can control every aspect of the club except for the actual game play. I can try and motivate the players as much as I want and apply tactics that most befit my players, but I cannot control the players during the game at all. Quite literally, I become a manager in almost every sense. Why I like this game the most is because one, I love soccer, and two, I can make the tiniest decision regarding my team. I feel like a manager of a real soccer club.

저는 즉석에서 순간적인 결정이 필요치 않는 게임들을 좋아합니다. 다시 말해, 천천히 즐길 수 있는 게임을 좋아한다는 뜻입니다. 제가 가장 좋아하는 게임은, 게임 속에서 축구클럽의 매니저가 되는 축구 시뮬레이션 게임입니다. 저는 주로 주말에 혼자 게임을 즐기는데요. 게임에서 저는 클럽의 전술과 사용법을 결정할 뿐만 아니라, 선수를 사고파는 것을 조절할 수도 있으며, 피더 클럽을 고를 수도 있습니다. 요약해서 말씀드리자면, 실제 경기를 제외한 클럽의 모든 부분을 조절할 수 있는 것입니다. 저는 선수들을 시험해보고 그만큼 선수들에게 자극도 주고, 제 선수들에게 가장 잘 어울리는 전술을 적용시켜 보기도 하지만, 경기 중에 선수들을 통제할 수는 없습니다. 문자 그대로, 저는 거의 모든 면에서 매니저가 되는 겁니다. 제가 이 게임을 좋아하는 가장 큰 이유는 첫째는, 제가 축구를 너무 좋아하기 때문이고 둘째는, 제 팀에 관한 아주 작은 결정까지도 할 수 있다는 거예요. 정말 실제 축구팀의 매니저가 된 것 같은 기분이 듭니다.

어휘 feeder club 피더 클럽(위성 구단), 특정클럽과 계약을 통해 유망주들을 1군에 임대해주고 경험을 쌓게 하는 제도 befit 적합하다

HOW TO CORRECT

문법 바로잡기
❶ [전치사＋관계대명사＝관계부사] 전치사(장소)＋관계대명사＝관계 부사(where)＝in which
My favorite game is a soccer simulator game which I become a manager of a club.
My favorite game is a soccer simulator game **in which** I become a manager of a club.

표현 바로잡기
❷ ['간단하게 말하자면'의 표현] **to make a long story short** = **in short** = **to make it briefly**
To make a long story shortly, I can control every aspect of the club.
To make a long story short, I can control every aspect of the club.

게임 방법 설명 Tr-081

How did you first learn how to play the games? Who taught you? Were they difficult? Do you have some skills to play them well? If so, tell me about them in detail.

게임하는 방법을 처음에 어떻게 배우게 되었나요? 누가 가르쳐 주었나요? 어려웠나요? 게임을 잘 할 수 있는 기술을 갖고 있나요? 있다면, 자세히 말해 보세요.

STORY MAP

[게임 방법 설명] 게임에 대한 생각 • 게임을 배우게 된 계기 • 게임 실력

Map Intro _ 게임에 대한 생각

게임에 대한 생각 | Actually, I learned how to play this game while watching one of my friends play over a long period of time. Honestly, I thought the game was immensely boring and hated it when my friend was playing it.
사실, 저는 제 친구가 장시간 동안 게임을 하는 것을 보면서 이 게임을 배우게 되었습니다. 솔직히, 저는 이 게임이 정말 지루하다고 생각했고, 친구가 게임을 하고 있으면 이 게임이 정말 싫었어요.

Map Body _ 게임을 배우게 된 계기

게임에 관심을 가지게 된 계기 | I would ask him to go play squash with me and he would refuse because of the game he was playing. Due to his insistence, I unwillingly sat there watching him play the game. But I was eventually drawn into it.
저는 친구에게 스쿼시를 하러가자고 했지만, 친구는 게임을 해야 한다며 거절했습니다. 그의 고집 때문에, 마음에 내키지는 않지만 그곳에 앉아서 친구가 게임하는 것을 지켜봤습니다. 하지만, 결국 저도 게임에 빠져들게 되었습니다.

어려웠던 점 | At first, the game was incredibly difficult because there were so many things I had to consider. I thought I was no good at the game and resorted to cheating by using editors to fill my team with some star players like Messi and KaKa.
처음에는 그 게임이 생각해야 할 것들이 너무 많아서 어렵게 느껴졌어요. 저는 게임에 소질이 없다고 생각하고 에디터를 사용해서 메시나 카카와 같은 스타급 선수들로 제 팀을 채우는 속임수에 의존했습니다.

Map Closing _ 게임 실력

현재 게임 실력 | Now, I am able to manage a lower tier team without having to cheat at all.
지금은 속임수를 쓰지 않고도 좀 더 낮은 단계의 팀을 꾸릴 수 있는 정도가 되었답니다.

HOW TO GUIDE

Listening 길라잡이
게임 세부내용 소개 / 게임을 처음 배웠던 계기와 기술 등 세부내용들을 자세히 설명하기
- 듣기함정 "How did you~", "Who~" 등 세부내용을 묻고 있는 의문사에 집중해서 듣도록 한다.

Speaking 길라잡이
게임을 접하게 된 동기 소개 ⇒ 게임을 가르쳐준 사람 소개 ⇒ 게임 실력을 얘기하며 답변 마무리
- 답변함정 과거와 현재시제 질문이 모두 나와 있으므로 답변 역시 과거와 현재시제를 자유롭게 사용한다.

HOW TO ANSWER  Tr-081

Actually, ❶ I learned how to play this game while watching one of my friends play over a long period of time. Honestly, I thought the game was immensely boring and hated it when my friend was playing it. ❷ I would ask him to go play squash with me and he would refuse because of the game he was playing. Due to his insistence, I unwillingly sat there watching him play the game. But I was eventually drawn into it. At first, the game was incredibly difficult because there were so many things I had to consider. I thought I was no good at the game and resorted to cheating by using editors to fill my team with some star players like Messi and KaKa. Now, I am able to manage a lower tier team without having to cheat at all.

사실, 저는 제 친구가 장시간 동안 게임을 하는 것을 보면서 이 게임을 배우게 되었습니다. 솔직히, 저는 이 게임이 정말 지루하다고 생각했고, 친구가 게임을 하고 있으면 이 게임이 정말 싫었어요. 저는 친구에게 스쿼시를 하러가자고 했지만, 친구는 게임을 해야 한다며 거절했습니다. 그의 고집 때문에, 마음에 내키지는 않지만 그곳에 앉아서 친구가 게임하는 것을 지켜봤습니다. 하지만, 결국 저도 게임에 빠져들게 되었습니다. 처음에는 그 게임이 생각해야 할 것들이 너무나 많아서 어렵게 느껴졌어요. 저는 게임에 소질이 없다고 생각하고 에디터를 사용해서 메시나 카카와 같은 스타급 선수들로 제 팀을 채우는 속임수에 의존했습니다. 지금은 속임수를 쓰지 않고도 좀 더 낮은 단계의 팀을 꾸릴 수 있는 정도가 되었답니다.

어휘 immensely 매우 resort to ~에 의지하다, 기대다 tier (조직·시스템에서) 단계

HOW TO CORRECT

문법 바로잡기
❶ [분사구문] 분사구문에서 접속사의 의미를 분명하게 표현할 경우는 의문사를 생략하지 않는다.
I learned how to play this game (while I was) watching one of my friends play over a long period of time.
I learned how to play this game **while watching** one of my friends play over a long period of time.

표현 바로잡기
❷ [부탁, 요청의 표현] ask + 사람 + to부정사: ~에게 ~을 요청, 부탁하다
I would ~~ask him go~~ play squash with me.
I would **ask him to go** play squash with me.

기억에 남는 게임 경험 Tr-081

Now, let's talk about your memorable or interesting game experience. Which game did you play at that time? What exactly happened? Why was the game so memorable or interesting for you? Please tell me all about the experience with many details.

이제 기억에 남거나 재미있었던 게임에 대한 경험을 얘기해 보겠습니다. 그때 어떤 게임을 하셨나요? 정확히 어떤 일이 있었죠? 왜 그 게임이 그토록 기억에 남거나 재미있었나요? 그 경험에 대해 자세히 말해 보세요.

STORY MAP

[기억에 남는 게임 경험] 게임 종류와 사건 • 당시 상황 설명 • 게임 결과

Map Intro _ 게임 종류와 사건

기억에 남는 사건
One of the most memorable things happened while I was playing my favorite soccer simulation game.
제게 일어난 가장 기억에 남는 사건은 가장 좋아하는 축구 시뮬레이션 게임을 하던 때였어요.

게임 시작
As a challenge to myself, I started out with a team in the fourth division. In other words, the team was not a fully professional one.
저 스스로에 대한 도전으로, 4부 리그에서 뛰는 팀으로 게임을 시작했었죠. 다시 말씀드리면, 그 팀은 프로팀이 아니었던 겁니다.

Map Body _ 당시 상황 설명

상황 설명
Most players are semi-professionals who play soccer as their part-time jobs. After months of playing, I finally succeeded in leading the team up to the first division. In terms of game time, it took eleven years at which point a new chairman took over the club.
대부분의 선수들은 아르바이트로 선수 생활을 하는 세미프로 선수들입니다. 몇 개월 동안 게임을 한 후에, 저는 마침내 팀을 1부 리그까지 끌어올리는 데 성공하게 되었습니다. 게임 시간으로 따지면, 새로운 구단주가 클럽을 맡는 시점까지 11년간 클럽을 운영했는데요.

문제점 발생
He, for reasons I still fail to get, thought that I was not an appropriate manager for the club.
구단주는 몇 가지 이유에서 자격 미달로 제가 클럽의 매니저가 되기에 적합하지 않다고 생각했습니다.

Map Closing _ 게임 결과

사건 결과
As a result, I was fired from my post and utterly baffled. Despite eleven years of loyal service in terms of the game time and outstanding performance, I was fired. I just started another game all over because of the shock.
그 결과, 저는 제 지위에서 물러나게 되었고 완전히 좌절하였습니다. 게임 시간으로 11년 동안의 충성도와 뛰어난 역량에도 불구하고 저는 해고되고 만 것입니다. 저는 그 충격으로 완전히 다른 게임을 시작했습니다.

HOW TO GUIDE

Listening 길라잡이
게임에 대한 경험 소개 / 기억에 남거나 재미있는 게임을 했던 경험담을 자세히 설명하기

- 듣기함정 "game experience~"에서 과거시제 동사를 사용하지 않고 있지만 경험을 묻고 있으므로 질문을 과거로 이해하도록 한다.

Speaking 길라잡이
게임 종류와 사건 소개 ⇒ 경험 세부내용 설명 ⇒ 게임의 결과나 느낌 등을 언급하며 답변 마무리

- 답변함정 답변 역시 과거의 경험에 대한 내용이므로 과거시제로 답변하도록 한다.

HOW TO ANSWER  Tr-081

One of the most memorable things happened while I was playing my favorite soccer simulation game. As a challenge to myself, I started out with a team in the fourth division. In other words, the team was not a fully professional one. ❶ Most players are semi-professionals who play soccer as their part-time jobs. After months of playing, ❷ I finally succeeded in leading the team up to the first division. In terms of game time, it took eleven years at which point a new chairman took over the club. He, for reasons I still fail to get, thought that I was not an appropriate manager for the club. As a result, I was fired from my post and utterly baffled. Despite eleven years of loyal service in terms of the game time and outstanding performance, I was fired. I just started another game all over because of the shock.

제게 일어난 가장 기억에 남는 사건은 가장 좋아하는 축구 시뮬레이션 게임을 하던 때였어요. 저 스스로에 대한 도전으로, 4부 리그에서 뛰는 팀으로 게임을 시작했었죠. 다시 말씀드리면, 그 팀은 프로팀이 아니었던 겁니다. 대부분의 선수들은 아르바이트로 선수 생활을 하는 세미프로 선수들입니다. 몇 개월 동안 게임을 한 후에, 저는 마침내 팀을 1부 리그까지 끌어올리는 데 성공하게 되었습니다. 게임 시간으로 따지면, 새로운 구단주가 클럽을 맡는 시점까지 11년간 클럽을 운영했는데요. 구단주는 몇 가지 이유에서 자격 미달로 제가 클럽의 매니저가 되기에 적합하지 않다고 생각했습니다. 그 결과, 저는 제 지위에서 물러나게 되었고 완전히 좌절하였습니다. 게임 시간으로 11년 동안의 충성도와 뛰어난 역량에도 불구하고 저는 해고되고 만 것입니다. 저는 그 충격으로 완전히 다른 게임을 시작했습니다.

어휘 division (영국 축구에서 리그를 구성하는 1~5부의) 부 in terms of ~의 면에서

HOW TO CORRECT

문법 바로잡기

❶ [수의 일치] 선행사+주격관계대명사+동사(선행사에 수를 일치시킨다)

Most players are semi-professionals who plays soccer as their part-time jobs.
Most players are **semi-professionals who play** soccer as their part-time jobs.

표현 바로잡기

❷ ['~일을 완수, 성공하다'의 올바른 표현] **succeed+in+~ing** (cf. succeed to: ~을 계승하다, 이어받다)

I finally succeeded to leading the team up to the first division.
I finally **succeeded in leading** the team up to the first division.

HOW TO ROLE-PLAY

TYPE 1 질문하기 + 문제 해결하기

 게임 구매(질문하기) Tr-082

I'll give you a situation. Please act it out. A new video game you have been interested in has been recently launched. Call a game store and ask three or four questions to buy the new game.

상황을 드리겠습니다. 역할 연기를 해보세요. 당신이 최근에 출시된 새 비디오 게임에 관심이 있다고 해보겠습니다. 게임 판매점에 전화를 걸어, 새로 출시된 게임을 구입할 수 있도록 서너 가지 질문을 해보세요.

HOW TO GUIDE

■ 질문 길라잡이
1. 새로 출시된 비디오 게임에 관심이 있다고 가정
2. 판매점에서 전화해서 제품 구입과 관련된 질문하기

■ 정답 길라잡이
1. 전화를 건 이유 설명
2. 게임 가격 질문
3. 게임 버전 질문
4. 구입과 할인 질문
5. 보증기간 질문

HOW TO ANSWER    Tr-082

Hello. Is this ABC Store? I am making this call to get some information regarding Fable 3. Actually, I bought Fable 2 last time and it was very expensive. Well, how much is Fable 3? I am not sure if the new version is worth me spending my one-month allowance. So I would like to know how different these two versions are. Next, does your store have an online site available for purchasing the game? And can I get some discount if I make a purchase from that site? Finally, how long is the warranty on the game? There is no charge for all services during the warranty period, right?

여보세요. ABC가게인가요? Fable 3에 대해 몇 가지 정보를 얻고 싶어서 전화를 드렸습니다. 실은, 제가 지난번에 Fable 2를 샀는데 가격이 매우 비싸더라고요. 음, Fable 3은 가격이 얼마나 되죠? 새 버전이 제 한달 치 용돈을 다 쓸 정도의 가치가 있는지 궁금해서 그러는데요. 2개 버전이 서로 얼마나 다른지 알고 싶습니다. 다음은, 온라인 사이트로 게임을 구입할 수 있나요? 그리고 온라인 사이트로 구입하면 할인을 받을 수 있나요? 마지막으로, 이 게임은 보증기간이 얼마나 되나요? 보증기간 동안에는 모든 서비스에 대해 추가 요금이 없겠죠? 그렇겠죠?

어휘 regarding ~에 관해 warranty 보증기간 charge (상품·서비스에 대한) 요금

게임을 망가뜨린 돌발 상황(문제 해결하기) Tr-082

I'm sorry, but there is a problem you need to solve. You borrowed a new video game from your friend, but you broke it. Call your friend and explain the situation. Then offer two or three alternatives to resolve this matter.

유감스럽지만 해결해야 할 문제가 생겼습니다. 친구에게 새로 출시된 비디오 게임을 빌렸는데, 그 게임을 망가뜨렸습니다. 친구에게 전화해서 상황을 설명하세요. 그러고 나서 이 문제를 해결할 수 있는 대안을 두세 가지 제시해 보세요.

HOW TO GUIDE

질문 길라잡이
1 빌려온 게임을 망가뜨렸다고 가정
2 친구에게 전화해서 문제에 대한 설명과 그에 따른 해결 방안 제시

정답 길라잡이
1 상황에 대한 설명
2 동일한 게임을 사주는 방법
3 다른 게임을 사주는 방법
4 돈으로 보상하는 방법

HOW TO ANSWER  Tr-082

Hi, David. I am calling regarding the video game I borrowed a couple of days ago. I am going to tell you straight up that I broke it accidentally. I am sorry. I can really understand your feeling that any compensation cannot make up for your favorite game. I found out some game store where I can get the same game. So I'd like to buy the game there, and I want you to accept that as a token of my apology. Or you can pick another new game you would like to play. I hope you like my suggestions. If you like neither of them, I will give the same amount of money you have spent for it.

안녕, 데이비드. 며칠 전에 빌려간 비디오 게임 문제로 전화했어. 단도직입적으로 말해서, 내가 사고로 그만 비디오 게임을 망가뜨려버렸어. 미안해. 어떤 보상으로도 네가 제일 좋아하는 게임을 대신할 수 없을 거라는 네 기분 정말 십분 이해해. 내가 같은 게임기를 파는 가게를 알아뒀어. 그래서 내가 그 곳에서 게임을 사려고 하는데, 네가 사과의 표시로 받아주었으면 해. 아니면 네가 갖고 싶어 하는 다른 게임을 골라도 괜찮고. 내 제안이 맘에 들었으면 좋겠어. 만약 이도 저도 맘에 들지 않으면, 네가 게임으로 지불했던 돈을 내가 보상해줄게.

어휘 straight up 똑바로   compensation 보상   token 징표

TYPE 2 면접관에게 질문하기

좋아하는 게임

I also like to play games with my friends. Just ask me three or four questions to find out more about my favorite game.

저도 친구들과 게임하는 것을 좋아합니다. 제가 가장 좋아하는 게임에 대해 좀 더 알아볼 수 있도록 서너 가지 질문을 해보세요.

HOW TO GUIDE

❶ 내가 좋아하는 게임, 함께 게임을 하는 사람 그리고 게임 시간 등을 먼저 말하고 나서 면접관에게도 비슷한 질문을 시작한다.
❷ 게임 종류, 좋아하는 이유, 게임 방법 등을 질문하도록 한다.

HOW TO ANSWER

❶ I'm glad to hear that you also like to play some games. I occasionally play games with my friends on weekends. I invite them over and play games that support multi-player games. My favorite, however, is **a single-player soccer simulation game**. What about you? ❷ **What type of game** is your favorite? Do you like playing it with others or by yourself? **Why** do you like this game? Then, can you teach me how to play it?

게임을 즐기신다니 기쁘네요. 저는 주말에 가끔 친구들과 함께 게임을 해요. 친구들을 초대해서 여러 명이서 함께 할 수 있는 게임을 즐겨 하죠. 하지만, 제가 가장 좋아하는 게임은 혼자서 하는 축구 시뮬레이션 게임입니다. 당신은 어떠세요? 어떤 종류의 게임을 가장 좋아하나요? 다른 사람들과 함께 하는 게임을 좋아하나요, 아니면 혼자 하는 게임을 좋아하나요? 그 게임을 왜 좋아하죠? 어떻게 하는지 저 좀 가르쳐 주시겠어요?

최근에 즐겼던 게임

I enjoy playing games with my friends, too. Ask me three or four questions to learn more about the game I recently played with my friends.

저도 친구들과 함께 게임하는 것을 즐깁니다. 제가 최근에 친구와 함께 즐겼던 게임을 알 수 있도록 서너 가지 질문을 해보세요.

HOW TO ANSWER

Actually, I prefer to play an online computer game for a single player. But I sometimes play computer games with my friends in a PC game room. Recently, I played FIFA 2010 with my friends. **What game** did you play recently with your friends? **What kind** of game was it? Was it a sports game or an adventure game? Frankly speaking, I am not a fan of adventure games. **Why** did you play the game? **How many game players** does it require?

사실 저는 혼자서 온라인 게임하는 것을 더 좋아합니다. 그러나 때로는 친구들과 함께 PC방에서도 게임을 해요. 최근에 저는 친구들과 FIFA 2010이라는 게임을 했습니다. 당신은 최근에 친구들과 어떤 게임을 했나요? 그 게임은 어떤 종류인가요? 스포츠 게임인가요, 아니면 어드벤처 게임인가요? 솔직히 말하자면, 저는 어드벤처 게임을 좋아하진 않습니다. 왜 그 게임을 하나요? 그 게임을 하려면 인원이 몇 명이나 필요한가요?

HOW TO 게임 Plus

게임 Plus Questions

Q1 _ 게임 장소

You indicated in the survey that you like to play games. Where and with whom do you usually play games? Describe your favorite game places.
설문조사에서 게임을 좋아한다고 했습니다. 주로 어디에서 누구와 함께 게임을 하나요? 좋아하는 게임 장소를 설명해 보세요.

Q2 _ 게임 규칙 및 방법

Let's talk about a game you like to play. What are the rules of the game? Please tell me how to play the game in detail.
좋아하는 게임에 대해서 얘기해 보겠습니다. 그 게임의 규칙이 무엇인가요? 어떻게 게임을 하는지 게임 방법을 자세하게 얘기해 보세요.

Q3 _ 최근에 했던 게임

When did you recently play a game? Who did you play it with? What was the game result? Please tell me all about the recent game you played with a lot of details.
최근에 언제 게임을 했나요? 누구와 함께 게임을 했죠? 게임 결과는 어땠나요? 최근에 했던 게임에 대해서 모두 자세하게 얘기해 보세요.

게임 Role-play Questions

Q1 _ 함께 게임하기(질문하기)

I'll give you a situation. Please act it out. You want to play a game with your friend tomorrow evening at your place. Call your friend and ask three or four questions about playing the game together.
상황을 드리겠습니다. 역할 연기를 해보세요. 내일 저녁에 당신 집에서 친구와 함께 게임을 하고 싶어 합니다. 친구에게 전화해서 함께 게임할 수 있도록 서너 가지 질문해 보세요.

Q2 _ 함께 게임할 수 없는 상황(문제 해결하기)

I'm sorry, but there is a problem you need to solve. You and your friend are planning to play a game today, but you have to do something urgent. Call your friend and explain the situation. And then offer two or three solutions to resolve this matter.
유감스럽지만 해결해야 할 문제가 있습니다. 친구와 함께 오늘 게임을 할 계획이었는데 해야 할 급한 일이 있습니다. 친구에게 전화해서 상황을 설명하세요. 그러고 나서 이 문제를 해결할 수 있도록 몇 가지 해결책을 제안해 보세요.

UNIT 2 집안일

8강에서 두 번째로 살펴볼 항목은 바로 '집안일'입니다. 가족과 함께 살거나 혼자, 또는 룸메이트와 함께 살더라도 방 청소나 빨래, 설거지, 화장실 청소 등 개별적으로 해야 하는 일들을 모두 집안일로 간주할 수 있습니다. 여가활동 항목 중에서 집에서 할 수 있는 대표적인 활동이 바로 집안일입니다. 집에서 게임하는 것을 좋아한다면 게임과 집안일 두 가지 항목을 공략해보는 것도 좋은 방법이 될 것입니다.

집안일 거들기 항목과 관련된 질문들은 어떤 것들을 예상해볼 수 있을까요? 가장 기본적으로 물을 수 있는 질문부터 살펴보겠습니다. 평소에 주로 하는 집안일에 대한 질문을 먼저 꼽을 수 있습니다. 두 명 이상이 함께 살 경우에는 각자 맡은 집안일에 대해서 소개하는 것이 좋습니다. 집안일을 처음 시작하게 된 때와 시작하게 된 계기를 묻는 문제도 처음에 등장할 수 있으니 주의하세요.

자, 두 번째로 구체적인 질문을 살펴보겠습니다. 얼마나 자주, 언제 집안일을 하는지를 묻는 질문이 있습니다. 지난주에는 어떤 집안일을 했고, 이번 주에는 어떤 집안일을 해야 하는지를 묻는 질문도 출제됩니다. 자주 하는 집안일 한 가지를 골라서 처음부터 끝까지 집안일을 하는 과정을 자세하게 설명해 보라는 질문도 충분히 예상할 수 있습니다. 그리고 현재 집의 문제점이나 불편한 점 등을 설명하는 질문도 대비해두기 바랍니다.

마지막으로 경험과 관련된 질문을 살펴보겠습니다. 어렸을 적에 도왔던 집안일에 대한 기억, 최근에 끝낸 집안일, 집안일을 하면서 가장 힘들거나 어려웠던 경험, 가장 기억에 남는 집안일 등과 관련된 경험 문제를 정리해볼 수 있습니다.

Role-play 상황도 간단하게 확인해 볼까요? 친구 역시 집안일을 좋아해서 어떤 일을 하는지 물어보는 상황과, 집안일을 하기로 예정되어 있었는데 다른 문제로인해 할 수 없게 된 돌발 상황을 적절하게 해결하는 문제 등을 떠올릴 수 있습니다.

집안일과 관련된 오픽 문제는 다른 항목에 비해서 출제 범위가 작고 준비해야 할 질문도 더 적기 때문에 그리 어렵지 않게 대비할 수 있습니다. 집안일 중에 요리도 포함될 수 있지만 취미생활 주제에서 요리 항목을 선택하려 한다면 답변이 중복될 수 있으므로 주의하시기 바랍니다. 자 그럼, 실전문제로 넘어가 볼까요?

BEST QUESTIONS

집안일 Mapping Questions

Q1 _ 집안일 소개

You indicated in the survey that you do housework. What kind of housework do you usually manage?

Q2 _ 지난주와 이번 주의 집안일 소개

What kind of household chores did you manage last week and will you manage this week? Tell me all the details.

Q3 _ 집의 불편한 점이나 문제점 설명

Are there any inconvenient things or problems in your house? What are the things or problems about? Please give me a detailed description of them.

집안일 Role-play Questions

Q1 _ 친구가 하는 집안일(질문하기)

I'll give you a situation and ask you to act it out. Imagine that your friend does housework, too. Call your friend and leave a recorded message, asking three or four questions about his or her housework.

Q2 _ 집안일을 해야 하는데 과제를 해야 하는 상황(문제 해결하기)

I'm sorry, but you have a problem to solve. You are scheduled to do housework this evening, but you have to finish an important assignment. Call one of your family members and explain the situation. Then offer two or three solutions to resolve the problem.

Q3 _ 집안일(면접관에게 질문하기)

I also do household affairs. Ask me three or four questions to learn more about my household affairs.

Q4 _ 지난주에 했던 집안일(면접관에게 질문하기)

I do housework, too. Ask me three or four questions to find out about the housework I did last weekend.

HOW TO MAP YOUR STORY

집안일 소개 Tr-083

You indicated in the survey that you do housework. What kind of housework do you usually manage?

설문에서 집안일을 한다고 했습니다. 보통 어떤 종류의 집안일을 하나요?

STORY MAP

[집안일 소개] 나와 식구들의 집안일 • 가장 잘하는 일 • 집안일을 배운 시기

Map Intro _ 나와 식구들의 집안일

나의 집안일	I like cooking, so I often cook at home. 저는 요리하는 것을 좋아해서, 집에서 자주 요리를 합니다.
식구들의 집안일	Actually I don't like other types of housework such as dishwashing and cleaning, so other members of my family do them. 사실 저는 설거지나 청소 같은 다른 집안일들은 별로 좋아하지 않아서, 다른 식구들이 대신 그것들을 합니다.

Map Body _ 가장 잘하는 일

집안일을 하는 시간	I am very busy studying during weekdays, so I usually cook on weekends. 주중에는 공부하느라 너무 바빠서 보통 주말에 요리를 합니다.
가장 잘하는 요리	My best menu is sweet and sour pork and spicy noodle, Jjamppong. 제가 가장 자신 있는 요리는 탕수육과 매운 국수 요리인 짬뽕입니다.

Map Closing _ 집안일을 배운 시기

요리를 배운 시기	They are Chinese foods, and I learned how to cook them in Canada when I studied there. 탕수육과 짬뽕은 모두 중국 음식이고 제가 캐나다에서 공부할 때 이 요리들을 배웠습니다.

HOW TO GUIDE

Listening 길라잡이
집안일 소개 / 하고 있는 집안일을 자세히 설명하기
- 듣기함정 "usually ~", "always ~" 등 일상적이고 반복되는 사항에 대한 질문은 현재시제로 이해하도록 한다.

Speaking 길라잡이
좋아하는 집안일 소개 ⇒ 가장 잘하는 집안일 설명
- 답변함정 집안일의 이름이나 명칭(예: cleaning, doing laundry, ironing 등)을 정확하게 설명한다.

HOW TO ANSWER  Tr-083

❶ I like cooking, so I often cook at home. Actually, I don't like other types of housework such as dishwashing and cleaning, so other members of my family do them. ❷ I am very busy studying during weekdays, so I usually cook on weekends. My best menu is sweet and sour pork and spicy noodle, Jjamppong. They are Chinese foods, and I learned how to cook them in Canada when I studied there.

저는 요리하는 것을 좋아해서, 집에서 자주 요리를 합니다. 사실 저는 설거지나 청소 같은 다른 집안일들은 별로 좋아하지 않아서, 다른 식구들이 대신 그것들을 합니다. 주중에는 공부하느라 너무 바빠서 보통 주말에 요리를 합니다. 제가 가장 자신 있는 요리는 탕수육과 매운 국수 요리인 짬뽕입니다. 탕수육과 짬뽕은 모두 중국 음식이고 제가 캐나다에서 공부할 때 이 요리들을 배웠습니다.

어휘 sweet and sour pork 탕수육

HOW TO CORRECT

문법 바로잡기
❶ [빈도부사의 쓰임] **often**, **usually**, **always**, **sometimes**는 일반동사 앞, be동사와 조동사 뒤에 위치한다.
I like cooking, so I ~~cook often~~ at home.
I like cooking, so I **often cook** at home.

표현 바로잡기
❷ ['바쁨, 분주함'의 표현] **be busy + ~ing**: ~하느라 분주하다, 바쁘다.
I am very busy ~~to study~~ during weekdays, so I usually cook on weekends.
I am very busy studying during weekdays, so I usually cook on weekends.

지난주와 이번 주의 집안일 소개 🔊 Tr-083

What kind of household chores did you manage last week and will you manage this week? Tell me all the details.

지난주에는 어떤 집안일을 했고 이번 주에는 어떤 집안일을 할 건가요? 자세히 말해 보세요.

STORY MAP

[지난주와 이번 주의 집안일 소개] 지난주에 했던 일 · 지난주와 이번 주의 집안일 · 집안일에 대한 보충 설명

	Map Intro _ 지난주에 했던 일
지난주에 했던 일과 이유	Last Tuesday, I made breakfast for my family. I did it because my mother was sick on that day. 지난주 화요일에 가족들을 위해서 아침식사를 만들었습니다. 그날 어머니가 아프셔서 제가 대신 식사 준비를 했습니다.

	Map Body _ 지난주와 이번 주의 집안일
지난주에 했던 요리	The menu was boiled rice and grilled fish. I served Korean beef soup with them. 메뉴는 밥과 생선구이였습니다. 소고기국도 준비했습니다.
이번 주에 해야 할 일	This week I will clean my room. I do it twice a week because I am quite busy with my school work. 이번 주에는 제 방을 청소할 것입니다. 학교 공부 때문에 바빠서, 일주일에 두 번 정도 청소를 해요.

	Map Closing _ 집안일에 대한 보충 설명
집안일 보충 설명	Even though I cannot do it frequently, I am quite good at cleaning, so my room is always neat and cozy. 비록 청소를 자주 하지는 못하지만, 제가 청소를 꽤 잘해서 제 방은 항상 깨끗하고 아늑합니다.

HOW TO GUIDE

Listening 길라잡이
지난주 그리고 금주의 집안일 소개 / 지난주에 한 일과 금주에 하게 될 집안일에 대해 자세히 설명하기
- 듣기함정 "did you manage~, will you manage~"처럼 이렇게 한 질문에서 두 개의 시제가 동시에 있음을 유의하여 듣도록 한다.

Speaking 길라잡이
지난주에 한 집안일 소개 ⇒ 지난주에 한 집안일 세부 설명 ⇒ 금주에 할 집안일 소개
- 답변함정 지난주에 한 집안일은 과거시제를 사용하여, 그리고 금주에 할 집안일은 미래시제를 사용하여 답변하도록 한다.

HOW TO ANSWER Tr-083

Last Tuesday, I made breakfast for my family. ❶ I did it because my mother was sick on that day. The menu was boiled rice and grilled fish. I served Korean beef soup with them. This week I will clean my room. ❷ I do it twice a week because I am quite busy with my school work. Even though I cannot do it frequently, I am quite good at cleaning, so my room is always neat and cozy.

지난주 화요일에 가족들을 위해서 아침식사를 만들었습니다. 그날 어머니가 아프셔서 제가 대신 식사 준비를 했습니다. 메뉴는 밥과 생선구이였습니다. 소고기국도 준비했습니다. 이번 주에는 제 방을 청소할 것입니다. 학교 공부 때문에 바빠서, 일주일에 두 번 정도 청소를 해요. 비록 청소를 자주 하지는 못하지만, 제가 청소를 꽤 잘해서 제 방은 항상 깨끗하고 아늑합니다.

어휘 boiled rice 쌀밥 twice 두 번

HOW TO CORRECT

문법 바로잡기
❶ [전치사 on] 특정한 날 앞에는 전치사 'on'을 사용한다.
I did it because my mother was sick ~~at that day~~.
I did it because my mother was sick **on that day**.

표현 바로잡기
❷ ['빈도'의 올바른 표현] a(=per): ~ 마다
I do it twice **a week** because I am quite busy with my school work.

집의 불편한 점이나 문제점 설명 Tr-083

Are there any inconvenient things or problems in your house? What are the things or problems about? Please give me a detailed description of them.

집에 불편한 것들이나 문제점들이 있나요? 불편한 점들이나 문제점들이 무엇인가요? 자세히 설명해 보세요.

STORY MAP

[집의 불편한 점이나 문제점 설명] 몇 가지 문제점 • 문제점 설명 • 해결책

Map Intro _ 몇 가지 문제점

문제점 — I really like my house, but there are a couple of problems.
저는 우리 집을 정말 좋아하지만, 몇 가지 문제점들이 있습니다.

Map Body _ 문제점 설명

너무 좁은 거실 — Actually, the living room is too small. My family members are seven, and the living room is so small that the whole family cannot gather there together.
사실, 거실이 너무 좁습니다. 우리 가족은 일곱 명인데, 거실이 너무 좁아서, 온 가족이 함께 거실에 모일 수가 없습니다.

여름에 너무 더운 문제점 — Moreover, in summer, my house is too hot. It has many windows, but its temperature is always too hot in summer, so I cannot stay at home during day time.
게다가, 여름에는 너무 덥습니다. 창문이 많이 있지만, 여름에 공기가 항상 뜨거워서, 낮 시간 동안 집안에 머무를 수가 없습니다.

Map Closing _ 해결책

해결책 — I think we need an air-conditioner at home this summer.
올 여름, 우리 집에는 에어컨이 필요하다고 생각합니다.

HOW TO GUIDE

Listening 길라잡이
집안의 불편함 또는 문제점 소개 / 집안에서의 불편한 점이나 문제점들에 대해 자세히 설명하기
- 듣기함정 질문의 핵심인 "any inconvenient things or problems"를 놓치지 않고 듣도록 한다.

Speaking 길라잡이
문제점에 대한 개략적인 소개 ⇒ 문제점에 대한 세부내용 소개 ⇒ 해결 방법 등에 대한 언급으로 답변 마무리
- 답변함정 집안에서 직접 경험하고 있는 불편한 점이나 문제점에 대해 구체적으로 설명하고 이에 따른 해결 방안이나 개인적인 의견 등을 잘 설명하도록 한다.

HOW TO ANSWER  Tr-083

❶ I really like my house, but there are a couple of problems. Actually, the living room is too small. My family members are seven, and ❷ the living room is so small that the whole family cannot gather there together. Moreover, in summer, my house is too hot. It has many windows, but its temperature is always too hot in summer, so I cannot stay at home during day time. I think we need an air-conditioner at home this summer.

저는 우리 집을 정말 좋아하지만, 몇 가지 문제점들이 있습니다. 사실, 거실이 너무 좁습니다. 우리 가족은 일곱 명인데, 거실이 너무 좁아서, 온 가족이 함께 거실에 모일 수가 없습니다. 게다가, 여름에는 너무 덥습니다. 창문이 많이 있지만, 여름에 공기가 항상 뜨거워서, 낮 시간 동안 집안에 머무를 수가 없습니다. 올 여름, 우리 집에는 에어컨이 필요하다고 생각합니다.

어휘 living room 거실

HOW TO CORRECT

문법 바로잡기
❶ [수의 일치] **a couple of**+복수(가산)명사
I really like my house, but there are a couple of ~~problem~~.
I really like my house, but there are **a couple of problems**.

표현 바로잡기
❷ ['so ~ that' 구문의 올바른 표현] **so**+형용사+**that**+주어+**cannot** ~ : 너무 ~해서 ~할 수 없다
(= **too**+형용사+**to** 동사원형)
The living room is ~~small so~~ that the whole family cannot gather there together.
The living room is **so small that the whole family cannot** gather there together.
(=too small to gather~)

HOW TO ROLE-PLAY

TYPE 1   질문하기+문제 해결하기

 친구의 집안일(질문하기) Tr-084

I'll give you a situation and ask you to act it out. Imagine that your friend does housework, too. Call your friend and leave a recorded message, asking three or four questions about his or her housework.

제가 상황을 드릴 테니 역할 연기를 해보세요. 친구가 집안일을 한다고 가정해 보겠습니다. 친구에게 전화해서 친구가 하는 집안일에 대해 서너 가지 질문하면서 메시지를 남겨보세요.

HOW TO GUIDE

❖ 질문 길라잡이
1. 친구가 집안일을 한다고 가정
2. 친구에게 전화해서 친구가 하는 집안일을 물어보면서 메시지 남기기

❖ 정답 길라잡이
1. 전화를 건 이유 설명
2. 집안일 질문
3. 시간 질문
4. 집안일을 정말 즐겨하는지 재확인

HOW TO ANSWER   Tr-084

Hello. This is Jean. I think you are very good at housework, so I have a couple of questions about house chores. What is your favorite type of housework? Mine is cooking, but I think you don't like it because I have never heard that you cook. How much time do you usually spend on housework a week? You are a student, so I guess you don't have enough time for doing housework and studying at the same time. Moreover, I wonder whether you really enjoy doing housework because it is tedious to me.

안녕, 나 Jean이야. 네가 집안일을 잘하는 것 같아서 집안일에 대해 몇 가지 물어 보고 싶은 게 있어. 넌 어떤 집안일을 가장 좋아하니? 난 요리 하는 게 가장 좋은데, 네가 요리를 한다는 걸 들어보지 못해서 너는 요리를 싫어하는 것 같더라. 보통 일주일에 몇 시간이나 집안일을 하니? 넌 학생이어서, 추측컨대, 집안일과 학업을 함께 하기에는 시간이 부족할 것 같아. 게다가, 네가 정말 집안일을 즐겨 하는지도 궁금해. 왜냐하면, 난 집안일이 귀찮거든.

어휘   tedious 지루한, 싫증나는

집안일을 할 수 없는 돌발 상황(문제 해결하기) Tr-084

I'm sorry, but you have a problem to solve. You are scheduled to do housework this evening, but you have to finish an important assignment. Call one of your family members and explain the situation. Then offer two or three solutions to resolve the problem.

유감스럽게도 해결해야 할 문제가 생겼습니다. 저녁에 집안일을 하기로 되어 있는데 중요한 과제를 끝마쳐야 합니다. 가족 중 한 명에게 전화해서 상황을 설명하세요. 그러고 나서 이 문제를 해결할 수 있도록 두세 가지 해결책을 제시해 보세요.

HOW TO GUIDE

질문 길라잡이
1 중요한 과제 때문에 집안일을 할 수 없다고 가정
2 가족에게 전화해서 집안일을 할 수 없는 이유 설명과 그에 따른 해결책 제시

정답 길라잡이
1 전화를 건 이유 설명
2 집안일을 할 수 없는 이유(중요한 과제) 설명
3 가족(Jun)에게 해달라는 해결책
4 다른 가족 구성원에게 상황과 함께 다음번에 만회하겠다고 전해달라는 해결책

HOW TO ANSWER  Tr-084

Hello, Jun? This is Jean. I want you to help me this evening. Actually, I am supposed to wash dishes today, but I have to finish my assignment. It is very important, so I want you to do the housework instead of me. If you help me, I will do your duty next time instead of you. If you cannot help me today, would you just tell other family members and explain my situation? And please tell them I will make up for it anytime after tonight.

여보세요, Jun이니? 나 Jean이야. 오늘 저녁에 나 좀 도와줬으면 해. 실은 내가 오늘 설거지 당번인데 끝내야 하는 과제가 있어. 정말 중요한 과제라서 나 대신 네가 설거지를 해줬으면 해. 오늘 네가 설거지를 해주면 다음번 네 차례일 때 네 대신에 내가 할게. 너도 오늘 안 된다면 다른 식구들에게 말해서 내 상황을 좀 전해줄래? 그리고 다음번에 꼭 오늘 못한 것을 만회하겠다고 전해줘.

어휘 be supposed to do ~하기로 되어 있다 make up for 보충하다, 만회하다

TYPE 2 면접관에게 질문하기

집안일  Tr-084

I also do household affairs. Ask me three or four questions to learn more about my household affairs.

저 또한 집안일을 합니다. 제가 하는 집안일에 대해 좀 더 알아볼 수 있도록 서너 가지 질문을 해보세요.

HOW TO ANSWER Tr-084

Can I ask you a couple of questions about your house chores? First, do you take care of the household affairs **alone** or **with your family members**? Second, **what kind of housework** do you usually do? As you know, doing household chores takes a lot of time and attention. OK, lastly, **when** do you usually do that and **how long** does it take? Thanks for your answers.

당신이 하는 집안일에 대해 몇 가지 질문을 드려도 될까요? 우선, 집안일을 혼자 하나요, 아니면 가족들과 함께 하나요? 두 번째, 주로 어떤 종류의 집안일을 하나요? 아시다시피, 집안일이라는 게 시간도 많이 걸리고 신경도 많이 써야 하잖아요. 그러면, 마지막으로 집안일을 주로 언제 하고, 하는데 얼마나 걸리나요? 답변 감사합니다.

지난주의 집안일  Tr-084

I do housework, too. Ask me three or four questions to find out about the housework I did last weekend.

저 역시 집안일을 합니다. 제가 지난 주말에 한 집안일에 대해 좀 더 알아볼 수 있도록 서너 가지 질문을 해보세요.

HOW TO GUIDE

❶ 지난주에 내가 한 집안일에 대해서 간단하게 설명한 후 면접관에게 질문을 시작하도록 한다.
❷ 가급적이면 집안일의 종류, 걸린 시간, 도와준 사람, 사용한 가전 기기 등을 언급해주면 좋다.

HOW TO ANSWER Tr-084

❶ I did a big cleanup last weekend after such a long time. ❷ What kind of housework did you take care of during the last weekend? It took more than two hours to clean the whole house. How about your case? **How long** did it take to do your house chores? Did you use **any household appliances** such as an automated vacuum cleaner? Unfortunately, I do not have a vacuum cleaner so I spent a long time in cleaning my room. Did **anybody help out** with the work? In my case, nobody helped me because I live alone. But my mom sometimes drops by my place and takes care of it for me.

저는 지난 주말에 오랜만에 대청소를 했습니다. 당신은 지난 주말에 어떤 종류의 집안일을 했나요? 집안 전부를 청소하는데 2시간 이상이나 걸렸어요. 당신은 어떤가요? 집안일을 하는 데 시간이 얼마나 걸렸죠? 자동 진공청소기 같은 가전기기를 사용했나요? 애석하게도, 저는 청소기가 없어서 방을 청소하는 데 시간이 많이 걸렸습니다. 집안일을 누가 도와주었나요? 제 경우에는 제가 혼자 살기 때문에 도와주는 사람이 없어요. 하지만, 어머니께서 가끔 들르셔서 집안일을 해주십니다.

HOW TO 집안일 Plus

집안일 Plus Questions

Q1 _ 처음에 집안일을 시작하게 된 계기

You indicated in the survey you do the household affairs. How did you first begin to do them? How did you learn how to do them? Tell me all the details.

설문조사에서 집안일을 한다고 했습니다. 처음에 어떻게 집안일을 하기 시작했나요? 집안일은 어떻게 배웠죠? 자세하게 얘기해 보세요.

Q2 _ 가장 기억에 남는 집안일

Let's talk about the most memorable housework you have done. When was it? What was the housework about? Why was it so memorable to you? Were you satisfied with it? Please tell me about it in as much detail as you can.

지금까지 했던 집안일 중에 가장 기억에 남는 집안일에 대해서 얘기해 보겠습니다. 그게 언제였나요? 어떤 집안일이었죠? 왜 그 일이 그렇게 기억에 남나요? 그 집안일은 만족스러웠나요? 가능한 한 자세하게 기억에 남는 집안일에 대해서 얘기해 보세요.

집안일 Role-play Questions

Q1 _ 이번 주 토요일에 해야 할 집안일(질문하기)

I'll give you a situation and ask you to act it out. You have to do some household chores this Saturday. Call your mother and ask three or four questions about the chores you have to do.

상황을 드릴 테니 역할 연기를 해보세요. 당신은 이번 주 토요일에 집안일을 해야 합니다. 어머니에게 전화해서 해야 할 집안일에 대해서 서너 가지 물어보세요.

Q2 _ 집안일을 해야 하는데 영화를 보고 싶은 상황(문제 해결하기)

I'm afraid you have a problem to solve. You are scheduled to do the housework this evening, but your friend wants to go to the movie theater with you. You'd like to see the movie, too. Call your mother to explain the situation. Then offer some options about this matter.

유감스럽지만 해결해야 할 문제가 있습니다. 오늘 저녁에 집안일을 하기로 예정되어 있는데 친구가 함께 영화를 보길 원합니다. 당신 또한 영화를 보고 싶습니다. 어머니에게 전화해서 상황을 설명하세요. 그러고 나서 이 문제에 대해서 몇 가지 옵션을 제시해 보세요.

SECTION 2 _ 여가활동

9강

스포츠 & 공연 관람하기

Unit1 스포츠 관람
Unit2 공연 관람

UNIT 1 스포츠 관람

9강에서 살펴볼 설문조사 항목은 스포츠 관람과 공연 보러가기입니다. 먼저 스포츠 관람에 대해서 자세하게 살펴보도록 하겠습니다. 스포츠 관람은 경기장 또는 TV를 통해서 좋아하는 스포츠를 구경하거나 시청하는 것을 의미합니다. 사람들과 함께 어울려서 운동을 하는 스포츠와는 별개이니 혼동해서는 안 됩니다. 자, 그럼 스포츠 관람과 관련된 기본적인 질문, 구체적인 질문, 경험 관련 질문, 그리고 Role-play 질문까지 자세하게 확인해보겠습니다.

먼저 기본적으로 광범위하게 묻는 질문입니다. 가장 기본적으로 좋아하는 스포츠의 종류를 묻는 질문을 떠올릴 수 있습니다. 그리고 스포츠를 관람하는 장소, 즉 경기장 등을 묘사해보라는 질문도 가장 처음에 등장할 수 있는 질문입니다. 좋아하는 스포츠 선수와 팀을 소개해보라는 질문도 역시 기본적인 질문으로 대비해둬야 합니다.

두 번째, 세부적인 질문입니다. 얼마나 자주, 언제, 누구와, 어디로 스포츠 경기를 관람하러 가는지를 묻는 질문이 등장할 수 있습니다. 스포츠 경기를 관람하러 도착하면 하는 일들, 경시 시작 전부터 끝나고 나서 어떤 일을 하는지 자세하게 설명해 보라는 질문도 꼽을 수 있습니다.

세 번째는 스포츠 관람과 관련된 경험 질문입니다. 처음에 스포츠 경기를 관람했을 때의 느낌 또는 첫 인상, 최근에 관람했던 스포츠 경기, 스포츠 경기를 관람하면서 특별히 기억에 남았던 일, 스포츠 경기 관람에 처음으로 관심을 가지게 된 계기 등으로 경험 질문을 정리해볼 수 있습니다.

마지막으로 스포츠 관람과 관련된 Role-play 상황을 살펴보겠습니다. 스포츠를 관람하려면 경기 티켓을 구매해야 하죠? 그래서 티켓과 관련된 상황이 출제될 확률이 아주 높습니다. 스포츠 경기 관람을 하고 싶어서 티켓을 예매해야 하는 상황, 전화해서 티켓 관련 질문하기와 티켓이 다 팔렸다거나 친구와 좌석이 떨어져 있는 문제점을 해결하는 상황을 예상해볼 수 있습니다.

BEST QUESTIONS

스포츠 관람 Mapping Questions

Q1 _ 스포츠 관람 장소 묘사
You indicated in the survey that you enjoy watching sports games. Where do you watch sports games? Please describe the sports field or the stadium you often visit.

Q2 _ 좋아하는 스포츠와 이유
What kind of sports do you like to watch? Why do you like to watch them? Tell me with many details.

Q3 _ 기억에 남는 스포츠 경기
Let's talk about the most memorable sports game you have ever watched. When was it? Why was it so memorable to you? Tell me about it in as much detail as you can.

스포츠 관람 Role-play Questions

Q1 _ 친구와 함께 스포츠 관람(질문하기)
I'll give you a situation and ask you to act it out. Assume that you want to watch a sports game with your friend this weekend. Call your friend and leave a message, asking three or four questions to watch it together.

Q2 _ 원하는 좌석이 없는 상황(문제 해결하기)
I'm sorry, but you have a problem to solve. The ticket office says that the seats you and your friend want to reserve are not available. Call your friend to explain the situation. And then offer two alternatives to solve this problem.

Q3 _ 가장 좋아하는 스포츠(면접관에게 질문하기)
I like to see sports games as well. Ask me three or four questions to know about which favorite sports game I like best.

Q4 _ 가장 기억에 남는 스포츠 경기(면접관에게 질문하기)
I also like to see sports games with my friends. Ask me three or four questions about the most memorable sports game I have ever seen.

HOW TO MAP YOUR STORY

 스포츠 관람 장소 Tr-091

You indicated in the survey that you enjoy watching sports games. Where do you watch sports games? Please describe the sports field or the stadium you often visit.

설문에서 <u>스포츠 관람</u>을 좋아한다고 했습니다. 어디에서 스포츠 경기를 관람하나요? 당신이 자주 찾는 운동장이나 경기장을 묘사해 보세요.

STORY MAP

[스포츠 관람 장소] 경기 관람 횟수 • 좋아하는 경기장 • 경기장까지의 거리

Map Intro _ 경기 관람 횟수

| 경기 관람 횟수 | I cannot visit sport stadiums frequently because I am very busy with my school work, so I usually watch sports on TV at home.
저는 학교 공부 때문에 너무 바빠서 경기장을 자주 찾을 수 없어서 보통 집에서 TV로 스포츠를 시청합니다. |

Map Body _ 좋아하는 경기장

| 좋아하는 스포츠 경기장 소개 | But sometimes I visit a sports stadium in Jamsil with my friends.
하지만, 아주 가끔씩은 친구들과 함께 잠실 스포츠 경기장을 찾아 갑니다. |
| 경기장 시설과 특징 설명 | It is one of the biggest stadiums in Korea and has the newest facilities for spectators and good management of games.
잠실 경기장은 한국에서 가장 큰 경기장 중의 하나이고 관중들을 위한 첨단 시설들이 갖춰져 있으며 훌륭한 경기 운영을 하고 있습니다. |

Map Closing _ 경기장까지의 거리

| 주거지와 경기장 위치 | I live in Shin-chun, one of the crowded districts in Seoul, and the stadium is not far from my house.
저는 서울에서 사람들이 많이 붐비는 지역 중 한 곳인 신천에서 살고 있으며 그 경기장은 우리 집에서 그렇게 멀지 않습니다. |
| 경기장까지의 거리 | It only takes about 15 minutes by car.
그 곳은 차로 약 15분 정도 밖에 걸리지 않습니다. |

HOW TO GUIDE

Listening 길라잡이
스포츠 관람 장소 소개 / 스포츠 관람을 위해 즐겨 찾는 운동장이나 경기장에 대해 자세히 설명하기
- 듣기함정 "Where~", "please describe~"에서 장소에 대한 묘사를 요구하는 질문으로 이해할 수 있도록 한다.

Speaking 길라잡이
자주 찾는 경기장 소개 ⇒ 경기장 위치, 시설 등 세부 설명 ⇒ 경기장의 위치와 거리 설명
- 답변함정 자주 찾는 경기장에 대해 시설, 위치 등의 세부적인 설명을 덧붙여 간략하게 설명하도록 한다.

HOW TO ANSWER  Tr-091

I cannot visit sport stadiums frequently because I am very busy with my school work, so I usually watch sports on TV at home. But sometimes I visit a sports stadium in Jamsil with my friends. ❶ It is one of the biggest stadiums in Korea and has the newest facilities for spectators and good management of games. I live in Shin-chun, one of the crowded districts in Seoul, and the stadium is not far from my house. ❷ It only takes about 15 minutes by car.

저는 학교 공부 때문에 너무 바빠서 경기장을 자주 찾을 수 없어서 보통 집에서 TV로 스포츠를 시청합니다. 하지만, 아주 가끔씩은 친구들과 함께 잠실 스포츠 경기장을 찾아 갑니다. 잠실 경기장은 한국에서 가장 큰 경기장 중의 하나이고 관중들을 위한 첨단 시설들이 갖춰져 있으며 훌륭한 경기 운영을 하고 있습니다. 저는 서울에서 사람들이 많이 붐비는 지역 중 한 곳인 신천에서 살고 있으며 그 경기장은 우리 집에서 그렇게 멀지 않습니다. 그 곳은 차로 약 15분 정도 밖에 걸리지 않습니다.

어휘 spectator (특히 스포츠 행사의) 관중

HOW TO CORRECT

문법 바로잡기
❶ [부정대명사 one] 부정대명사(one)+of+the/소유격+복수가산명사(~ 중 하나)
It is one of the biggest ~~stadium~~ in Korea.
It is **one of the biggest stadiums** in Korea.

표현 바로잡기
❷ ['장소까지의 시간' 표현] it takes+시간+by+교통수단
It only takes about 15 minutes with car.
It only **takes** about **15 minutes by car**.

좋아하는 스포츠 경기 Tr-091

What kind of sports do you like to watch? Why do you like to watch them? Tell me with many details.

어떤 종류의 스포츠 관람을 좋아하나요? 왜 그 운동 경기를 관람하는 것을 좋아하나요? 자세히 말해 보세요.

STORY MAP

[좋아하는 스포츠 경기] 좋아하는 스포츠 • 좋아하게 된 이유 • 축구의 장점

Map Intro _ 좋아하는 스포츠

| 좋아하는 스포츠 | I like to watch soccer games. I didn't have any interest in soccer until the 2002 World Cup, but now I am a big fan of soccer.
저는 축구 경기 관람을 좋아합니다. 2002년 월드컵 때까지 축구에 관심이 전혀 없었지만, 지금은 열성 축구팬이 되었습니다. |

Map Body _ 좋아하게 된 이유

| 한국 축구의
위대한 업적 | At that time, I was so moved watching the amazing plays of Korean players and their great achievement.
2002년 월드컵 때, 한국 축구 선수들의 멋진 플레이와 선수들이 일궈낸 위대한 업적에 저는 크게 감동받았습니다. |
| 잘생긴 외모 | Also, these days, soccer players are very handsome, so their good appearance makes me like soccer more.
또한, 최근에는 축구 선수들이 정말 잘 생겨서, 그들의 잘생긴 외모 때문에 축구를 더 좋아하게 되었어요. |

Map Closing _ 축구의 장점

| 스트레스 해소 | When I watch soccer, I feel my stress is relieved and I am recharged.
축구 경기를 보게 되면 스트레스도 풀리고 재충전되는 느낌을 받습니다. |
| 공통적인 이야기
주제 | Also, my friends like soccer too, so we can have common conversation topics when we watch soccer games.
제 친구들 역시 축구를 좋아해서 함께 축구를 보면 공통적인 이야기 거리들이 생깁니다. |

HOW TO GUIDE

Listening 길라잡이
즐겨 관람하는 스포츠 경기 소개 / 즐겨 관람하는 스포츠 경기와 좋아하는 이유에 대해 자세히 설명하기
- 듣기함정   "Why do you like~"에서 해당 스포츠 관람을 좋아하는 이유까지 동시에 묻고 있음에 유의해서 듣도록 한다.

Speaking 길라잡이
즐겨 관람하는 스포츠 경기 소개 ⇒ 좋아하는 이유와 장점을 설명하며 답변 마무리
- 답변함정   이유에 대한 설명은 가급적 구체적으로 설명하도록 한다.

HOW TO ANSWER Tr-091

I like to watch soccer games. ❶ I didn't have any interest in soccer until the 2002 World Cup, but now I am a big fan of soccer. ❷ At that time, I was so moved watching the amazing plays of Korean players and their great achievement. Also, these days, soccer players are very handsome, so their good appearance makes me like soccer more. When I watch soccer, I feel my stress is relieved and I am recharged. Also, my friends like soccer too, so we can have common conversation topics when we watch soccer games.

저는 축구 경기 관람을 좋아합니다. 2002년 월드컵 때까지 축구에 관심이 전혀 없었지만, 지금은 열성 축구팬이 되었습니다. 2002년 월드컵 때, 한국 축구 선수들의 멋진 플레이와 선수들이 일궈낸 위대한 업적에 저는 크게 감동받았습니다. 또한, 최근에는 축구 선수들이 정말 잘 생겨서, 그들의 잘생긴 외모 때문에 축구를 더 좋아하게 되었어요. 축구 경기를 보게 되면 스트레스도 풀리고 재충전되는 느낌을 받습니다. 제 친구들 역시 축구를 좋아해서 함께 축구를 보면 공통적인 이야기 거리들이 생깁니다.

어휘   relieve 없애 주다, 덜어 주다   common 흔한, 공통의

HOW TO CORRECT

문법 바로잡기
❷ [분사구문] 분사구문은 접속사와 주어를 생략하고 동사를 ~ing 형태로 바꾸어 주면 된다.
   At that time, I was so moved <u>when I watched</u> the amazing plays of Korean players.
   At that time, I was so moved **watching** the amazing plays of Korean players.

표현 바로잡기
❶ ['흥미, 관심'의 표현] **interest in**+명사 / ~ing : ~에 대한 흥미, 관심
   I didn't have any interest at soccer until the 2002 World Cup.
   I didn't have any **interest in soccer** until the 2002 World Cup.

기억에 남는 경기 Tr-091

Let's talk about the most memorable sports game you have ever watched. When was it? Why was it so memorable to you? Tell me about it in as much detail as you can.

당신이 관람한 경기들 중에서 가장 기억에 남는 경기에 대해 얘기해 보겠습니다. 언제 했습니까? 왜 그 경기가 그렇게 기억에 남나요? 기억에 남는 경기에 대해 최대한 자세하게 얘기해 보세요.

STORY MAP

[기억에 남는 경기] 기억에 남는 경기 • 당시 상황 설명 • 경기 결과

Map Intro _ 기억에 남는 경기

| 기억에 남는 경기 소개 | The 2010 World Cup was very memorable for me because Korean soccer players participated at that time and they advanced to the top sixteen.
저는 한국 팀이 2010년 월드컵에 참가해서 16강에 들게 되어서 이 월드컵이 정말 기억에 남습니다. |

Map Body _ 당시 상황 설명

| 상황 설명 | Actually, it seemed not easy for the Korean team to be one of the top sixteen teams because all the participants were so strong and had great records in soccer.
사실 모든 참가팀들이 매우 강팀들이었고 축구에 있어서는 훌륭한 기록들을 가지고 있어서 한국 팀이 16강에 들어가기가 쉬워 보이지는 않았습니다. |

Map Closing _ 경기 결과

| 축구 경기 결과 소개 | But the Korean team did its best and made a great achievement.
하지만 한국 팀은 최선을 다했고, 위대한 업적을 이루어 냈습니다. |

HOW TO GUIDE

Listening 길라잡이
기억에 남는 경기 소개 / 기억에 남거나 재미있는 스포츠 경기를 관람했던 경험을 자세히 설명하기
- 듣기함정   "memorable sports game you have ever watched"에서 경험을 묻고 있으므로 질문을 과거로 이해하도록 한다.

Speaking 길라잡이
기억에 남는 경기에 대한 개괄적 소개 ⇒ 기억에 남는 이유와 당시 상황 설명 ⇒ 경기 결과와 느낌을 설명하며 답변 마무리
- 답변함정   답변 역시 과거의 경험에 대한 내용이므로 과거시제로 답변하도록 한다.

HOW TO ANSWER  Tr-091

❶ The 2010 World Cup was very memorable for me because Korean soccer players participated at that time and they advanced to the top sixteen. Actually, it seemed not easy for the Korean team to be one of the top sixteen teams because all the participants were so strong and had great records in soccer. ❷ But the Korean team did its best and made a great achievement.

저는 한국 팀이 2010년 월드컵에 참가해서 16강에 들게 되어 이 월드컵이 정말 기억에 남습니다. 사실 모든 참가팀들이 매우 강팀들이었고 축구에 있어서는 훌륭한 기록들을 가지고 있어서 한국 팀이 16강에 들어가기가 쉬워 보이지는 않았습니다. 하지만 한국 팀은 최선을 다했고, 위대한 업적을 이루어 냈습니다.

어휘   participate 참가하다   achievement 업적, 성취

HOW TO CORRECT

문법 바로잡기
❶ [시제의 일치] 종속절의 시제는 주절의 시제(과거/2010 월드컵)와 일치시킨다.
The 2010 World Cup was very memorable for me because Korean soccer players ~~participate~~ at that time.
The 2010 World Cup **was** very memorable for me because Korean soccer players **participated** at that time.

표현 바로잡기
❷ ['최선을 다하다'의 올바른 표현] **do one's best**(=do one's utmost) 최선을 다하다, 전력을 다하다
But the Korean team ~~did best~~ and made a great achievement.
But the Korean team **did its best** and made a great achievement.

HOW TO ROLE-PLAY

TYPE 1 질문하기 + 문제 해결하기

 경기 관람(질문하기) Tr-092

I'll give you a situation and ask you to act it out. Assume that you want to watch a sports game with your friend this weekend. Call your friend and leave a message, asking three or four questions to watch it together.

제가 상황을 드릴 테니, 역할 연기를 해보세요. 이번 주말에 친구와 함께 스포츠 경기를 관람하려고 한다고 해보겠습니다. 친구에게 전화해서, 함께 경기를 관람할 수 있도록 서너 가지 질문하면서 메시지를 남겨보세요.

HOW TO GUIDE

질문 길라잡이
1. 친구와 함께 스포츠 경기를 관람하러 간다고 가정
2. 친구에게 전화해서 경기 관람과 관련된 질문하기

정답 길라잡이
1. 전화를 건 이유 설명
2. 경기 시간 질문
3. 운전 여부 질문
4. 경기 후 식사 질문

HOW TO ANSWER  Tr-092

Hello. This is Jean, and I need to ask you some questions about our appointment this weekend. What time exactly do you want to watch the game? There are two games available for reservation, one and five o'clock in the afternoon. Which one of those do you prefer? Also, will you drive there? If you will, I will not drive and just share your car. Lastly, can you eat dinner with me after the game? If you can, I will reserve a table at a restaurant, too.

안녕, 나 Jean이야. 이번 주말 우리 약속에 관해서 몇 가지 물어볼게 있어서 전화했어. 정확히 몇 시 경기를 보고 싶니? 예매 가능한 경기가 두 경기가 있는데, 오후 1시 경기하고 오후 5시 경기야. 어떤 경기를 보고 싶니? 그리고 운전해서 갈 거니? 그러면, 내 차는 가져가지 않을 테니 그냥 네 차를 함께 타고 갔으면 해. 마지막으로, 경기 끝나고 같이 저녁 먹을래? 그렇다면, 식당도 예약해 놓을게.

어휘 **exactly** 정확히, 꼭 **share** 공유하다

200

예매를 할 수 없는 돌발 상황(문제 해결하기) Tr-092

I'm sorry, but you have a problem to solve. The ticket office says that the seats you and your friend want to reserve are not available. Call your friend to explain the situation. And then offer two alternatives to solve this problem.

유감스럽게도 해결해야 할 문제가 생겼습니다. 매표소에 따르면, 당신과 친구가 예매하려고 하는 자리가 없다고 합니다. 친구에게 전화해서 상황을 설명하세요. 그리고 이 문제를 해결할 수 있는 대안을 두 가지 제시해 보세요.

HOW TO GUIDE

질문 길라잡이
1 예매하려고 하는 자리가 없다고 가정
2 친구에게 전화해서 문제에 대한 설명과 그에 따른 대안 제시

정답 길라잡이
1 상황에 대한 설명
2 다른 자리를 예약하는 방법
3 다음 주로 예약을 연기하는 방법

HOW TO ANSWER Tr-092

Hello. This is Jean again. I have a bad news. We wanted the seats in the front line but they are all sold out. The ticket office said they have two second-line seats in the middle, and they are also good for watching the game. Would it be OK for you to reserve the seats? If you don't want to do that, we can watch the game next time. I think next weekend will be good because there will be a soccer game between two famous teams.

안녕, 또 나야 Jean. 안 좋은 소식이 있어. 우리가 예약하려고 했던 첫 번째 줄 자리가 모두 매진되었대. 매표소에 하는 말이, 중간 두 번째 줄에 두 자리가 있는데 그 자리들도 경기를 관람하는데 괜찮을 거래. 그 자리들로 예약해도 되겠니? 만약 네가 싫다면, 다음에 경기를 보러 가던지 하자. 다음 주 주말에 유명한 두 팀 간의 축구 경기가 있어서 다음 주말에 보는 것도 괜찮을 것 같아.

어휘 reserve 예약하다

TYPE 2 면접관에게 질문하기

Q3 좋아하는 스포츠 Tr-092

I like to see sports games as well. Ask me three or four questions to know about which favorite sports game I like best.

저도 스포츠 경기 관람을 좋아합니다. 제가 가장 좋아하는 스포츠 경기에 대해 알아볼 수 있도록 서너 가지 질문을 해보세요.

HOW TO GUIDE

❶ 내가 좋아하는 스포츠 경기에 대해 먼저 말하고 나서 면접관에게도 비슷한 질문을 시작한다.
❷ 경기의 종류, 경기를 보는 수, 좋아하는 이유 등을 질문하도록 한다.

HOW TO ANSWER Tr-092

❶ Actually, I like seeing all kinds of sports games. But I especially love watching baseball games.
❷ **Which sports game** do you like best? **How often** do you watch that sports game? Which do you prefer between watching that game on TV or in a stadium? Are there **any special reasons** to see it? In my case, seeing a sports game is a way of relieving stress.

사실 저는 모든 종류의 스포츠 경기를 좋아합니다. 하지만, 특히 야구 경기를 관람하는 것을 좋아해요. 당신은 어떤 스포츠 경기를 가장 좋아하나요? 얼마나 자주 그 경기를 보러 가나요? TV를 통해서 보는 것과 경기장에서 보는 것 중 어떤 것을 더 선호하죠? 그 경기를 좋아하는 특별한 이유라도 있나요? 제 경우엔, 스포츠 경기를 보는 게 일종의 스트레스를 해소하는 방법이에요.

Q4 기억에 남는 스포츠 경기 Tr-092

I also like to see sports games with my friends. Ask me three or four questions about the most memorable sports game I have ever seen.

저도 친구들과 함께 스포츠 경기 관람을 즐깁니다. 제가 본 경기 중에서 가장 기억에 남는 경기에 관한 질문을 서너 가지 해보세요.

HOW TO ANSWER Tr-092

I usually go to the baseball stadium with my friends. It is really interesting to see the game and cheer for my favorite team with other people. Last year, I went to the stadium to watch the final game of the Korean Baseball League Series; KIA vs. SK. **It was the most fantastic game that I've ever seen.** What sports game is most memorable to you? Could you be more specific about the game such as the team name or the counterpart team? **Why** was the game so memorable to you? **What** did you like best about the game? Was there **a large crowd** at the stadium?

저는 주로 친구들과 함께 야구장에 가요. 사람들과 함께 좋아하는 팀을 응원하고 경기를 보는 게 정말 재미있습니다. 작년에, 기아와 에스케이의 한국시리즈 마지막 경기를 보러 갔었는데요. 지금까지 본 경기 중에서 가장 환상적인 경기였습니다. 당신은 기억에 남는 스포츠 경기는 무엇인가요? 팀 이름 또는 상대팀 이름과 같은 자세한 내용을 말씀해 주시겠어요? 왜 그 경기가 그렇게 기억에 남나요? 그 경기에서 어떤 점이 제일 좋았나요? 경기장에 관중들은 많았었나요?

HOW TO 스포츠 관람 Plus

스포츠 관람 Plus Questions

Q1 _ 좋아하는 스포츠와 선수 그리고 팀

You indicated in the survey that you like to watch sports games. What kind of sports do you like best? Tell me about your favorite sports player and team in detail.

설문조사에서 스포츠 경기를 즐겨 관람한다고 했습니다. 어떤 스포츠를 가장 좋아하나요? 좋아하는 선수와 팀에 대해서 자세하게 얘기해 보세요.

Q2 _ 스포츠 경기 시작 전후에 하는 활동

Let's talk about activities you usually do at the sports field or the stadium. What kind of activities do you do before and after the sports game? Tell me about all of them with a lot of details.

스포츠 경기장에서 주로 하는 활동에 대해서 얘기해 보겠습니다. 스포츠 경기 전후에 어떤 활동을 하나요? 모든 활동들을 자세하게 얘기해 보세요.

스포츠 관람 Role-play Questions

Q1 _ 스포츠 경기 티켓 예매하기(질문하기)

I'll give you a situation and ask you to act it out. Assume that you are planning to watch a sports game with your friend this weekend. Call the ticket office and ask three or four questions to buy tickets.

상황을 드릴 테니 역할 연기를 해보세요. 이번 주말에 친구와 함께 스포츠 경기를 관람할 계획이라고 가정해 보겠습니다. 매표소에 전화해서 티켓을 예매할 수 있도록 서너 가지 질문해 보세요.

Q2 _ 스포츠 경기를 관람할 수 없는 상황(문제 해결하기)

I'm sorry, but you have a problem to solve. You bought two tickets, but you can't watch the sports game with your friend tomorrow due to an important issue at work. Call your friend to explain the problem. Then give some solutions about this matter.

유감스럽지만 해결해야 할 문제가 있습니다. 티켓 두 장을 예매했는데 중요한 일 때문에 내일 친구와 함께 스포츠 경기를 관람할 수 없습니다. 친구에게 전화해서 문제점을 설명하세요. 그러고 나서 이 문제에 대한 해결책을 몇 가지 제시해 보세요.

UNIT 2 공연 관람

HOW TO OPIc

9강 두 번째 학습 항목은 '공연 관람'입니다. 공연은 뮤지컬이나 연극 등과 연관 지어서 생각해 두세요. 주말이나 공휴일에 즐길 수 있는 대표적인 문화생활 중 하나가 공연을 관람하는 것입니다. 여느 여가활동의 항목과 마찬가지로 한 번 출제되면 2~3문제 덩어리로 등장하기 때문에 시험 출제 빈도수가 좀 낮다고 하더라도 항목을 선택한다면 반드시 다양한 질문 유형을 미리 완벽하게 준비해둬야 합니다.

연극 관람과 관련된 질문은 어떤 것들이 출제될까요? 먼저 가장 기본적으로 광범위하게 묻는 질문부터 시작하겠습니다. 연극을 하려면 연극하는 장소가 필요하겠죠? 네, 맞습니다. 연극을 보러 자주 찾는 극장을 묘사해 보라는 문제를 우선적으로 대비해 두세요. 그리고 좋아하는 연극배우를 묘사하거나 소개해 보라는 질문 역시 충분히 첫 문제로 출제될 수 있음을 예상할 수 있습니다.

그 다음으로 살펴볼 질문은 연극과 관련된 좀 더 구체적인 질문입니다. 연극에 관심을 가지게 된 계기를 설명하는 질문, 언제 얼마나 자주, 누구와 함께 연극을 보러 가는지 복합적으로 묻는 질문을 떠올릴 수 있습니다. 연극을 보러 극장에 가면 하는 일과 연극을 보기 전과 후에 하는 일 등을 시간 순서대로 자세하게 설명해보라는 질문도 대비해야 합니다. 연극을 좋아하는 이유, 연극배우의 특징 또는 장점 등을 묻는 질문도 추가로 준비해 두세요.

마지막으로 경험과 관련된 질문을 살펴보겠습니다. 처음 또는 어렸을 때 연극을 봤던 경험, 최근에 연극을 봤던 경험, 기억에 남는 연극, 극장에서 경험한 잊을 수 없는 사건 등 4가지 정도의 경험을 토대로 연극 경험을 대비해두면 될 것 같군요.

연극과 관련된 Role-play 상황도 다뤄보겠습니다. 연극이나 뮤지컬은 영화처럼 티켓을 예약하거나 예매해야 합니다. 따라서 매표소에 전화를 해서 티켓을 예매해보라는 상황과 친구와 함께 연극을 볼 수 있도록 질문해보는 상황 등 두 가지를 미리 연습해둬야 합니다. 티켓 예약이 안 되어 있는 문제점, 티켓을 환불하거나 예약을 취소해야 하는 문제점, 다른 일 때문에 연극을 볼 수 없는 문제점 등을 해결해야 하는 상황 등을 예상해 볼 수 있습니다. 연극을 함께 보러 가는 사람과의 특별한 상황, 티켓 예약 또는 예매라는 특별한 상황, 이 두 가지를 꼭 대비해 두기 바랍니다.

BEST QUESTIONS

공연 관람 Mapping Questions

Q1 _ 자주 가는 극장 묘사

You indicated in the survey that you like to watch plays at the theater. Please describe the theater you often go to in as much detail as possible.

Q2 _ 좋아하는 배우의 특징과 장점

Who is your favorite actor or actress? Please give me a detailed description of his or her features and strengths.

Q3 _ 잊을 수 없는 공연 또는 연극

I'd like to know about the most unforgettable play you have ever watched. When was it? What kind of play was it? Why was it so unforgettable for you? Please tell me about it from beginning to end.

공연 관람 Role-play Questions

Q1 _ 연극 티켓 예약(질문하기)

I'll give you a situation. Please act it out. You want to watch a play at a theater near your school with your friend. Call the ticket office and ask three or four questions to book tickets.

Q2 _ 연극을 관람할 수 없는 상황(문제 해결하기)

I'm sorry you have a problem to solve. You booked two tickets and you had planned to watch the play with your friend tomorrow evening. But you have something urgent to address by tomorrow, so you can't watch the play with your friend. Call your friend and explain the urgent thing. Then give him or her two alternatives to handle this matter.

Q3 _ 자주 가는 극장(면접관에게 질문하기)

I also like to watch plays. Please ask me three or four questions to know about the theater I often visit.

Q4 _ 최근에 본 연극(면접관에게 질문하기)

I enjoy watching plays as well. Just ask me three or four questions to learn more about the play I recently watched.

HOW TO MAP YOUR STORY

Q1 극장 묘사 Tr-093

You indicated in the survey that you like to watch plays at the theater. Please describe the theater you often go to in as much detail as possible.

설문에서 연극 관람을 즐긴다고 답했습니다. 자주 가는 극장을 최대한 자세히 묘사해 보세요.

STORY MAP

[극장 묘사] 극장 이름과 위치 • 극장 묘사 • 극장 특징

Map Intro _ 극장 이름과 위치

극장 이름과 위치

My favorite theater is a small theater named Gwangju Theater. It is located in downtown Gwangju, like the name suggests.

제가 즐겨 찾는 극장은 광주극장이라는 이름의 조그마한 극장입니다. 이름에서 알 수 있듯이, 이 극장은 광주 시내에 자리 잡고 있습니다.

Map Body _ 극장 묘사

극장 주인

The owner of the theater, Mr. Noh, is dedicated to artistic development in Gwangju.

극장 주인인 노선생님은 광주 예술의 발전을 위해 많은 공헌을 하고 계신 분이에요.

상영되는 공연

The theater tries to host not only musical and other performances that would easily be seen as "art," but also airs independent films that would not be popular as much as commercial films.

이 극장은 흔히 "예술"이라고 할 수 있는 뮤지컬이나 다른 공연들을 상영할 뿐만 아니라 상업영화 만큼 인기가 있지 않은 독립영화의 상영을 위해서도 많은 노력을 하고 있습니다.

극장 주변

Since the theater is surrounded by eateries, shops, a department store and a book store, we can go around and kill time before and after the showing.

극장 주변에는 식당, 상점, 백화점, 그리고 서점들이 즐비하기 때문에, 영화 상영 전후에 주변을 둘러보면서 시간을 때울 수 있습니다.

매표소 정문

The ticket office is in front of the main entrance.

매표소는 정문 앞에 있습니다.

Map Closing _ 극장 특징

극장 특징

There are two stages, which were not modernized. However, it isn't an issue for frequent playgoers like me.

연극 무대는 2개가 있는데 현대화 되어있지 않습니다. 하지만, 저처럼 그 극장을 찾는 단골에겐 크게 중요한 게 아닙니다.

HOW TO GUIDE

Listening 길라잡이
극장 소개 / 자주 가는 극장에 대해 자세히 묘사하기
- 듣기함정 "describe ~"처럼 묘사하기, 설명하기 문제는 질문을 현재시제로 이해하도록 한다.

Speaking 길라잡이
극장 소개 ⇒ 주변 환경 묘사 ⇒ 세부 묘사 ⇒ 극장 특징을 설명하면서 답변 마무리
- 답변함정 극장 내부와 외부 모습을 함께 묘사하도록 한다.

HOW TO ANSWER  Tr-093

My favorite theater is a small theater named Gwangju Theater. It is located in downtown Gwangju, like the name suggests. The owner of the theater, Mr. Noh, is dedicated to artistic development in Gwangju. ❶ <u>The theater tries to host not only musical and other performances that would easily be seen as "art,"</u> but also airs independent films that would not be popular as much as commercial films. Since the theater is surrounded by eateries, shops, a department store and a book store, we can go around and kill time before and after the showing. The ticket office is in front of the main entrance. There are two stages which were not modernized. ❷ <u>However, it isn't an issue for frequent playgoers like me.</u>

제가 즐겨 찾는 극장은 광주극장이라는 이름의 조그마한 극장입니다. 이름에서 알 수 있듯이, 이 극장은 광주 시내에 자리 잡고 있습니다. 극장 주인인 노선생님은 광주 예술의 발전을 위해 많은 공헌을 하고 계신 분이에요. 이 극장은 흔히 '예술'이라고 할 수 있는 뮤지컬이나 다른 공연들을 상영할 뿐만 아니라 상업영화 만큼 인기가 있지 않은 독립영화의 상영을 위해서도 많은 노력을 하고 있습니다. 극장 주변에는 식당, 상점, 백화점, 그리고 서점들이 즐비하기 때문에, 영화 상영 전후에 주변을 둘러보면서 시간을 때울 수 있습니다. 매표소는 정문 앞에 있습니다. 연극 무대는 2개가 있는데 모두 현대화 되어있지 않습니다. 하지만, 저처럼 그 극장을 찾는 단골에겐 크게 중요한 게 아닙니다.

어휘 eatery 음식점, 식당 frequent playgoer (연극을) 자주 찾는 사람, 단골

HOW TO CORRECT

문법 바로잡기
❶ [수동태] 수동태(be seen)는 뒤에 목적어를 수반하지 않고, 전치사를 동반한다.
The theater tries to host ~ that would easily be seen "art," ~
The theater tries to host ~ that would easily **be seen as "art,"** ~

표현 바로잡기
❷ [단골(손님, 고객)의 올바른 표현] **frequent -goer** (=frequenter, patron, regular customer)
However, it isn't an issue for frequent people like me.
However, it isn't an issue for **frequent playgoers** like me.

좋아하는 배우 소개 Tr-093

Who is your favorite actor or actress? Please give me a detailed description of his or her features and strengths.

가장 좋아하는 배우가 누구인가요? 그 배우의 특징과 장점에 대해 자세히 설명해 보세요.

STORY MAP

[좋아하는 배우 소개] 좋아하는 배우 • 외모와 좋아하는 이유 • 배우의 사생활

Map Intro _ 좋아하는 배우

좋아하는 배우 소개

I like Jeremy Brown the most among many actors I have seen. Although his name seems unfamiliar to many people, he is quite popular in the theatrical world.

저는 제가 본 여러 배우들 중에서 제레미 브라운을 가장 좋아합니다. 비록 그의 이름이 많은 사람들에게 낯설게 들리겠지만, 극장가에선 꽤 명성이 있습니다.

Map Body _ 외모와 좋아하는 이유

배우의 외모

He has flowing brown hair cut like that of a stylish businessman. Although there are many wrinkles on his forehead, the eyes, and other places because of his age, I would still say he is handsome.

그는 스타일 있는 사업가와 같은 매끈한 갈색 머리를 하고 있습니다. 그의 나이를 말해 주듯이 이마와 눈 주위, 그리고 다른 곳에서도 주름이 많이 있지만, 저는 여전히 그가 잘생겼다고 생각합니다.

좋아하는 이유

The reason I like him is neither because of my personal relationship with him nor his good looks. Honestly said, he is not even a good actor. It would sound odd if he is an engineer. However, it is his passion that I find admirable.

제가 그를 좋아하는 이유는 개인적인 친분 때문도 아니고, 그의 잘생긴 외모 때문도 아닙니다. 솔직히 말하자면, 그는 단순히 훌륭한 배우가 아닙니다. 그가 엔지니어라고 하면 이상하게 들리실 거예요. 하지만, 제가 발견한 그의 열정은 가히 존경할 만합니다.

Map Closing _ 배우의 사생활

사생활

He is suffering from a rather extreme depression because of his failed marriage and his poor relationship with his daughter.

그는 결혼 실패와 그의 딸과의 관계 소홀로 인해 극도의 우울증에 시달리고 있습니다.

장점

Despite all this, he insists on taking on comical positions in an effort to make other people laugh.

이런 모든 난관에도 불구하고, 그는 다른 사람들을 웃게 만들기 위해 노력해야 하는 코믹한 배역을 고수하고 있습니다.

HOW TO GUIDE

Listening 길라잡이
배우 소개 / 좋아하는 배우의 특징과 장점에 대해 자세히 설명하기
- 듣기함정: "features and strengths"에서 세부 내용을 언급하고 있는 명사에 유의하여 듣도록 한다.

Speaking 길라잡이
좋아하는 배우 소개 ⇒ 외모적 특징 묘사 ⇒ 장점(좋아하는 이유) 설명
- 답변함정: 배우의 성격이나 외모보다는 배우로서의 자질이나 능력에 중점을 두고 답변하는 것이 좋다.

HOW TO ANSWER  Tr-093

I like Jeremy Brown the most among many actors I have seen. Although his name seems unfamiliar to many people, he is quite popular in the theatrical world. He has flowing brown hair cut like that of a stylish businessman. Although there are many wrinkles on his forehead, the eyes, and other places because of his age, I would still say he is handsome. ❶ <u>The reason I like him is neither because of my personal relationship with him nor his good looks.</u> Honestly said, he is not even a good actor. It would sound odd if he is an engineer. ❷ <u>However, it is his passion that I find admirable.</u> He is suffering from a rather extreme depression because of his failed marriage and his poor relationship with his daughter. Despite all this, he insists on taking on comical positions in an effort to make other people laugh.

저는 제가 본 여러 배우들 중에서 제레미 브라운을 가장 좋아합니다. 비록 그의 이름이 많은 사람들에게 낯설게 들리겠지만, 극장가에선 꽤 명성이 있습니다. 그는 스타일 있는 사업가와 같은 매끈한 갈색 머리를 하고 있습니다. 그의 나이를 말해 주듯이 이마와 눈 주위, 그리고 다른 곳에서도 주름이 많이 있지만, 저는 여전히 그가 잘생겼다고 생각합니다. 제가 그를 좋아하는 이유는 개인적인 친분 때문도 아니고, 그의 잘생긴 외모 때문도 아닙니다. 솔직히 말하자면, 그는 단순히 훌륭한 배우가 아닙니다. 그가 엔지니어라고 하면 이상하게 들리실 거예요. 하지만, 제가 발견한 그의 열정은 가히 존경할 만합니다. 그는 결혼 실패와 그의 딸과의 관계 소홀로 인해 극도의 우울증에 시달리고 있습니다. 이런 모든 난관에도 불구하고, 그는 다른 사람들을 웃게 만들기 위해 노력해야하는 코믹한 배역을 고수하고 있습니다.

어휘 flowing (의복 · 머리 등이) 미끈하게 처진 wrinkle 주름

HOW TO CORRECT

문법 바로잡기
❶ [상관접속사] **neither A nor B** (A도 B도 아니다)
The reason I like him is neither because of my personal relationship with him ~~and~~ his good looks.
The reason I like him is **neither** because of my personal relationship with him **nor** his good looks.

표현 바로잡기
❷ [강조의 표현] **it is ~ that**: **it is**와 **that** 사이에 강조하고자 하는 내용을 넣는다.
However, it is his passion ~~which~~ I find admirable.
However, **it is** his passion **that** I find admirable.

기억에 남는 연극 Tr-093

I'd like to know about the most unforgettable play you have ever watched. When was it? What kind of play was it? Why was it so unforgettable for you? Please tell me about it from beginning to end.

관람했던 연극 중에 기억에 남는 연극에 대한 얘기를 해보겠습니다. 그때가 언제였나요? 어떤 종류의 연극이었죠? 왜 그 연극이 그토록 잊혀 지지 않나요? 그 연극에 대해 처음부터 끝까지 자세히 말해 보세요.

STORY MAP

[기억에 남는 연극] 연극 소개 • 관심을 가지게 된 계기 • 나만의 결심

Map Intro _ 연극 소개

처음 본 연극
The first play I have ever seen was the children's version of Peter Pan. The musical was performed by amateur actors.
제가 처음 본 연극은 아이들용 피터팬이었습니다. 그 뮤지컬은 아마추어 배우들에 의한 공연이었어요.

연극에 대한 무관심
The play itself was nothing impressive. I have never been a fan of musicals and thought they were a waste of time.
연극 자체로는 강한 인상이 남지는 않았습니다. 저는 뮤지컬을 좋아하지 않았기에, 시간 낭비라고 생각했어요.

Map Body _ 관심을 가지게 된 계기

연극에 관심을 가지게 된 계기
What changed my opinion about musicals was my meeting with the actors after the performance. Despite my expectations that they would be tired out of their minds, they were full of energy even at the slightest reaction they received from the audience during their performance.
뮤지컬에 대한 제 생각을 바꿔놓은 것은 공연 후 배우들과 만나는 자리 때문이었습니다. 배우들이 매우 피곤하겠다는 나의 예상에도 불구하고, 배우들은 공연하는 동안 관객들의 아주 작은 반응에도 열정적으로 대했습니다.

배우들의 열정
Instead of being let down that there were next to no audience besides their friends, they were excited that they were able to make the young ones laugh intermittently throughout the show.
친구들 외에 다른 청중들이 없음에도 낙담하지 않고 공연 중에 이따금씩 어린아이들을 웃게 만들어 주는 것에 기뻐했습니다.

Map Closing _ 나만의 결심

나만의 결심
It was then when I thought, maybe I'll be coming to these performances once in a while to witness this passion and try to absorb some of it into my life.
이때가 바로 제가 종종 연극 공연들을 보러 와서 이런 열정을 보고 제 인생에 불어 넣어야겠다고 마음먹었던 때입니다.

HOW TO GUIDE

Listening 길라잡이
연극 관련 경험 소개 / 잊을 수 없을 만큼 감동적인 연극에 대해 자세히 설명하기
- 듣기함정 "~ have ever watched~"에서 과거의 경험을 묻고 있으므로, 질문을 과거로 이해하도록 한다.

Speaking 길라잡이
기억에 남는 연극 소개 ⇒ 관심을 가지게 된 계기 설명 ⇒ 개인적인 생각이나 의견을 언급하며 답변 마무리
- 듣기함정 unforgettable은 좋거나 나쁜 경험의 의미를 모두 갖고 있지만 어떤 경험이든 기억에 남는 사건과 이후의 결과까지 내용을 정확하게 전달할 수 있어야 한다.

HOW TO ANSWER Tr-093

The first play I have ever seen was the children's version of Peter Pan. The musical was performed by amateur actors. The play itself was nothing impressive. I have never been a fan of musicals and thought they were a waste of time. ❶ <u>What changed my opinion about musicals was my meeting with the actors after the performance</u>. Despite my expectations that they would be tired out of their minds, ❷ <u>they were full of energy even at the slightest reaction they received from the audience</u> during their performance. Instead of being let down that there were next to no audience besides their friends, they were excited that they were able to make the young ones laugh intermittently throughout the show. It was then when I thought, maybe I'll be coming to these performances once in a while to witness this passion and try to absorb some of it into my life.

제가 처음 본 연극은 아이들용 피터팬이었습니다. 그 뮤지컬은 아마추어 배우들에 의한 공연이었어요. 연극 자체로는 강한 인상이 남지는 않았습니다. 저는 뮤지컬을 좋아하지 않았기에, 시간 낭비라고 생각했어요. 뮤지컬에 대한 제 생각을 바꿔놓은 것은 공연 후 배우들과 만나는 자리 때문이었습니다. 배우들이 매우 피곤하겠다는 나의 예상에도 불구하고, 배우들은 공연하는 동안 관객들의 아주 작은 반응에도 열정적으로 대했습니다. 친구들 외에 다른 청중들이 없음에도 낙담하지 않고 공연 중에 이따금씩 어린아이들을 웃게 만들어 주는 것에 기뻐했습니다. 이때가 바로 제가 종종 연극 공연들을 보러 와서 이런 열정을 보고 제 인생에 불어 넣어야겠다고 마음먹었던 때입니다.

어휘 intermittently 간헐적으로 witness 목격하다, 보다

HOW TO CORRECT

문법 바로잡기
❶ [관계대명사 what] 관계대명사 what+불완전한 문장 / 접속사 that+완전한 문장
~~That~~ changed my opinion about musicals was my meeting with the actors after the performance.
What changed my opinion about musicals was my meeting with the actors after the performance.

표현 바로잡기
❷ ['~로 가득차다, 충만하다'의 표현] be동사+full of+명사(~ing) / be동사+filled with+명사(~ing)
They were full ~~to~~ energy even at the slightest reaction they received from the audience.
They **were full of energy** even at the slightest reaction they received from the audience.

HOW TO ROLE-PLAY

TYPE 1   질문하기 + 문제 해결하기

 연극표 예매 (질문하기)   Tr-094

I'll give you a situation. Please act it out. You want to watch a play at a theater near your school with your friend. Call the ticket office and ask three or four questions to book tickets.

제가 상황을 드리겠습니다. 역할 연기를 해보세요. 친구와 함께 학교 근처 극장에서 연극을 보려고 합니다. 매표소에 전화해서 표를 예매할 수 있도록 서너 가지 질문을 해보세요.

HOW TO GUIDE

질문 길라잡이
1. 연극을 보러 간다고 가정
2. 매표소에 전화해서 표를 예매할 수 있도록 관련 내용을 질문하기

정답 길라잡이
1. 전화를 건 이유 설명
2. 좌석 관련 질문
3. 비용 관련 질문
4. 결제 방법 관련 질문

HOW TO ANSWER    Tr-094

Hello. I am calling to make a reservation for two for the upcoming play. I wonder if there are any two seats available. Is it possible for me to reserve the seats next to each other? Also, is it possible to reserve seats towards the front row? If not, do you have any recommendations as to where we should sit for a good view of the performance? I am a big fan of this play. Oh, how much does it cost? What kind of payment options are available?

여보세요, 곧 개봉하는 연극 표 두 장을 예매하려고 전화 드렸습니다. 2개 정도 자리가 있는지 궁금합니다. 붙어 있는 자리로 예매가 가능할까요? 그리고 앞줄로 예매가 가능한가요? 만약 어려우면, 공연이 잘 보이는 자리로 추천해 주시겠어요? 제가 이 연극을 정말 좋아하거든요. 아, 가격은 얼마인가요? 대금 결제 방법은 어떤 것이 있나요?

어휘   **upcoming** 다가오는, 곧 있을   **payment option** 결제 방법

연극을 보러 갈 수 없는 돌발 상황(문제 해결하기) Tr-094

I'm sorry you have a problem to solve. You booked two tickets and you had planned to watch the play with your friend tomorrow evening. But you have something urgent to address by tomorrow, so you can't watch the play with your friend. Call your friend and explain the urgent thing. Then give him or her two alternatives to handle this matter.

해결해야 할 상황이 생겨서 유감스럽습니다. 내일 저녁 친구와 함께 연극을 관람하기 위해 연극 표 두 장을 예매했다고 해보겠습니다. 그런데, 내일까지 해결해야 할 급한 일이 생겨서 친구와 연극을 보러갈 수 없게 되었습니다. 친구에게 전화해서 급한 일에 대해 설명하세요. 그리고 나서 이 문제를 해결할 수 있도록 두 가지 대안을 제시하세요.

HOW TO GUIDE

질문 길라잡이
1. 연극을 보러 갈 수 없는 상황
2. 친구에게 전화해서 상황을 설명하고 대안을 제시하기

정답 길라잡이
1. 전화를 건 이유 설명
2. 연극을 볼 수 없는 이유(급한 일)에 대한 설명
3. 다른 사람과 함께 관람하라는 대안
4. 관람 날짜를 변경하자는 대안

HOW TO ANSWER  Tr-094

Hello, Jungha? This is Haejin. I'm afraid I have some bad news. As you know, we were planning to watch the play tomorrow. Of course, I've already made a reservation for tomorrow evening. However, I just heard that I need to work overtime tomorrow night due to an unscheduled audit. But, don't worry. I have the receipt with me here, and it says the seat number that I booked. So you can enjoy the play with your coworker or another friend. Or, If you could wait three more days, the closing day of the audit, I will change the date and we can watch together. Please let me know what you want!

여보세요, 정하니? 나 혜진이야. 안 좋은 소식을 전해야 할 것 같아. 알다시피, 내일 연극을 보러 가기로 했잖아. 물론, 내일 밤 예매는 이미 해 두었지. 그런데 예정에 없던 감사 때문에 내일 밤 야근을 해야 한다고 방금 통보 받았거든. 하지만 걱정하지 마. 내가 영수증을 갖고 있는데 예약한 좌석번호가 적혀 있거든. 그러니 회사 동료나 다른 친구와 함께 연극을 보러 가면 돼. 아니면, 감사가 끝날 때까지 3일만 더 기다려 주면, 티켓 날짜를 바꿔서 함께 보러 갈 수 있어. 어떤 것이 맘에 드는 지 알려주렴.

어휘 audit 감사, 회계

TYPE 2 면접관에게 질문하기

 자주 찾는 극장  Tr-094

I also like to watch plays. Please ask me three or four questions to know about the theater I often visit.

저도 연극 관람을 좋아합니다. 제가 자주 가는 극장에 대해 알아볼 수 있도록 서너 가지 질문을 해보세요.

HOW TO GUIDE

❶ 내가 자주 가는 극장의 위치나 크기와 같은 정보에 대해서 간단하게 설명하면서 답변을 시작한다.
❷ 자주 찾는 극장에 대한 질문이므로, 가급적이면 해당 극장에 대한 정보를 알 수 있도록 극장의 위치, 거리, 규모, 자주 찾는 이유, 좋은 점 등을 질문해주면 좋다.

HOW TO ANSWER Tr-094

❶ I sometimes go to plays on weekends depending what is showing. My favorite theater is the small theater downtown. What about yours? ❷ Where is your favorite theater? How far is it from your home? My favorite theater is quite small and can only accommodate up to 500 people. Do you mind telling me how big your favorite theater is? For example, how many seats or if it is one or two stories? Are there any particular reasons why you like to go to this theater? Finally, what's the best thing you like about it?

저는 어떤 공연이 상영되느냐에 따라 이따금 주말에 극장을 찾습니다. 제가 가장 좋아하는 극장은 시내에 있는 소극장이에요. 당신이 좋아하는 극장은 어떤가요? 어디에 있나요? 집에서 얼마나 멀리 떨어져 있습니까? 제가 좋아하는 극장은 최대 500명 정도까지만 수용할 수 있는 조그마한 극장입니다. 당신이 좋아하는 극장이 얼마나 큰지 말주실 수 있나요? 이를테면, 좌석이 얼마나 많은지, 또는, 그 극장은 1층 건물인가요, 아니면 2층 건물인가요? 이 극장을 찾는 특별한 이유라도 있나요? 마지막으로, 그 극장의 어떤 점이 가장 맘에 드나요?

 최근에 관람한 연극  Tr-094

I enjoy watching plays as well. Just ask me three or four questions to learn more about the play I recently watched.

저도 연극 관람을 좋아합니다. 제가 최근에 관람한 연극에 대해 좀 더 알아볼 수 있도록 서너 가지 질문을 해보세요.

HOW TO ANSWER Tr-094

Wow, I am glad to know that we have something in common. I'd love to hear about your recent play. When did you watch it? I enjoyed "Peter Pan" for children last month. What kind of play did you watch? Who did you see it with? I watched "Peter Pan" with my nephew. It was not bad. How about yours? How did you enjoy the play?

와, 우리에게 무언가 공통점이 있다니 기쁘네요. 최근에 관람한 연극에 대한 얘기를 듣고 싶어요. 언제 관람했나요? 저는 지난달에 어린이용 피터팬을 관람했어요. 당신은 어떤 종류의 연극을 관람했나요? 누구와 함께 관람했죠? 저는 조카와 함께 피터팬을 봤습니다. 연극이 나쁘진 않더군요. 당신이 관람한 연극은 어땠나요? 재미있었나요?

HOW TO 공연 관람 Plus

공연 관람 Plus Questions

Q1 _ 연극배우 소개
You indicated in the survey that you like to watch plays at the theater. Please tell me about your favorite stage actor or actress in detail.
설문조사에서 극장에서 연극 관람을 좋아한다고 했습니다. 당신이 좋아하는 연극배우에 대해서 자세하게 얘기해 보세요.

Q2 _ 연극 세부 설명
How often and when do you watch plays at the theater? With whom do you usually go there?
얼마나 자주 그리고 언제 극장에 연극을 보러 가나요? 주로 누구와 함께 극장에 가죠?

Q3 _ 최근에 관람한 연극
When was the last time you watched a play? What was the play about? Were you satisfied with the play? Please tell me about the play you recently watched with a lot of details.
가장 마지막으로 본 연극이 언제인가요? 어떤 연극이었죠? 그 연극은 만족스러웠나요? 최근에 관람한 연극에 대해서 자세하게 얘기해 보세요.

공연 관람 Role-play Questions

Q1 _ 친구와 함께 연극 관람(질문하기)
I'll give you a situation. Please act it out. You want to watch a play at a theater near your school with your friend. Call your friend and leave a recorded message, asking three to four questions to watch a play together.
상황을 드리겠습니다. 역할 연기를 해보세요. 친구와 함께 학교 근처에 있는 극장에서 연극을 보고 싶어 합니다. 친구에게 전화해서 함께 연극을 볼 수 있도록 서너 가지 물어보면서 녹음 메시지를 남겨보세요.

Q2 _ 연극 티켓을 환불해야 하는 상황(문제 해결하기)
I'm sorry you have a problem to solve. You and your friend were scheduled to watch a play this evening, but have to cancel due to a problem. Call the ticket office and explain the situation. Then offer two alternatives to get a refund.
유감스럽지만 해결해야 할 문제가 있습니다. 친구와 당신이 오늘 저녁에 연극을 볼 예정이었는데, 어떤 문제 때문에 취소해야 합니다. 매표소에 전화해서 상황을 설명하세요. 그리고 나서 티켓을 환불받을 수 있도록 두 가지 대안을 제시해 보세요.

SECTION 2 _ 여가활동

10강

클럽에서 놀기 & 해변 가기

Unit 1 클럽에서 놀기
Unit 2 해변 가기

UNIT 1 클럽에서 놀기

여가활동의 마지막 10강에서 살펴볼 설문조사 항목 두 가지는 바로 '클럽에서 놀기'와 '해변에 가기'입니다. 클럽 가기 항목은 기존 구오픽부터 설문조사에 나와 있었고, 뉴오픽에서 새롭게 선보이는 항목으로 '(나이트)클럽 가기와 해변 가기'가 있습니다. 먼저 학습하게 될 항목은 '(나이트)클럽에서 놀기'입니다.

나이트클럽 항목이 새롭게 추가되긴 했지만 클럽과 유사하므로 전혀 다른 주제로 접근할 필요는 없습니다. 클럽과 나이트클럽 두 개 항목을 동시에 선택하더라도 정기시험에 두 개 항목 모두 출제될 확률은 아주 낮으므로 이 두 가지를 동시에 공략하는 것도 좋은 방법이라 할 수 있습니다. 자, 그럼 (나이트)클럽과 관련된 기본적인 질문, 구체적인 질문, 경험 관련 질문, 그리고 Role-play 질문까지 자세하게 확인해 보도록 하겠습니다.

첫 번째, 기본적으로 물어볼 수 있는 질문입니다. 가장 먼저 (나이트)클럽을 묘사해보라는 질문을 떠올릴 수 있습니다. 묘사 또는 소개하기 문제는 가장 첫 질문으로 등장할 수 있음을 유념해 두세요.

두 번째, (나이트)클럽과 관련해서 좀 더 구체적으로 묻는 질문을 살펴보겠습니다. 얼마나 자주, 언제, 누구와 함께 (나이트)클럽을 가는지를 묻는 질문을 예상할 수 있습니다. (나이트)클럽에 가면 주로 하는 활동, 예를 들어 춤을 춘다든지, 술을 마신다든지 등 다양한 활동을 설명해보라는 질문도 꼽을 수 있습니다. (나이트)클럽을 가는 이유 또는 좋아하는 이유를 묻는 질문까지 포함해서 대비해두기 바랍니다.

세 번째는 (나이트)클럽에 대한 경험과 관련된 질문입니다. (나이트)클럽에 처음으로 관심을 가지게 된 계기, 처음 (나이트)클럽에 갔을 때의 느낌이나 첫인상, 최근에 (나이트)클럽에 갔던 경험, (나이트)클럽에서 경험했던 특별하거나 기억에 남는 사건 등으로 과거 질문을 정리할 수 있습니다.

마지막으로 게임과 관련된 Role-play 상황은 친구와 함께 (나이트)클럽에 갈 수 있도록 전화해서 몇 가지 물어보는 상황, 그리고 (나이트)클럽이 영업을 하지 않는 돌발 문제를 해결하는 상황 등 함께 어울리는 두 가지 상황을 예상해 볼 수 있습니다. 급한 문제가 생겨서 함께 갈 수 없는 상황도 함께 대비해두기 바랍니다.

BEST QUESTIONS

클럽에서 놀기 Mapping Questions

Q1 _ 클럽 묘사

You indicated in the survey that you go to a (night) club. Where is it located? Please describe it in detail.

Q2 _ 클럽 복합 질문

How often do you go to (night) clubs? When and with whom do you go there? Who do you like to go there with? Tell me a lot of details.

Q3 _ 클럽에서 하는 활동

What kind of things do you usually do at the club? Do you drink or dance? What activities do you do there? Tell me all about them in detail.

클럽에서 놀기 Role-play Questions

Q1 _ 친구와 함께 클럽 가기(질문하기)

I'll give you a situation and ask you to act it out. Suppose that your friend wants to go to a (night) club this Saturday with you. Call your friend and ask three or four questions to go there together.

Q2 _ 클럽 문이 닫혀 있는 상황(문제 해결하기)

I'm sorry, but you have a problem to solve. You just arrived at the (night) club, but it isn't open until the beginning of next month due to some repair work. Call your friend and explain the situation. And then give some options to resolve this matter.

Q3 _ 좋아하는 클럽(면접관에게 질문하기)

I also like to go to clubs with my friends or my family. Ask me three or four questions about the club I like best.

Q4 _ 클럽에서 하는 활동(면접관에게 질문하기)

I like to go to a club with my friends. Ask me three or four questions to know about the activities I usually do at the club.

HOW TO MAP YOUR STORY

 클럽 묘사 Tr-101

You indicated in the survey that you go to a (night) club. Where is it located? Please describe it in detail.

설문에서 (나이트)클럽에 간다고 했습니다. 그 클럽은 어디에 있나요? 그 클럽을 자세히 묘사해 보세요.

STORY MAP

[클럽 묘사] 클럽 위치와 이름 · 클럽 소개 · 좋아하는 클럽 파티

Map Intro _ 클럽 위치와 이름

| 클럽 위치와 이름 | My favorite club is Eden in the Kangnam area.
제가 좋아하는 클럽은 강남의 Eden입니다. |

Map Body _ 클럽 소개

유명한 클럽	Actually, it is one of the most popular clubs in Korea these days, so it is not easy to get into the club, especially on weekends. 실은 그 클럽은 요즘 한국에서 가장 유명한 클럽 중 한 곳이어서 클럽에 들어가는 것이 쉽지 않은데, 주말에는 특히 그렇습니다.
클럽의 대표적인 음악	This club's main music genre is house, and many famous DJs come to the club and play good house music. 이 클럽을 대표하는 음악은 하우스 음악이고, 많은 유명한 DJ들이 클럽을 찾아서 멋진 하우스 음악들을 선보입니다.
다양한 파티 개최	Also, they organize various parties with many themes, so I go there with my friends to enjoy those parties. 또 클럽에서는 많은 테마 음악으로 다양한 파티를 열어서 친구들과 함께 파티를 즐기려고 클럽에 갑니다.

Map Closing _ 좋아하는 클럽 파티

| 좋아하는 클럽 파티 | My favorite one is a costume party among the parties held in the club.
그곳에서 열리는 파티들 중에서 제가 가장 좋아하는 파티는 변장 파티입니다. |

HOW TO GUIDE

Listening 길라잡이
클럽 소개 / 즐겨 가는 클럽에 대해 자세히 설명하기

💣 듣기함정 질문에서 "describe~", "~ description", "detailed description" 등이 들리면 묘사하기 질문으로 이해하도록 한다.

Speaking 길라잡이
자주 찾는 클럽 소개 ⇒ 클럽의 음악, DJ 등 세부 내용 설명

💣 답변함정 자주 찾는 클럽의 내부시설, 음악, 종업원, 분위기 등을 활용하여 간단하게 답변하도록 한다.

HOW TO ANSWER  Tr-101

My favorite club is Eden in the Kangnam area. ❶ Actually, it is one of the most popular clubs in Korea these days, so it is not easy to get into the club, especially on weekends. This club's main music genre is house, and many famous DJs come to the club and play good house music. Also, they organize various parties with many themes, so I go there with my friends to enjoy those parties. ❷ My favorite one is a costume party among the parties held in the club.

제가 좋아하는 클럽은 강남의 Eden입니다. 실은 그 클럽은 요즘 한국에서 가장 유명한 클럽 중 한 곳이어서 클럽에 들어가는 것이 쉽지 않은데, 주말에는 특히 그렇습니다. 이 클럽을 대표하는 음악은 하우스 음악이고, 많은 유명한 DJ들이 클럽을 찾아서 멋진 하우스 음악들을 선보입니다. 또 클럽에서는 많은 테마 음악으로 다양한 파티를 열어서 친구들과 함께 파티를 즐기려고 클럽에 갑니다. 그곳에서 열리는 파티들 중에서 제가 가장 좋아하는 파티는 변장 파티입니다.

어휘 genre 장르 costume party 변장 파티(모든 참가자들이 변장을 하고 참석하는 파티)

HOW TO CORRECT

문법 바로잡기

❶ [최상급 the most] **the most**: 형용사의 최상급 표현 / **most**: '대부분의'라는 뜻의 형용사
Actually, it is one of ~~most~~ popular clubs in Korea.
Actually, it is one of **the most** popular clubs in Korea.

표현 바로잡기

❷ ['~중에서'의 올바른 표현] **among**: (셋 이상) ~중에, ~사이에(cf. between: 두 개 사이)
My favorite one is a costume party ~~between~~ the parties held in the club.
My favorite one is a costume party **among** the parties held in the club.

클럽 복합질문 Tr-101

How often do you go to (night) clubs? When and with whom do you go there? Who do you like to go there with? Tell me a lot of details.

(나이트)클럽에는 얼마나 자주 가나요? 언제 누구와 함께 가나요? 누구와 함께 가는 것을 좋아하나요? 자세히 말해 보세요.

STORY MAP

[클럽 복합질문] 클럽에 가는 횟수 • 함께 가는 사람 및 시간 • 클럽에 가는 시간

Map Intro _ 클럽에 가는 횟수

클럽에 가는 횟수

I go to clubs two or three times per month. I really like to go to clubs, so it is just a part of my life.

저는 한 달에 2~3번 클럽에 갑니다. 클럽에 가는 것을 정말 좋아해서 클럽에 가는 일은 제 생활의 일부가 되었습니다.

Map Body _ 함께 가는 사람 및 시간

함께 가는 사람

Generally, I go there with my friends on weekends.

일반적으로 주말에 친구와 함께 클럽에 갑니다.

주말에 가는 이유

We all work, so we don't have enough time on weekdays so we go to clubs only on weekends.

우리는 모두 직장 생활을 하기 때문에, 주중에는 시간이 없어서 주말에만 클럽에 갑니다.

특별한 날에 가는 클럽

But on special days such as birthdays or anniversaries, we make time and go to clubs even on weekdays.

그러나 생일이나 기념일 같이 특별한 날에는 주중에도 시간을 내서 클럽을 찾습니다.

Map Closing _ 클럽에 가는 시간

주중에 가는 클럽

However, when we go clubbing on weekdays, we usually feel very tired the next day.

하지만, 주중에 클럽에 가면 그 다음 날은 정말 피곤합니다.

HOW TO GUIDE

Listening 길라잡이
클럽과 관련된 세부 내용 소개 / 얼마나 자주 클럽에 가는지, 누구와 함께 가는지 등 클럽과 관련된 세부 내용에 대해 자세히 설명하기

- 듣기함정 　"How often", "When and with whom~" 등 세부내용을 묻고 있는 의문사에 유의해서 듣도록 한다.

Speaking 길라잡이
클럽에 가는 회수 소개 ⇒ 세부 내용(함께 가는 사람, 가는 시간 등) 소개

- 답변함정 　여러 가지 질문을 묻고 있으므로 빠뜨리지 않고 모두 대답할 수 있어야 한다.

HOW TO ANSWER  Tr-101

❶ I go to clubs two or three times per month. I really like to go to clubs, so it is just a part of my life. ❷ Generally, I go there with my friends on weekends. We all work, so we don't have enough time on weekdays so we go to clubs only on weekends. But on special days such as birthdays or anniversaries, we make time and go to clubs even on weekdays. However, when we go clubbing on weekdays, we usually feel very tired the next day.

저는 한 달에 2~3번 클럽에 갑니다. 클럽에 가는 것을 정말 좋아해서 클럽에 가는 일은 제 생활의 일부가 되었습니다. 일반적으로 주말에 친구와 함께 클럽에 갑니다. 우리는 모두 직장 생활을 하기 때문에, 주중에는 시간이 없어서 주말에만 클럽에 갑니다. 그러나 생일이나 기념일 같이 특별한 날에는 주중에도 시간을 내서 클럽을 찾습니다. 하지만, 주중에 클럽에 가면 보통 그 다음 날은 정말 피곤합니다.

어휘 　anniversary 기념일 　even 심지어 (예상 밖이나 놀라운 일을 나타내어) ~조차 　clubbing (춤을 추거나 하러) 클럽에 가기

HOW TO CORRECT

문법 바로잡기
❷ [부사의 어순] 기본적으로 장소와 방법, 시간 등을 나타내는 부사는 문미에 위치하며, 어순은 '장소-방법-시간' 순이다.
　　　　　　(cf. '장방시'로 암기하면 쉽게 외울 수 있다)
Generally, I go ~~on weekends there with my friends~~.
Generally, I go **there with my friends on weekends**.

표현 바로잡기
❶ ['빈도'의 올바른 표현] 숫자+time(s)+a/per+day/month/year
I go to clubs ~~twice times~~ or three times per month.
I go to clubs **two or three times per month**.

클럽에서의 활동 Tr-101

What kind of things do you usually do at the club? Do you drink or dance? What activities do you do there? Tell me all about them in detail.

클럽에서는 주로 어떤 것들을 하나요? 술을 마시거나 춤을 추나요? 그곳에서는 어떤 활동을 하나요? 자세히 말해 보세요.

STORY MAP

[클럽에서의 활동] 좋아하는 클럽 활동 · 클럽에서의 활동 · 클럽 밖에서의 활동

Map Intro _ 좋아하는 클럽 활동

좋아하는 클럽 활동	At clubs, I like to dance with people.
	저는 클럽에서 사람들과 춤추는 것을 좋아합니다.

Map Body _ 클럽에서의 활동

가벼운 음료	I cannot drink much, so I usually drink water or soft beverages instead of drinking alcohol.
	저는 술을 잘 마시지 못하기 때문에, 보통 술 대신 물이나 가벼운 음료를 마십니다.
음악 감상	It is great fun. I can relieve my stress when dancing to good music and talking with others. I am not a good dancer, but I like music.
	그 곳은 정말 재미있습니다. 좋아하는 음악에 맞추어서 춤을 추고 다른 사람들과 이야기하면 스트레스가 풀립니다. 저는 춤을 잘 추진 못하지만, 음악을 좋아해요.
클럽에 가는 가장 큰 이유	At clubs, I can listen to good and the latest music and have good information about music. It is one of the biggest reasons for me to go to clubs.
	클럽에서는 멋진 최신 음악을 들을 수 있고, 유용한 음악 정보를 얻을 수 있습니다. 이 점이 바로 제가 클럽에 가는 가장 큰 이유 중 하나입니다.

Map Closing _ 클럽 밖에서의 활동

클럽 밖에서의 활동	Sometimes, my friends and I go to a bar or eat something after dancing and listening to music, but we usually go home.
	춤을 추고 음악을 듣고 나서, 저와 제 친구들은 가끔 바에 가거나 뭔가를 좀 먹기도 하지만, 보통은 그냥 집에 갑니다.

HOW TO GUIDE

Listening 길라잡이
클럽에서의 활동 소개/클럽에 가서 하는 활동(춤추기, 술 마시기 등)에 대해 자세히 설명하기
- 듣기함정 "things/activities ~ at a club~"에서 클럽에서 하는 활동에 관한 질문으로 이해하도록 한다.

Speaking 길라잡이
클럽에서의 활동에 대한 개괄적 소개 ⇒ 클럽에 가는 이유 소개 ⇒ 클럽 밖에서의 활동을 언급하며 답변 마무리
- 답변함정 본인의 경험을 상기시켜 클럽에 하는 활동(음악 감상, 춤추기, 술 마시기 등)들 중에서 두세 가지의 활동을 선택해서 간략하게 답변하도록 한다.

HOW TO ANSWER Tr-101

At clubs, I like to dance with people. I cannot drink much, so ❶ I usually drink water or soft beverages instead of drinking alcohol. It is great fun. I can relieve my stress when dancing to good music and talking with others. I am not a good dancer, but I like music. ❷ At clubs, I can listen to good and the latest music and have good information about music. It is one of the biggest reasons for me to go to clubs. Sometimes, my friends and I go to a bar or eat something after dancing and listening to music, but we usually go home.

저는 클럽에서 사람들과 춤추는 것을 좋아합니다. 저는 술을 잘 마시지 못하기 때문에, 보통 술 대신 물이나 가벼운 음료를 마십니다. 그 곳은 정말 재미있습니다. 좋아하는 음악에 맞추어서 춤을 추고 다른 사람들과 이야기하면 스트레스가 풀립니다. 저는 춤을 잘 추진 못하지만, 음악을 좋아해요. 클럽에서는 멋진 최신 음악을 들을 수 있고, 유용한 음악 정보를 얻을 수 있습니다. 이 점이 바로 제가 클럽에 가는 가장 큰 이유 중 하나입니다. 춤을 추고 음악을 듣고 나서, 저와 제 친구들은 가끔 바에 가거나 뭔가를 좀 먹기도 하지만, 보통은 그냥 집에 갑니다.

어휘 beverage 음료

HOW TO CORRECT

문법 바로잡기
❷ [자동사/타동사의 구분] 자동사 listen은 항상 뒤에 전치사 to를 수반한다.
At clubs, I can listen good and the latest music and have good information about music.
At clubs, I can **listen to** good and the latest music and have good information about music.

표현 바로잡기
❶ ['~대신에'의 올바른 표현] instead of + ~ing/명사 (~을 대신하여, ~대신에)
I usually drink water or soft beverages instead of drink alcohol.
I usually drink water or soft beverages **instead of drinking alcohol**.

HOW TO ROLE-PLAY

TYPE 1   질문하기+문제 해결하기

 친구와 함께 클럽 가기(질문하기)   Tr-102

I'll give you a situation and ask you to act it out. Suppose that your friend wants to go to a (night) club this Saturday with you. Call your friend and ask three or four questions to go there together.

상황을 드릴 테니, 역할 연기를 해보세요. 친구가 이번 주 토요일에 당신과 함께 (나이트)클럽에 가고 싶어 한다고 해보겠습니다. 친구에게 전화해서 함께 클럽에 갈 수 있도록 서너 가지 질문을 해보세요.

HOW TO GUIDE

질문 길라잡이
1. 친구와 함께 클럽에 간다고 가정
2. 친구에게 전화해서 클럽과 관련된 질문하기

정답 길라잡이
1. 전화를 건 이유 설명
2. 인원 질문
3. 약속 시간 질문
4. 약속 장소 질문

HOW TO ANSWER  Tr-102

Hello. This is Younghae, and I am calling you to talk about going to the club this Saturday. How many people will go with us? I don't have any friends to go with me, so you can bring your friends as many as you want. What time will we meet? And where will we gather? I think having a drink first will be good so let's meet at a bar. We can eat and drink there before going to the club. I will think about a good bar.

안녕. 나 영혜인데, 이번 주 토요일에 클럽 가는 것에 관해서 얘기 좀 하려고 전화했어. 몇 명이 함께 갈 거니? 난 데려갈 친구가 없으니까 네가 원하는 만큼 네 친구들을 데려와도 좋아. 몇 시에 만날까? 그리고 어디에서 모일까? 먼저 술 한 잔 하는 것이 좋을 것 같은데, 바에서 보는 걸로 하자. 클럽에 가기 전에 거기서 뭘 좀 먹고 마시자. 내가 괜찮은 바를 생각해 놓을게.

어휘   **bring** 가져오다, 데려오다

Q2 클럽에 갈 수 없는 돌발 상황(문제 해결하기) Tr-102

I'm sorry, but you have a problem to solve. You just arrived at the (night) club, but it isn't open until the beginning of next month due to some repair work. Call your friend and explain the situation. And then give some options to resolve this matter.

유감스럽게도 해결해야 할 문제가 생겼습니다. 클럽에 도착했는데, 내부 수리 때문에 다음 달 초까지 영업을 하지 않는다고 합니다. 친구에게 전화해서 상황을 설명하세요. 그리고 이 문제를 해결할 수 있는 몇 가지 해결책들을 제시해 보세요.

HOW TO GUIDE

질문 길라잡이
1 클럽의 내부 수리 때문에 영업을 하지 않는다고 가정
2 친구에게 전화해서 문제에 대한 설명과 그에 따른 해결책 제시

정답 길라잡이
1 상황에 대한 설명
2 주변의 다른 클럽에 가는 방법
3 괜찮은 바에 가서 술을 마시는 방법

HOW TO ANSWER  Tr-102

Hello. This is Younghae. I have terrible news. The club is not opening until next month because of the repair work. I am so upset because I really wanted to go to this club, but I cannot do anything about it. Let's go to another one in that area. I will search which club is good around here with my iPhone. Or we can just go to a good bar, and drink and talk. Actually, there are so many fabulous bars, so you just choose what to drink and eat.

안녕, 나 영혜야. 아주 우울한 소식이 있어. 그 클럽이 내부 수리 중이어서, 다음 달이 되어야 문을 연다고 해. 정말 그 클럽에 가고 싶어서 그런 건지 기분이 정말 별로지만 어쩔 도리가 없는 것 같아. 그 클럽 주변에 있는 다른 클럽에 가자. 내 아이폰으로 여기 주변에 괜찮은 클럽을 찾아볼게. 아니면, 그냥 괜찮은 바에 가서 술 한 잔 하면서 이야기 나누는 것도 좋을 거 같아. 사실 거기에는 멋진 바들이 많아서, 그냥 마실 거랑 먹을 것만 선택하면 돼.

어휘 search 찾아보다, 뒤지다   fabulous 멋진, 굉장한

TYPE 2 면접관에게 질문하기

 좋아하는 클럽  Tr-102

I also like to go to clubs with my friends or my family. Ask me three or four questions about the club I like best.

저도 친구들이나 가족들과 함께 클럽에 가는 것을 좋아합니다. 제가 가장 좋아하는 클럽에 관한 질문을 서너 가지 해보세요.

HOW TO GUIDE

❶ 내가 자주 가는 클럽에 대한 이야기를 먼저 말하고 나서 면접관에게도 비슷한 질문을 시작한다.

HOW TO ANSWER Tr-102

❶ **I am glad to hear that we have something in common. I do go to clubs and dance in order to relieve stress.** I'd like to know about the club you frequently go to. Do you mind if I ask some questions about it? **Where** is your favorite club located? **Why do** you go to the club? Are there any special reasons? Let's be more specific. What things do you like best about the club? Music, DJ, or atmosphere? By the way, I forget to ask its name. Can you tell me **the name** of your favorite club?

공통점이 있다니 기뻐요. 저는 클럽에 가서 스트레스를 풀기 위해 춤을 춥니다. 당신이 자주 가는 클럽에 대해 알고 싶습니다. 몇 가지 질문을 해도 괜찮겠죠? 가장 좋아하는 클럽은 어디에 위치해 있나요? 왜 그 클럽에 가는 것을 좋아하나요? 특별한 이유라도 있나요? 좀 더 구체적으로 얘기해 보겠습니다. 그 클럽에서 어떤 점이 가장 좋은가요? 음악, DJ, 아니면 분위기인가요? 아, 제가 이름을 묻는 것을 깜빡했네요. 당신이 좋아하는 클럽의 이름을 말해 주시겠어요?

 클럽에서의 활동  Tr-102

I like to go to a club with my friends. Ask me three or four questions to know about the activities I usually do at the club.

저도 친구들과 함께 클럽에 가는 것을 좋아합니다. 제가 클럽에서 하는 활동에 대해 알아볼 수 있도록 서너 가지 질문을 해보세요.

HOW TO ANSWER Tr-102

I sometimes go to clubs on weekends with my friends, too. Which club do you usually go to, and where is it **located**? **What things** do you usually do at the club? Do you just dance or do **other activities** such as drinking beer or playing billiards? Actually, I am not good at dancing so my friends teach me how to dance at a club. What about your case? Do you **teach your friends how to dance or do you learn** from your friends at the club?

저는 가끔씩 친구들과 주말에 클럽에 가요. 당신은 어떤 클럽에 주로 가고 그 클럽은 어디에 위치해 있나요? 클럽에서 주로 어떤 활동을 하나요? 그냥 춤만 추나요, 아니면 맥주를 마시거나 당구를 치는 등 다른 활동도 하나요? 사실, 저는 춤을 잘 추지 못해서 클럽에서 제 친구들이 춤을 가르쳐 준답니다. 당신은 어떤가요? 클럽에서 친구들에게 춤을 가르쳐 주나요, 아니면 친구들에게서 춤을 배우나요?

HOW TO 클럽에서 놀기 Plus

클럽에서 놀기 Plus Questions

Q1 _ 마지막으로 간 클럽

You indicated that you go to a club. When was the last time you went to the club? What kind of things did you do there? Tell me about it in as much detail as possible.

클럽에 간다고 했습니다. 언제 마지막으로 클럽에 갔나요? 클럽에서 어떤 일을 했나요? 가능한 한 자세하게 얘기해 보세요.

Q2 _ 기억에 남는 클럽 경험

Have you ever experienced an interesting or memorable thing at a club? When was it? What did you do there at that time? Why was it so interesting or memorable for you? Tell me about it with a lot of details.

클럽에서 재미있거나 기억에 남는 일을 경험한 적이 있나요? 그게 언제였나요? 당신은 그때 무엇을 했죠? 왜 그 일이 그렇게 재미있거나 기억에 남는 건가요? 자세하게 얘기해 보세요.

클럽에서 놀기 Role-play Questions

Q1 _ 함께 클럽에 가기(질문하기)

I'll give you a situation and ask you to act it out. Suppose that you want to go to a (night) club with your friend. Call your friend and ask three or four questions about the club you want to go to.

상황을 드릴 테니 역할 연기를 해보세요. 당신은 친구와 함께 클럽에 가고 싶어 한다고 가정해 보겠습니다. 친구에게 전화해서 가고 싶은 클럽에 대해서 서너 가지 질문해 보세요.

Q2 _ 함께 클럽에 갈 수 없는 상황(문제 해결하기)

I'm sorry, but you have a problem to solve. You and your friend have planned to go to a club, but you cannot go there because you have to complete a project. Call your friend and explain the situation. And then give some options to resolve this matter.

유감스럽지만 해결해야 할 문제가 있습니다. 친구와 함께 클럽에 갈 계획이었는데 프로젝트를 끝내야 해서 갈 수 없습니다. 친구에게 전화해서 상황을 설명하세요. 그리고 나서 이 문제를 해결할 수 있도록 몇 가지 옵션을 제안해 보세요.

UNIT 2 해변 가기

HOW TO OPIc

여가활동에서 마지막으로 살펴볼 설문조사 항목은 바로 '해변 가기'입니다. 해변 가기는 뉴오픽에서 새롭게 선보이는 항목으로 앞으로 많이 출제될 수 있음을 고려해서 실전문제 항목으로 구성하였습니다. 해변 가기는 휴가를 즐기면서 할 수 있는 활동이므로 휴가와 함께 동시에 공략하는 것도 좋은 방법입니다.

오픽 시험은 어느 항목이든 어느 정도 정해진 질문 패턴이 있으므로 해변 가기 역시 그 패턴에 맞게 대비하면 됩니다. 자, 그럼 해변 가기와 관련된 기본적인 질문, 구체적인 질문, 경험 관련 질문, 그리고 Role-play 질문까지 자세하게 확인해 보도록 하겠습니다.

첫 번째, 기본적으로 물어볼 수 있는 질문을 살펴보겠습니다. 소개, 묘사가 가장 기본적인 질문으로 자주 가는 해변을 묘사하는 질문을 먼저 떠올릴 수 있습니다. 해변에 가는 목적과 해변까지 이용하는 교통수단을 소개해 보라는 질문도 기본적으로 준비해두는 것이 좋습니다.

두 번째, 기본적인 질문 바로 뒤에 나올 수 있는 구체적인 질문을 살펴볼까요? 얼마나 자주, 언제, 누구와 함께 해변에 가는지를 묻는 질문을 꼽을 수 있습니다. 해변에 가기 전에 알아봐야 하는 사항들, 그리고 꼭 챙겨가야 할 필수품들을 나열해보라는 질문도 대비해둬야 합니다. 해변에 도착해서 주로 하는 활동들을 설명하라는 질문도 함께 준비해 두세요.

세 번째, 해변과 관련된 경험을 묻는 질문입니다. 어렸을 적에 해변에 갔을 때의 기억을 얘기해보라는 질문, 최근에 해변에 갔던 경험을 말해보라는 질문, 해변에서 겪었던 특별하거나 재미있었던 일을 소개해 보라는 질문 등으로 해변과 관련된 과거 질문을 정리해볼 수 있습니다.

마지막으로 해변과 관련된 Role-play 상황을 살펴보겠습니다. 친구와 함께 해변에 갈 수 있도록 전화해서 여러 가지 물어보는 상황과 해변에 가는 날 급한 일이 생겼다거나 나쁜 기상 조건으로 해변에 갈 수 없는 상황을 해결하는 문제를 예상해 볼 수 있습니다.

BEST QUESTIONS

해변 가기 Mapping Questions

Q1 _ 좋아하는 해변 묘사
You indicated in the survey that you go to beaches. Where is your favorite one located? Please describe the beach that you like to go to in detail.

Q2 _ 해변에서의 활동
What kind of things do you usually do at the beach? Do you sunbathe or swim? What activities do you do there? Tell me all about them in detail.

Q3 _ 가장 최근에 해변에 간 경험
When was the last time you went to the beach? Who did you go there with? What did you do? Are there any memorable things you experienced? Please tell me about it in as much detail as possible.

해변 가기 Role-play Questions

Q1 _ 친구와 함께 해변 가기(질문하기)
I'll give you a situation and ask you to act it out. Imagine that you'd like to go to a beach with your friend during your vacation. Call your friend and leave a message, asking three or four questions to go there with him or her.

Q2 _ 해변에 가는 날 비가 오는 상황(문제 해결하기)
I'm sorry, but you have a problem to solve. Your friend and you are scheduled to go to a beach this Saturday, but it will rain heavily. Call your friend and explain the problem. Then give some alternatives to address this issue.

Q3 _ 가장 좋아하는 해변(면접관에게 질문하기)
I also like to go to a beach with my friends or my family. Ask me three or four questions about the beach I like best.

Q4 _ 해변에서의 활동(면접관에게 질문하기)
I like to go to a beach with my friends. Ask me three or four questions to learn about the activities I usually do at the beach.

HOW TO MAP YOUR STORY

 해변 묘사 Tr-103

You indicated in the survey that you go to beaches. Where is your favorite one located? Please describe the beach that you like to go to in detail.

설문에서 당신은 해변에 간다고 했습니다. 당신이 좋아하는 해변은 어디에 있나요? 당신이 즐겨 찾는 해변을 자세히 묘사해 보세요.

STORY MAP

[해변 묘사] 좋아하는 해변 소개 • 거리, 규모, 주변 환경 • 최근 해변 정보

Map Intro _ 좋아하는 해변 소개

| 좋아하는 해변 | I like Seok-mo beach in the Inchon area. 저는 인천 지역에 있는 석모 해변을 좋아합니다. |

Map Body _ 거리, 규모, 주변 환경

집에서 해변까지 거리	I live in Seoul, so it is not far from my house. It only takes about one and half hours by car. 제가 서울에서 살고 있어서 이 해변은 집에서 그리 멀지 않습니다. 그곳까지는 차로 1시간 30분 정도 밖에 안 걸립니다.
해변 분위기	This beach is not big but very calm and cozy. So I like to go to the beach when I want to relax. 해변은 크지는 않지만, 매우 조용하고 아늑합니다. 그래서 휴식을 취하고 싶을 때 그 해변을 찾아 갑니다.
해변 주변 환경	It is a typical small beach and there are some seafood restaurants and hotels around the beach. 그 해변은 일반적인 조그마한 해변으로 주변에 해물요리 식당들과 호텔들이 있습니다.

Map Closing _ 최근 해변 정보

| 최근에 유명해진 해변 | It has become famous recently, so it is more crowded than before. But I think this beach is still a good place for relaxing. 그 곳은 최근에 유명해져서, 전보다 사람들로 더 붐비게 되었습니다. 하지만 저는 여전히 그 해변이 휴식을 취하기 좋은 곳이라고 생각합니다. |

HOW TO GUIDE

Listening 길라잡이
해변 소개 / 즐겨 가는 해변에 대해 자세히 설명하기
- 듣기함정 질문에서 "beach~"가 들리면 해변에 관한 질문이 시작됨을 짐작할 수 있도록 한다.

Speaking 길라잡이
좋아하는 해변 소개 ⇒ 해변에 관한 세부내용(거리, 분위기, 환경) 설명
- 답변함정 즐겨 가는 해변에 대하여 위치, 거리, 분위기, 개인적인 느낌 등을 활용하여 간략하게 설명하도록 한다.

HOW TO ANSWER  Tr-103

I like Seok-mo beach in the Inchon area. ❶ I live in Seoul, so it is not far from my house. It only takes about one and half hours by car. This beach is not big but very calm and cozy. So I like to go to the beach when I want to relax. It is a typical small beach and ❷ there are some seafood restaurants and hotels around the beach. It has become famous recently, so it is more crowded than before. But I think this beach is still a good place for relaxing.

저는 인천 지역에 있는 석모 해변을 좋아합니다. 제가 서울에서 살고 있어서 이 해변은 집에서 그리 멀지 않습니다. 그곳까지는 차로 1시간 30분 정도 밖에 안 걸립니다. 해변은 크지는 않지만, 매우 조용하고 아늑합니다. 그래서 휴식을 취하고 싶을 때 그 해변을 찾아 갑니다. 그 해변은 일반적인 조그마한 해변으로 주변에 해물요리 식당들과 호텔들이 있습니다. 그 곳은 최근에 유명해져서, 전보다 사람들로 더 붐비게 되었습니다. 하지만 저는 여전히 그 해변이 휴식을 취하기 좋은 곳이라고 생각합니다.

어휘 calm 침착한, 차분한 typical 전형적인, 일반적인 crowded 붐비는

HOW TO CORRECT

문법 바로잡기
❷ [수의 일치] 유도부사 there are가 쓰이면 뒤에 쓰이는 보어 역시 복수명사가 되어야 한다.
There are some seafood ~~restaurant~~ and ~~hotel~~ around the beach.
There are some seafood **restaurants** and **hotels** around the beach.

표현 바로잡기
❶ [장소로부터 '거리'의 표현] **far from** + 장소(~로부터 떨어져 있는)
I live in Seoul, so it is not far ~~away~~ my house.
I live in Seoul, so it is not **far from** my house.

해변에서의 활동 Tr-103

What kind of things do you usually do at the beach? Do you sunbathe or swim? What activities do you do there? Tell me all about them in detail.

해변에 가면 보통 어떤 종류의 일들을 하나요? 일광욕이나 수영을 하나요? 그곳에서 어떤 활동들을 하죠? 해변에서 하는 활동들에 대해 모두 말해 보세요.

STORY MAP

[해변에서의 활동] 선탠 • 선탠을 하는 방법 설명 • 다른 활동 소개

Map Intro _ 선탠

선탠
I love tanning so much that I spend more time tanning than swimming on the beach.
저는 선탠을 정말 좋아해서, 해변에서 수영하는 것보다 선탠을 하는데 더 많은 시간을 보냅니다.

Map Body _ 선탠을 하는 방법 설명

선탠에 대한 생각
Some people are worried that suntanning is not good for the skin, but I think temporary tanning only in summer is alright.
어떤 사람들은 선탠이 피부에 좋지 않다고 걱정하는데, 여름에 잠깐 하는 선탠은 괜찮다고 생각합니다.

피부 보호를 위한 방법
To protect my skin, I always put on plenty of sunblock before I start tanning.
피부를 보호하기 위해서, 저는 항상 선탠하기 전에 썬크림을 충분히 바릅니다.

함께 즐기는 바다 수영
Swimming is also interesting. Sea-swimming is not easy for me, but I do it when I am with my friends or family.
수영도 물론 재미있습니다. 바다 수영은 쉽지 않지만 가족이나 친구들과 함께 있으면, 저는 바다 수영을 즐깁니다.

Map Closing _ 다른 활동 소개

바다 수영
We get into the sea and cool down our body.
우리는 바다에 들어가서, 우리의 몸을 식힙니다.

HOW TO GUIDE

Listening 길라잡이
해변에서의 활동 소개 / 해변에서 하는 여러 가지 활동들에 대해 자세히 설명하기
- 듣기함정 질문에서 "What kind of things~", "What activities~" 등이 들리면 활동에 관한 질문으로 이해하도록 한다.

Speaking 길라잡이
해변에서의 활동(태닝) 소개 ⇒ 태닝에 관한 세부 내용 설명 ⇒ 다른 활동(바다 수영)을 소개하며 답변 마무리
- 답변함정 해변에서 즐기는 여러 활동(수영, 비치발리볼, 선탠, 바나나보트 등) 중에서 한두 가지 활동을 선택해서 간단하게 답변하도록 한다.

HOW TO ANSWER Tr-103

❶ I love tanning so much that I spend more time tanning than swimming on the beach. Some people are worried that suntanning is not good for skin, but I think temporary tanning only in summer is alright. ❷ To protect my skin, I always put on plenty of sunblock before I start tanning. Swimming is also interesting. Sea-swimming is not easy for me, but I do it when I am with my friends or family. We get into the sea and cool down our body.

저는 선탠을 정말 좋아해서, 해변에서 수영하는 것보다 선탠을 하는데 더 많은 시간을 보냅니다. 어떤 사람들은 선탠이 피부에 좋지 않다고 걱정하는데, 여름에 잠깐 하는 선탠은 괜찮다고 생각합니다. 피부를 보호하기 위해서, 저는 항상 선탠하기 전에 썬크림을 충분히 바릅니다. 수영도 물론 재미있습니다. 바다 수영은 쉽지 않지만 가족이나 친구들과 함께 있으면, 저는 바다 수영을 즐깁니다. 우리는 바다에 들어가서, 우리의 몸을 식힙니다.

어휘 tanning 태닝(피부를 그을리는 활동) temporary 일시적인, 임시의

HOW TO CORRECT

문법 바로잡기
❶ [비교급] than 앞/뒤에 위치하는 비교대상은 같은 형태(품사)를 취해야 한다.
I love tanning so much that I spend more time tanning than ~~swim~~ on the beach.
I love tanning so much that I spend more time **tanning** than **swimming** on the beach.

표현 바로잡기
❷ ['목적'의 올바른 표현] to+동사원형(to부정사의 부사적 용법 중 목적): ~하기 위하여(=in order to+동사원형)
~~For protect~~ my skin, I always put on plenty of sunblock before I start tanning.
To protect my skin, I always put on plenty of sunblock before I start tanning.

최근에 해변에 간 경험 Tr-103

When was the last time you went to the beach? Who did you go there with? What did you do? Are there any memorable things you experienced? Please tell me about it in as much detail as possible.

언제 마지막으로 해변에 갔나요? 누구와 함께 갔죠? 해변에서 어떤 일을 했나요? 기억에 남을 만한 일이 있나요? 해변에서의 경험에 대해 최대한 자세하게 얘기해 보세요.

STORY MAP

[최근에 해변에 간 경험] 해변에 간 시간과 동행인 • 당시 상황 설명 • 좋은 추억

Map Intro _ 해변에 간 시간과 동행인

시간과 동행인	The last time I went to the beach was one year ago. At that time, I went there with my university friends. 가장 최근 해변에 간 것은 1년 전입니다. 그 때 대학 친구들과 함께 갔었어요.

Map Body _ 당시 상황 설명

파도 타기	All of us liked surfing so much that we spent most of our time there surfing in the sea. 우리 모두 파도 타기를 매우 좋아해서 대부분의 시간을 바다에서 파도 타기를 하며 보냈습니다.
파도 타기 경험	It was fun because all the members were men and so experienced in surfing, so we could enjoy very challenging waves. 모두 남자들이었고, 파도 타기를 한 경험들이 풍부해서 매우 어려운 파도들도 즐길 수 있어서 정말 재미있었습니다.
캠프파이어	Also, we made a campfire and held a BBQ party. 또 우리는 캠프파이어를 만들어서 바비큐 파티를 열었습니다.

Map Closing _ 좋은 추억

좋은 추억	The food and drinks were all good, so it is still a nice memory for me. 음식과 술 모두 맛있게 먹어서 그 곳에서의 추억은 아직도 좋은 기억으로 남아있습니다.

HOW TO GUIDE

Listening 길라잡이
최근에 해변에 간 경험담을 자세히 설명하기
- 듣기함정   "the last time~", "experienced" 등이 들리면 질문을 과거로 이해하도록 한다.

Speaking 길라잡이
경험에 대한 개괄적 소개 ⇒ 당시 상황 설명 ⇒ 경험에 대한 개인적인 생각이나 느낌을 언급하면서 답변 마무리
- 답변함정   답변 역시 과거의 경험에 대한 내용이므로 과거시제로 답변하도록 한다.

HOW TO ANSWER  Tr-103

The last time I went to the beach was one year ago. At that time, I went there with my university friends. All of us liked surfing so much that ❶ we spent most of our time there surfing in the sea. It was fun because all the members were men and so experienced in surfing, so we could enjoy very challenging waves. Also, we made a campfire and held a BBQ party. ❷ The food and drinks were all good, so it is still a nice memory for me.

가장 최근에 해변에 갔던 때는 1년 전입니다. 그 때 대학 친구들과 함께 갔었어요. 우리 모두 파도 타기를 매우 좋아해서 대부분의 시간을 바다에서 파도 타기를 하며 보냈습니다. 모두 남자들이었고, 파도 타기를 한 경험들이 풍부해서 매우 어려운 파도들도 즐길 수 있어서 정말 재미있었습니다. 또 우리는 캠프파이어를 만들어서 바비큐 파티를 열었습니다. 음식과 술 모두 맛있게 먹어서 그 곳에서의 추억은 아직도 좋은 기억으로 남아있습니다.

어휘   challenging 도전적인, 도전의식을 북돋우는   BBQ 바비큐(=barbecue)

HOW TO CORRECT

문법 바로잡기
❷ [부사 still] still이 부사(여전히)로 쓰일 때는 일반동사 앞, be동사 조동사 뒤에 위치한다.
The food and drinks were all good, so it still is a nice memory for me.
The food and drinks were all good, so **it is still** a nice memory for me.

표현 바로잡기
❶ ['~하면서 시간을 보내다'의 올바른 표현] spend+시간+in(생략가능)+~ing/명사
We spent most of our time there surf in the sea.
We **spent** most of our time there **surfing** in the sea.

HOW TO ROLE-PLAY

TYPE 1 질문하기 + 문제 해결하기

 친구와 함께 해변에 가기 (질문하기) Tr-104

I'll give you a situation and ask you to act it out. Imagine that you'd like to go to a beach with your friend during your vacation. Call your friend and leave a message, asking three or four questions to go there with him or her.

상황을 드릴 테니, 역할 연기를 해보세요. 휴가 기간에 친구와 함께 해변에 가려고 한다고 해보겠습니다. 친구에게 전화해서, 함께 해변에 갈 수 있도록 서너 가지 질문을 하면서 메시지를 남겨보세요.

HOW TO GUIDE

질문 길라잡이
1. 휴가 때 친구와 함께 해변에 가려고 한다고 가정
2. 친구에게 전화해서 함께 해변에 갈 수 있도록 질문하기

정답 길라잡이
1. 전화를 건 이유 설명
2. 휴가 기간 질문
3. 좋아하는 해변 위치 질문
4. 하고 싶은 활동 질문
5. 함께 가고 싶다는 첨언

HOW TO ANSWER  Tr-104

Hello. This is Younghae. Are you available next week from Wednesday to Saturday? I will be on my vacation during that period, so I want you to go to a beach with me if you are available. Which beaches do you like the most? And what activities do you want to do there? The location and activities there won't matter to me, so you decide. I really want to go on vacation with you this time.

안녕, 나 영혜야. 다음 주 수요일부터 토요일까지 시간 괜찮니? 나는 그때가 휴가여서 너만 시간 되면, 함께 해변에 갔으면 해. 어느 해변을 가장 좋아하니? 그리고 해변에서 어떤 활동을 하고 싶니? 난 장소와 거기서 무엇을 하던지 상관없으니 네가 결정해. 이번에는 정말로 너와 함께 휴가를 가고 싶어.

어휘 available (사람들을 만날) 시간이 있는   from A to B A에서 B까지

해변에 가는 날 비가 내리는 돌발 상황(문제 해결하기) Tr-104

I'm sorry, but you have a problem to solve. Your friend and you are scheduled to go to a beach this Saturday, but it will rain heavily. Call your friend and explain the problem. Then give some alternatives to address this issue.

유감스럽게도 해결해야 할 문제가 생겼습니다. 이번 주 토요일에 친구와 함께 해변에 가려고 하는데, 비가 많이 내린다고 합니다. 친구에게 전화해서 문제점을 설명하세요. 그러고 나서 이 문제를 해결할 수 있는 대안을 몇 가지 제시해 보세요.

HOW TO GUIDE

질문 길라잡이
1 해변에 비가 내린다고 가정
2 친구에게 전화해서 문제에 대한 설명과 그에 따른 해결 방안 제시

정답 길라잡이
1 상황에 대한 설명
2 온천에 가는 방법
3 여행을 연기하고 영화를 보러 가는 방법

HOW TO ANSWER  Tr-104

Hello. This is Younghae. I have bad news. It will rain heavily this Saturday, so we cannot go to the beach. I am so upset, but I cannot do anything about it. So I think we can go to a good spa resort instead. We can do many kinds of activities inside the resort. They even have a big indoor pool, but its atmosphere is like an outdoor pool. Or we can just go to the movies and postpone our trip until next time. If you want, I will check on the latest movies.

안녕, 나 영혜야. 나쁜 소식이 있어. 이번 주 토요일에 비가 많이 올 거래, 그래서 해변에 못 갈 것 같아. 나도 정말 속상하지만, 어쩔 도리가 없어. 그래서 해변 대신에 괜찮은 온천 휴양지에 가는 것도 괜찮다고 생각해. 리조트 안에서 여러 가지 것들을 할 수 있을 거야. 리조트에는 큰 실내 수영장이 있는데 분위기는 야외 수영장 같아. 아니면 여행을 다음으로 연기하고, 영화를 보는 건 어떠니? 너만 좋다면, 요즘 최신 영화들이 어떤 것들이 있는지 확인해 볼게.

어휘 spa 온천 outdoor 실외의, 야외의

TYPE 2 면접관에게 질문하기

Q3 좋아하는 해변 Tr-104

I also like to go to a beach with my friends or my family. Ask me three or four questions about the beach I like best.

저도 친구들이나 가족들과 함께 해변에 가는 것을 좋아합니다. 제가 가장 좋아하는 해변에 대해 서너 가지 질문을 해보세요.

HOW TO GUIDE

❶ 공통 관심사인 해변에 대한 기본적인 내용을 먼저 말하고 나서 면접관에게 질문을 유도한다.
❷ 해변에 가는 시기, 해변의 위치, 좋아하는 이유, 해변 이름 등을 질문하도록 한다.

HOW TO ANSWER Tr-104

❶ **I am so glad to hear that we have something in common. I do go to the beach, especially in summer.** ❷ **When** do you usually go to the beach? **Where** is it located? In the East Sea, West Sea, or Southern Sea? Actually, I especially like the Southern Sea because of the clean and deep water. How about you? **Why** do you like that beach? By the way, I forget to ask its name. Can you tell me **the name** of your favorite beach?

공통점이 있다니 정말 기쁩니다. 저는 특히 여름에 해변에 갑니다. 당신은 주로 언제 해변에 가나요? 그 해변은 어디에 위치해 있나요? 동해, 서해, 아니면 남해에 있나요? 사실, 저는 깨끗하고 깊은 바다 때문에 남해를 특히 좋아합니다. 당신은 어떤가요? 그 해변을 왜 좋아하나요? 아, 그런데 제가 이름을 묻는 것을 깜빡했네요. 당신이 좋아하는 해변 이름을 알려주시겠어요?

Q4 해변에서의 활동 Tr-104

I like to go to a beach with my friends. Ask me three or four questions to learn about the activities I usually do at the beach.

저도 친구들과 함께 해변에 가는 것을 좋아합니다. 제가 해변에서 주로 하는 활동들에 대해 서너 가지 질문을 해보세요.

HOW TO ANSWER  Tr-104

I usually go on a summer vacation to the beach because there are various activities I can enjoy there. **Soccer, volleyball, sunbathing, or just swimming.** Everything is very fun when doing it on the beach. **What things** do you usually do on the beach? Can you tell me something more about your favorite activity? **What** exactly is it? **What things** do you like best about it? Could you teach me **how to play** it?

해변에서 즐길 수 있는 다양한 활동들이 있어서 저는 주로 여름 휴가로 해변에 갑니다. 축구, 배구, 일광욕, 또는 수영 등을 할 수 있어요. 어떤 것이든 간에, 해변에서 하면 정말 재미있습니다. 당신은 해변에서 보통 어떤 것들을 하나요? 가장 좋아하는 활동에 대해 좀 더 자세히 말씀해주시겠어요? 정확히 어떤 활동인가요? 어떤 점이 가장 좋나요? 어떻게 하는 건지 알려주시겠어요?

HOW TO 해변 가기 Plus

해변 가기 Plus Questions

Q1 _ 해변에 가는 이유와 목적

You indicated in the survey that you go to the beach. Why do you go there? Tell me about the purpose of going to the beach.
설문조사에서 해변에 간다고 했습니다. 왜 해변에 가나요? 해변에 가는 목적에 대해서 얘기해 보세요.

Q2 _ 해변 복합 질문

How often do you go to the beach? When and with whom do you usually go there?
얼마나 자주 해변에 가나요? 주로 언제 누구와 함께 해변에 가죠?

Q3 _ 해변에서 기억에 남는 경험

Have you ever experienced an interesting or special thing at the beach? What was it about? What exactly happened? What did you do at that time? Why was it so memorable for you? Tell me about it in as much detail as possible.
해변에서 재미있거나 특별한 일을 경험했던 적이 있나요? 어떤 일이었나요? 정확히 어떤 일이 일어났죠? 그때 당신은 무엇을 했나요? 왜 그렇게 기억에 남는 건가요? 가능한 한 자세하게 얘기해 보세요.

해변 가기 Role-play Questions

Q1 _ 가고 싶은 해변(질문하기)

I'll give you a situation and ask you to act it out. Imagine that you'd like to go to a beach during your vacation and your friend is well aware of the beaches. Call your friend and leave a message, asking three or four questions about them.
상황을 드릴 테니 역할 연기를 해보세요. 방학 때 해변에 가고 싶은데 친구가 해변을 아주 잘 알고 있다고 가정해 보겠습니다. 친구에게 전화해서 해변에 대해서 서너 가지 질문하면서 메시지를 남겨보세요.

Q2 _ 친구와 함께 해변에 갈 수 없는 상황(문제 해결하기)

I'm sorry, but you have a problem to solve. You and your friend are scheduled to go to a beach, but you have to finish some school work, so you can't go there. Call your friend and explain the problem. Then give some alternatives to address this issue.
유감스럽지만 해결해야 할 문제가 있습니다. 친구와 함께 해변에 갈 예정이었는데 끝내야 할 학교 공부가 있어서 해변에 갈 수 없습니다. 친구에게 전화해서 상황을 설명하세요. 그러고 나서 이 문제를 해결할 수 있도록 몇 가지 대안을 제안해 보세요.

SECTION 3 _ 취미생활 및 기타

11강

음악 감상 & 악기 연주하기

Unit1 음악 감상
Unit2 악기 연주하기

UNIT 1 음악 감상

11강~15강까지는 취미생활과 관련된 뉴오픽 항목을 학습하게 됩니다. 11강에서는 '음악 감상'과 '악기 연주하기' 두 가지 항목에 대해서 살펴보겠습니다. 음악 감상은 MP3 플레이어, 휴대폰, 컴퓨터 등을 통해서 누구나 쉽게 즐길 수 있는 취미생활로 수험생이 가장 좋아하는 항목 중의 하나입니다. 수험생들이 가장 선택하기 좋아하고, 정기시험에서도 그만큼 자주 출제되고 있는 만큼 음악 감상 항목을 선택하려고 한다면 철저한 대비가 필요합니다.

먼저 음악 감상 항목과 관련해서 살펴보겠습니다. 음악 프로그램, 라디오, MP3, 휴대폰, 인터넷 뮤직 플레이어 등 다양한 방법으로 자유롭게 원하는 음악을 마음껏 들을 수 있습니다. 음악을 감상하는 방법이나 음악 관련 기기 등을 물어볼 수 있으니 음악 감상 방법에 따라서 장단점 등을 미리 생각해두기 바랍니다.

가장 기본적으로 물어볼 수 있는 음악 감상 관련 질문을 들여다보겠습니다. 좋아하는 음악 장르가 무엇인지를 물어볼 수 있습니다. 발라드, 힙합, Rock&Roll, 댄스 음악 등 다양한 음악 장르가 있죠. 그리고 좋아하는 가수와 관련된 질문도 기본적으로 떠올릴 수 있겠네요.

두 번째로 기본적인 질문 이후에 묻게 되는 구체적인 질문입니다. 앞서 언급했던 음악을 듣는 방법과 기기 등을 설명하라는 문제를 꼽을 수 있습니다. 그리고 언제, 어디에서, 얼마나 자주, 어떻게 음악을 감상하는지 여러 가지 질문을 쏟아내는 복합 질문도 대비해둬야 합니다. 음악에 대한 관심과 취향이 과거와 현재 어떻게 변하게 되었는지 변화된 점을 비교 설명하는 문제도 출제된 적이 있습니다.

세 번째는 경험과 관련된 질문입니다. 음악에 처음 관심을 가지게 되었던 계기와 이유가 무엇인지를 묻는 문제를 예상해볼 수 있습니다. 기억에 남는 음악, 최근에 자주 듣는 음악과 이유, 음악과 관련된 특별한 경험 등으로 정리해두면 될 것 같습니다.

마지막으로 Role-play와 관련하여 꼭 대비해둬야 할 질문은 MP3 플레이어를 구매하는 상황과 친구에게서 MP3를 빌리는 상황 그리고, 아직 배송이 안 된 상황을 해결하는 문제와 친구에게 빌린 MP3를 고장 내서 대안을 제시하는 문제 등을 연결 지어서 대비해두기 바랍니다.

BEST QUESTIONS

음악 감상 Mapping Questions

Q1 _ 좋아하는 음악 장르

You indicated in the survey that you like to listen to music. What kind of music do you like best? Tell me why you like that kind of music.

Q2 _ 음악 세부 설명

When and where do you usually listen to music? How do you listen to music?

Q3 _ 음악 취향의 변화 설명

How has your interest in music changed from your childhood to now? What are the changes? Tell me with a lot of details.

음악 감상 Role-play Questions

Q1 _ 새 MP3 플레이어(질문하기)

I'll give you a situation. Please act it out. Suppose that your friend bought a new MP3 player a week ago and you want to buy one, too. Call your friend and ask three or four questions about the new MP3 player.

Q2 _ 빌린 MP3를 망가뜨린 상황(문제 해결하기)

I'm sorry, but you have a problem to solve. You borrowed your friend's MP3 player, but you accidentally broke it. What should you do? Call your friend and explain the problem. Then give two alternatives to address this issue.

Q3 _ 좋아하는 음악 장르(면접관에게 질문하기)

I like to listen to music as well. Just ask me three or four questions to find out more about the kind of music I like.

Q4 _ 좋아하는 가수와 작곡가(면접관에게 질문하기)

I enjoy listening to music, too. Ask me three or four questions to learn more about my favorite singer and composer.

HOW TO MAP YOUR STORY

 좋아하는 음악 장르 Tr-111

You indicated in the survey that you like to listen to music. What kind of music do you like best? Tell me why you like that kind of music.

설문에서 음악 감상을 좋아한다고 답했습니다. 어떤 종류의 음악을 가장 좋아하나요? 그 음악을 왜 좋아하는지 말해 보세요.

STORY MAP

[좋아하는 음악 장르] 좋아하는 음악 장르 · 좋아하는 이유 · 기분에 따른 음악

Map Intro _ 좋아하는 음악 장르

좋아하는 음악 장르 | I like listening to all kinds of music, but I like rock music best.
저는 모든 장르의 음악을 좋아하는 편이지만, 그래도 록 음악을 가장 좋아합니다.

Map Body _ 좋아하는 이유

가장 좋아하는 음악 | Rock music has a wide variety of genres, from easy listening to soft rock to heavy metal. My favorite is alternative rock music.
록 음악은 듣기에 수월한 소프트 록부터 헤비메탈까지 다양한 장르가 있어요. 제가 가장 좋아하는 록 음악은 얼터너티브 록 음악입니다.

좋아하는 이유 | The beat in alternative rock music has a good flow, and I can sing and dance to the rhythm. Although its lyrics are somewhat provocative and violent, I think it is also a part of rock culture.
얼터너티브 록음악의 비트는 리듬감이 좋아서 리듬에 맞춰 노래를 부르거나 춤을 출 수도 있습니다. 비록 가끔씩 가사가 다소 도발적이고 폭력적이긴 하지만 저는 이러한 것도 록 문화의 일부라고 생각해요.

Map Closing _ 기분에 따른 음악

기분이 좋을 때 | I listen to different types of songs depending on my mood. When I feel down, I prefer to listen to a loud and fast tempo because it puts me in a better mood.
저는 기분에 따라 다른 종류의 노래도 듣곤 합니다. 기분이 별로일 때는 크고 빠른 템포의 음악을 즐겨 듣는데 이렇게 들으면 기분이 좋아지기 때문이에요.

기분이 슬플 때 | On the other hand, slow and soft music helps me calm down when I feel sad.
반면에, 느리고 부드러운 록 음악은 슬플 때 제 마음을 진정시켜 줍니다.

HOW TO GUIDE

Listening 길라잡이
음악 소개 / 좋아하는 음악에 대해 자세히 설명하기
- 듣기함정 좋아하는 음악과 좋아하는 이유를 동시에 묻고 있음에 유의하도록 한다.

Speaking 길라잡이
좋아하는 음악 장르 소개 ⇒ 좋아하는 이유 설명 ⇒ 기분에 따라서 듣는 음악 소개
- 답변함정 좋아하는 음악의 종류와 그에 따른 이유를 자세히 소개하도록 한다.

HOW TO ANSWER  Tr-111

❶ I like listening to all kinds of music, but I like rock music best. Rock music has a wide variety of genres, from easy listening to soft rock to heavy metal. My favorite is alternative rock music. The beat in alternative rock music has a good flow, and I can sing and dance to the rhythm. Although its lyrics are somewhat provocative and violent, I think it is also a part of rock culture. I listen to different types of songs depending on my mood. When I feel down, I prefer to listen to a loud and fast tempo because it puts me in a better mood. ❷ On the other hand, slow and soft music helps me calm down when I feel sad.

저는 모든 장르의 음악을 좋아하는 편이지만, 그래도 록 음악을 가장 좋아합니다. 록 음악은 듣기에 수월한 소프트 록부터 헤비메탈까지 다양한 장르가 있어요. 제가 가장 좋아하는 록 음악은 얼터너티브 록 음악입니다. 얼터너티브 록 음악의 비트는 리듬감이 좋아서 리듬에 맞춰 노래를 부르거나 춤을 출 수도 있습니다. 비록 가끔씩 가사가 다소 도발적이고 폭력적이긴 하지만 저는 이러한 것도 록 문화의 일부라고 생각해요. 저는 기분에 따라 다른 종류의 노래도 듣곤 합니다. 기분이 별로일 때는 크고 빠른 템포로 음악을 즐겨 듣는데 이렇게 들으면 기분이 좋아지기 때문이에요. 반면에, 느리고 부드러운 록 음악은 슬플 때 제 마음을 진정시켜 줍니다.

어휘 **beat** (음악·시 등의) 운율, 박자, 비트 **flow** 흐름 **provocative** 자극적인

HOW TO CORRECT

문법 바로잡기
❶ [자동사+전치사] 자동사 listen은 뒤에 전치사 to를 수반한다.
I like ~~listening~~ all kinds of music, but I like rock music best.
I like **listening to** all kinds of music, but I like rock music best.

표현 바로잡기
❷ [반전, 전환의 표현] **on the other hand**: 다른 한편으로는, 반면에
~~On other hand~~, slow and soft music helps me calm down when I feel sad.
On the other hand, slow and soft music helps me calm down when I feel sad.

음악 세부 설명 Tr-111

When and where do you usually listen to music? How do you listen to music?

언제 그리고 주로 어디에서 음악을 듣나요? 어떻게 음악을 감상하나요?

STORY MAP

[음악 세부 설명] 음악 듣는 시간·장소와 방법·음악 기기

Map Intro _ 음악 듣는 시간

하루의 시작과 마감
I usually listen to music before I go to bed at night or after I wake up in the morning. In short, I start and finish my day by listening to music.
저는 보통 밤에 잠들기 전이나 아침에 일어난 후에 음악을 들어요. 한마디로, 거의 대부분 음악을 들으면서 하루를 시작하고 마무리한다고 할 수 있습니다.

출퇴근 시간
Sometimes, I listen to music while I am on the bus or subway on my way to work and back.
이따금 출퇴근할 때 버스나 지하철에서 음악을 듣기도 합니다.

Map Body _ 장소와 방법

음악 듣는 장소와 방법
Normally, I listen to music on the computer while I am at home, but while I am out I download music files to my cellphone or MP3 player and listen to them through my earphones.
보통 집에 있는 동안에는 컴퓨터로 음악을 듣고, 외출 시에는 휴대폰이나 MP3 플레이어에 음악 파일을 다운받아서 이어폰으로 음악을 들어요.

Map Closing _ 음악 기기

좋아하는 음악 기기
Actually, I am a frequent traveler and my MP3 player has become a requisite for every trip.
사실, 제가 여행을 자주 가는 편이라 MP3 플레이어가 여행의 필수품이 되었습니다.

HOW TO GUIDE

Listening 길라잡이
음악 감상 소개 / 음악을 듣는 시기, 장소 그리고 방법에 대해 자세히 설명하기
- 듣기함정　"When", "Where", "How" 등 의문사에 집중하여 듣도록 한다. 세부내용을 묻는 의문사에 대한 답변을 빠뜨릴 경우 감점 요인이 된다.

Speaking 길라잡이
음악을 듣는 시간과 장소 ⇒ 음악을 듣는 방법 설명 ⇒ 좋아하는 음악 기기 등 첨언으로 답변 종결
- 답변함정　세부내용을 묻고 있는 의문사에 모두 답할 수 있도록 하며, 특히 how(방법)에 대한 설명은 자세히 하도록 한다.

HOW TO ANSWER　 Tr-111

I usually listen to music before I go to bed at night or after I wake up in the morning. In short, I start and finish my day by listening to music. ❶❷ Sometimes, I listen to music while I am on the bus or subway on my way to work and back. Normally, I listen to music on the computer while I am at home, but while I am out I download music files to my cellphone or MP3 player and listen to them through my earphones. Actually, I am a frequent traveler and my MP3 player has become a requisite for every trip.

저는 보통 밤에 잠들기 전이나 아침에 일어난 후에 음악을 들어요. 한마디로, 거의 대부분 음악을 들으면서 하루를 시작하고 마무리한다고 할 수 있습니다. 이따금 출퇴근할 때 버스나 지하철에서 음악을 듣기도 합니다. 보통 집에 있는 동안에는 컴퓨터로 음악을 듣고, 외출 시에는 휴대폰이나 MP3 플레이어에 음악 파일을 다운받아서 이어폰으로 음악을 들어요. 사실, 제가 여행을 자주 가는 편이라 MP3 플레이어가 여행의 필수품이 되었습니다.

어휘　normally 보통　requisite 필수품

HOW TO CORRECT

문법 바로잡기
❶ [접속사 while] 접속사 while 뒤에는 절(S+V)이 따른다. (cf. during+구)
Sometimes, I listen to music ~~during~~ I am on the bus or subway.
Sometimes, I listen to music **while** I am on the bus or subway.

표현 바로잡기
❷ ['~로 가는 도중에'의 표현] **on one's way**+to+장소
I am on the bus or subway on my way ~~of~~ work and back.
I am on the bus or subway **on my way to work and back**.

음악 관심의 변화 Tr-111

How has your interest in music changed from your childhood to now? What are the changes? Tell me with a lot of details.

어린 시절부터 지금까지 음악에 대한 관심이 어떻게 변했나요? 어떤 변화가 있었나요? 자세히 말해 보세요.

STORY MAP

[음악 관심의 변화] 좋아했던 음악 • 음악 관심의 변화 • 좋아하는 음악

Map Intro _ 좋아했던 음악

좋아했던 음악 | I used to like foreign pop music during my childhood.
저는 어린 시절에 외국 팝 음악을 좋아했었습니다.

Map Body _ 음악 관심의 변화

과거에 좋아했던 음악 | When I was a little kid, my oldest brother used to play pop songs all the time and I was surrounded by them. So that kind of music naturally became one of my favorite kinds of music at that time.
제가 아주 어렸을 때, 큰 형이 항상 팝송을 듣고 다녀서 저도 팝송에 묻혀 살았어요. 그래서 그때는 자연스럽게 팝송이 제가 가장 좋아하는 음악이 돼버렸죠.

현재 좋아하는 음악 | Since growing up, I still enjoy listening to pop music, but I like rock music and classical music the best. Movies about classical artists have influenced me to listen to classical music.
저는 어른이 된 후에도, 여전히 팝송을 즐겨 듣는데, 특히 록 음악과 클래식 음악을 가장 즐겨 듣습니다. 고전 음악가들에 관한 영화들은 제 클래식 음악 감상에 영향을 주었습니다.

Map Closing _ 좋아하는 음악

좋아하는 음악 | In regard to rock music, after visiting some live band concerts, I can't help but keep listening to rock music.
록 음악의 경우에는, 라이브 공연을 몇 번 다녀온 후부터 계속 록 음악을 듣게 되었습니다.

HOW TO GUIDE

Listening 길라잡이
음악에 대한 관심도 설명 / 음악에 대한 관심도의 변화에 대해 상세히 설명하기
- 듣기함정 어린 시절부터 지금까지 음악에 대한 관심의 변화를 묻고 있으므로 비교 설명한다.

Speaking 길라잡이
어린 시절 듣던 음악 소개 ⇒ 과거와 현재의 음악 비교 설명
- 답변함정 과거와 음악에 대한 관심 및 취향이 변하지 않았다고 하더라도 질문의 핵심은 과거와 현재를 비교 설명하는 것이므로 적절한 얘깃거리를 준비해야 한다.

HOW TO ANSWER   Tr-111

❶ <u>I used to like foreign pop music during my childhood.</u> When I was a little kid, my oldest brother used to play pop songs all the time and I was surrounded by them. So that kind of music naturally became one of my favorite kinds of music at that time. Since growing up, I still enjoy listening to pop music, but I like rock music and classical music the best. ❷ <u>Movies about classical artists have influenced me to listen to classical music.</u> In regard to rock music, after visiting some live band concerts, I can't help but keep listening to rock music.

저는 어린 시절에 외국 팝 음악을 좋아했었습니다. 제가 아주 어렸을 때, 큰 형이 항상 팝송을 듣고 다녀서 저도 팝송에 묻혀 살았어요. 그래서 그때는 자연스럽게 팝송이 제가 가장 좋아하는 음악이 돼버렸죠. 저는 어른이 된 후에도, 여전히 팝송을 즐겨 듣는데, 특히 록 음악과 클래식 음악을 가장 즐겨 듣습니다. 고전 음악가들에 관한 영화들은 제 클래식 음악 감상에 영향을 주었습니다. 록 음악의 경우에는, 라이브 공연을 몇 번 다녀온 후부터 계속 록 음악을 듣게 되었습니다.

어휘 classical 고전적인 influence 영향을 주다, 미치다 in regard to ~에 관해서

HOW TO CORRECT

문법 바로잡기
❶ [조동사] 조동사 **used to**+동사원형: 현재 사실과 반대되는 과거의 상태나 과거의 규칙적 습관
I ~~used to liking~~ foreign pop music during my childhood.
I **used to like** foreign pop music during my childhood.

표현 바로잡기
❷ ['누구에게 ~영향을 미치다, 영향을 주다'의 올바른 표현] **influence**+목적어+**to** 부정사
Movies about classical artists have influenced me ~~listening~~ to classical music.
Movies about classical artists have **influenced me to listen** to classical music.

HOW TO ROLE-PLAY

TYPE 1   질문하기 + 문제 해결하기

 MP3 구입 (질문하기)   Tr-112

I'll give you a situation. Please act it out. Suppose that your friend bought a new MP3 player a week ago and you want to buy one, too. Call your friend and ask three or four questions about the new MP3 player.

상황을 드리겠습니다. 역할 연기를 해보세요. 친구가 일주일 전에 MP3 플레이어를 구입했는데, 당신도 그 MP3 플레이어를 구입하고 싶다고 해보겠습니다. 친구에게 전화를 걸어 새로 산 MP3 플레이어에 관한 질문을 서너 가지 해보세요.

HOW TO GUIDE

질문 길라잡이
1. MP3 플레이어를 새로 구입한다고 가정
2. 친구에게 전화해서 MP3 플레이어와 관련된 질문하기

정답 길라잡이
1. 전화를 건 이유 설명
2. 가격 관련 질문
3. 스타일 관련(색상 등) 질문
4. 보증기간 관련 질문

HOW TO ANSWER Tr-112

Hi, how are you? I heard you bought a new MP3 player. I want to ask you some questions because I also want to buy one. How much did you pay for it? What variety of colors does it come in? Does it come in different styles? I want to buy a round one in blue color. How long is the warranty? Thank you for helping me. See you.

안녕. 잘 지내지? MP3 플레이어 새로 샀다고 들었어. 나도 사고 싶은데 몇 가지 물어볼 게 있어. 얼마 주고 구입했니? 색상은 몇 가지나 있어? 다른 스타일도 출시되어 있겠지? 나는 파란색으로 된 둥근 모양이 좋더라. 보증기간은 얼마나 되니? 도와줘서 고마워. 또 보자.

어휘   warranty 보증(기간)

MP3를 망가뜨린 돌발 상황(문제 해결하기) 🔊 Tr-112

I'm sorry, but you have a problem to solve. You borrowed your friend's MP3 player, but you accidentally broke it. What should you do? Call your friend and explain the problem. Then give two alternatives to address this issue.

유감스럽게도 해결해야 할 문제가 생겼습니다. 친구에게 MP3 플레이어를 빌렸는데, 실수로 망가뜨렸습니다. 어떻게 해야 할까요? 친구에게 전화를 걸어 문제점에 대해 설명하세요. 그러고 나서 이 문제를 해결할 수 있는 대안을 두 가지 제시해 보세요.

HOW TO GUIDE

⁜ 질문 길라잡이
1 친구의 MP3 플레이어를 망가뜨렸다고 가정
2 친구에게 전화해서 문제점에 대한 설명과 그에 따른 해결 방안 제시

⁜ 정답 길라잡이
1 문제점에 대한 설명
2 똑같은 MP3 플레이어를 사주는 방법
3 다른 MP3 플레이어를 사주는 방법
4 자세한 이야기는 만나서 하자는 첨언

HOW TO ANSWER  Tr-112

Hello. Is this Haejin? How are you feeling today? As a matter of fact, I've got something to tell you about your MP3 player. To be frank with you, I broke it by accident. I am so sorry about this and I really want to compensate you for it. I can buy you the same one to make up for this and if you want to buy a different one, I can also pay for that. Please feel free to say what you prefer. Can I take you out for dinner soon? Then, we can talk more about this. Let's talk about the details in person. Have a good day!

여보세요. 혜진이니? 오늘 컨디션은 어때? 실은, MP3 플레이어에 대해 할 이야기가 좀 있어. 솔직히 말하면, 내가 실수로 그만 MP3 플레이어를 망가뜨려 버렸어. 너무 미안해서 정말로 보상을 해주고 싶어. 내가 만회할 수 있게 똑같은 MP3 플레이어 사주거나 아니면 다른 제품으로 원하면 그 제품을 사줄게. 어떤 게 좋은지 편하게 말해주렴. 조만간 만나서 저녁을 먹는 건 어때? 그러면, 이 문제에 대해 좀 더 자세하게 얘기할 수 있을 거야. 자세한 얘기는 직접 만나서 얘기하자. 그럼, 즐거운 하루 보내.

어휘 **as a matter of fact** 사실은, 실은(=actually)　**by accident** 우연히, 어쩌다가　**make up for** 만회하다, 보충하다

TYPE 2 면접관에게 질문하기

Q3 좋아하는 음악 장르

I like to listen to music as well. Just ask me three or four questions to find out more about the kind of music I like.

저도 음악 감상을 좋아합니다. 제가 좋아하는 음악 장르에 대해 좀 더 알아볼 수 있도록 서너 가지 질문을 해보세요.

HOW TO GUIDE

❶ 음악 감상이라는 서로의 관심사가 같으므로 답변을 시작할 때, 공감대를 표현할 수 있는 이야기를 간단하게 언급해준다.
❷ 좋아하는 음악의 장르, 노래, 노래를 부른 가수 등을 전체적으로 물어보도록 한다.

HOW TO ANSWER

❶ I think music is a universal language. I am happy to know you also like listening to music.
❷ **What kind of** music do you like? **Actually, I have not** had much time to listen to music recently. Can I ask a few questions regarding your **favorite genre**? **Could you recommend** any good songs to listen to for me as a beginner? Is that song sung by **your favorite artist**?

음악은 만국 언어라고 생각해요. 음악 감상을 좋아하신다니 저도 기분이 좋습니다. 어떤 장르의 음악을 즐겨 듣나요? 사실, 최근에 저는 음악을 들을 시간이 많지 않았어요. 좋아하는 음악 장르에 관해서 몇 가지 물어봐도 될까요? 초보자인 제게 좋은 음악을 추천해 주시겠어요? 당신이 가장 좋아하는 가수가 부른 노래인가요?

Q4 좋아하는 가수와 작곡가

I enjoy listening to music, too. Ask me three or four questions to learn more about my favorite singer and composer.

저도 음악 감상을 좋아합니다. 제가 좋아하는 가수와 작곡가에 대해 좀 더 알아볼 수 있도록 서너 가지 질문을 해보세요.

HOW TO GUIDE

❶ 질문의 요지를 먼저 밝히고 본격적인 질문을 시작하도록 한다.
❷ 기본적으로 좋아하는 가수의 노래, 콘서트 공연, 작곡한 음악 등을 질문하도록 한다.

HOW TO ANSWER

❶ **Do you mind me asking you some questions about your favorite singer and composer?**
❷ **What kind of song** does that singer sing? I like to collect my favorite artists' albums. **How many albums** do you have by that artist? Does that artist also compose some music? Have you seen that **artist live**?

가장 좋아하는 가수와 작곡가에 대해 물어봐도 될까요? 그 가수는 어떤 노래를 부르나요? 저는 좋아하는 가수의 앨범을 수집하는 것을 좋아해요. 당신은 그 가수의 앨범을 몇 장이나 가지고 있나요? 그 가수가 음악도 작곡하나요? 그 가수의 라이브 공연을 본 적이 있나요?

HOW TO 음악 감상 Plus

음악 감상 Plus Questions

Q1 _ 좋아하는 가수
You indicated in the survey that you like to listen to music. Who is your favorite singer? Please introduce your favorite singer to me.
설문조사에서 음악을 즐겨 듣는다고 했습니다. 가장 좋아하는 가수가 누구인가요? 좋아하는 가수를 소개해 보세요.

Q2 _ 음악 듣는 방법
How do you usually listen to music? Do you listen to music with an MP3 player or a CD player? What else and why?
보통 어떻게 음악을 듣나요? MP3 플레이어로 음악을 듣나요, 아니면 CD 플레이어로 음악을 듣나요? 아니면, 다른 걸로 듣나요, 그리고 그 이유는 무엇이죠?

Q3 _ 음악에 관심을 가지게 된 계기
How did you first become interested in music? What kind of music was it? Who was the singer and composer?
처음에 어떻게 음악에 관심을 가지게 되었나요? 어떤 장르의 음악이었죠? 가수와 작곡가는 누구였나요?

음악 감상 Role-play Questions

Q1 _ 새 MP3 플레이어(질문하기)
I'll give you a situation. Please act it out. Suppose that an MP3 player you want to buy has recently been introduced. Call the nearest retail outlet and ask three or four questions about the new MP3 player.
상황을 드리겠습니다. 역할 연기를 해보세요. 사고 싶은 MP3 플레이어가 최근에 출시되었다고 가정해 보겠습니다. 근처 소매점에 전화해서 새 MP3 플레이어에 대해서 서너 가지 질문해 보세요.

Q2 _ 주문한 MP3가 도착하지 않은 상황(문제 해결하기)
I'm sorry, but you have a problem to solve. You ordered the new MP3 player at the retail outlet a week ago, but it has not arrived yet. Call the outlet and explain the situation. Then offer two alternatives to address this issue.
유감스럽지만 해결해야 할 문제가 있습니다. 일주일 전에 소매점에서 새 MP3 플레이어를 주문했는데 아직까지 도착하지 않고 있습니다. 소매점에 전화해서 상황을 설명하세요. 그리고 나서 이 문제를 해결할 수 있도록 두 가지 대안을 제안해 보세요.

UNIT 2 악기 연주하기

취미생활에서 두 번째로 살펴볼 항목은 바로 '악기 연주하기'입니다. 뉴오픽의 취미생활을 살펴보면 노래와 관련된 항목이 총 14개 선택 항목들 중에서 4~6가지가 있습니다. '음악 감상, 악기 연주하기, 혼자 노래하기, 그룹으로 노래하기, 춤추기, 댄스 교습하기' 등으로 구성되어 있습니다. 음악과 춤에 관심이 있는 수험생이라면 음악과 관련된 6가지 항목을 적극 공략해보기 바랍니다.

악기 연주와 관련된 질문은 기존 다른 항목의 질문 패턴과 비슷하며 특별히 어렵거나 주의해야할 질문은 거의 없습니다. 자, 그럼 악기 연주와 관련된 질문 패턴인 기본적인 질문, 구체적인 질문, 경험 관련 질문, 그리고 Role-play 질문까지 살펴보도록 하겠습니다.

먼저 기본적으로 광범위하게 묻는 질문입니다. 가장 기본적으로 연주하는 악기를 묘사해 보라는 질문을 떠올릴 수 있습니다. 악기를 연주하는 장소를 묘사해보라는 질문도 가장 먼저 물을 수 있으며 좋아하는 연주가를 소개해 보라는 질문도 함께 준비해두기 바랍니다.

두 번째, 좀 더 구체적인 질문을 알아보겠습니다. 역시 기본적으로 얼마나 자주, 언제, 누구와, 어디에서 주로 악기를 연주하는지를 묻는 질문을 꼽을 수 있습니다. 악기를 연주하는 목적 및 이유를 설명해보라는 질문, 그리고 악기를 연주하는 방법을 설명해보라는 질문도 예상해볼 수 있습니다. 악기를 연주할 때 어려운 점이나 연주 노하우 또는 비법과 관련된 질문도 포함해서 대비해 두세요.

세 번째는 경험 질문입니다. 악기 연주에 관심을 가졌던 때와 악기 연주를 배운 방법을 얘기해보라는 질문을 먼저 떠올릴 수 있습니다. 연주를 하면서 어려웠던 점과 해결 방법을 얘기해보라는 질문, 악기를 연주하면서 특별히 기억에 남는 일을 소개해 보라는 질문 등도 출제될 수 있습니다.

마지막으로 악기 연주와 관련된 Role-play 상황은 악기를 빌리거나 구매하는 상황, 그리고 악기 레슨을 받는 상황 등을 예측해볼 수 있습니다. 악기를 빌렸는데 망가뜨렸다거나, 구매했는데 하자가 있는 상황을 해결하는 문제 그리고 악기 연주 레슨을 취소하거나 미뤄야 하는 상황을 해결하는 문제 등을 적절하게 대비해두기 바랍니다. 연속 출제되는 Role-play 문제는 항상 앞뒤 문제가 연결되어 있으므로 이름, 장소, 지명 등 고유명사의 경우는 일관된 답변을 하는 것이 중요합니다.

BEST QUESTIONS

악기 연주하기 Mapping Questions

Q1 _ 악기 묘사

You indicated in the survey that you play a musical instrument. What is it? Why do you like to play it? Please describe it in detail.

Q2 _ 악기 연주에 관심을 가지게 된 계기

How did you begin to be interested in playing the instrument? How did you learn to play it?

Q3 _ 악기 연주를 배우면서 어려웠던 경험

Have you ever had trouble in learning how to play the instrument? If so, what was the problem? How did you handle that? Please tell me about all difficulties with a lot of details.

악기 연주하기 Role-play Questions

Q1 _ 악기 주문하기(질문하기)

I'll give you a situation and ask you to act it out. Assume that you are planning to buy a musical instrument. Call the store you know and ask three or four questions about ordering it.

Q2 _ 악기에 하자가 있는 상황(문제 해결하기)

I'm sorry, but you have a problem to solve. The instrument you ordered last week arrived yesterday, but it has a defect. Call the store and explain the problem in detail. Then offer some solutions to solve this problem.

Q3 _ 즐겨 연주하는 악기(면접관에게 질문하기)

I like to play instruments as well. Ask me three or four questions to know about the instrument that I like to play.

Q4 _ 악기를 연주하는 장소(면접관에게 질문하기)

I also like to play an instrument. Ask me three or four questions about the place where I play it.

HOW TO MAP YOUR STORY

Q1 악기 소개 Tr-113

You indicated in the survey that you play a musical instrument. What is it? Why do you like to play it? Please describe it in detail.

설문에서 악기를 연주한다고 했습니다. 어떤 악기인가요? 왜 그 악기를 즐겨 연주하나요? 자세히 설명해 보세요.

STORY MAP

[악기 소개] 연주하는 악기 소개 • 악기를 연주하는 이유 • 최근 피아노 연주

Map Intro _ 연주하는 악기 소개

연주하는 악기 소개 | I can play the piano and I have done it since I was five years old.
저는 피아노 연주를 할 수 있고 5살 때부터 피아노를 연주했습니다.

Map Body _ 악기를 연주하는 이유

어렸을 때와 현재 비교 설명 | When I was young, I didn't like playing the piano, but I really enjoy it these days.
제가 어렸을 때는, 피아노 연주를 좋아하지 않았지만, 요즘에는 피아노 연주를 정말 좋아합니다.

피아노를 치는 이유 | When I play the piano, I can forget about my problems and stressful matters in my life.
피아노를 칠 때면, 제 일상의 문제들이나 스트레스 받는 일들을 잊어버릴 수 있거든요.

피아노를 연주 장소 | I don't have a piano at home, so I sometimes play it when I am at the church or other places which have a piano.
집에 피아노가 없어서 교회나 피아노가 있는 곳에 가게 되면 가끔 피아노를 연주합니다.

Map Closing _ 최근 피아노 연주

최근 피아노 연주 | For a couple of years, I have been busy with work, so I hardly play it, but it is still my favorite hobby.
몇 년 동안, 일 때문에 바빠서 거의 피아노를 연주하지 못했지만 피아노 연주는 여전히 제가 좋아하는 취미입니다.

HOW TO GUIDE

Listening 길라잡이
악기 소개 / 즐겨 연주하는 악기에 대해 자세히 설명하기
- 듣기함정 질문에서 "musical instrument", "instrument"가 들리면 악기와 관련된 질문이 시작되고 있음을 파악하도록 한다.

Speaking 길라잡이
즐겨 연주하는 악기 소개 ⇒ 피아노 연주를 하는 이유 설명
- 답변함정 즐겨 연주하는 악기의 이름을 정확히 얘기하고 그에 대한 부연설명을 하도록 한다.

HOW TO ANSWER Tr-113

I can play the piano and ❶ I have done it since I was five years old. When I was young, I didn't like playing the piano, but I really enjoy it these days. ❷ When I play the piano, I can forget about my problems and stressful matters in my life. I don't have a piano at home, so I sometimes play it when I am at the church or other places which have a piano. For a couple of years, I have been busy with work, so I hardly play it, but it is still my favorite hobby.

저는 피아노 연주를 할 수 있고 5살 때부터 피아노를 연주했습니다. 제가 어렸을 때는, 피아노 연주를 좋아하지 않았지만, 요즘에는 피아노 연주를 정말 좋아합니다. 피아노를 칠 때면, 제 일상의 문제들이나 스트레스 받는 일들을 잊어버릴 수 있거든요. 집에 피아노가 없어서 교회나 피아노가 있는 곳에 가게 되면 가끔 피아노를 연주합니다. 몇 년 동안, 일 때문에 바빠서 거의 피아노를 연주하지 못했지만 피아노 연주는 여전히 제가 좋아하는 취미입니다.

어휘 hardly 거의 ~아니다, 거의 ~할 수가 없다

HOW TO CORRECT

문법 바로잡기
❶ [접속사 since] 접속사 since(~이래로)는 주로 현재완료시제와 어울린다.
I ~~will do~~ it since I was five years old.
I **have done** it since I was five years old.

표현 바로잡기
❷ ['잊어버리다'의 올바른 표현] forget about+명사(cf. forget to+동사: 미래에 ~할 것을 잊다)
When I play the piano, I can ~~forget to~~ my problems and stressful matters in my life.
When I play the piano, I can forget about my problems and stressful matters in my life.

악기 연주에 대한 관심 Tr-113

How did you begin to be interested in playing the instrument? How did you learn to play it?

어떻게 그 악기 연주에 흥미를 갖기 시작했나요? 연주 방법은 어떻게 배웠나요?

STORY MAP

[악기 연주에 대한 관심] 악기를 접한 시기 · 관심을 가지게 된 계기 · 도움

Map Intro _ 악기를 접한 시기

악기를 접한 시기 | When I was five years old, my mother sent me to a piano class. At that time, I hated learning piano and just wanted to play with friends.
제가 다섯 살 때, 어머니께서 저를 피아노 학원에 보내셨습니다. 그 때, 저는 피아노 배우는 것이 싫었고 그냥 친구들과 놀고 싶었습니다.

Map Body _ 관심을 가지게 된 계기

피아노 선생님 소개 | But my piano teacher was so kind and she was really good at playing the piano.
하지만 피아노 선생님이 매우 친절하셨고, 피아노를 정말 잘 치셨습니다.

피아노를 열심히 하게 된 계기 | When I heard her play, I was really inspired and started to practice a lot because I wanted to be like her.
선생님의 연주를 들었을 때 저는 정말로 큰 감동을 받게 되었고 저도 선생님처럼 되고 싶어서 열심히 피아노를 연습하기 시작했습니다.

피아노 연주 배우기 | I was a beginner, so I had to learn the very basic skills, but it was quite interesting.
저는 초보자여서 아주 기초적인 부분부터 배워야 했지만, 피아노 연주는 정말 재미있었습니다.

Map Closing _ 도움

악기 연주 도움 | Thanks to her, I got interested in piano and learned a lot about it.
그 선생님 덕분에, 저는 피아노에 흥미를 갖기 시작했고 피아노 연주에 대해서 많은 것들을 배울 수 있었습니다.

HOW TO GUIDE

Listening 길라잡이
악기 연주와 관련된 세부내용 소개 / 악기 연주에 흥미를 갖게 된 계기와 연주 방법을 배운 세부내용에 대해 자세히 설명하기
- **듣기함정** "How did you begin~", "How did you learn~"에서 의문사 뒤에 시제를 나타내는 did에 유의하며 질문을 듣도록 한다.

Speaking 길라잡이
처음 악기를 접한 경험 소개 ⇒ 세부내용(피아노 학원, 가르쳐준 선생님 등) 설명
- **답변함정** 과거의 경험(처음 접하게 된 계기)에 비추어 답변해야 하므로, 과거시제를 활용하도록 한다.

HOW TO ANSWER Tr-113

When I was five years old, my mother sent me to a piano class. ❶ <u>At that time, I hated learning piano and just wanted to play with friends.</u> But my piano teacher was so kind and she was really good at playing the piano. When I heard her play, I was really inspired and started to practice a lot because I wanted to be like her. I was a beginner, so I had to learn the very basic skills, but it was quite interesting. ❷ <u>Thanks to her, I got interested in piano and learned a lot about it.</u>

제가 다섯 살 때, 어머니께서 저를 피아노 학원에 보내셨습니다. 그 때, 저는 피아노 배우는 것이 싫었고 그냥 친구들과 놀고 싶었습니다. 하지만 피아노 선생님이 매우 친절하셨고, 피아노를 정말 잘 치셨습니다. 선생님의 연주를 들었을 때 저는 정말로 큰 감동을 받게 되었고 저도 선생님처럼 되고 싶어서 열심히 피아노를 연습하기 시작했습니다. 저는 초보자여서 아주 기초적인 부분부터 배워야 했지만, 피아노 연주는 정말 재미있었습니다. 그 선생님 덕분에, 저는 피아노에 흥미를 갖기 시작했고 피아노 연주에 대해서 많은 것들을 배울 수 있었습니다.

어휘 inspire 영감을 주다, 고무하다

HOW TO CORRECT

문법 바로잡기
❶ [동명사와 to부정사] hate는 동명사를, want는 to부정사를 목적어로 취한다.
At that time, I hated ~~to learn~~ piano and just wanted ~~playing~~ with friends.
At that time, I **hated learning** piano and just **wanted to play** with friends.

표현 바로잡기
❷ ['~덕분에, 때문에'의 표현] thanks to: ~덕분에, 때문에(=owing to, due to)
Thanks of her, I got interested in piano and learned a lot about it.
Thanks to her, I got interested in piano and learned a lot about it.

어려웠던 경험 Tr-113

Have you ever had trouble in learning how to play the instrument? If so, what problem was it? How did you handle that? Please tell me about all the difficulties with a lot of details.

악기 연주를 배우는데 어려움이 있었나요? 있었다면, 어떤 어려움이었나요? 그 어려움을 어떻게 해결했나요? 악기 연주를 배우면서 겪은 어려움에 대해 자세히 말해 보세요.

STORY MAP

[어려웠던 경험] 대회 참가 결심 • 어려웠던 점 설명 • 극복 방법 설명

Map Intro _ 대회 참가 결심

대회 참가 결심

When I was learning how to play the piano, one day I decided to participate in a contest.

피아노 연주를 배우고 있던 어느 날, 저는 대회에 참가하기로 결심했습니다.

Map Body _ 어려웠던 점 설명

대회 소개

It was a quite big and competitive contest, so I had to practice a lot.

그 대회는 규모가 꽤 크고 경쟁력 있는 대회여서 연습을 많이 해야 했습니다.

문제점 발생

But I didn't have a piano at home and it was a serious problem for me. I was discouraged by the situation.

그러나 저희 집에 피아노가 없었다는 것이 저에게는 심각한 문제였습니다. 그 상황은 저를 좌절하게 만들었습니다.

선생님의 도움

But my piano teacher suggested that I use her piano for my practice.

하지만, 제 피아노 선생님께서 제가 선생님 피아노로 연습할 수 있게 해주셨습니다.

Map Closing _ 극복 방법 설명

어려움 극복 방법

Her house was so close to my home and I could practice almost every day thanks to her kindness.

선생님 댁이 저희 집하고 가까웠고 저는 그녀의 친절함 덕분에 매일 그곳에 가서 연습할 수 있었습니다.

HOW TO GUIDE

Listening 길라잡이
악기 연주를 배운데 어려웠던 점 소개 / 악기를 배우면서 경험한 어려운 점과 그에 따른 해결 방법 등에 대해 자세히 설명하기
- 듣기함정 "ever~"는 완료시제에서 경험을 묻는 데 사용되는 부사라는 사실을 기억하도록 한다.

Speaking 길라잡이
어려웠던 경험 소개 ⇒ 어려움, 문제점에 대한 상세 설명 ⇒ 어려움을 해결한 방법을 설명하면서 답변 종결
- 답변함정 본인의 경험을 상기시켜 어떤 어려움이 있었는지, 그리고 어떻게 해결했는지 구체적으로 답변하도록 한다.

HOW TO ANSWER  Tr-113

When I was learning how to play the piano, one day I decided to participate in a contest. It was a quite big and competitive contest, so I had to practice a lot. But I didn't have a piano at home and it was a serious problem for me. ❶ <u>I was discouraged by the situation</u>. But my piano teacher suggested that I use her piano for my practice. ❷ <u>Her house was so close to my home</u> and I could practice almost every day thanks to her kindness.

피아노 연주를 배우고 있던 어느 날, 저는 대회에 참가하기로 결심했습니다. 그 대회는 규모가 꽤 크고 경쟁력 있는 대회여서 연습을 많이 해야 했습니다. 그러나 저희 집에 피아노가 없었다는 것이 저에게는 심각한 문제였습니다. 그 상황은 저를 좌절하게 만들었습니다. 하지만, 제 피아노 선생님께서 제가 그녀의 피아노로 연습할 수 있게 해주셨습니다. 선생님 댁이 저희 집하고 가까웠고 저는 그녀의 친절함 덕분에 매일 그곳에 가서 연습할 수 있었습니다.

어휘 competitive 경쟁을 하는   discourage 의욕, 열의를 꺾다, 좌절시키다

HOW TO CORRECT

문법 바로잡기
❶ [감정동사] 감정동사(discourage)는 타동사이므로 주어(사람)가 감정을 느낄 때는 항상 수동태로 표현한다.
I ~~was discouraging~~ by the situation.
I **was discouraged** by the situation.

표현 바로잡기
❷ ['거리, 공간의 가까움'의 올바른 표현] close to + 장소 (전치사 to를 빠뜨리지 않도록 유의한다)
Her house was so ~~close my home~~.
Her house was so **close to my home**.

HOW TO ROLE-PLAY

TYPE 1 질문하기 + 문제 해결하기

악기 주문(질문하기) Tr-114

I'll give you a situation and ask you to act it out. Assume that you are planning to buy a musical instrument. Call the store you know and ask three or four questions about ordering it.

상황을 드릴 테니, 역할 연기를 해보세요. 악기를 하나 구입하려 한다고 해보겠습니다. 당신이 아는 상점에 전화해서, 주문하는 것에 대해 서너 가지 질문을 해보세요.

HOW TO GUIDE

질문 길라잡이
1. 악기를 주문한다고 가정
2. 상점에 전화해서 악기 주문과 관련된 질문하기

정답 길라잡이
1. 전화를 건 이유 설명
2. 가격 관련 질문
3. 모델 관련 질문
4. 홈페이지 관련 질문

HOW TO ANSWER  Tr-114

Hello. I am planning to buy a guitar so I am calling to ask a couple of questions. What is the price range? My budget is about 150,000 won. Is it enough to buy one? Also, I am a beginner so would you recommend a suitable model for me? I don't know much about this area so I really need your help. Do you have a homepage? If you do, I will check the models and prices, and call you again. It will be easier for me to make a decision.

안녕하세요. 제가 기타를 사려고 하는데, 몇 가지 여쭈어 보고자 전화 드렸습니다. 가격대가 얼마 정도 되나요? 저는 대략 15만원을 예산으로 잡았는데, 충분할까요? 그리고 제가 초보자인데, 제게 어울릴 만한 모델을 하나 추천해주시겠어요? 전 이 방면에 문외한이기 때문에, 많이 도와주셨으면 합니다. 홈페이지가 있나요? 홈페이지가 있으면, 모델과 가격을 확인해보고 다시 전화 드리겠습니다. 그렇게 하면 제가 결정하기 더 쉬울 것 같아요.

어휘 price range (상품 등의) 가격 폭, 가격 대 suitable 적합한, 적절한

주문한 악기에 결함이 있는 돌발 상황 (문제 해결하기) Tr-114

I'm sorry, but you have a problem to solve. The instrument you ordered last week arrived yesterday, but it has a defect. Call the store and explain the problem in detail. Then offer some solutions about this problem.

유감스럽게도 해결해야 할 문제가 생겼습니다. 지난주에 주문한 악기가 어제 도착했는데, 악기에 결함이 있습니다. 상점에 전화해서, 문제점을 자세히 설명하세요. 그러고 나서 이 문제점에 관한 해결책을 몇 가지 제시해 보세요.

HOW TO GUIDE

질문 길라잡이
1. 주문한 악기가 결함이 있다고 가정
2. 상점에 전화해서 문제에 대한 설명과 그에 따른 해결책 제시

정답 길라잡이
1. 문제점에 대한 설명
2. 같은 모델의 다른 기타로 교환하는 방법
3. 전액 환불받고 다른 기타를 빌리는 방법

HOW TO ANSWER  Tr-114

Hello. My name is Jan Di Park, and I received my order from your store yesterday. It is a brown-colored guitar, and my order number is BS083746. When I got it, I found it had a couple of cracks on its body and the handle of the case was broken. I want you to exchange this with the same model. But I will need it two days later because I will have a performance on that day. So if you cannot send me the same model before tomorrow night, I just want a full refund. I would rather rent one with the money.

안녕하세요. 제 이름은 박잔디인데요, 어제 그 상점에서 주문한 악기를 받았습니다. 갈색 기타이고, 주문번호는 BS083746입니다. 제가 기타를 받았을 때, 기타 몸통에 금이 몇 군데 가 있었고 케이스의 손잡이는 망가져 있었습니다. 그래서 이 기타를 같은 모델의 다른 기타로 교환해 주셨으면 합니다. 하지만 제가 공연이 있어서 이틀 후에 기타가 필요합니다. 그래서 내일 밤까지 같은 모델 악기를 보내 주실 수 없다면 전액 환불받고 싶습니다. 그 돈으로 기타를 빌리는 것이 더 나을 것 같습니다.

어휘 crack (무엇이 갈라져 생긴) 금 refund 환불

TYPE 2 면접관에게 질문하기

Q3 연주하는 악기 Tr-114

I like to play instruments as well. Ask me three or four questions to know about the instrument I like to play.

저도 악기 연주를 좋아합니다. 제가 즐겨 연주하는 악기에 관한 질문을 서너 가지 해보세요.

HOW TO GUIDE

❶ 공통 관심사에 대한 느낌 등을 표현하면서 공감대를 형성하고 질문을 시작하도록 한다.
❷ 악기의 종류, 좋아하는 이유, 좋은 점, 개인 교습 경험 등을 질문하도록 한다.

HOW TO ANSWER  Tr-114

❶ Wow, I am happy to hear that we have the same interest. Can I ask a few questions about your favorite musical instrument? ❷ **What instrument** do you like to play? **Why** do you like that instrument? **What things** do you like best about it? My favorite is violin, and I like the sweet strains of violin. I've been taking violin lesson for more than thirteen years. Have you taken any **private lessons**?

와, 우리가 같은 취미가 있다니 기쁩니다. 당신이 가장 좋아하는 악기에 대해서 질문을 몇 가지 드려도 될까요? 어떤 악기를 즐겨 연주하나요? 왜 그 악기를 좋아하나요? 그 악기가 어떤 점이 가장 맘에 드나요? 제가 가장 좋아하는 악기는 바이올린인데, 부드러운 선율이 참 좋습니다. 당신은 개인교습을 받아 본적이 있나요?

Q4 악기를 연주하는 장소 Tr-114

I also like to play an instrument. Ask me three or four questions about the place where I play it.

저도 악기 연주를 좋아합니다. 제가 악기를 연주하는 장소에 대한 질문을 서너 가지 해보세요.

HOW TO ANSWER  Tr-114

Actually, I had a lot of music lessons before entering the university. Even now I am taking some music lessons to improve my skill. So I usually go to the music academy and play there. Can I ask about your case? First, **what instrument** do you usually play and where do you usually play it? Sometimes I play in the practice room of my school. Do you also play yours in the practice room? Or do you have the instrument in your home? Do you have any experiences in playing in some concert halls?

실은, 대학에 들어오기 전에 음악 수업을 많이 받았습니다. 지금도 연주 기술을 늘리고자 음악 수업을 받고 있어요. 그래서 저는 주로 음악학원에 가서 연주를 합니다. 당신은 어떤지 여쭤 봐도 될까요? 우선, 주로 어떤 악기를 연주하나요, 그리고 어디에서 연주하죠? 가끔씩 저는 학교 연습실에서 연주를 해요. 당신도 연습실에서 연주를 하나요? 아니면 그 악기가 집에 있나요? 콘서트홀에서 연주해 본 경험이 있나요?

HOW TO 악기 연주하기 Plus

악기 연주하기 Plus Questions

Q1 _ 악기 복합 질문

How often do you play a musical instrument? When and where do you play it? Tell me all the details.
얼마나 자주 악기를 연주하나요? 언제 그리고 어디에서 악기를 연주하죠? 자세하게 얘기해 보세요.

Q2 _ 기억에 남는 악기 경험

Have you experienced some special or memorable thing when have played your musical instrument? When was it? What was the thing about? Why was it so special or memorable for you? Tell me about it in as much detail as you can.
악기를 연주하면서 특별하거나 기억에 남는 일을 경험한 적이 있나요? 그게 언제였죠? 어떤 일이었나요? 왜 그 일이 그렇게 특별하거나 기억에 남는 건가요? 가능한 한 자세하게 얘기해 보세요.

악기 연주하기 Role-play Questions

Q1 _ 배우고 싶은 악기(질문하기)

I'll give you a situation and ask you to act it out. Assume that your friend is good at playing a musical instrument and you want to learn how to play it. Call your friend and leave a message, asking three or four questions about it.
상황을 드릴 테니 역할 연기를 해보세요. 친구가 악기 연주를 잘하고 당신은 그 악기를 배우고 싶어 한다고 가정해 보겠습니다. 친구에게 전화해서 악기에 대해서 궁금한 질문을 서너 가지 물어보세요.

Q2 _ 악기를 망가뜨린 돌발 상황(문제 해결하기)

I'm sorry, but you have a problem to solve. You borrowed your friend's musical instrument, but you accidentally broke it. Call your friend to explain the problem with it. Then offer some alternatives to solve this problem.
죄송합니다만 해결해야 할 문제가 있습니다. 친구에게서 악기를 빌렸는데 실수로 망가뜨렸습니다. 친구에게 전화해서 상황을 설명하세요. 그러고 나서 이 문제를 해결할 수 있도록 몇 가지 대안을 제시해 보세요.

SECTION 3 _ 취미생활 및 기타

12강

요리하기 & 애완동물 돌보기

Unit 1 요리하기
Unit 2 애완동물

UNIT 1 요리하기

이번 12강에서는 '요리하기, 애완동물 기르기' 이렇게 두 가지 취미생활 항목을 살펴볼 예정입니다. 뉴오픽에서는 취미생활에서 최소 1개 항목 이상을 선택하면 되지만, 질문 범위가 여가활동보다는 조금 적으므로 취미생활에서 많은 항목을 공략하는 것도 좋은 방법이라 할 수 있습니다. 먼저 요리하기에서는 요리와 관련된 오픽 문제와 출제 경향을 설명 드리겠습니다.

요리에 관심이 없거나 잘하지 못하더라도, 인스턴트식품이나 누구나 쉽게 할 수 있는 샌드위치, 비빔밥 등의 요리 등을 간단하게 설명할 수 있다면 요리 항목을 선택해도 무방합니다. 요리에 관심이 있더라도 재료와 조리법을 잘 모르겠다는 수험생 분들은 인터넷 검색을 통해서 자세한 재료와 조리법 관련 정보를 얻어내어 대비해 두시기 바랍니다.

그럼, 요리와 관련된 오픽 문제는 어떤 것들이 있는지 가장 기본적인 질문에 대해서 살펴보겠습니다. 먼저 가장 자신이 있고 좋아하는 요리를 기본적으로 물어볼 수 있습니다. 요리에 관심을 가지게 된 계기와 이유를 말해보라는 질문도 충분히 예상해볼 수 있겠네요.

좀 더 구체적인 질문을 살펴볼까요? 좋아하는 요리 한 가지를 선정해서 그 요리의 조리법을 처음부터 끝까지 자세하게 설명해 보라는 질문이 자주 등장하고 있습니다. 얼마나 자주, 언제, 어디에서 요리를 하는지 다양한 질문이 쏟아지는 복합적인 질문도 예상 가능합니다. 요리를 할 때 어려운 점이나 자기만의 요리 노하우가 있다면 소개해 보라는 질문도 함께 대비해 두세요.

세 번째는 경험과 관련된 질문입니다. 요리를 어떻게 배우게 되었는지, 최근에는 어떤 요리를 해봤는지, 요리와 관련된 특별한 경험이 무엇인지 등으로 경험과 관련된 질문을 정리해볼 수 있습니다.

마지막으로 요리와 관련된 Role-play 상황은 친구가 파티 때문에 해야 할 요리를 도와달라는 상황과 집에서 가족들을 위해서 요리해야 하는 상황 그리고 급한 일이 있어서 친구의 부탁을 거절해야 하는 상황과, 요리가 잘못 되어서 주위 사람에게 전화해서 문제를 해결해보라는 상황 등을 떠올릴 수 있습니다.

BEST QUESTIONS

요리하기 Mapping Questions

Q1 _ 좋아하는 음식 소개

You indicated in the survey that you enjoy cooking. What kind of food do you like to cook? Please describe it in detail.

Q2 _ 최근에 한 요리

What kind of food did you cook recently for dinner? What ingredients did you use when cooking? Please tell me about its recipe from beginning to end.

Q3 _ 요리 경험

Have you experienced that the food you cooked was not delicious or a failure? What food was it? What was the problem? Please tell me about the experience in as much detail as possible.

요리하기 Role-play Questions

Q1 _ 조리법(질문하기)

I'll give you a situation. Please act it out. Imagine that you are planning to cook some food for your father's birthday. Call your mother and ask three or four questions about its recipe.

Q2 _ 요리 맛이 없는 돌발 상황(문제 해결하기)

I'm sorry, but you have a problem to solve. You have been cooking food, but it's not tasty. You think that there's something missing. Call your mother and explain the problem. Then give her some solutions to address this issue.

Q3 _ 좋아하는 요리 음식(면접관에게 질문하기)

I like to cook as well. Just ask me three or four questions to find out more about the dish I like to cook the best.

Q4 _ 요리 재료와 조리법(면접관에게 질문하기)

I enjoy cooking foods, too. Ask me three or four questions to learn more about the ingredients and the recipe of my favorite food.

HOW TO MAP YOUR STORY

 좋아하는 음식 소개 Tr-121

You indicated in the survey that you enjoy cooking. What kind of food do you like to cook? Please describe it in detail.

설문에서 요리를 즐겨한다고 했습니다. 어떤 종류의 음식을 즐겨 만드나요? 자세히 설명해 보세요.

STORY MAP

[좋아하는 음식 소개] 좋아하는 음식 · 간단한 조리법 · 요리 비법

Map Intro _ 좋아하는 음식

좋아하는 음식

I do like cooking. When I don't have any guests, I cook food that could be prepared in a short period of time. One of my favorite foods to cook is meat loaf because it is so easy to make and delicious.

저는 정말 요리를 좋아합니다. 손님이 없을 때는, 짧은 시간에 준비할 수 있는 음식을 요리합니다. 제가 요리하기 좋아하는 음식들 중 하나는 미트 로프인데, 요리하기도 간편하고 맛도 있기 때문이에요.

Map Body _ 간단한 조리법

고기 양념

I buy ground meat at the grocery store and mix it with spice. Then, I mold the heap of ground beef into a bowl.

저는 식료품점에서 다진 고기를 사서, 양념과 버무립니다. 그러고 나서 한 무더기 다져진 고기를 용기에 담아 모양을 냅니다.

요리 시간

Essentially, it is like cooking a giant hamburger patty, except instead of grilling it I cook it in the oven for around ten to twenty minutes.

굽지 않고 10분~20분 동안 오븐에 굽는다는 것만 빼면, 기본적으로 큰 햄버거 패티를 요리하는 것과 같습니다.

다른 요리 패턴

When I feel that I need to change up my cooking pattern a little bit, I mix mozzarella cheese and a little Tabasco sauce along with other spices I have added.

요리 패턴을 조금 바꾸고 싶을 때는, 모차렐라 치즈와 약간의 타바스코 소스를 추가한 다른 양념과 섞어줍니다.

Map Closing _ 요리 비법

요리 비법

Although it may not sound so appealing, the Tabasco sauce adds a spicy taste that I like to the meat loaf.

매력적으로 들리지 않을지 모르겠지만, 타바스코 소스는 제가 좋아하는 매운 맛을 미트 로프에 더해줍니다.

HOW TO GUIDE

Listening 길라잡이
요리 소개 / 즐겨 만드는 음식에 대해 자세히 설명하기
- 듣기함정　좋아하는 음식을 묘사, 설명(describe) 하라고 묻고 있으므로, 질문을 현재로 이해하도록 한다.

Speaking 길라잡이
좋아하는 요리 소개 ⇒ 좋아하는 이유 설명 ⇒ 재료와 조리법 그리고 요리 노하우 설명
- 답변함정　좋아하는 요리와 이유 그리고 간단한 조리법 등을 소개해준다.

HOW TO ANSWER  Tr-121

❶ I do like cooking. When I don't have any guests I cook food that could be prepared in a short period of time. One of my favorite foods to cook is meat loaf because it is so easy to make and delicious. I buy ground meat at the grocery store and mix it with spice. Then, I mold the heap of ground beef into a bowl. Essentially, it is like cooking a giant hamburger patty, except instead of grilling it ❷ I cook it in the oven for around ten to twenty minutes. When I feel that I need to change up my cooking pattern a little bit, I mix mozzarella cheese and a little Tabasco sauce along with other spices I have added. Although it may not sound so appealing, the Tabasco sauce adds a spicy taste that I like to the meat loaf.

저는 정말 요리를 좋아합니다. 손님이 없을 때는, 짧은 시간에 준비할 수 있는 음식을 요리합니다. 제가 요리하기 좋아하는 음식들 중 하나는 미트 로프인데, 요리하기도 간편하고 맛도 있기 때문이에요. 저는 식료품점에서 다진 고기를 사서, 양념과 버무립니다. 그러고 나서 한 무더기 다져진 고기를 용기에 담아 모양을 냅니다. 굽지 않고 10~20분 동안 오븐에 굽는다는 것만 빼면, 기본적으로 큰 햄버거 패티를 요리하는 것과 같습니다. 요리 패턴을 조금 바꾸고 싶을 때는, 모차렐라 치즈와 약간의 타바스코 소스를 추가한 다른 양념과 섞어줍니다. 매력적으로 들리지 않을지 모르겠지만, 타바스코 소스는 제가 좋아하는 매운 맛을 미트 로프에 더해줍니다.

어휘　**meat loaf** 미트 로프(다진 고기를 식빵 모양으로 구운 요리)　**ground** (식품이) 가루가 된, 빻아진　**mold** 본뜨다　**patty** 패티(고기를 다져 빚은 것)

HOW TO CORRECT

문법 바로잡기
❶ [강조의 조동사 do] 동사 앞에 do, does를 써서 동사를 강조한다. (이때 시제와 수의 일치에 유의한다)
　I ~~does~~ like cooking.
　I **do like** cooking.

표현 바로잡기
❷ [대략적인 시간의 표현] 숫자 앞 around는 '약, ~쯤'이라는 의미로 사용된다.
　I cook it in the oven for ~~round~~ ten to twenty minutes.
　I cook it in the oven for **around** ten to twenty minutes.

조리법 설명 Tr-121

What kind of food did you cook recently for dinner? What ingredients did you use when cooking? Please tell me about its recipe from beginning to end.

최근에 저녁으로 어떤 종류의 음식을 요리했나요? 요리를 만들 때, 어떤 재료를 사용했나요? 조리법에 대해서 처음부터 끝까지 자세히 말해 보세요.

STORY MAP

[조리법 설명] 만들어본 요리 • 조리법 설명 • 재료 보관 방법

Map Intro _ 만들어본 요리

만들어본 요리

Recently, I made my special salad for dinner along with the usual meat loaf. The salad is my own creation that, I dare say, exists nowhere else.

최근에, 저는 저녁 식사로 평소에 먹던 미트 로프와 함께 먹을 저만의 특별 샐러드를 만들었습니다. 감히 말 하건데, 그 샐러드는 어디에도 존재하지 않는 저만의 특별한 창의적인 요리입니다.

Map Body _ 조리법 설명

사용하는 재료

I usually use three different main ingredients: red cabbage, romaine lettuce and fruits.

저는 보통 붉은 양배추, 양상추 그리고 과일 등 3가지 다른 주된 재료를 사용합니다.

양배추와 양상추

I grate the cabbage slightly because the cabbage could be rather inconvenient to eat if consumed in large size. For the romaine lettuce, I tear it into bite-size pieces.

저는 양배추를 얇게 가는데, 양배추 조각이 크면 좀 먹기 불편하기 때문입니다. 양상추의 경우는 한입 크기로 찢어요.

레몬

Then I take out a lemon and thinly peel off the skin with a knife. The skin needs not be any bigger than a fifth of your nail.

그런 다음 레몬을 꺼내어 칼로 얇게 껍질을 벗겨냅니다. 껍질 크기는 손톱의 1/5보다 클 필요는 없습니다.

드레싱

Then, for the dressing, I mix vinegar, olive oil and pepper with the peeled lemon along with lemon juice according to my own ratio.

다음으로 드레싱을 위해서, 나만의 비율로 레몬주스와 함께 껍질을 벗긴 레몬과 식초, 올리브 오일, 후추를 섞습니다.

Map Closing _ 재료 보관 방법

음식 재료 보관 방법

I put the dressing and the mix of cabbage and lettuce in the refrigerator for a while until they are ready to be served.

요리 음식을 내놓을 때까지는, 잠시 동안 드레싱과 혼합된 양배추, 양상추를 냉장고에 넣어 둡니다.

HOW TO GUIDE

Listening 길라잡이
조리법 소개 / 최근의 요리에 대한 조리법을 자세히 설명하기
- 듣기함정 최근의 요리인 과거 질문이 나왔지만, 조리법에 대한 설명은 질문을 현재시제로 이해하도록 한다.

Speaking 길라잡이
최근의 요리 소개 ⇒ 자세한 조리법 설명 ⇒ 기타 첨언(음식재료 보관법 등)으로 답변 종결
- 답변함정 조리법에 대한 소개는 시간 순서나 조리 순서에 따라 자세히 설명해주는 것이 좋다.

HOW TO ANSWER  Tr-121

Recently, I made my special salad for dinner along with the usual meat loaf. The salad is my own creation that, I dare say, exists nowhere else. I usually use three different main ingredients: red cabbage, romaine lettuce and fruits. I grate the cabbage slightly because ❶ <u>the cabbage could be rather inconvenient to eat if consumed in large size</u>. For the romaine lettuce, I tear it into bite-size pieces. Then I take out a lemon and thinly peel off the skin with a knife. ❷ <u>The skin needs not be any bigger than a fifth of your nail</u>. Then, for the dressing, I mix vinegar, olive oil and pepper with the peeled lemon along with lemon juice according to my own ratio. I put the dressing and the mix of cabbage and lettuce in the refrigerator for a while until they are ready to be served.

최근에, 저는 저녁 식사로 평소에 먹던 미트 로프와 함께 먹을 저만의 특별 샐러드를 만들었습니다. 감히 말 하건데, 그 샐러드는 어디에도 존재하지 않는 저만의 특별한 창의적인 요리입니다. 저는 보통 붉은 양배추, 양상추 그리고 과일 등 3가지 다른 주된 재료를 사용합니다. 저는 양배추를 얇게 가는데, 양배추 조각이 크면 좀 먹기 불편하기 때문입니다. 양상추의 경우는 한입 크기로 찢어요. 그런 다음 레몬을 꺼내어 칼로 얇게 껍질을 벗겨냅니다. 껍질 크기는 손톱의 1/5보다 클 필요는 없습니다. 다음으로 드레싱을 위해서, 나만의 비율로 레몬주스와 함께 껍질을 벗긴 레몬과 식초, 올리브 오일, 후추를 섞습니다. 요리 음식을 내놓을 때까지는, 잠시 동안 드레싱과 혼합된 양배추, 양상추를 냉장고에 넣어 둡니다.

어휘 dare 감히 ~하다 romaine lettuce 양상추 grate (강판에) 갈다 peel off (껍질을) 벗기다 vinegar 식초

HOW TO CORRECT

문법 바로잡기
❶ [분사구문] 분사구문의 경우, 접속사의 의미를 살려주기 위해서 접속사를 생략하지 않는 경우도 있다.
(이때 생략된 주어를 통해서 능동의 경우 -ing, 수동의 경우 p.p.를 사용하도록 한다)
The cabbage could be rather inconvenient to eat if ~~consuming~~ in large size.
The cabbage could be rather inconvenient to eat if **consumed** in large size.

표현 바로잡기
❷ ['~할 필요가 없다'의 올바른 표현] **need not**(조동사)+동사원형(=**don't have to**)
The skin don't have to be any bigger than a fifth of your nail.
The skin **needs not be** any bigger than a fifth of your nail.

요리 경험 Tr-121

Have you experienced that the food you cooked was not delicious or a failure? What was it? What was the problem? Please tell me about the experience in as much detail as possible.

요리한 음식이 맛이 없거나 어떤 요리를 실패한 경험이 있나요? 어떤 음식이었나요? 무엇이 문제였나요? 그 경험에 대해 최대한 자세히 말해 보세요.

STORY MAP

[요리 경험] 실패한 요리 소개 • 당시 상황 설명 • 문제점과 그 결과

Map Intro _ 실패한 요리 소개

실패한 요리 소개

Failing on a new menu happens to me so many times that it may even be routine. The most recent failure I had was egg salad. I cannot even describe what went wrong.

새로운 요리를 너무 많이 실패해서, 요리 실패가 그냥 일상의 한부분이 되어버렸습니다. 가장 최근의 실패작은 계란 샐러드에요. 전 무엇이 잘못 되었는지 조차 설명할 수가 없습니다.

Map Body _ 당시 상황 설명

문제 발생 요인

Perhaps, the first and foremost began when I decided that I was too good for a cookbook. Having never seen egg salad being prepared, I thought that I should begin with boiling some eggs, which I did.

아마 가장 처음 문제는 제가 요리책보다 저를 너무 과신했던 것에서부터 비롯된 것 같습니다. 계란 샐러드 요리를 본 적이 없었기 때문에, 저는 계란을 삶는 것부터 시작해야 한다고 생각했고 그렇게 했습니다.

실수 소개

After the eggs were done boiling, I took them out and put them into the freezer so that they would become cool and easy to peel. The problem was that I went off to do something else for a while and forgot about the eggs.

계란이 다 삶아진 후, 계란을 식히고 까기 쉽게 하기 위해서 냉동실에 두었습니다. 문제는 잠시 다른 일을 하려고 자리를 비웠는데, 냉동실에 둔 삶은 계란에 대해서 잊어버린 것이었습니다.

실수를 하게 된 이유

Since I was hungry and did not want to cook more eggs or wait for them to defrost, I just put the frozen eggs into the microwave for three minutes.

배도 고프고, 계란을 다시 삶기도 싫고, 얼어버린 계란들이 다시 녹기를 기다리는 것도 싫어서 그냥 얼어있는 계란들을 전자레인지에 넣고, 3분 동안 돌렸습니다.

Map Closing _ 문제점과 그 결과

문제점과 그 결과

As a result, they exploded. I quit at that point and spent the whole day cleaning off the microwave.

그 결과, 계란이 터져버렸습니다. 저는 즉시 전자레인지를 껐고, 전자레인지 안을 청소하느라 그날 하루를 꼬박 샜습니다.

HOW TO GUIDE

Listening 길라잡이
요리 경험 설명 / 맛이 없거나 실패한 요리 경험에 대해 자세히 설명하기
- 듣기함정 "experienced that~"에서 과거의 경험을 묻고 있으므로, 질문을 과거로 이해한다.

Speaking 길라잡이
실패한 요리 소개 ⇒ 실패한 원인 및 문제점 그리고 요리 결과를 소개하며 답변 종결
- 답변함정 과거 무엇이 문제였고 그 결과가 어땠는지에 대한 내용을 답변에 꼭 포함시키도록 한다.

HOW TO ANSWER  Tr-121

Failing on a new menu happens to me so many times that it may even be routine. The most recent failure I had was egg salad. ❶ <u>I cannot even describe what went wrong</u>. Perhaps, the first and foremost began when I decided that I was too good for a cookbook. Having never seen egg salad being prepared, I thought that I should begin with boiling some eggs, which I did. After the eggs were done boiling, ❷ <u>I took them out and put them into the freezer so that they would become cool and easy to peel</u>. The problem was that I went off to do something else for a while and forgot about the eggs. Since I was hungry and did not want to cook more eggs or wait for them to defrost, I just put the frozen eggs into the microwave for three minutes. As a result, they exploded. I quit at that point and spent the whole day cleaning off the microwave.

새로운 요리를 너무 많이 실패해서, 요리 실패가 그냥 일상의 한부분이 되어버렸습니다. 가장 최근의 실패작은 계란 샐러드에요. 전 무엇이 잘못 되었는지 조차 설명할 수가 없습니다. 아마 가장 처음 문제는 제가 요리책보다 저를 너무 과신했던 것에서부터 비롯된 것 같습니다. 계란 샐러드 요리를 본 적이 없었기 때문에, 저는 계란을 삶는 것부터 시작해야 한다고 생각했고 그렇게 했습니다. 계란이 다 삶아진 후, 계란을 식히고 까기 쉽게 하기 위해서 냉동실에 두었습니다. 문제는 잠시 다른 일을 하려고 자리를 비웠는데, 냉동실에 둔 삶은 계란에 대해서 잊어버린 것이었습니다. 배도 고프고, 계란을 다시 삶기도 싫고, 얼어버린 계란들이 다시 녹기를 기다리는 것도 싫어서 그냥 얼어있는 계란들을 전자레인지에 넣고, 3분 동안 돌렸습니다. 그 결과, 계란이 터져버렸습니다. 저는 즉시 전자레인지를 껐고, 전자레인지 안을 청소하느라 그날 하루를 꼬박 샜습니다.

어휘 too good for ~ 과분한 freezer 냉동고 defrost (식품을)해동하다

HOW TO CORRECT

문법 바로잡기
❶ [선행사 포함 관계대명사 what] 관계대명사 what = 명사(선행사) + 관계대명사
I cannot even describe ~~that~~ went wrong.
I cannot even describe **what** went wrong.

표현 바로잡기
❷ [목적, 이유의 표현] so+that 절 / so as+to부정사: ~하기 위해서
I took them out and put them into the freezer ~~so to~~ they would become cool and easy to peel.
I took them out and put them into the freezer **so that** they would become cool and easy to peel.

HOW TO ROLE-PLAY

TYPE 1   질문하기 + 문제 해결하기

조리법(질문하기)   Tr-122

I'll give you a situation. Please act it out. Imagine that you are planning to cook some food for your father's birthday. Call your mother and ask three or four questions about its recipe.

상황을 드리겠습니다. 역할 연기를 해보세요. 아버지 생신에 음식을 요리하려고 한다고 해보겠습니다. 어머니에게 전화를 걸어 조리법에 관한 질문을 서너 가지 해보세요.

HOW TO GUIDE

⁑ 질문 길라잡이
1. 아버지 생신에 요리를 한다고 가정
2. 어머니에게 전화해서 조리법과 관련된 질문하기

⁑ 정답 길라잡이
1. 전화를 건 이유 설명
2. 주된 재료 관련 질문
3. 드레싱, 양념 관련 질문
4. 기타 첨가 재료 관련 질문

HOW TO ANSWER   Tr-122

Hello? Mom? I am calling to ask a few questions about making egg salad. I am going to make it for Father's birthday. I tried making it myself and ended up with a dirty microwave. After that, I tried fixing egg salad according to a recipe I found on the Internet, which also turned out to be a failure. Could you help me make it? Before you tell me, do assume that I am making the salad for two. First of all, I would like to know how many eggs I need to boil. Also, can you tell me how much mayonnaise I need to use and will the amount of mayonnaise affect the overall outcome? Finally, could you tell me what else I should put into the egg salad other than egg, mayonnaise, and potato?

여보세요? 엄마? 계란 샐러드에 관해 몇 가지 여쭈어보고 싶은 게 있어서 전화 드렸어요. 아빠 생일에 만들려고요. 저 혼자 해봤는데, 전자레인지만 더러워지고 말았어요. 그 후, 인터넷에서 찾은 조리법을 따라 다시 해봤는데, 그것 역시 실패작이었어요. 제가 계란 샐러드를 만들 수 있게 도와주세요. 설명하시기 전에, 제가 2인분을 만든다고 생각해 주시고요. 우선, 계란을 몇 개나 삶아야 하는지 알고 싶어요. 그리고 또, 마요네즈는 얼마 정도나 써야 하고, 그 만큼의 마요네즈가 전체 샐러드의 맛에 얼마만큼 영향을 끼치는지도 알려주시겠어요? 마지막으로, 계란이나 마요네즈 그리고 감자 말고, 계란 샐러드에 넣어야 하는 다른 재료도 알려주시겠어요?

어휘   end up 결국 ~ 되다   microwave 전자레인지   mayonnaise 마요네즈

요리를 실패한 돌발 상황(문제 해결하기) Tr-122

I'm sorry, but you have a problem to solve. You have been cooking food, but it's not tasty. You think it tastes like something's missing. Call your mother and explain the problem. Then give her some solutions to address this issue.

해결해야 할 문제가 생겨서 유감입니다. 요리를 만들었는데, 맛이 별로입니다. 무언가 빠져있는 것 같은 맛이 나는데요. 어머니에게 전화해서 문제점을 설명하세요. 그러고 나서 이 문제를 해결할 수 있는 해결 방안을 몇 가지 제시해 보세요.

HOW TO GUIDE

질문 길라잡이
1 조리한 요리가 맛이 없다고 가정
2 어머니에게 전화해서 문제점에 대한 설명과 그에 따른 해결 방안 제시

정답 길라잡이
1 문제점에 대한 설명
2 (어머니가 바쁠 경우) 전화로 설명해 달라는 방법 요청
3 (바쁘지 않을 경우) 직접 와서 요리를 도와달라는 요청

HOW TO ANSWER  Tr-122

Hi. Mom. I am having trouble cooking here and I was wondering if you can help me. I was trying to make egg salad and I keep getting the feeling that the salad is missing something. The boiled eggs are good and vegetables are fresh, but I think there is something wrong with the dressing. You could tell me over the line what the problem is if you are extremely busy. But I would greatly appreciate it if you came over to have a look at what I was doing and tell me what is wrong.

여보세요, 엄마. 저 지금 요리하고 있는데 문제가 생겨서 도와줄 수 있으신지 해서요. 계란 샐러드를 만들려고 하는데요, 뭔가를 빠트린 게 있는 것 같다는 느낌이 계속 들어요. 계란도 잘 삶았고, 야채들도 싱싱한데, 제 생각에는 드레싱에 좀 문제가 있는 것 같아요. 정말 바쁘시면, 무엇이 문제인지 전화로 대략 말씀해 주셨으면 해요. 하지만, 오셔서 제가 요리한 것을 한번 보시고, 어떤 게 잘못되었는지 말씀해 주시면 정말 좋겠어요.

어휘 dressing 드레싱(소스)　extremely 극도로, 극히, 매우

TYPE 2 면접관에게 질문하기

 즐겨하는 요리  Tr-122

I like to cook as well. Just ask me three or four questions to find out more about the dish I like to cook.

저도 요리하는 것을 좋아합니다. 제가 즐겨하는 음식에 대해 좀 더 알아볼 수 있도록 서너 가지 질문을 해보세요.

HOW TO GUIDE

❶ 좋아하는 음식의 종류, 이유, 재료나 양념 등 기본적인 내용을 질문하도록 한다.

HOW TO ANSWER Tr-122

I am glad to hear that you also like to cook. I'd love to hear about your dish. ❶ **What kind** of dish do you like to cook the best? **Why** do you like to cook that food? **How often** do you cook this dish? Have you ever made that food for someone else? Do you put any **special ingredient or seasoning** onto the dish?

당신도 요리를 좋아하신다니 기쁘네요. 당신의 요리에 대해 정말 듣고 싶습니다. 어떤 종류의 요리를 하시는 것을 가장 좋아하나요? 왜 그 요리를 하는 게 좋은가요? 그 요리는 얼마나 자주 하나요? 다른 누군가를 위해서 좋아하는 음식을 만들어 본 적이 있나요? 그 요리에 어떤 특별한 재료나 양념을 더하나요?

 요리 재료와 조리법  Tr-122

I enjoy cooking foods, too. Ask me three or four questions to learn more about the ingredients and the recipe of my favorite food.

저도 요리하는 것을 좋아합니다. 제가 좋아하는 요리의 재료와 조리법에 대해 좀 더 알아볼 수 있도록 서너 가지 질문을 해보세요.

HOW TO GUIDE

❶ 먼저 내가 관심 있는 요리 재료와 조리법을 설명하고 나서 면접관에게 관련 내용을 질문하는 순서로 이끌어야 한다.
❷ 음식 종류, 조리법, 재료, 특별한 요리 노하우 등과 관련된 쉽게 떠올릴 수 있는 질문을 묻도록 한다.

HOW TO ANSWER Tr-122

❶ **I especially love to cook Korean food.** ❷ **Which country's food** do you like to cook? What is your favorite food, then? Do you mind if I ask you about the recipe of your favorite food? What **ingredients** do you **need to make** it? Actually, I have my own special recipe for my favorite. How about you? **How is your recipe for your favorite food different from others?**

저는 특별히 한국 음식을 요리하는 것을 좋아합니다. 당신은 어느 나라 음식을 즐겨 만드나요? 그렇다면, 어떤 음식을 가장 좋아하나요? 좋아하는 음식의 조리법에 대해 물어봐도 괜찮을까요? 어떤 재료들이 필요하나요? 사실, 전 제가 좋아하는 음식은 저만의 특별 조리법이 있답니다. 당신은 어떤가요? 당신이 좋아하는 음식의 조리법과 다른 사람들의 조리법은 어떻게 다른가요?

HOW TO 요리하기 Plus

요리하기 Plus Questions

Q1 _ 요리를 시작한 시기

You indicated in the survey that you enjoy cooking. When did you start to cook some foods? Are there any special reasons for cooking foods?

설문조사에서 요리를 즐긴다고 했습니다. 언제 음식을 요리하기 시작했나요? 요리를 하는 특별한 이유라도 있나요?

Q2 _ 조리법

I'd like to know about a recipe. Pick one of your favorite dishes and give me a detailed description of its recipe from beginning to end.

조리법에 대해서 알고 싶습니다. 좋아하는 요리 하나를 골라서 그 요리의 조리법을 처음부터 끝까지 자세하게 설명해 보세요.

Q3 _ 어려웠던 요리 경험

What do you think is the most difficult thing when cooking foods? How do you handle that problem? And tell me in detail why it is so difficult to you.

요리를 하면서 가장 어려웠던 일이 무엇이라고 생각하세요? 그 문제를 어떻게 해결했나요? 그 일이 왜 그렇게 어려웠는지 자세하게 얘기해 보세요.

요리하기 Role-play Questions

Q1 _ 요리 도와주기(질문하기)

I'll give you a situation. Please act it out. Imagine that your friend wants you to help cook food for a birthday party. Call your friend and ask three or four questions to help your friend cook food.

상황을 드리겠습니다. 역할 연기를 해보세요. 친구가 당신에게 생일 파티 음식 요리를 도와주기를 원한다고 가정해 보겠습니다. 친구에게 전화해서 친구의 음식 요리를 도와줄 수 있도록 서너 가지 질문해 보세요.

Q2 _ 요리를 도와줄 수 없는 돌발 상황(문제 해결하기)

I'm sorry, but you have a problem to solve. You are scheduled to help your friend cook some food today, but you have to finish something urgent, so you can't help him or her. Call your friend and explain the problem. Then give some alternatives to address this issue.

유감스럽지만 오늘 친구가 요리하는 것을 도와줄 예정이었는데 끝내야 할 급한 일이 있어서 친구를 도울 수 없습니다. 친구에게 전화해서 문제점을 설명하세요. 그러고 나서 이 문제를 해결할 수 있도록 몇 가지 대안을 제시해 보세요.

두 번째로 살펴볼 항목은 바로 '애완동물 기르기'입니다. 요즘에는 거의 모든 가정집에 애완동물 한 마리 정도는 키우고 있죠? 애완동물 센터, 동물병원, 애완동물 TV 프로그램, 애완동물 동호회 등 주위에서 애완동물이라는 단어를 쉽게 볼 수 있습니다. 본인이 직접 키우지 않아도 친한 친구나 주위 사람이 키우는 것을 지켜본 경험이 있다면 어려운 문제가 출제되지 않기 때문에 애완동물 기르기 항목을 공략해 보는 것도 좋은 선택이 될 수 있습니다.

애완동물을 데리고 근처 놀이터나 공원에서 함께 산책하는 모습을 쉽게 목격할 수 있습니다. 여가생활에는 공원에 가기라는 항목이 있죠? 네, 맞습니다. 이처럼 오픽 시험은 일상생활과 아주 밀접한 주제와 관련된 문제가 출제되므로 함께 어울리는 항목이 있다면 동시에 효율적으로 대비가 가능합니다. 시험 대비 시간이 턱없이 부족한 수험생들에게는 어울리는 항목을 동시에 공략하는 방법을 강추 드립니다.

자 그럼, 먼저 애완동물과 관련하여 가장 기본적으로 물어볼 수 있는 질문들을 살펴보겠습니다. 어떻게 애완동물을 기르기 시작했는지, 왜 기르게 되었는지를 기본적으로 물어볼 수 있습니다. 그리고 기르고 있는 애완동물을 소개해보라는 질문을 쉽게 떠올릴 수 있겠고요. 애완동물의 이름, 종, 애완동물만의 고유 특징 등 기본적인 정보는 답변에 많이 활용할 수 있으므로 미리 알아두는 게 좋습니다.

두 번째 세부적인 질문을 살펴보자면, 애완동물의 특징 및 장단점이 무엇인지 그리고 애완동물과 지내면 주로 어떤 활동들을 하는지 설명해보라는 질문을 꼽을 수 있습니다. 애완동물을 처음에 기르려고 할 때 집안 식구들의 반대는 없었는지, 있었다면 어떤 반대였는지 설명해 보라는 질문도 예상할 수 있습니다. 한국 사회에서 애완동물과 관련된 이슈나 문제점 등이 무엇이 있고 해결책이 있다면 제시해 보라는 난이도 높은 문제도 꼭 대비해 두기 바랍니다.

마지막 경험과 관련된 질문을 확인해 보겠습니다. 애완동물 키우기가 어려웠던 점과 대처 방법, 애완동물과 관련된 특별하거나 기억에 남는 경험이 무엇인지 묻는 질문이 등장합니다.

Role-play 상황도 간단하게 살펴보겠습니다. 애완동물과 관련해서는 친구가 여행 때문에 잠시 집을 비워야 해서 애완동물을 잠깐 돌봐달라는 부탁을 하는 상황과 중요한 일 때문에 거절해야 하는 상황, 또는 돌보는 방법을 잘 몰라서 이를 해결해야 하는 상황 등을 연결시켜서 Role-play를 준비해 두세요.

BEST QUESTIONS

애완동물 Mapping Questions

Q1 _ 애완동물 소개
You indicated in the survey that you have a pet. What kind of pet do you have? Please introduce it to me.

Q2 _ 기르기 시작한 시기
When did you begin to raise your pet? What kind of things did you prepare for your pet? Did all of your family members agree with raising the pet? Please tell me with a lot of details.

Q3 _ 특별한 기억이나 에피소드
Let's talk about a special memory or episode you have had since you raised the pet. What exactly happened? What was it about? Tell me all about it in detail.

애완동물 Role-play Questions

Q1 _ 애완동물 돌보기(질문하기)
I'll give you a situation. Please act it out. Your friend wants you to take care of his or her pet while traveling. Call your friend and leave a message, asking three or four questions on how to take care of his or her pet.

Q2 _ 애완동물에게 어떤 먹이를 줘야할 지 모르는 상황(문제 해결하기)
I'm sorry, but you have a problem to solve. You are taking care of your friend's pet, but you don't know what food you have to give to it. Call your friend and explain the situation. Then offer an alternative to handle this matter.

Q3 _ 내가 기르는 애완동물(면접관에게 질문하기)
I also have pets. Please ask me three or four questions to learn about my pets.

Q4 _ 애완동물의 장단점(면접관에게 질문하기)
I enjoy keeping pets as well. Just ask me three or four questions to learn more about both the advantages and the disadvantages of raising pets.

HOW TO MAP YOUR STORY

 애완동물 소개 Tr-123

You indicated in the survey that you have a pet. What kind of pet do you have? Please introduce it to me.

설문지에 애완동물을 기르고 있다고 했습니다. 어떤 종류의 애완동물을 기르고 있나요? 애완동물을 소개해 보세요.

STORY MAP

[애완동물 소개] 기르고 있는 애완동물 • 애완동물의 활동 • 개인적인 생각

	Map Intro _ 기르고 있는 애완동물
기르고 있는 애완동물 소개	I have a very cute cat named Cozy. She is thin with slick black hair with white patches on her stomach. 저에게는 Cozy라는 이름의 정말 귀여운 고양이 한 마리가 있습니다. 윤기 나는 검은 털 바탕에 배에 하얀 얼룩이 있는 날씬한 암컷 고양이입니다.

	Map Body _ 애완동물의 활동
특이한 행동 1	To be honest, she was one troublemaker cat. When she was not napping on the couch or pawing, she would hide in the dark corners or tight spots between the cabinet and the wall and surged at whoever came by. 솔직히 말하자면, 조금 말썽쟁이입니다. 소파에서 낮잠을 자지 않을 때는 어두운 구석이나 캐비닛과 벽 사이의 비좁은 틈에 숨었다가, 누군가 다가오기만 하면 갑자기 튀어나옵니다.
가족들의 반응	Although I got used to her behavior rather quickly, my mother is still scared to death whenever she does this. 저야 이런 행동에 빨리 익숙해졌지만, 어머니는 고양이가 그럴 때마다 여전히 크게 놀라십니다.
특이한 행동 2	She sometimes gazes intently at the mouse attached to the computer. However, she neither attacks nor tries to devour it. 이따금씩 컴퓨터에 붙어있는 마우스를 골똘히 바라보기도 해요. 하지만, 마우스를 공격하거나 잡아먹으려고 하지는 않습니다.

	Map Closing _ 개인적인 생각
개인적인 생각	Other than a few abnormalities I have mentioned, I would say Cozy is the perfect pet. 제가 말한 몇 가지 이상한 것을 빼면, Cozy는 정말 좋은 애완동물입니다.

HOW TO GUIDE

Listening 길라잡이
애완동물 소개 / 기르고 있는 애완동물에 대해 자세히 설명하기
- 듣기함정 "introduce ~"처럼 소개하기 문제는 질문을 현재시제로 이해하도록 한다.

Speaking 길라잡이
기르고 있는 애완동물 ⇒ 애완동물의 활동 ⇒ 개인적인 생각으로 마무리
- 답변함정 애완동물의 종류, 이름, 특징 등을 간단하게 소개한다. 구체적인 답변은 뒤에 출제되는 문제와 중복될 수 있으므로 물어본 질문에만 간단하게 답변하는 것이 좋다.

HOW TO ANSWER Tr-123

I have a very cute cat named Cozy. She is thin with slick black hair with white patches on her stomach. To be honest, she was one troublemaker cat. When she was not napping on the couch or pawing, she would hide in the dark corners or tight spots between the cabinet and the wall and surged at whoever came by. Although I got used to her behavior rather quickly, my mother is still scared to death whenever she does this. She sometimes gazes intently at the mouse attached to the computer. ❶ However, she neither attacks nor tries to devour it. ❷ Other than a few abnormalities I have mentioned, I would say Cozy is the perfect pet.

저에게는 Cozy라는 이름의 정말 귀여운 고양이 한 마리가 있습니다. 그녀는 윤기 나는 검은 털 바탕에 배에 하얀 얼룩이 있는 날씬한 고양이입니다. 솔직히 말하자면, 조금 말썽쟁이입니다. 소파에서 낮잠을 자지 않을 때는 어두운 구석이나 캐비닛과 벽 사이의 비좁은 틈에 숨었다가, 누군가 다가오기만 하면 갑자기 튀어나옵니다. 저야 이런 행동에 빨리 익숙해졌지만, 어머니는 고양이가 그럴 때마다 여전히 크게 놀라십니다. 이따금씩 컴퓨터에 붙어있는 마우스를 골똘히 바라보기도 해요. 하지만, 마우스를 공격하거나 잡아먹으려고 하지는 않습니다. 제가 말한 몇 가지 이상한 것을 빼면, Cozy는 정말 좋은 애완동물입니다.

어휘 slick 매끈거리는 surge (재빨리)밀려들다 devour 집어 삼키다 abnormality 이상

HOW TO CORRECT

문법 바로잡기
❶ [상관접속사] **neither A nor B**: A도 B도 아니다
However, she neither attacks or tries to devour it.
However, she **neither** attacks **nor** tries to devour it.

표현 바로잡기
❷ ['~을 제외하고, ~이외에'의 올바른 표현] **other than** : ~ 이외에, 외에, ~을 제외하고
No other than a few abnormalities I have mentioned, I would say Cozy is the perfect pet.
Other than a few abnormalities I have mentioned, I would say Cozy is the perfect pet.

애완동물 세부 설명 Tr-123

When did you begin to raise your pet? What kind of things did you prepare for your pet? Did all of your family members agree with raising the pet? Please tell me with a lot of details.

언제 애완동물을 기르기 시작했나요? 애완동물을 위해서 어떤 것들을 준비했죠? 애완동물 기르는 것에 대해서 가족들은 모두 동의했나요? 자세하게 얘기해 보세요.

STORY MAP

[애완동물 세부 설명] 기르게 된 시기와 반대 • 고양이 물건 • 좋아하는 물건

Map Intro _ 기르게 된 시기와 반대

기르게 된 시기와 반대

I began raising my pet during my junior high school years, although my parents were not big fans of pets, especially cats. However, like other normal Korean parents, they surrendered to my continuous nagging and pleading.

제 부모님은 애완동물, 특히 고양이를 좋아하시지 않으셨지만, 저는 중학교 시절에 애완동물을 키우기 시작했습니다. 하지만 다른 보통의 한국 부모님들처럼 저희 부모님도 제 끈질긴 조름과 간청에 굴복하셨습니다.

Map Body _ 고양이 물건

고양이 관련 서적 독서

To be well prepared to welcome my new kitty, I read many books that gave instructions on how to raise a kitty.

저의 새로운 고양이를 잘 키우기 위해서, 고양이를 기르는 방법을 알려주는 책들을 많이 읽었습니다.

고양이를 위해 준비한 물건

I also prepared for her house. I also bought a drinking bowl attached to her food bowl.

저는 또 제 고양이를 위해서 집도 준비해뒀어요. 또한, 밥그릇이 함께 있는 물그릇도 샀습니다.

Map Closing _ 좋아하는 물건

애완동물이 좋아하는 물건

These things have become the absolute treasure for my kitten, Cozy. Now, she hisses at the slightest attempt of anyone who tries to steal it from her.

이것들은 모두 제 고양이 Cozy의 절대적인 보물들입니다. 지금은 누군가가 그것을 훔치려는 조그마한 시도에도 쉿 소리를 지르며 위협적인 모습을 보입니다.

HOW TO GUIDE

Listening 길라잡이
애완동물에 대한 세부 설명 / 애완동물을 언제 길렀는지 등에 대한 세부내용을 자세히 설명한다.
- 듣기함정 "When~", "What kind of ~", "Did all of your~"에서 세부내용을 묻는 의문사 등에 유의해서 듣도록 한다.

Speaking 길라잡이
애완동물을 기른 시기 ⇒ 애완동물을 위해 준비한 내용 설명 ⇒ 애완동물이 좋아하는 물건 부연 설명으로 마무리
- 답변함정 질문에서 묻고 있는 세부내용을 모두 답하도록 한다.

HOW TO ANSWER  Tr-123

❶ I began raising my pet during my junior high school years, although my parents were not big fans of pets, especially cats. However, like other normal Korean parents, they surrendered to my continuous nagging and pleading. To be well prepared to welcome my new kitty, ❷ I read many books that gave instructions on how to raise a kitty. I also prepared for her house. I also bought a drinking bowl attached to her food bowl. These things have become the absolute treasure for my kitten, Cozy and now, she hisses at the slightest attempt of anyone who tries to steal it from her.

제 부모님은 애완동물, 특히 고양이를 좋아하시지 않으셨지만, 저는 중학교 시절에 애완동물을 키우기 시작했습니다. 하지만 다른 보통의 한국 부모님들처럼 저희 부모님도 제 끈질긴 조름과 간청에 굴복하셨습니다. 저의 새로운 고양이를 잘 키우기 위해서, 고양이를 기르는 방법을 알려주는 책들을 많이 읽었습니다. 저는 또 제 고양이를 위해서 집도 준비해뒀어요. 또한, 밥그릇이 함께 있는 물그릇도 샀습니다. 이것들은 모두 제 고양이 Cozy의 절대적인 보물들입니다. 지금은 누군가가 그것을 훔치려는 조그마한 시도에도 쉿 소리를 지르며 위협적인 모습을 보입니다.

어휘 attach 첨부하다, 붙이다 absolute 절대적인 attempt 시도

HOW TO CORRECT

문법 바로잡기
❶ [시제의 일치] 동사의 시제는 시제를 나타내는 부사나 부사구와 일치하여야 한다.
I ~~begin~~ raising my pet during my junior high school years, although my parents were not big fans of pets, especially cats.
I **began** raising my pet **during** my junior high school years, although my parents were not big fans of pets, especially cats.

표현 바로잡기
❷ ['~하는 방법'의 표현] **how to**+동사원형: ~하는 방법
I read many books that gave instructions on ~~how raising~~ a kitty.
I read many books that gave instructions on **how to raise** a kitty. → 전치사 on의 목적어 역할

특별한 기억이나 에피소드 Tr-123

Let's talk about a special memory or episode you have had since you raised the pet. What exactly happened? What was it about? Tell me all about it in detail.

애완동물을 기른 이후에 경험했던 특별한 기억이나 에피소드에 대해서 얘기해 보겠습니다. 어떤 일이 일어났나요? 어떤 기억이나 에피소드였죠? 특별한 기억이나 에피소드에 대해서 자세하게 얘기해 보세요.

STORY MAP

[특별한 기억이나 에피소드] 경험 시기 • 당시 상황 설명 • 결과 또는 현재 사실

Map Intro _ 경험 시기

경험 시기

The most memorable experience I have ever had was giving Cozy her first bath. Never did I know before how much cats dislike water.

제가 고양이 Cozy를 키우면서 가장 기억에 남는 경험은 그녀를 처음 목욕시키던 때였습니다. 고양이가 얼마나 물을 싫어하는지 전에는 정말 몰랐습니다.

Map Body _ 당시 상황 설명

애완동물 목욕

When I dropped the cat into the bath tub and started pouring the water, I heard the angriest yelp that I did not imagine a cat could make.

고양이를 욕조에 넣고 물을 붓기 시작했을 때, 고양이가 내는 거라고는 상상도 못했던 가장 화난 '깍' 하는 비명소리를 들었습니다.

목욕에 대한 애완동물의 반응

Cozy shot out of my hands like a bullet and hid in the corner behind the television. Her eyes seemed to be screaming "Why would you do such a horrible thing to me?" She did not come out of that corner for a half hour.

Cozy는 총알처럼 빠르게 내 손아귀에서 벗어나서 TV 뒤의 구석으로 숨었습니다. 그녀의 눈은 마치 "왜 그렇게 잔인한 짓을 나에게 해?"라며 소리치는 것 같았어요. 고양이는 30분 동안이나 구석에서 나오지 않았습니다.

개인적인 생각

Afterwards, every bath had to involve this routine, but now, I think it is getting better.

그 후, 목욕을 시킬 때마다 이런 시련을 겪어야 했지만, 이제는 좀 더 나아지고 있는 것 같아요.

Map Closing _ 결과 또는 현재 사실

결과 또는 현재 사실

Running away, hiding in a corner and occasionally clawing at my arms have evolved into simple hissy fits of resignation. I think she is starting to accept the fact that a bath is unavoidable.

도망치고, 구석에 숨고, 때로는 제 팔을 할퀴던 일이 이제는 체념의 심술로 발전되었습니다. 고양이가 이제는 목욕은 피할 수 없다는 사실을 받아들이기 시작하는 것 같습니다.

HOW TO GUIDE

Listening 길라잡이
애완동물과 관련된 경험 소개 / 애완동물을 기르면서 있었던 재미있었거나 기억에 남는 일에 대해 자세히 설명하기
- 듣기함정 "memory or episode ~" 등 과거의 경험을 묻고 있으므로, 질문을 과거로 이해하도록 한다.

Speaking 길라잡이
관련 경험 소개 ⇒ 당시 상황 설명 ⇒ 결과 또는 현재 사실로 답변 종결
- 답변함정 기억이나 에피소드에 관한 결과를 가볍게 언급한 후에 경험했던 사건들을 시간의 순서대로 얘기한다.

HOW TO ANSWER  Tr-123

The most memorable experience I have ever had was giving Cozy her first bath. ❶ <u>Never did I know before how much cats dislike water.</u> When I dropped the cat into the bath tub and started pouring the water, I heard the angriest yelp that I did not imagine a cat could make. Cozy shot out of my hands like a bullet and hid in the corner behind the television. Her eyes seemed to be screaming "Why would you do such a horrible thing to me?" She did not come out of that corner for a half hour. Afterwards, every bath had to involve this routine, but now, I think it is getting better. ❷ <u>Running away, hiding in a corner and occasionally clawing at my arms have evolved into simple hissy fits of resignation.</u> I think she is starting to accept the fact that a bath is unavoidable.

제가 고양이 Cozy를 키우면서 가장 기억에 남는 경험은 그녀를 처음 목욕시키던 때였습니다. 고양이가 얼마나 물을 싫어하는지 전에는 정말 몰랐습니다. 고양이를 욕조에 넣고 물을 붓기 시작했을 때, 고양이가 내는 거라고는 상상도 못했던 가장 화난 '꺅' 하는 비명소리를 들었습니다. Cozy는 총알처럼 빠르게 내 손아귀에서 벗어나서 TV 뒤의 구석으로 숨었습니다. 그녀의 눈은 마치 "왜 그렇게 잔인한 짓을 나에게 해?"라며 소리치는 것 같았어요. 고양이는 30분 동안이나 구석에서 나오지 않았습니다. 그 후, 목욕을 시킬 때마다 이런 시련을 겪어야 했지만, 이제는 좀 더 나아지고 있는 것 같아요. 도망치고, 구석에 숨고, 때로는 제 팔을 할퀴던 일이 이제는 체념의 심술로 발전되었습니다. 고양이가 이제는 목욕은 피할 수 없다는 사실을 받아들이기 시작하는 것 같습니다.

어휘 **yelp** 꺅 하고 비명을 내지르다 **evolve** 발달하다, 진전하다

HOW TO CORRECT

문법 바로잡기
❶ [부정어 도치] 강조를 위해 부정어(**never**)가 주어 앞에 쓰일 경우 어순이 도치된다.
~~Never I did~~ know before how much cats dislike water.
Never did I know before how much cats dislike water.

표현 바로잡기
❷ [A, B, and C의 표현] A, B, and C와 같이 대등하게 나열할 때는 A,B,C는 동일한 형태(품사)를 사용한다.
Running away, hiding in a corner and occasionally ~~to claw~~ at my arms have evolved into simple hissy fits of resignation.
Running away, **hiding** in a corner **and** occasionally **clawing** at my arms have evolved into simple hissy fits of resignation.

HOW TO ROLE-PLAY

TYPE 1 질문하기 + 문제 해결하기

 애완동물 맡아 기르기(질문하기) Tr-124

I'll give you a situation. Please act it out. Your friend wants you to take care of his or her pet while traveling. Call your friend and leave a message, asking three or four questions on how to take care of his or her pet.

상황을 드리겠습니다. 역할 연기를 해보세요. 친구가 여행을 떠나면서 당신에게 자신의 애완동물을 보살펴 주기를 원한다고 해보겠습니다. 친구에게 전화해서 친구의 애완동물을 돌보는 방법에 대해서 서너 가지 물어보면서 메시지를 남기세요.

HOW TO GUIDE

질문 길라잡이
1. 친구가 애완동물 맡긴다고 가정
2. 친구에게 전화해서 애완동물을 돌보는 것과 관련된 내용을 질문하기

정답 길라잡이
1. 전화를 건 이유 설명
2. 애완동물과의 붙임성에 관한 질문
3. 먹이 관련 질문
4. 목욕 관련 질문

HOW TO ANSWER Tr-124

Hi, Jong-ju. How is your travel arrangement going? I am supposed to take care of Darth Vader while you are away in Europe. I am just calling to find out a couple of things about your cat. As you know, I also have a cat, but I am not sure if your cat gets along with other cats. Does Darth Vader enjoy the company of other cats? Also, do I need to feed him anything special, for example a specific cat food? And then, do I need to give Darth Vader a bath? I am having so much trouble with mine. Finally, is he allergic to anything I should know about?

안녕, 종주야. 여행 준비는 어떻게 되어가고 있니? 유럽에 있는 동안에, 내가 Darth Vader를 돌보기로 했잖아. 네 고양이에 관해서 몇 가지 물어보려고 전화했어. 너도 알다시피, 나도 고양이 한 마리를 기르고 있긴 한데, 네 고양이가 다른 고양이들 하고도 잘 어울려 노는지 확실치가 않아서. Darth Vader가 다른 고양이들하고 잘 어울리니? 그리고 고양이에게 이를 테면 특정 고양이 사료 같은 특별한 것을 먹여야 하니? 그리고 또, 목욕도 시켜야 할까? 내 고양이를 목욕시키면서 애를 많이 먹고 있거든. 마지막으로, 네 고양이가 질색하는 것 중에 꼭 알아둬야 할 다른 것도 있을까?

어휘 get along with ~와 잘 지내다, 어울리다 allergic 알레르기가 있는, ~을 몹시 싫어하는

친구의 애완동물에게 먹이를 주는 돌발 상황(문제 해결하기) Tr-124

I'm sorry, but you have a problem to solve. You are taking care of your friend's pet, but you don't know what food you have to give to it. Call your friend and explain the situation. Then offer an alternative to handle this matter.

해결해야 할 문제가 생겨서 유감입니다. 친구의 애완동물을 돌보고 있는데, 어떤 음식을 먹여야 하는지 잘 알지 못한다고 해보겠습니다. 친구에게 전화해서 상황을 설명하세요. 그러고 나서 이 문제를 해결할 수 있는 대안을 제시하세요.

HOW TO GUIDE

질문 길라잡이
1. 친구의 애완동물에게 어떤 먹이를 주어야 하는지 모른다고 가정
2. 친구에게 전화해서 문제점에 대한 설명과 그에 따른 해결 방안 제시

정답 길라잡이
1. 문제점에 대한 설명
2. 친구에게 어떤 먹이를 줘야 하는 지 질문하기
3. 특정 종류의 먹이를 슈퍼마켓에서 구입하기
4. 먹여서는 안 되는 것들에 대한 부연 질문

HOW TO ANSWER Tr-124

Hi, David. I am calling to ask you about what kind of cat food I should feed to Darth Vader. Actually, I was not aware of how to feed my kitty when I first raised her. I just feed my cat Prix cat food which tastes like tuna, at least according to the advertisements. Sometimes, when she is being good, I feed her cat jerky. I am not sure if I should feed him the same stuff I feed my kitty. Do you have a specific type of cat food for your cat? If so, would you please let me know about it? I will drop by the supermarket and purchase it. And are there any things that I should avoid feeding him?

안녕, David. Darth Vader에게 무슨 음식을 먹여야 하는지 물어 보려고 전화했어. 실은 나도 처음에 고양이를 길렀을 때, 어떻게 먹이를 줘야 하는지 몰랐거든. 난 그냥 광고에서 본대로 참치 맛이 나는 Prix 고양이 사료를 먹였어. 가끔씩, 내 고양이가 말을 잘 들을 때는 고양이용 육포를 주기도 하고. 내 고양이한테 먹이는 걸로 네 고양이에게도 똑같이 주어도 되는지 확신이 서지 않아. 고양이한테 주는 특정 종류의 먹이가 있니? 있으면, 내게 좀 알려줘. 그러면 내가 슈퍼마켓에 들러서 살게. 그리고 먹이지 말아야 할 것들이 있니?

어휘 **feed** 먹이를 주다 **specific** 특정한, 구체적인

TYPE 2 면접관에게 질문하기

Q3 애완동물 Tr-124

I also have pets. Please ask me three or four questions to learn about my pets.

저도 애완동물을 기르는데요. 제 애완동물 대한 질문을 서너 가지 해보세요.

HOW TO GUIDE

❶ 가급적이면 애완동물의 종류, 이름, 첫인상 등을 언급해주면 좋다.
❷ 자신의 경험이나 의견으로 유연하게 질문들을 이어가면 높은 점수를 얻을 수 있다.

HOW TO ANSWER Tr-124

I am glad to hear that you raise a pet. ❶ **What kind** of pet do you have? What is his or her **name**? ❷ I named my pet Cozy which has the similar pronunciation of "cosy." When did you get your pet? **What was your first impression** of your pet? Actually, Cozy was my first pet and I was really happy to see her the first time. What did you do to welcome your pet?

당신도 애완동물을 기르신다니 반갑습니다. 어떤 종류의 애완동물을 기르고 있나요? 이름이 뭐에요? 저는 제 고양이한테 Cozy라는 이름을 지어줬는데, "cosy"와 비슷한 발음이에요. 언제 그 애완동물을 기르게 되었나요? 첫인상은 어땠나요? 사실 Cozy가 제 첫 애완동물이었는데, 처음 봤을 때 정말 기뻤어요. 당신은 애완동물을 맞이하려고 어떤 준비를 했나요?

Q4 애완동물의 장단점  Tr-124

I enjoy keeping pets as well. Just ask me three or four questions to learn more about both the advantages and the disadvantages of raising pets.

저도 애완동물을 기르는 것을 좋아합니다. 애완동물을 키우는 장점과 단점에 대해 좀 더 알아볼 수 있도록 서너 가지 질문을 해보세요.

HOW TO GUIDE

❶ 질문의 요지는 애완동물의 장단점이므로 내가 기르는 애완동물의 장점과 단점이 무엇이 있는지 언급하면서 상대방에게도 그런 점들이 있는지 자유롭게 물어보면 된다.

HOW TO ANSWER Tr-124

❶ **Even though I love my pet, keeping pets sometimes is tiresome. I think that keeping pets is like two sides of a coin**. Let me first ask you about the advantages when you are raising a pet. What are the advantages of raising pets? Then, what do you think the disadvantages are? Even a small pet can be a lot of work. Which do you think overweighs the other?

저도 제 애완동물을 사랑하지만, 가끔씩은 애완동물을 키우는 게 귀찮기도 합니다. 저는 애완동물을 키우는 것이 동전의 양면과 같다고 생각해요. 우선, 애완동물을 기를 때의 장점들에 대해 물어 볼게요. 애완동물을 기르면 어떤 장점들이 있나요? 그러면, 단점들은 어떤 것들이 있다고 생각하나요? 작은 애완동물이라도 큰 일거리가 될 수 있습니다. 어떤 점이 더 두드러진다고 생각하나요?

HOW TO 애완동물 Plus

애완동물 Plus Questions

Q1 _ 애완동물의 습관이나 특징
You indicated in the survey that you raise pets. What kind of pets do you have? Tell me about their habits and features.
설문조사에서 애완동물을 기른다고 했습니다. 어떤 종류의 애완동물을 기르고 있나요? 애완동물의 습관이나 특징을 얘기해 보세요.

Q2 _ 어려운 점과 해결 방법
What are the difficult things when raising pets? How have you addressed those things? Tell me all the details.
애완동물을 기를 때 어려운 점이 무엇인가요? 어려운 점들을 어떻게 해결했죠? 자세하게 얘기해 보세요.

Q3 _ 사회적인 이슈
Does your country have any social issue with pets? What is the issue about? What do you think are the solutions to solve the social issue?
당신 나라에는 애완동물과 관련된 사회적인 이슈가 있나요? 어떤 이슈인가요? 그 사회적인 이슈를 해결할 수 있는 해결책이 무엇이라고 생각하세요?

애완동물 Role-play Questions

Q1 _ 애완동물 맡아 기르기(질문하기)
I'll give you a situation. Please act it out. Your friend wants you to take care of his or her pet while traveling. Call your friend and leave a message, asking three or four questions on how to take care of his or her pet.
상황을 드리겠습니다. 역할 연기를 해보세요. 친구가 여행을 떠나면서 당신에게 자신의 애완동물을 보살펴 주기를 원한다고 해보겠습니다. 친구에게 전화해서 친구의 애완동물을 돌볼 수 있도록 서너 가지 물어보면서 메시지를 남기세요.

Q2 _ 부모님이 반대하는 돌발 상황(문제 해결하기)
I'm sorry, but you have a problem to solve. You are asked to take care of your friend's pet, but your parents disagree with this plan. Call your friend and explain the problem. Then offer two options to handle this matter.
유감스럽지만 해결해야 할 문제가 있습니다. 친구의 애완동물을 돌봐줘야 하는데 부모님이 반대를 하십니다. 친구에게 전화해서 문제점을 설명하세요. 그러고 나서 문제를 해결할 수 있도록 두 가지 옵션을 제시해 보세요.

SECTION 3 _ 취미생활 및 기타

13강

노래 부르기 &
춤과 댄스 교습

Unit1 노래 부르기
Unit2 춤과 댄스 교습

UNIT 1 노래 부르기

취미생활의 마지막 13강에서 살펴볼 설문조사 항목들은 '노래 부르기', '춤과 댄스 교습'입니다. 노래는 혼자 그리고 그룹으로 노래하기 2가지 항목으로 나뉘어져 있고, 춤추기와 댄스 교습하기 역시 분류되어 있어 13강에서는 총 4가지 항목을 다루게 됩니다. 먼저 혼자 그리고 그룹으로 노래하기를 노래 부르기로 통일해서 설명하겠습니다.

공통된 주제의 경우 예를 들면, '혼자서 게임 즐기기, 어른들끼리 게임 즐기기, 아이들과 함께 게임 즐기기' 등 3가지 선택 항목을 선택하더라도 정기시험에서는 3가지 항목 모두 출제될 가능성이 아주 낮습니다. 혼자 그리고 그룹으로 노래하기 역시 두 가지 항목을 선택하더라도 모두 출제될 가능성은 아주 낮아지게 됩니다. 하지만 동시에 2개의 항목을 준비할 수 있다는 장점이 있으므로 꼭 두 개 항목을 공략해야 하겠죠? 자, 그럼 노래 부르기와 관련된 기본적인 질문, 구체적인 질문, 경험 관련 질문, 그리고 Role-play 질문까지 다양한 질문 패턴을 자세하게 확인해 보겠습니다.

먼저 기본적인 광범위하게 묻는 질문입니다. 가장 기본적으로 노래를 즐겨 부르는 장소를 묘사하는 질문을 떠올릴 수 있습니다. 좋아하는 노래 장르와 좋아하는 이유 그리고 좋아하는 가수 등의 질문도 가장 먼저 출제될 수 있으니 역시 적절한 대비가 필요합니다.

두 번째, 구체적인 질문으로 얼마나 자주, 언제, 누구와, 어디에서 노래를 즐겨 부르는지를 예상할 수 있습니다. 노래 부르기의 장점 등을 예를 들어서 자세하게 설명해보라는 질문도 함께 대비해 두세요.

세 번째는 노래 부르기와 관련된 경험 질문입니다. 노래 부르기에 관심을 가지게 된 계기, 노래를 배운 방법, 최근에 노래를 불렀던 경험, 노래를 부르면서 기억에 남을 만한 특별한 경험 등으로 과거 질문을 정리할 수 있습니다.

마지막으로 게임과 관련된 Role-play 상황은 친구와 함께 노래를 부르기 위해서 전화해서 여러 가지 물어보는 상황, 그리고 노래를 부를 계획이었는데 다른 일 때문에 또는 노래를 부르는 장소의 문제점 때문에 취소하거나 미뤄야 하는 상황을 해결하는 문제를 예상해 볼 수 있습니다.

BEST QUESTIONS

노래 부르기 Mapping Questions

Q1 _ 노래 부르는 장소 묘사

You indicated in the survey that you like to sing with your friends or other people. Where do you like to sing with people? Please describe the place you like to sing in detail.

Q2 _ 노래 복합 질문

What kind of music do you usually like to sing? Why do you like it? How often do you sing with people? Tell me all the details.

Q3 _ 기억에 남는 노래 경험

Have you experienced an interesting or memorable thing while singing? What was it? What exactly happened? What did you do at that time? Please tell me about it in as much detail as you can.

노래 부르기 Role-play Questions

Q1 _ 친구와 함께 노래 부르기(질문하기)

I'll give you a situation and ask you to act it out. Assume that you want to sing with your friend at a singing room tomorrow. Call your friend and leave a recorded message, asking three or four questions about singing together.

Q2 _ 친구와 노래를 부를 수 없는 상황(문제 해결하기)

I'm sorry, but you have a problem to solve. You and your friend have planned to sing together today, but you have to go home due to an urgent problem. Call your friend and explain the situation. Then offer two alternatives about this problem.

Q3 _ 노래 부르는 장소(면접관에게 질문하기)

I like to sing with my friends, too. Ask me three or four questions to learn about the place I frequently visit in order to sing with my friends.

Q4 _ 좋아하는 음악(면접관에게 질문하기)

I like to sing with my friends as well. Ask me three or four questions to learn about the kind of music which I like to sing best.

HOW TO MAP YOUR STORY

Q1 노래 부르는 장소 묘사 Tr-131

You indicated in the survey that you like to sing with your friends or other people. Where do you like to sing with people? Please describe the place you like to sing in detail.

설문에서 친구들이나 다른 사람들과 노래를 즐겨 부른다고 답했습니다. 사람들과 함께 어디에서 노래를 부르나요? 당신이 노래를 부르는 장소를 자세히 묘사해 보세요.

STORY MAP

[노래 부르는 장소 묘사] 노래방 소개 • 노래방 묘사 • 한국의 노래 문화

Map Intro _ 노래방 소개

| 노래방 소개 | When I want to sing, I usually go to a singing room with my friends.
전 노래가 부르고 싶어지면, 주로 친구들과 함께 노래방에 갑니다. |

Map Body _ 노래방 묘사

노래방 의미 설명	We call this kind of places "Norae-bang" in Korea. "Norae" literally means song and "bang" means room. 이러한 곳을 한국에서는 "노래방"이라고 부릅니다. "노래"는 문자 그대로 노래를 의미하고 "방"은 룸을 의미합니다.
노래방 시설	It is a room with a karaoke machine and some couches and tables. 노래방에는 노래방 기계와 소파 그리고 탁자들이 있습니다.
최근 노래방 설비	Recently, many singing rooms are equipped with a wireless microphone and we can even record our songs for us. 최근에는 여러 노래방들이 무선 마이크들을 갖추고 있고 심지어 노래를 녹음도 할 수 있게 되어 있습니다.

Map Closing _ 한국의 노래 문화

| 한국의 노래 문화 소개 | It is easy to find Norae-bangs in downtowns in Korea because Korean people really enjoy singing when they drink and mingle with others.
한국 사람들은 술을 마시거나 사람들과 어울리거나 할 때 노래 부르는 것을 정말 좋아해서 한국의 도심에서 노래방을 찾기란 아주 쉬운 일입니다. |

HOW TO GUIDE

Listening 길라잡이
노래 부르는 장소 소개 / 노래를 부르는 장소에 대해 자세히 설명하기
- **듣기함정** 질문에서 "Where~", "place" 등이 들리면 장소에 관한 질문으로 이해하도록 한다.

Speaking 길라잡이
노래를 부르기 위해 즐겨 가는 장소 소개 ⇒ 해당 장소에 대한 세부 설명 ⇒ 한국의 노래 문화 소개
- **답변함정** 노래를 부르기 위해 자주 가는 장소의 내부시설, 분위기, 기타 느낌 등을 활용하여 간단하게 답변하도록 한다.

HOW TO ANSWER  Tr-131

When I want to sing, I usually go to a singing room with my friends. We call this kind of places "Norae-bang" in Korea. ❶ "Norae" literally means song and "bang" means room. It is a room with a karaoke machine and some couches and tables. Recently, many singing rooms are equipped with a wireless microphone and we can even record our songs for us. It is easy to find Norae-bangs in downtowns in Korea because ❷ Korean people really enjoy singing when they drink and mingle with others.

전 노래가 부르고 싶어지면, 주로 친구들과 함께 노래방에 갑니다. 이러한 곳을 한국에서는 "노래방"이라고 부릅니다. "노래"는 문자 그대로 노래를 의미하고 "방"은 룸을 의미합니다. 노래방에는 노래방 기계와 소파 그리고 탁자들이 있습니다. 최근에는 여러 노래방들이 무선 마이크들을 갖추고 있고 심지어 노래를 녹음도 할 수 있게 되어 있습니다. 한국 사람들은 술을 마시거나 사람들과 어울리거나 할 때 노래 부르는 것을 정말 좋아해서 한국의 도심에서 노래방을 찾기란 아주 쉬운 일입니다.

어휘 literally 말 그대로, 문자 그대로   couch 긴 의자, 소파   mingle 어울리다

HOW TO CORRECT

문법 바로잡기
❷ [시제의 일치] 시간과 조건의 부사절은 현재시제가 미래시제를 대신한다.
Korean people really enjoy singing when they ~~will drink~~ and mingle with others.
Korean people really enjoy singing **when they drink** and mingle with others.

표현 바로잡기
❶ ['~문자 그대로'의 올바른 표현] **literally**: 문자 그대로, 글자 그대로(특별한 용어에 대한 설명시 활용하면 좋은 표현)
"Norae" ~~by letter~~ means song and "bang" means room.
"Norae" **literally** means song and "bang" means room.

노래 복합 질문 Tr-131

What kind of music do you usually like to sing? Why do you like it? How often do you sing with people? Tell me all the details.

어떤 종류의 노래를 주로 즐겨 부르나요? 왜 그 노래를 좋아하나요? 사람들과는 얼마나 자주 부르죠? 자세히 말해 보세요.

STORY MAP

[노래 복합 질문] 좋아하는 음악 장르 · 노래 부르는 횟수 · 노래 부르는 때

Map Intro _ 좋아하는 음악 장르

좋아하는 음악 장르 — I like to sing dance music because it is so exciting and easily creates a friendly atmosphere.
저는 댄스 음악이 너무 흥겹고 쉽게 친숙한 분위기를 만들어 줄 수 있어서 댄스 음악을 부르는 것을 좋아합니다.

Map Body _ 노래 부르는 횟수

노래를 부르는 이유 — Also, when I sing dance music, I relieve my stress and refresh my feeling.
또, 댄스 음악을 부르면 스트레스도 풀리고 기분도 상쾌해집니다.

노래 부르는 횟수 — I don't sing frequently because I am quite busy these days, but I think I go to singing rooms to sing at least once every two months.
요즘은 너무 바빠서 자주 노래를 부르지 못하지만, 적어도 두 달에 한 번쯤은 노래방에 가는 것 같습니다.

Map Closing _ 노래 부르는 때

노래 부르는 때 — Especially, when I have a drink with my friends, I often go to a karaoke and enjoy singing.
특히, 친구들과 술을 마실 때면 자주 노래방에 들러서 신나게 노래를 부릅니다.

HOW TO GUIDE

Listening 길라잡이
노래 부르기와 관련된 세부내용 소개 / 즐겨 부르는 노래의 종류, 즐겨 부르는 이유, 빈도 등 세부내용에 대해 자세히 설명하기
- 듣기함정 "What kind of~", "Why~", "How often~" 등 세부내용을 묻고 있는 의문사에 유의해서 듣도록 한다.

Speaking 길라잡이
즐겨 부르는 노래의 장르 소개 ⇒ 세부내용(즐겨 부르는 이유, 빈도 등) 설명
- 답변함정 질문에서 묻고 있는 세부내용을 빠뜨리지 않고 모두 답변하도록 한다.

HOW TO ANSWER  Tr-131

❶ I like to sing dance music because it is so exciting and easily creates a friendly atmosphere. Also, when I sing dance music, I relieve my stress and refresh my feeling. I don't sing frequently because I am quite busy these days, but ❷ I think I go to singing rooms to sing at least once every two months. Especially, when I have a drink with my friends, I often go to a karaoke and enjoy singing.

저는 댄스 음악이 너무 흥겹고 쉽게 친한 분위기를 만들어 줄 수 있어서 댄스 음악을 부르는 것을 좋아합니다. 또, 댄스 음악을 부르면 스트레스도 풀리고 기분도 상쾌해집니다. 요즘은 너무 바빠서 자주 노래를 부르지 못하지만, 적어도 두 달에 한 번쯤은 노래방에 가는 것 같습니다. 특히, 친구들과 술을 마실 때면 자주 노래방에 들러서 신나게 노래를 부릅니다.

어휘 friendly 친절한, 친숙한 refresh 생기를 되찾게 하다, 상쾌하게 하다

HOW TO CORRECT

문법 바로잡기
❶ [구와 절의 구분] because는 접속사이므로 뒤에 절이 따른다. (cf. because of+구)
I like to sing dance music ~~because of~~ it is so exciting and easily creates a friendly atmosphere.
I like to sing dance music **because** it is so exciting and easily creates a friendly atmosphere.

표현 바로잡기
❷ ['빈도'의 올바른 표현] 두 달에 한 번: **every two months** (every+단수명사 / every+수사(수식어구)+복수명사)
I think I go to singing rooms to sing at least once every two ~~month~~.
I think I go to singing rooms to sing at least once **every two months**.

기억에 남는 노래 경험 Tr-131

Have you experienced an interesting or memorable thing while singing? What was it? What exactly happened? What did you do at that time? Please tell me about it in as much detail as you can.

노래를 부르다 재미있거나 기억에 남는 일을 경험한 적이 있나요? 어떤 일이었나요? 정확히 무슨 일이 있었죠? 그 때 무엇을 하고 있었나요? 그 때의 경험을 최대한 자세하게 얘기해 보세요.

STORY MAP

[기억에 남는 노래 경험] 노래방에 갔던 과거 시간 • 당시 상황 설명 • 결과 소개

Map Intro _ 노래방에 갔던 과거 시간

노래방에 갔던 과거 시간
When I was a freshman at university, one day my classmates and I went to a singing room near our school.
제가 대학교 신입생 때, 어느 날 친구와 저는 학교 근처 노래방에 갔었습니다.

Map Body _ 당시 상황 설명

당시 분위기 설명
At that time, we were quite drunk and all got very excited so the atmosphere was really kicking.
그때 우리들은 술을 많이 마신 상태였고 모두 들떠 있어서 분위기도 한껏 달아올라 있었습니다.

문제 상황 소개
Suddenly, a stranger came into our room, so we were startled. He looked a little drunk and seemed to think that he was in the right room.
그런데 갑자기 낯선 사람이 노래방에 들어와서 모두들 깜짝 놀랐습니다. 그 남자는 살짝 술을 마신 것 같아 보였고, 우리들 방의 오른쪽 방에 있었던 것 같았습니다.

돌발 상황 설명
I was singing at that time and the guy started to sing with me. It was such a funny situation, but nobody tried to stop him.
저는 그때 노래를 부르고 있었는데 그 남자가 저와 함께 노래를 부르기 시작하는 것이었습니다. 정말 재밌는 상황이었지만 아무도 그를 말리지 않았어요.

Map Closing _ 결과 소개

결과 소개
So we just sang together and enjoyed the time together.
그래서 우리는 함께 노래를 불렀고 즐거운 시간을 보냈습니다.

HOW TO GUIDE

Listening 길라잡이
노래를 부르다 겪은 재미있는 경험 소개 / 노래를 부르다가 겪은 재미있었거나 기억에 남는 일에 대해 자세히 설명하기
- 듣기함정 "experienced~ / happened~"가 들리면 과거의 경험을 묻는 질문으로 이해하도록 한다.

Speaking 길라잡이
재미있었던 경험 소개 ⇒ 당시 상황 상세 설명 ⇒ 느낌이나 기억나는 점 등을 언급하며 답변 종결
- 답변함정 본인의 경험을 상기시켜 재미있었거나 기억에 남는 경험을 실감나게 답변하도록 한다. 단 과거의 경험에 대한 답변이므로 과거시제를 중점적으로 활용하도록 한다.

HOW TO ANSWER   Tr-131

When I was a freshman at university, ❶ one day, my classmates and I went to a singing room near our school. At that time, we were quite drunk and all got very excited so the atmosphere was really kicking. Suddenly, a stranger came into our room, so we were startled. He looked a little drunk and seemed to think that he was in the right room. I was singing at that time and the guy started to sing with me. ❷ It was such a funny situation, but nobody tried to stop him. So we just sang together and enjoyed the time together.

제가 대학교 신입생 때, 어느 날 친구와 저는 학교 근처 노래방에 갔었습니다. 그때 우리들은 술을 많이 마신 상태였고 모두 들떠 있어서 분위기도 한껏 달아올라 있었습니다. 그런데 갑자기 낯선 사람이 노래방에 들어와서 모두들 깜짝 놀랐습니다. 그 남자는 살짝 술을 마신 것 같아 보였고, 우리들 방의 오른쪽 방에 있었던 것 같았습니다. 저는 그때 노래를 부르고 있었는데 그 남자가 저와 함께 노래를 부르기 시작하는 것이었습니다. 정말 재밌는 상황이었지만 아무도 그를 말리지 않았어요. 그래서 우리는 함께 노래를 불렀고 즐거운 시간을 보냈습니다.

어휘 freshman (대학의) 신입생, 1학년   kicking 활기찬, 신나는   startle 깜짝 놀라게 하다

HOW TO CORRECT

문법 바로잡기
❷ [to부정사와 동명사] **try+to부정사**: ~하려고 노력하다, 애쓰다 / **try+~ing**: 시험 삼아 ~해보다
It was such a funny situation, but nobody ~~tried stopping~~ him.
It was such a funny situation, but nobody **tried to stop** him.

표현 바로잡기
❶ ['과거의 어느 날'의 올바른 표현] **one day**: 어느 날, 언젠가(과거 시점의 특정한 날을 가리킴)
~~Some day~~, my classmates and I went to a singing room near our school.
One day, my classmates and I went to a singing room near our school.

HOW TO ROLE-PLAY

TYPE 1 질문하기 + 문제 해결하기

 친구와 함께 노래 부르기(질문하기) Tr-132

I'll give you a situation and ask you to act it out. Assume that you want to sing with your friend at a singing room tomorrow. Call your friend and leave a recorded message, asking three or four questions about singing together.

상황을 드릴 테니, 역할 연기를 해보세요. 내일 친구와 함께 노래방에 가려고 한다고 해보겠습니다. 친구에게 전화해서 함께 노래를 부를 수 있게 서너 가지 질문하면서 녹음 메시지를 남겨보세요.

HOW TO GUIDE

질문 길라잡이
1. 친구와 함께 노래방에 간다고 가정
2. 친구에게 전화해서 노래를 부르는 것과 관련된 질문하기

정답 길라잡이
1. 전화를 건 이유 설명
2. 약속 날짜 질문
3. 시간 질문
4. 약속 장소 질문

HOW TO ANSWER  Tr-132

Hello. This is Young-Jin. I want to go to a singing room tomorrow so I wonder whether you are available tomorrow. If so, what time can you meet me? And how long can you be with me? I hope to see you around 5 o'clock, but you can choose the time. Lastly, which place do you want to go to? I think Kangnam will be good because it is an entertainment district. If you want to go to any other place, just tell me. Give me a call tonight.

안녕, 나 영진이야. 내일 노래방에 갈까 하는데, 내일 시간이 되는지 물어보려고. 내일 괜찮으면, 몇 시 정도에 만날 수 있니? 그리고 얼마나 있을 수 있어? 난 5시 정도에나 봤으면 하는데, 네가 시간을 정하렴. 마지막으로, 어느 곳에 가고 싶니? 강남이 유흥 지역이니까 난 강남이 좋을 듯 싶다. 다른 곳에 가고 싶으면 편하게 말해줘. 오늘 밤에 전화 주렴.

어휘 entertainment district 유흥가, 오락시설이 많은 지역

친구와 노래를 부를 수 없는 상황 (문제 해결하기) Tr-132

I'm sorry, but you have a problem to solve. You and your friend have planned to sing together today, but you have to go home due to an urgent problem. Call your friend and explain the situation. Then offer two alternatives about this problem.

유감스럽게도 해결해야 할 문제가 생겼습니다. 오늘 친구와 함께 노래를 부르기로 했는데, 급한 문제가 생겨서 집에 가봐야 합니다. 친구에게 전화해서 상황을 설명하세요. 그러고 나서 이 문제를 해결할 수 있는 해결책들을 두 가지 제시해 보세요.

HOW TO GUIDE

질문 길라잡이
1. 집에 급한 문제가 생겨서 노래방에 갈 수 없다고 가정
2. 친구에게 전화해서 문제에 대한 설명과 그에 따른 해결책 제시

정답 길라잡이
1. 급한 문제 상황 설명
2. 2주 후로 연기하는 방법
3. 내일 점심을 사면서 달래는 방법

HOW TO ANSWER  Tr-132

Hello. This is Young-Jin. I am really sorry, but I cannot see you today. My father fell down the stairs, and he broke his right leg. Now he is in the hospital and I have to go there and be with him. I think I cannot make time to see you until next week, so how about going singing two weeks from now? That time, I will be available and buy you dinner, too. Or we can have a casual lunch tomorrow. I will also pay for it. Again I am really sorry. Just tell me which one you want to do.

안녕, 나 영진이야. 정말 미안한데, 오늘 못 볼 것 같아. 아버지가 계단에서 넘어지셔서, 오른쪽 다리가 부러지셨대. 지금 병원에 계시는데 들러서 함께 있어드려야 할 것 같아. 다음 주까지는 못 볼 것 같은데, 2주 후에 함께 노래 부르러 가는 건 어떠니? 그때가 시간이 괜찮을 것 같고 내가 저녁도 살게. 아니면 내일 가볍게 점심을 먹어도 괜찮고. 역시 내가 살게. 다시 한 번 정말 미안해. 어떤 게 마음에 드는지 말해주렴.

어휘 **fall down** 넘어지다 **casual** 격식을 차리지 않는, 평상시의

TYPE 2 면접관에게 질문하기

노래 부르는 장소  Tr-132

I like to sing with my friends, too. Ask me three or four questions to learn about the place I frequently visit in order to sing with my friends.

저도 친구들과 노래 부르는 것을 좋아합니다. 제가 친구들과 함께 노래를 부르기 위해서 자주 가는 장소에 대해 알아볼 수 있도록 서너 가지 질문을 해보세요.

HOW TO GUIDE

❶ 내가 노래를 부르기 위해 자주 가는 곳에 대한 내용을 언급하면서 자연스럽게 질문을 유도한다.
❷ 노래를 부르는 곳의 위치, 거리, 좋아하는 이유, 기타 관련 경험 등을 질문하도록 한다.

HOW TO ANSWER Tr-132

❶ I usually go to the singing room with my friends, and sing and practice newly released songs. ❷ **Where** do you usually sing a song? **How far** is it from your house or school? The singing room I frequently go to is very cheap and near my school. Are there **any special reasons why** you often go to that place? As a matter of fact, I am considering whether to apply for the singing contest which will be held in my school next month. Have you ever had **any experience** in singing a song up on stage in front of a big audience? How did you feel at that time?

저는 보통 친구들과 함께 노래방에 가서 노래를 부르거나 신곡들을 연습해요. 당신은 주로 어디에서 노래를 부르나요? 그 곳은 집이나 학교에서 얼마나 떨어져 있죠? 제가 자주 가는 노래방은 가격도 정말 저렴하고 학교 근처에 있어요. 당신은 그 노래방에 자주 가는 특별한 이유라도 있나요? 사실, 제가 다음 달 학교에서 열리는 노래 경연대회에 나가려고 해요. 혹시 많은 관객들 앞에서 무대에서 노래를 불러본 적이 있나요? 그때 기분이 어땠나요?

좋아하는 음악 Tr-132

I like to sing with my friends as well. Ask me three or four questions to learn about the kind of music which I like to sing best.

저도 친구들과 노래 부르는 것을 좋아합니다. 제가 가장 좋아하는 음악 장르에 대해 알아볼 수 있도록 서너 가지 질문을 해보세요.

HOW TO ANSWER  Tr-132

Actually, I used to dream of becoming a singer when I was a little kid. I usually go to the singing room with my friends and practice newly released songs. **What kind of song** do you like to sing best? Mine is hip-hop music because it is very fun and exciting. **Why** do you like to sing that type of music? **How** did you first get interested in that type of song? Were there anybody who **taught** you how to sing or did you just practice it by yourself?

사실, 저는 어렸을 때 가수가 되는 꿈을 꾸곤 했습니다. 저는 주로 친구들과 노래방에 가서 신곡들을 연습해요. 당신은 어떤 종류의 노래를 부르는 것을 가장 좋아하나요? 저는 힙합이 정말 재미있고 흥겨워서 힙합 음악을 가장 좋아합니다. 당신은 왜 그 음악을 즐겨 부르나요? 어떻게 처음에 흥미를 갖게 되었나요? 누가 가르쳐 줬나요, 아니면 그냥 혼자 연습했나요?

HOW TO 노래 부르기 Plus

노래 부르기 Plus Questions

Q1 _ 좋아하는 가수
You indicated in the survey that you like to sing with your friends or other people. Who is your favorite singer? Tell me about him or her in detail.
설문조사에서 친구 또는 다른 사람들과 노래 부르는 것을 좋아한다고 했습니다. 좋아하는 가수가 누구인가요? 좋아하는 가수에 대해서 자세하게 얘기해 보세요.

Q2 _ 노래에 관심을 가지게 된 계기
How did you first begin to be interested in singing? How did you learn to sing? Who taught you? Tell me all the details.
처음에 어떻게 노래에 관심을 가지기 시작했나요? 노래는 어떻게 배웠죠? 누가 가르쳐줬나요? 자세하게 얘기해 보세요.

Q3 _ 가장 최근에 노래를 불렀던 경험
When was the last time you sang with people? Where and with whom did you go for singing? Please tell me about the whole story with a lot of details.
다른 사람과 언제 마지막으로 노래를 불렀나요? 노래를 부르러 어디에 누구와 함께 갔죠? 전체 이야기를 자세하게 얘기해 보세요.

노래 부르기 Role-play Questions

Q1 _ 친구와 함께 노래 부르기(질문하기)
I'll give you a situation and ask you to act it out. Assume that your friend wants to sing with you this weekend. Call your friend and leave a recorded message, asking three or four questions about singing together.
상황을 드릴 테니, 역할 연기를 해보세요. 친구가 이번 주말에 당신과 함께 노래를 부르고 싶어 한다고 가정해 보겠습니다. 친구에게 전화해서 함께 노래를 부를 수 있도록 서너 가지 질문하면서 녹음 메시지를 남겨보세요.

Q2 _ 노래방 문이 닫힌 상황(문제 해결하기)
I'm sorry, but you have a problem to solve. You arrived at the singing room you frequently visit, but it is closed due to a problem. Call your friend to explain the problem. Then offer two alternatives about this problem.
유감스럽지만 해결해야 할 문제가 있습니다. 당신이 자주 가는 노래방에 도착했는데 어떤 문제로 인해서 문이 닫혀 있습니다. 친구에게 전화해서 상황을 설명하세요. 그러고 나서 이 문제를 해결할 수 있도록 두 가지 대안을 제시해 보세요.

UNIT 2 춤과 댄스 교습

HOW TO OPIc

이번에 살펴 볼 취미생활의 마지막 항목은 '춤과 댄스 교습'입니다. 설문조사의 정확한 명칭은 '춤추기, 댄스 교습하기'입니다. 춤을 추거나 춤을 배우거나 춤을 가르치는 활동을 의미합니다. 춤과 댄스는 공통된 주제이므로 앞에서 살펴본 '혼자 그리고 그룹으로 노래 부르기'처럼 동시에 2개 항목을 공략하는 것이 좋습니다. 춤추기와 댄스 교습 2개 항목이 모두 정기시험에 출제될 가능성이 아주 낮으므로 보다 효율적인 대비가 가능합니다.

완벽하고 전문적인 댄스가 아니더라도 취미 또는 건강 유지를 위한 댄스에 관심이 있다면 위 항목을 선택해 보세요. 자, 그럼 춤, 댄스 교습과 관련된 기본적인 질문, 구체적인 질문, 경험 관련 질문, 그리고 Role-play 질문까지 다양한 질문 패턴을 자세하게 확인해 보겠습니다.

첫 번째, 기본적으로 묻는 질문을 살펴보겠습니다. 가장 먼저 등장할 수 있는 질문은 춤을 추는 장소를 묘사해보라는 내용입니다. 좋아하는 춤의 장르와 좋아하는 이유를 말해보라는 질문도 기본적으로 떠올릴 수 있습니다. 댄스 강사를 소개해 보라는 질문도 함께 대비해두기 바랍니다.

두 번째로 살펴볼 질문은 좀 더 구체적으로 묻는 질문입니다. 얼마나 자주, 언제, 누구와, 어디에서 주로 춤을 추는지를 묻는 질문을 꼽을 수 있습니다. 춤을 추는 이유 및 목적을 구체적으로 설명해보라는 질문도 예상할 수 있습니다. 댄스 교습소나 학원에서 주로 하는 활동을 설명해보라는 질문도 함께 준비해 두세요.

세 번째는 과거 내용을 묻는 경험과 관련된 질문입니다. 춤추기에 관심을 가지게 된 계기와 춤을 배운 방법을 얘기하는 질문, 처음 춤을 췄을 때의 느낌이나 첫인상, 춤을 추면서 특별히 기억에 남을 만한 경험 등으로 과거 질문을 정리해볼 수 있습니다.

마지막으로 춤, 댄스와 관련된 Role-play 상황은 친구와 댄스 교습을 받기 위해서 교습소나 학원에 전화해서 등록 절차에 대해서 질문하는 상황, 그리고 어떤 문제로 인하여 등록을 취소하거나 미뤄야 하는 상황을 해결하는 문제를 예상해 볼 수 있습니다.

BEST QUESTIONS

춤과 댄스 교습 Mapping Questions

Q1 _ 춤추는 장소 묘사
You indicated in the survey that you like to dance. Where do you go for dancing? Describe the place where you usually dance in detail.

Q2 _ 춤에 대한 관심
When did you first become interested in dancing? Why do you like to dance? How did you learn to dance?

Q3 _ 댄스 교습소에서의 활동
You indicated in the survey that you take dance lessons. What kind of activities do you usually do at the dance academy? Tell me about all the activities with a lot of details.

춤과 댄스 교습 Role-play Questions

Q1 _ 친구와 함께 댄스 교습(질문하기)
I'll give you a situation and ask you to act it out. Suppose that you and your friend are planning to take dance lessons at a dance academy. Visit the dance academy and ask three or four questions about taking lessons.

Q2 _ 댄스 교습 등록을 취소해야 하는 상황(문제 해결하기)
I'm sorry, but you have a problem to solve. You and your friend have planned to take dance lessons next Monday, but you have to cancel the registration due to an unexpected problem. Go to the dance academy and explain the situation. Then give some solutions to resolve this matter.

Q3 _ 배우고 있는 댄스(면접관에게 질문하기)
I also take dance lessons. Ask me three or four questions about the dance I am learning now.

Q4 _ 댄스 강사와 교습소(면접관에게 질문하기)
I take dance lessons, too. Ask me three or four questions about my dancing instructor and the dance academy I go to.

HOW TO MAP YOUR STORY

Q1 춤추는 장소 묘사 Tr-133

You indicated in the survey that you like to dance. Where do you go for dancing? Describe the place where you usually dance in detail.

설문에서 춤추는 것을 좋아한다고 했습니다. 어디로 춤을 추러 가나요? 당신이 주로 춤을 추러 가는 곳을 자세히 묘사해 보세요.

STORY MAP

[춤추는 장소 묘사] 춤추는 장소 소개 • 클럽 묘사 • 클럽 보충 설명

Map Intro _ 춤추는 장소 소개

춤추는 장소 소개 | I usually go to clubs for dancing. There are many good clubs in Korean downtowns and I like clubs in the Kangnam area most.
저는 보통 춤을 추러 클럽에 갑니다. 한국 도심에는 좋은 클럽들이 많이 있는데, 저는 특히 강남 지역에 있는 클럽들을 가장 좋아합니다.

Map Body _ 클럽 묘사

좋아하는 클럽 | Among them, my favorite place is Eden.
그 클럽들 중에서, 제가 가장 좋아하는 클럽은 '에덴'이라는 클럽이에요.

인기 있는 클럽 | Eden is located inside the Ritz-Carlton Hotel in Korea and one of the most popular places for clubbing these days.
그 클럽은 한국의 리츠 칼튼 호텔 안에 있으며 최근 들어서 가장 인기 있는 클럽 중의 하나입니다.

클럽의 시설 | It has a big stage, and the other facilities like bars or dancing floors are all good.
큰 무대가 있고 바나 댄스 무대 같은 다른 시설들도 모두 훌륭합니다.

Map Closing _ 클럽 보충 설명

클럽 보충 설명 | Many people want to go there, so it is not easy to get in the club.
많은 사람들이 그 곳에 가고 싶어 해서, 그 클럽에 들어가는 일이 여간 쉽지가 않습니다.

HOW TO GUIDE

Listening 길라잡이
춤을 추는 장소 소개 / 춤을 추러 가는 장소에 대해 자세히 설명하기

듣기함정 "describe~"처럼 묘사, 설명 질문은 질문을 현재시제로 이해하도록 한다.

Speaking 길라잡이
춤을 추러 가는 장소 소개 ⇒ 춤을 출 수 있는 클럽 상세 설명

답변함정 즐겨 가는 장소를 간단하게 소개하고 해당 장소에 대한 내부, 외부 모습 또는 분위기 등을 설명해준다.

HOW TO ANSWER  Tr-133

I usually go to clubs for dancing. There are many good clubs in Korean downtowns and I like clubs in the Kangnam area most. Among them, my favorite place is Eden. ❶ Eden is located inside the Ritz-Carlton Hotel in Korea and one of the most popular places for clubbing these days. ❷ It has a big stage, and the other facilities like bars or dancing floors are all good. Many people want to go there, so it is not easy to get in the club.

저는 보통 춤을 추러 클럽에 갑니다. 한국 도심에는 좋은 클럽들이 많이 있는데, 저는 특히 강남 지역에 있는 클럽들을 가장 좋아합니다. 그 클럽들 중에서, 제가 가장 좋아하는 클럽은 '에덴'이라는 클럽이에요. 그 클럽은 한국의 리츠 칼튼 호텔 안에 있으며 최근 들어서 가장 인기 있는 클럽 중의 하나입니다. 큰 무대가 있고 바나 댄스 무대 같은 다른 시설들도 모두 훌륭합니다. 많은 사람들이 그 곳에 가고 싶어 해서, 그 클럽에 들어가는 일이 여간 쉽지가 않습니다.

어휘 stage 무대 dancing floors 댄스 플로어(무도장)

HOW TO CORRECT

문법 바로잡기
❶ [전치사 of] 부정대명사+of(~중에서)+소유격 / the+복수 가산명사

Eden is located inside the Ritz-Carlton Hotel in Korea and one among the most popular places for clubbing these days.

Eden is located inside the Ritz-Carlton Hotel in Korea and **one of the most popular places** for clubbing these days.

표현 바로잡기
❷ ['예를 들어'의 표현] **like**: ~같은 (=**such as**)

It has a big stage, and the other facilities as bars or dancing floors are all good.

It has a big stage, and the other facilities **like** bars or dancing floors are all good.

춤에 대한 흥미 Tr-133

When did you first become interested in dancing? Why do you like to dance? How did you learn to dance?

언제 처음으로 춤에 대해 흥미를 갖게 되었나요? 왜 춤을 좋아하나요? 어떻게 춤을 배웠나요?

STORY MAP

[춤에 대한 흥미] 춤이 좋은 이유 • 춤을 배운 방법 • 결과 소개

Map Intro _ 춤이 좋은 이유

춤이 좋은 이유 | I don't know what made me like dancing. I have just liked dancing since my childhood.
제가 왜 춤을 좋아하게 되었는지 잘 모르겠습니다. 저는 어린 시절 이후부터 그냥 춤이 좋았습니다.

Map Body _ 춤을 배운 방법

가장 좋아하는 취미 | When I dance, I feel my stress relieving and I can recharge new energy so it is one of my favorite hobbies.
춤을 추게 되면, 스트레스도 풀리고 새로운 에너지를 재충전할 수 있기 때문에 춤은 제가 가장 좋아하는 취미 중에 하나가 되었습니다.

춤을 배운 방법 설명 | When I was young, I just learned dancing by watching TV stars then, I took dance classes when I was a university student.
제가 어렸을 때는, 그냥 TV에서 나오는 스타를 보면서 춤을 배웠는데, 대학생이 되어서는 댄스 교습을 받았습니다.

Map Closing _ 결과 소개

결과 소개 | It not only taught me how to dance, but promoted good health and a fit body.
그 수업은 춤을 추는 기술을 가르쳐줬을 뿐만 아니라 몸을 건강하고 날씬하게 만들어 주었습니다.

HOW TO GUIDE

Listening 길라잡이
댄스 교습과 관련된 세부내용 소개 / 춤에 흥미를 갖게 된 계기와 춤을 좋아하는 이유에 대해 자세히 설명하기

💣 듣기함정 "When did you first become interested in~"는 흥미나 관심을 갖게 된 계기를 묻는 질문으로 이해하도록 한다.

Speaking 길라잡이
춤을 좋아하는 이유 소개 ⇒ 춤에 흥미를 갖게 된 계기와 배운 방법 설명

💣 답변함정 묻고 있는 여러 개의 질문사항에 모두 답변하도록 한다.

HOW TO ANSWER  Tr-133

❶ I don't know what made me like dancing. I have just liked dancing since my childhood. When I dance, I feel my stress relieving and I can recharge new energy so it is one of my favorite hobbies. When I was young, I just learned dancing by watching TV stars then, ❷ I took dance classes when I was a university student. It not only taught me how to dance, but promoted good health and a fit body.

제가 왜 춤을 좋아하게 되었는지 잘 모르겠습니다. 저는 어린 시절 이후부터 그냥 춤이 좋았습니다. 춤을 추게 되면, 스트레스도 풀리고 새로운 에너지를 재충전할 수 있기 때문에 춤은 제가 가장 좋아하는 취미 중에 하나가 되었습니다. 제가 어렸을 때는, 그냥 TV에서 나오는 스타를 보면서 춤을 배웠는데, 대학생이 되어서는 댄스 교습을 받았습니다. 그 수업은 춤을 추는 기술을 가르쳐줬을 뿐만 아니라 몸을 건강하고 날씬하게 만들어 주었습니다.

어휘 relieve 없애 주다, 덜어 주다

HOW TO CORRECT

문법 바로잡기
❶ [사역동사] 사역동사(make)+목적어+동사원형(능동) / p.p.(수동)
I don't know what made me ~~to like~~ dancing.
I don't know what **made me like** dancing.

표현 바로잡기
❷ ['수업, 강습을 듣다'의 표현] **take a class**: 수업이나 강습을 듣다
I ~~went~~ dance classes when I was a university student.
I **took dance classes** when I was a university student.

댄스 교습소에서의 활동 Tr-133

You indicated in the survey that you take dance lessons. What kind of activities do you usually do at the dance academy? Tell me about all the activities with a lot of details.

설문에서 댄스 교습을 받는다고 답했습니다. 댄스 학원에서는 주로 어떤 활동을 하나요? 댄스학원에서 하는 모든 활동에 대해 자세하게 말해 보세요.

STORY MAP

[댄스 교습소에서의 활동] 스트레칭 • 댄스 동작 설명 • 연습 시간

Map Intro _ 스트레칭

| 스트레칭과 준비 운동 | At first, we do stretching and warm-up exercises. 우선, 스트레칭과 준비 운동을 합니다. |

Map Body _ 댄스 동작 설명

배워야 할 내용 설명	And the teacher shows us what we should learn in the class. 그리고 선생님이 수업 때 우리들이 배워야 하는 내용들을 보여주십니다.
댄스 동작 시연	He practices it before us in detail and sometimes shows each step in order. 그는 우리들 앞에서 그 춤을 보여주고 가끔씩은 동작을 하나하나 순서대로 보여주기도 합니다.
동작 반복 연습	After his explanation, we try to imitate it and repeatedly practice it. 선생님의 설명이 끝나면, 우리는 그 동작을 따라하고 반복해서 연습합니다.
보통 수업 시간	Usually, one class takes about one hour, but many of us practice longer even after the class. 보통 수업은 1시간 정도가 걸리지만, 대부분의 학생들은 수업이 끝난 이후에도 좀 더 연습을 해요.

Map Closing _ 연습 시간

| 연습 시간 | I usually spend two hours for practice after the class. 저는 보통 수업 후에 2시간 정도 연습을 합니다. |

HOW TO GUIDE

Listening 길라잡이
댄스 학원에서의 활동 소개 / 댄스 학원에서 하는 활동들에 대해 자세히 설명하기
- 듣기함정 "with a lot of details"에서 단순히 활동 한두 개의 나열을 묻는 질문이 아닌 자세한 설명을 요구하는 질문으로 이해하도록 한다.

Speaking 길라잡이
수업 전의 활동 소개 ⇒ 댄스 수업시간의 활동 설명 ⇒ 수업 이후의 활동 설명으로 답변 종결
- 답변함정 댄스 학원에서 하는 다양한 활동(준비 운동, 스트레칭, 춤 배우기, 연습 등)들을 중심으로 답변하도록 한다.

HOW TO ANSWER Tr-133

At first, we do stretching and warm-up exercises. And the teacher shows us what we should learn on the class. ❶ He practices it before us in detail and sometimes shows each step in order. After his explanation, we try to imitate it and repeatedly practice it. ❷ Usually, one class takes about one hour, but many of us practice longer even after the class. I usually spend two hours for practice after the class.

우선, 스트레칭과 준비 운동을 합니다. 그리고 선생님이 수업 때 우리들이 배워야 하는 내용들을 보여주십니다. 그는 우리들 앞에서 그 춤을 보여주고 가끔씩은 동작을 하나하나 순서대로 보여주기도 합니다. 선생님의 설명이 끝나면, 우리는 그 동작을 따라하고 반복해서 연습합니다. 보통 수업은 1시간 정도가 걸리지만, 대부분의 학생들은 수업이 끝난 이후에도 좀 더 연습을 해요. 저는 보통 수업 후에 2시간 정도 연습을 합니다.

어휘 imitate 따라하다 repeatedly 반복적으로

HOW TO CORRECT

문법 바로잡기
❶ [수의 일치] **every, each**는 단수 취급한다.
He practices it before us in detail and sometimes shows each ~~steps~~ in order.
He practices it before us in detail and sometimes shows **each step** in order.

표현 바로잡기
❷ ['대략, 약' 어림짐작의 표현] **about, around**+숫자: 약, 대략
Usually, one class takes ~~on~~ one hour.
Usually, one class takes **about one hour**.

HOW TO ROLE-PLAY

TYPE 1 질문하기+문제 해결하기

 친구와 함께 댄스 교습(질문하기) Tr-134

I'll give you a situation and ask you to act it out. Suppose that you and your friend are planning to take dance lessons at a dance academy. Visit the dance academy and ask three or four questions about taking lessons.

상황을 드릴 테니, 역할 연기를 해보세요. 친구와 함께 댄스 학원에서 댄스 교습을 받으려고 한다고 해보겠습니다. 댄스 학원을 방문해서 수업을 들을 수 있도록 서너 가지 질문해 보세요.

HOW TO GUIDE

질문 길라잡이
1. 댄스 교습을 받는다고 가정
2. 댄스 학원에 찾아가서 수업과 관련된 질문하기

정답 길라잡이
1. 방문 목적, 이유 설명
2. 개설일 관련 질문
3. 스케줄 관련 질문
4. 학생 할인 관련 질문
5. 친구 소개 시 혜택 여부 질문

HOW TO ANSWER  Tr-134

Hello. My name is Yang, Young-Hae. I want to take a dance lesson here beginning next month. What is the opening date of dance classes here? Can I have the schedule for them? Also, I am a university student. So I wonder whether I can have some kind of discounts for students. I also wonder whether I can have any benefits when I recommend the class to my friend.

안녕하세요. 제 이름은 양영해입니다. 다음 달부터 여기에서 댄스 강습을 받고 싶습니다. 이 곳 수업이 개설되는 날짜가 언제인가요? 제가 스케줄을 좀 봐도 될까요? 그리고 제가 대학생인데요. 학생 할인과 같은 제도가 있는지도 여쭤보고 싶어요. 친구를 수업에 추천하면 혜택이 있는지도 알고 싶습니다.

어휘 benefit 혜택, 이득

댄스 교습 등록을 취소해야 하는 상황(문제 해결하기) Tr-134

I'm sorry, but you have a problem to solve. You and your friend have planned to take dance lessons next Monday, but you have to cancel the registration due to an unexpected problem. Go to the dance academy and explain the situation. Then give some solutions to resolve this matter.

유감스럽게도 해결해야 할 문제가 생겼습니다. 친구와 함께 다음 달에 댄스 교습을 받기로 되어 있는데, 예기치 못한 문제로 인해 등록을 취소해야 합니다. 댄스 학원에 전화해서 상황을 설명하세요. 그러고 나서 이 문제를 해결할 수 있는 해결책을 몇 가지 제시해 보세요.

HOW TO GUIDE

질문 길라잡이
1 댄스 학원 등록을 취소해야 한다고 가정
2 댄스 학원에 전화해서 상황에 대한 설명과 그에 따른 해결책 제시

정답 길라잡이
1 문제점에 대한 설명
2 등록금을 환불받는 방법
3 open ticket을 통해 시간 여유가 있을 때 수업을 듣는 방법

HOW TO ANSWER  Tr-134

My name is Yang, Young-Hae. I registered for the dance class B last Friday, but I have to cancel my registration this month. I don't want to cancel it, but my father had a car accident and I have to take care of him at the hospital. I want you to give me a complete refund, and I will join the class after my father gets better. But if it is impossible, I think you can give me an open ticket for the class and squeeze me in when I am available.

제 이름은 양영해입니다. 지난 주 금요일에 댄스 B반에 등록을 했는데, 이번 달 등록을 취소해야 할 것 같아요. 취소하고 싶진 않은데, 아버지께서 교통사고를 당하셔서 제가 병원에서 돌봐드려야 하거든요. 등록금 전액을 환불해 주셨으면 해요, 그리고 아버지께서 쾌차하신 후에 등록을 할게요. 환불이 안된다면, 댄스 수업 오픈티켓을 주셔서 제가 시간이 될 때 들을 수 있도록 해주세요.

어휘 registration 등록 open ticket 시간이나 날짜를 지정하지 않는 티켓 squeeze 비집고 들어가다

TYPE 2 면접관에게 질문하기

 배우고 있는 댄스 Tr-134

I also take dance lessons. Ask me three or four questions about the dance I am learning now.

저도 댄스 교습을 받고 있습니다. 제가 현재 배우고 있는 춤에 관한 질문을 서너 가지 해보세요.

HOW TO GUIDE

❶ 공통 관심사에 대한 느낌, 내가 배우고 있는 춤 등을 표현하면서 공감대를 형성하고 질문을 시작하도록 한다.
❷ 춤의 종류, 배운 기간, 잘 추는 지 여부, 춤 동작 등을 질문하도록 한다.

HOW TO ANSWER Tr-134

❶ Wow, I am happy to hear that you also take dance lessons. Now I am taking the jazz dance class. Although I have been taking the class for more than three months, I am so clumsy with it. ❷ What dance are you learning now? How long have you been learning it? Are you good or poor at it like me? Does your dance academy have some courses for beginners?

와, 당신도 댄스 교습을 받으신다니 기쁩니다. 저는 지금 재즈 댄스 반을 듣고 있어요. 3개월 이상 수업을 듣고 있는데, 아직도 많이 서툽니다. 당신은 지금 어떤 춤을 배우고 있나요? 배운지는 얼마나 되었나요? 잘 추나요, 아니면 저처럼 잘 못 추나요? 댄스 학원에 초보자반도 개설되어 있나요?

 댄스 강사와 댄스 교습소 Tr-134

I take dance lessons, too. Ask me three or four questions about my dancing instructor and the dance academy I go to.

저도 댄스 교습을 받고 있습니다. 제가 다니는 댄스 학원과 제 강사에 관한 질문을 서너 가지 해보세요.

HOW TO ANSWER  Tr-134

I am glad to hear that we have something in common. I usually go to the dancing class on weekends because I work during the weekdays. Actually, I am now considering moving to another academy. So can I ask you something? First, **where is your dance academy located? My second question is about the instructor. Does your instructor teach the dance well?** I am just worried about my poor dancing skill. **Are any of his classes for beginners?** If so, I'd like to apply for it.

우리가 공통점이 있다니 기쁩니다. 저는 주중에는 일을 해야 해서 주로 주말에 댄스 학원에 다닙니다. 실은, 학원을 바꿀까 고민하고 있어요. 그래서 제가 몇 가지 물어봐도 될까요? 첫 번째, 댄스 학원은 어디에 있나요? 두 번째 질문은 강사에 관한 질문이에요. 강사님이 춤을 잘 가르치나요? 저는 춤을 잘 못 춰서 걱정이에요. 그 강사님이 가르치는 초보자 반도 있나요? 있다면, 신청하고 싶어요.

HOW TO 춤과 댄스 교습 Plus

춤과 댄스 교습 Plus Questions

Q1 _ 춤 복합 질문
You indicated in the survey that you like to dance. How often do you dance? When and with whom do you go dancing? Tell me all the details.
설문조사에서 춤추는 것을 좋아한다고 했습니다. 얼마나 자주 춤을 추나요? 언제 누구와 함께 춤추러 가나요? 자세하게 얘기해 보세요.

Q2 _ 춤과 관련된 기억에 남는 에피소드
Do you have some interesting or memorable episode you experienced when dancing? What was it? Why was it so interesting or memorable for you? Tell me about it in as much detail as possible.
춤을 추면서 경험했던 재미있거나 기억에 남는 에피소드가 있나요? 어떤 에피소드인가요? 왜 그 일이 재미있거나 기억에 남는 거죠? 가능한 한 자세하게 얘기해 보세요.

춤과 댄스 교습 Role-play Questions

Q1 _ 친구의 댄스(질문하기)
I'll give you a situation and ask you to act it out. Suppose that you want to learn how to dance and your friend is skillful at dancing. Call your friend and leave a message, asking three or four questions about dancing.
상황을 드릴 테니 역할 연기를 해보세요. 춤을 배우고 싶어 하는데 친구가 춤을 아주 잘 춘다고 가정해 보겠습니다. 친구에게 전화해서 춤에 대해서 서너 가지 물어보면서 메시지를 남겨보세요.

Q2 _ 친구와 함께 춤추러 갈 수 없는 상황(문제 해결하기)
I'm sorry, but you have a problem to solve. You and your friend are planning to go dancing together today, but you have to go home due to a problem. Call your friend to explain the situation. Then give some solutions to resolve this matter.
유감스럽지만 해결해야 할 문제가 있습니다. 친구와 함께 오늘 춤추러 갈 계획인데 어떤 문제 때문에 집에 가야 합니다. 친구에게 전화해서 상황을 설명하세요. 그러고 나서 이 문제를 해결할 수 있도록 몇 가지 해결책을 제안해 보세요.

SECTION 3 _ 취미생활 및 기타

14강

축구 & 스케이트 타기

Unit1 축구
Unit2 스케이트

UNIT 1 축구

HOW TO OPIc

14강의 학습 주제는 [스포츠]입니다. 실제 정기시험의 설문조사에서는 1개 이상의 항목을 선택할 수 있습니다. 여가활동, 취미생활 등의 선택 항목 수보다 상대적으로 적지만 오픽 시험의 특성상 1개 항목이 시험에 출제되면 2~3문제 연속으로 등장하기 때문에 절대 가벼이 여기고서 준비에 소홀해서는 안 됩니다. 이번 14강에서는 국민 스포츠인 축구와 (인라인) 스케이트, 두 가지 항목을 다룰 예정입니다. 둘 중 한 가지 항목을 선택해서 만반의 대비를 해두시기 바랍니다.

먼저 축구 항목을 자세하게 살펴보겠습니다. 축구를 선택했을 경우에 가장 기본적으로 받을 수 있는 질문은 자주 가는 축구장 또는 축구를 할 수 있는 장소를 묘사하는 내용을 꼽을 수 있습니다. 학교 운동장, 공설 운동장, 공원 인조 잔디구장 등을 떠올릴 수 있습니다. 축구 경기 관람하는 것을 좋아하는 경우, 특히 여성의 경우에는 자주 찾는 축구장이라든지, TV 등에서 자주 볼 수 있는 축구장과 관련된 기본적인 정보는 알아두는 것이 좋습니다. 예컨대, 축구장 규모, 좌석 수, 주변 환경시설 등을 말이죠. 그리고 좋아하는 축구선수와 축구팀을 소개해보라는 질문도 예상할 수 있습니다.

두 번째, 좀 더 구체적으로 물어볼 수 있는 질문입니다. 얼마나 자주, 언제, 누구와, 어디에서 축구를 하는지 묻는 질문이 자주 등장합니다. 축구 기술을 어떻게 배웠고 어떤 기술이 있는지 설명해 보라는 질문도 대비해둬야 하겠고요. 좋아하는 축구선수의 특징, 장단점 등 좀 더 구체적으로 묻는 질문도 예상해둬야 합니다.

세 번째는 경험과 관련된 질문입니다. 축구에 관심을 가지게 된 계기, 최근에 축구 경기를 했던 경험, 기억에 남는 축구 경험, 기억에 남는 축구 경기 등이 자주 등장하고 있는 축구 관련 경험 질문들입니다.

마지막으로 Role-play와 관련하여 꼭 대비해둬야 할 질문은 축구장 이용에 대해서 사전에 예약을 해야 하는 상황과 예약을 해서 축구장에 갔는데 이미 다른 사람들이 축구장을 이용하고 있는 상황과 관련된 내용입니다. 그리고 친구와 함께 축구하기 위해서 전화하는 상황과 바쁜 일 때문에 함께 축구를 할 수 없는 상황까지 준비해 두기 바랍니다.

BEST QUESTIONS

축구 Mapping Questions

Q1 _ 축구 장소 묘사

You indicated in the survey that you like to play soccer in your free time. Please describe where you like to play soccer.

Q2 _ 축구 세부 설명

When did you start to play soccer? Who taught you how to play it? Why are you interested in soccer? Tell me with a lot of details.

Q3 _ 기억에 남는 경험

I'd like to know about an interesting or unforgettable experience you had while playing soccer. Tell me what happened at that time. Why was it so interesting or unforgettable? Tell me all about it in as much detail as possible.

축구 Role-play Questions

Q1 _ 친구들과 함께 축구하기(질문하기)

I'll give you a situation. Please act it out. Suppose that you want to play soccer on your campus with your friends. Call one of your friends and leave a message, asking three or four questions about playing soccer.

Q2 _ 끝내야 할 급한 과제가 생긴 돌발 상황(문제 해결하기)

I'm sorry, but you have a problem to solve. You and your friends had planned to play soccer tomorrow afternoon, but you have an urgent assignment which should be finished by tomorrow. Call one of your friends and explain the situation. Then offer two alternatives to resolve this matter.

Q3 _ 자주 가는 축구장(면접관에게 질문하기)

I like to play soccer as well. Just ask me three or four questions to find out more about the soccer field I frequently visit.

Q4 _ 좋아하는 축구팀과 축구 선수(면접관에게 질문하기)

I enjoy playing soccer with my friends, too. Ask me three or four questions to learn more about my favorite soccer team and players.

HOW TO MAP YOUR STORY

 축구장 묘사 Tr-141

You indicated in the survey that you like to play soccer in your free time. Please describe where you like to play soccer.

설문에서 여가시간에 축구를 즐겨한다고 했습니다. 당신이 축구를 즐겨하는 장소를 묘사해 보세요.

STORY MAP

[축구장 묘사] 축구 장소 • 축구장 주변 환경 • 축구장 규모

Map Intro _ 축구 장소

축구 장소 소개 | I like to play soccer in my free time. Usually, I go to the large playground of a high school. I use the term playground loosely because it is more like a soccer field in dirt that people use for purposes other than soccer.

여가시간에 저는 축구를 즐깁니다. 보통은, 고등학교 대운동장에 가요. 저는 그냥 막연히 운동장이라는 용어를 사용하는데, 이곳은 사람들이 축구 이외의 다른 용도로도 사용할 수 있도록 흙으로 된 축구장에 더 가깝기 때문입니다.

Map Body _ 축구장 주변 환경

축구 장소 거리 | Anyhow, the playground is about a ten-minute walk from my house.
어쨌든, 이 운동장은 저희 집에서 걸어서 10분 정도 거리에 있습니다.

축구장 주변 환경 | On the outer rim of the playground, there are the jungle gym, a few see-saws, and benches. The field for soccer is in the middle of the playground. Like many Korean soccer fields, the field where I play soccer is covered in dirt or sand.

운동장 외곽으로는 정글짐, 시소 몇 개, 그리고 벤치들이 있습니다. 축구장은 운동장 한 가운데에 있어요. 많은 다른 한국의 축구장처럼, 제가 축구를 하는 축구장도 흙이나 모래로 덮여 있습니다.

Map Closing _ 축구장 규모

축구장 규모 | The size of the field is about two-thirds of a standard field.
이 축구장은 정규 축구장의 2/3 정도의 크기입니다.

HOW TO GUIDE

Listening 길라잡이
축구장 소개 / 축구를 즐겨하는 장소에 대해 자세히 묘사하기
- 듣기함정 "describe where~"에서 장소를 묘사하라고 묻고 있으므로, 질문을 현재로 이해하도록 한다.

Speaking 길라잡이
자주 가는 축구장 소개 ⇒ 축구장의 전경 소개 ⇒ 축구장의 규모 설명
- 답변함정 기본적으로 축구장과 주변 환경을 간단하게 묘사한다. 언제, 누구와, 얼마나 자주 하는지와 같은 질문과 관계없는 내용은 자세하게 언급할 필요는 없다.

HOW TO ANSWER Tr-141

I like to play soccer in my free time. Usually, I go to the large playground of a high school. I use the term playground loosely because it is more like a soccer field in dirt that people use for purposes other than soccer. Anyhow, the playground is about a ten-minute walk from my house. On the outer rim of the playground, there are the jungle gym, a few see-saws, and benches. The field for soccer is in the middle of the playground. Like many Korean soccer fields, ❶ **the field where I play soccer is covered in dirt or sand.** ❷ **The size of the field is about two-thirds of a standard field.**

여가시간에 저는 축구를 즐깁니다. 보통은, 고등학교 대운동장에 가요. 저는 그냥 막연히 운동장이라는 용어를 사용하는데, 이곳은 사람들이 축구 이외의 다른 용도로도 사용할 수 있도록 흙으로 된 축구장에 더 가깝기 때문입니다. 어쨌든, 이 운동장은 저희 집에서 걸어서 10분 정도 거리에 있습니다. 운동장 외곽으로는 정글짐, 시소 몇 개, 그리고 벤치들이 있습니다. 축구장은 운동장 한 가운데에 있어요. 많은 다른 한국의 축구장처럼, 제가 축구를 하는 축구장도 흙이나 모래로 덮여 있습니다. 이 축구장은 정규 축구장의 2/3 정도의 크기입니다.

어휘 **loosely** 느슨하게, 막연히   **rim** 가장자리, 테두리

HOW TO CORRECT

문법 바로잡기
❶ [전치사+관계대명사] 관계부사(**where**) = 전치사+관계대명사(**at which**)
　　　　　　　　예문에서 field는 전치사 at의 목적어이다. 이때 목적격 관계대명사는 생략 가능하다.
~~The field I play soccer is~~ covered in dirt or sand.
The field where I play soccer is covered in dirt or sand. → The field (which) I play soccer at is ~

표현 바로잡기
❷ [분수의 표현] 분수를 표현할 때는 분자는 기수, 분모는 서수로 표현한다.
The size of the field is about ~~second-thirds~~ of a standard field.
The size of the field is about **two-thirds** of a standard field.

축구 세부 설명 Tr-141

When did you start to play soccer? Who taught you how to play it? Why are you interested in soccer? Tell me with a lot of details.

축구를 언제 처음 시작했나요? 어떻게 하는지 누가 가르쳐 주었나요? 축구에 왜 관심을 갖게 되었나요? 자세히 말해 보세요.

STORY MAP

[축구 세부 설명] 축구를 시작한 시기 • 배운 방법 • 결과 또는 현재 사실

Map Intro _ 축구를 시작한 시기

축구 시작 시기
I started playing soccer at a young age, like most Korean boys. It was during my first year of elementary school that I actually learned how to play soccer.
대부분 한국 소년들처럼, 저도 어린 나이에 축구를 시작했습니다. 제가 축구라는 것을 제대로 배웠던 때는 초등학교 1학년 때였습니다.

축구를 배우게 된 곳
My parents were so generous to send me to a small soccer academy taught by an ex-professional soccer player.
부모님은 너그럽게도 은퇴한 프로 축구 선수가 가르치는 작은 축구 교실에 저를 보내주셨습니다.

Map Body _ 배운 방법

배운 기술
But my dream at that time was not to be a soccer player. Anyway, I learned how to trap a ball in that academy so that it allows me to make my next move, which goes easily along with other important things.
하지만 그 당시의 제 꿈은 축구 선수가 아니었습니다. 어쨌든 저는 축구 교실에서 다른 중요한 내용들과 함께 다음 움직임을 쉽게 할 수 있도록 공을 트래핑하는 법을 배웠습니다.

축구에 대한 열정
Frankly speaking, I was not that interested in soccer so as to attend a soccer academy of any sort. However, that is where I developed my passion for soccer.
솔직히 말하자면, 저는 축구 교실에 참가할 만큼 축구에 많은 관심이 있었던 것은 아니었습니다. 하지만, 그곳에서 제가 축구에 대한 열정을 배웠습니다.

Map Closing _ 결과 또는 현재 사실

결과 또는 현재 사실
Until today, I still enjoy playing soccer as well as watching soccer with my friends.
오늘날까지도, 저는 친구들과 함께 축구를 보는 것과 축구를 하는 것 모두 여전히 좋아합니다.

HOW TO GUIDE

Listening 길라잡이
축구 세부내용 설명 / 축구를 언제 시작하고, 누구에게 배웠는지 등 세부내용에 대해 설명하기
- 듣기함정   "When did~", "Who taught~", "Why are~"에서 의문사 뒤에 시제를 나타내 주는 대동사 또는 be동사에 유의해서 듣도록 한다.

Speaking 길라잡이
축구를 시작한 시기 소개 ⇒ 세부내용(가르쳐준 사람이나 배운 곳) 소개 ⇒ 결과 또는 현재 사실 설명
- 답변함정   세부내용을 묻는 질문은 의문사에서 묻고 있는 여러 가지 내용을 빠뜨리지 않고 모두 대답해야 한다.

HOW TO ANSWER Tr-141

❶ I started playing soccer at a young age, like most Korean boys. It was during my first year of elementary school that I actually learned how to play soccer. My parents were so generous to send me to a small soccer academy taught by an ex-professional soccer player. But my dream at that time was not to be a soccer player. Anyway, ❷ I learned how to trap a ball in that academy so that it allows me to make my next move, which goes easily along with other important things. Frankly speaking, I was not that interested in soccer so as to attend a soccer academy of any sort. However, that is where I developed my passion for soccer. Until today, I still enjoy playing soccer as well as watching soccer with my friends.

대부분 한국 소년들처럼, 저도 어린 나이에 축구를 시작했습니다. 제가 축구라는 것을 제대로 배웠던 때는 초등학교 1학년 때였습니다. 부모님은 너그럽게도 은퇴한 프로 축구 선수가 가르치는 작은 축구 교실에 저를 보내주셨습니다. 하지만 그 당시의 제 꿈은 축구 선수가 아니었습니다. 어쨌든 저는 축구 교실에서 다른 중요한 내용들과 함께 다음 움직임을 쉽게 할 수 있도록 공을 트래핑하는 법을 배웠습니다. 솔직히 말하자면, 저는 축구 교실에 참가할 만큼 축구에 많은 관심이 있었던 것은 아니었습니다. 하지만, 그곳에서 저는 축구에 대한 열정을 배웠습니다. 오늘날까지도, 저는 친구들과 함께 축구를 보는 것과 축구를 하는 것 모두 여전히 좋아합니다.

어휘   trap 공을 다루다, 트래핑하다   along with ~와 함께, ~을 따라서

HOW TO CORRECT

문법 바로잡기
❶ [수의 일치] most는 '대부분의'라는 뜻으로 복수명사와 함께 잘 어울린다.
I started playing soccer at a young age, like most Korean boy.
I started playing soccer at a young age, like **most Korean boys**.

표현 바로잡기
❷ [목적, 이유 '~하기 위하여'의 표현] so that+절(S+V) / so as to+동사원형
I learned how to trap a ball in that academy so as to it allows me to make my next move, which goes easily.
I learned how to trap a ball in that academy **so that** it allows me to make my next move, which goes easily.

축구 경험 Tr-141

I'd like to know about an interesting or unforgettable experience you had while playing soccer. Tell me what happened at that time. Why was it so interesting or unforgettable? Tell me all about it in as much detail as possible.

축구 경기를 하면서 겪은 재미있었거나 잊을 수 없는 경험에 대한 얘기를 해보겠습니다. 그 때 무슨 일이 있었는지 말해 보세요. 왜 그것이 그렇게 흥미롭거나 잊을 수 없나요? 그 경험에 대해서 최대한 자세히 얘기해 보세요.

STORY MAP

[축구 경험] 경험했던 일 · 당시 상황 설명 · 당황스러운 실수

Map Intro _ 경험했던 일

경험했던 일 소개

An unforgettable moment stamped in my memory was the time when I let in an embarrassing own-goal.

제 기억 속에 선명히 남아있는 잊을 수 없는 순간은 당황스러운 자살골을 넣었을 때의 일입니다.

Map Body _ 당시 상황 설명

다른 축구팀과의 경기

I started out as a defender when I was young and had an opportunity to play against another children's soccer club.

어렸을 때 저는 수비수로 축구를 시작했는데, 다른 어린이 축구팀과 경기할 기회가 있었습니다.

실수 상황 설명

In the second half, I scored a magnificent goal for an elementary school student except that I scored it in my own-goal. It happened when I was trying to clear a cross from the left flank.

후반전에, 저는 자살골이라는 것만 제외하면 초등학생 치고는 정말 멋진 골을 기록했습니다. 그 일은 왼쪽 옆에서 올라오는 크로스를 밖으로 걷어내려고 했을 때 일어났어요.

Map Closing _ 당황스러운 실수

당황스러운 실수 경험

When I kicked the ball backwards to clear, I scored a goal that might appear in the weekly highlights of professional soccer leagues. It was a rather embarrassing moment for me.

축구공을 뒤쪽으로 찼을 때, 축구공은 프로 축구 리그의 주간 명장면에서나 나올법하게 그대로 골로 연결되었습니다. 제게는 정말 당황스러운 순간이었습니다.

HOW TO GUIDE

Listening 길라잡이
축구 경기 경험 설명 / 재미있었거나 기억에 남는 축구 경기 경험에 대해 자세히 설명하기
- 듣기함정 "experience~"에서 과거의 경험을 묻고 있으므로, 질문을 과거로 이해하도록 한다.

Speaking 길라잡이
축구 경기 경험 소개 ⇒ 당시 상황 세부 설명 및 기억에 남는 순간 소개
- 답변함정 잊을 수 없는 경험과 사건을 먼저 설명한 후에 당시 상황을 과거시제로 자세하게 얘기한다.

HOW TO ANSWER

❶ An unforgettable moment stamped in my memory was the time when I let in an embarrassing own-goal. I started out as a defender when I was young and had an opportunity to play against another children's soccer club. ❷ In the second half, I scored a magnificent goal for an elementary school student except that I scored it in my own-goal. It happened when I was trying to clear a cross from the left flank. When I kicked the ball backwards to clear, I scored a goal that might appear in the weekly highlights of professional soccer leagues. It was a rather embarrassing moment for me.

제 기억 속에 선명히 남아있는 잊을 수 없는 순간은 당황스러운 자책골을 넣었을 때의 일입니다. 어렸을 때 저는 수비수로 축구를 시작했는데, 다른 어린이 축구팀과 경기할 기회가 있었습니다. 후반전에, 저는 자살골이라는 것만 제외하면 초등학생 치고는 정말 멋진 골을 기록했습니다. 그 일은 왼쪽 옆에서 올라오는 크로스를 밖으로 걷어내려고 했을 때 일어났어요. 축구공을 뒤쪽으로 찼을 때, 축구공은 프로 축구 리그의 주간 명장면에서나 나올법하게 그대로 골로 연결되었습니다. 제게는 정말 당황스러운 순간이었습니다.

어휘 stamp (도장을) 찍다 own-goal 자책골, 자살골 magnificent 정말 아름다운 flank (전투·스포츠 경기 대형의) 측면

HOW TO CORRECT

문법 바로잡기
❶ [관계대명사의 생략] 주격관계대명사+be동사는 생략할 수 있다.
An unforgettable moment ~~that~~ stamped in my memory was the time when I let in an embarrassing own-goal.
An unforgettable moment (**that was**) stamped in my memory was the time when I let in an embarrassing own-goal.

표현 바로잡기
❷ [축구 경기의 전, 후반전 표현] (**in**) **the first half** 전반전 / **the second half** 후반전
~~On~~ the second half, I scored a magnificent goal.
In the second half, I scored a magnificent goal.

HOW TO ROLE-PLAY

TYPE 1 질문하기 + 문제 해결하기

친구와 함께 축구하기(질문하기) Tr-142

I'll give you a situation. Please act it out. Suppose that you want to play soccer on your campus with your friends. Call one of your friends and leave a message, asking three or four questions about playing soccer.

제가 상황을 드리겠습니다. 역할 연기를 해보세요. 학교에서 친구들과 함께 축구 경기를 하려고 한다고 해보겠습니다. 친구에게 전화를 걸어 축구 경기를 할 수 있도록 서너 가지 물어보면서 메시지를 남기세요.

HOW TO GUIDE

질문 길라잡이
1. 축구 경기를 한다고 가정
2. 친구에게 전화해서 축구 경기와 관련된 질문하기

정답 길라잡이
1. 전화를 건 이유 설명
2. 경기 시간 관련 질문
3. 선수 관련 질문
4. 복장 관련 질문

HOW TO ANSWER  Tr-142

Hello, Byungcheol. I am calling to ask a couple of questions regarding the soccer game that we promised to play. What time do you want to play? Do we have enough players? If we don't, how many members should I bring to make a full team? Should I bring jerseys so that we could tell who is on which side, or are we going to play shirts and skins? By the way, can I give you a ride? I will take my brother's car.

안녕, 병철아! 우리가 같이 하기로 한 축구 경기에 관해서 몇 가지 정도 물어 볼게 있어서 전화했어. 몇 시에 경기할래? 선수는 충분하지? 선수들이 부족하면, 내가 몇 명을 데려와야 팀을 만들 수 있을까? 양 팀 선수들을 구분할 수 있도록 상의 셔츠들을 가져와야 하니? 아니면 그냥 한쪽은 옷을 탈의하고, 한쪽은 옷을 입는 것으로 구분해서 경기를 할까? 그런데 갈 때, 내가 태워줄까? 형 차를 가져갈 거야.

어휘 jersey (운동경기 용) 셔츠 shirts and skins (팀을 구분하기 위해) 한쪽은 상의를 탈의하고 다른 한쪽은 그대로 옷을 입고 하는 경기

축구 경기를 할 수 없는 돌발 상황(문제 해결하기) Tr-142

I'm sorry, but you have a problem to solve. You and your friends had planned to play soccer tomorrow afternoon, but you have an urgent assignment which should be finished by tomorrow. Call one of your friends and explain what the situation is. Then offer two alternatives to resolve this matter.

유감스럽게도 해결해야 할 문제가 생겼습니다. 친구와 함께 내일 오후에 축구 경기를 하려고 했는데, 내일까지 마쳐야 하는 급한 과제가 생겼습니다. 친구에게 전화해서 상황을 설명하세요. 그러고 나서 이 문제를 해결할 수 있는 두 가지 대안을 제시하세요.

HOW TO GUIDE

질문 길라잡이
1. 숙제 때문에 축구를 할 수 없다고 가정
2. 친구에게 전화해서 상황에 대한 설명과 그에 따른 해결 방안 제시

정답 길라잡이
1. 문제점 설명
2. 축구 경기를 친구가 편한 시간으로 연기하는 대안
3. 룸메이트를 대신 보내는 방법

HOW TO ANSWER Tr-142

Hi, Byungcheol. I am calling to tell you that I don't think I can play soccer with you tomorrow. I know we have promised, but I forgot that I had an important assignment due tomorrow. I am very sorry to call off our promise at the last minute, but I really need to get this done. Would it be possible if we postpone our game to some other time whenever it is convenient for you? Or if it is okay with you, I can send my roommate in my place. I am so sorry. Please let me know which one is better.

안녕, 병철아! 내일 축구를 못할 거 같아서 전화했어. 우리가 축구하기로 약속한 거 아는데, 내일까지 끝내야 할 중요한 과제가 있다는 것을 깜박했어. 시간이 다되었는데 약속을 취소하게 되어서 정말 미안하지만, 정말로 이 일을 끝내야 하거든. 나중에 아무 때나 네가 편한 다른 시간으로 경기를 연기하면 안 될까? 아니면, 너만 괜찮으면 나 대신 내 룸메이트를 보낼게. 정말 미안해. 어떤 쪽이 괜찮은지 알려줘.

어휘 call off 취소하다 (=cancel) postpone 연기하다

TYPE 2 면접관에게 질문하기

 즐겨 찾는 축구장 Tr-142

I like to play soccer as well. Just ask me three or four questions to find out more about the soccer field I frequently visit.

저도 축구 경기를 하는 좋아하는데요. 제가 즐겨 찾는 축구장에 대해 좀 더 알아볼 수 있도록 서너 가지 질문을 해보세요.

HOW TO GUIDE

❶ 축구라는 서로의 관심사가 같으므로 답변을 시작할 때, 간단하게 축구와 관련된 내용을 설명하면서 공감대를 형성하는 것이 좋다.
❷ 축구장의 위치, 자주 찾는 이유, 시설, 함께 가는 사람 등을 간단하게 질문해본다.

HOW TO ANSWER Tr-142

❶ **I like both watching soccer games on TV and playing it myself.** ❷ **Where** is the soccer field you frequently visit located? **Why** do you like to visit that particular soccer field? Are you satisfied with **the facilities? My field is not good because it is just a small playground for elementary school students. Who** do you go **with** when you go there? When do you usually go to the soccer field?

저는 TV에서 축구 경기를 보는 것과 직접 축구 경기를 하는 것 모두 좋아합니다. 당신이 자주 찾는 축구장은 어디에 있나요? 왜 그 축구장에 자주 가나요? 그 곳 시설들은 괜찮나요? 제가 가는 축구장은 초등학생들이 사용하는 조그마한 운동장이라서 시설들이 그다지 좋지는 않습니다. 축구장에 갈 때는 누구랑 함께 가나요? 보통 언제 축구장을 가죠?

 좋아하는 축구팀과 선수 Tr-142

I enjoy playing soccer with my friends, too. Ask me three or four questions to learn more about my favorite soccer team and players.

저도 축구를 좋아합니다. 제가 좋아하는 축구팀이나 선수에 대해 좀 더 알아볼 수 있도록 서너 가지 질문을 해보세요.

HOW TO ANSWER Tr-142

I've been a big fan of Real-Madrid in Spain since my childhood. Which soccer team do you like best? **OK, then can I ask you about your favorite team? Why** do you like the team? In my case, I like Real-Madrid because of some good players like Kaka. **Who** is your favorite player on the team? **When** did you start admiring this player?

어린 시절부터, 전 스페인의 레알 마드리드의 열성 팬이었습니다. 당신은 어느 축구팀을 가장 좋아하세요? 그러면, 당신이 좋아하는 팀에 대해서 여쭤 봐도 될까요? 왜 그 팀을 좋아하세요? 제 경우에는, 카카와 같은 훌륭한 선수들 때문에 레알 마드리드를 좋아합니다. 그 팀에서 어떤 선수를 가장 좋아하나요? 언제부터 그 선수를 좋아하게 되었나요?

HOW TO 축구 Plus

축구 Plus Questions

Q1 _ 좋아하는 축구선수와 팀

You indicated in the survey that you like to play soccer in your free time. Tell me about your favorite players and teams.
설문조사에서 여가시간에 축구하는 것을 좋아한다고 했습니다. 가장 좋아하는 축구 선수들과 팀에 대해서 얘기해 보세요.

Q2 _ 축구 세부 설명

How often do you play soccer? When and with whom do you usually play? Tell me all the details.
얼마나 자주 축구를 하나요? 주로 언제 누구와 함께 축구를 하죠? 자세하게 얘기해 보세요.

Q3 _ 최근에 했던 축구 경기

When was the last time you played soccer? Where and with whom did you play soccer? What was the result of the game? Tell me all about the recent soccer game in as much detail as possible.
가장 마지막으로 축구를 한 게 언제인가요? 어디에서 누구와 했죠? 축구 경기 결과는 어땠나요? 가능한 한 자세하게 최근에 했던 축구 경기에 대해서 모두 말해 보세요.

축구 Role-play Questions

Q1 _ 축구 경기 티켓 예매(질문하기)

I'll give you a situation. Please act it out. Assume that you want to buy tickets to watch a soccer game with your friend. Call a ticket counter and ask three or four questions about purchasing the tickets.
상황을 드리겠습니다. 역할 연기를 해보세요. 친구와 함께 축구 경기를 보기 위해서 티켓을 구매하려고 한다고 가정해 보겠습니다. 매표소에 전화해서 티켓을 예매할 수 있도록 서너 가지 질문해 보세요.

Q2 _ 티켓이 거의 매진된 상황(문제 해결하기)

I'm sorry, but you have a problem to solve. The ticket counter said that the tickets are almost sold out and only a few tickets are still available, but they are not next to each other. Call your friend and leave a message, explaining the situation. And then offer two alternatives to resolve this matter.
유감스럽지만 해결해야 할 문제가 있습니다. 매표소에서는 티켓이 거의 다 팔렸고 남아 있는 티켓이 좀 있긴 한데 좌석이 서로 떨어져 있다고 합니다. 친구에게 전화해서 상황을 설명하면서 메시지를 남겨보세요. 그리고 나서 이 문제를 해결할 수 있도록 두 가지 대안을 제시해 보세요.

UNIT 2 스케이트

스포츠에서 두 번째로 살펴볼 항목은 바로 '스케이트'입니다. 스케이트, 인라인 스케이트, 스키의 경우 문제 유형이 거의 비슷하게 출제되기 때문에 인라인 스케이트를 선택할 예정이라면 앞으로 학습하게 될 스케이트 항목을 참고삼아 준비하면 됩니다.

인라인 스케이트의 경우는 근처 공원이나 학교 등에서도 쉽게 즐길 수 있는 운동입니다. 학교 운동장에서 축구도 하고 근처에서 인라인 스케이트를 탈 수도 있고, 공원에 놀러가서 역시 인라인 스케이트를 탈 수도 있을 것입니다. 이렇게 두 가지 항목을 묶어서 대비하면 보다 효과적으로 시험을 준비할 수 있으므로 함께 어울리는 항목들이 어떤 게 있는지 찾아보시기 바랍니다.

자 그럼, 스케이트와 관련된 질문들을 살펴보겠습니다. 지금까지 살펴본 바로는 장소 묘사, 사물이나 사람 소개 등의 문제들이 가장 기본적인 질문에 해당됨을 이제 어느 정도 감을 잡았으리라 봅니다. 스케이트 역시 스케이트를 타는 곳, 스케이트장을 묘사하는 질문을 가장 먼저 떠올릴 수 있습니다. 좋아하는 스케이트 선수를 소개하는 질문도 함께 준비해 두시고요.

기본적인 질문 다음에 물어볼 수 있는 구체적인 질문들은 얼마나 자주, 언제, 누구와 스케이트를 타는지 복합적으로 묻는 내용이 출제될 수 있습니다. 스케이트를 배우게 된 계기와 스케이트를 잘 타는 방법 등의 질문도 충분히 예상해 볼 수 있고요. 스케이트 운동의 장점이라든지 좋아하는 선수의 특징 및 장점이라든지 자세하게 설명해보라는 질문도 꼽을 수 있습니다.

마지막 경험과 관련된 독서 질문을 살펴보자면 최근에 탔던 스케이트, 스케이트를 타면서 어려웠던 점, 기억에 남는 특별한 경험 등으로 정리해볼 수 있습니다.

스케이트와 관련된 Role-play 상황도 간단하게 살펴볼까요? 스케이트화 구입과 관련된 상황과 배송과 관련된 문제 상황을 먼저 떠올릴 수 있고요. 친구와 함께 스케이트를 타러 가려고 전화하는 상황과 다른 일 때문에 시간을 미루거나 다음에 스케이트를 타러 가야 하는 상황을 해결하는 문제 등도 함께 예상해 볼 수 있습니다.

BEST QUESTIONS

스케이트 Mapping Questions

Q1 _ 스케이트장 묘사

You indicated in the survey that you like to go skating. Where do you usually go skating? Please describe the skating rink you frequently visit.

Q2 _ 스케이트 세부 설명

How did you first begin to skate? How often do you skate? With whom do you go skating? Tell me all the details.

Q3 _ 기억에 남거나 어려웠던 일

Have you ever experienced something memorable or difficult while skating? What exactly happened? What kind of thing was it? Please tell me about the memorable or difficult thing in as much detail as possible.

스케이트 Role-play Questions

Q1 _ 친구와 함께 스케이트 타기(질문하기)

I'll give you a situation. Please act it out. You want to go skating with your friend this weekend. Call your friend and leave a message, asking three or four questions about going skating together.

Q2 _ 집에 있어야 해서 스케이트 타러 갈 수 없는 상황(문제 해결하기)

I'm sorry, but you have a problem to solve. You and your friend are scheduled to go skating tomorrow morning, but your parents will go on a trip to a local place tomorrow, so you have to stay home and can't go skating. Call your friend and explain the problem. Then give two alternatives to handle this matter.

Q3 _ 자주 찾는 스케이트장(면접관에게 질문하기)

I also like to go skating. Please ask me three or four questions to learn about the skating rink I like to visit.

Q4 _ 나의 스케이트(면접관에게 질문하기)

I enjoy going skating as well. Just ask me three or four questions to learn more about my skating.

HOW TO MAP YOUR STORY

 스케이트장 묘사 Tr-143

You indicated in the survey that you like to go skating. Where do you usually go skating? Please describe the skating rink you frequently visit.

설문에서 스케이트를 즐겨 탄다고 했습니다. 주로 어디에서 스케이트를 타나요? 자주가는 스케이트장을 묘사해 보세요.

STORY MAP

[스케이트장 묘사] 스케이트장 위치 • 장소와 서비스 • 내부 설명

Map Intro _ 스케이트장 위치

스케이트 타는 시간과 위치

I go skating at a skating rink near my house on weekends. The skating rink is a place where a lot of my neighbors visit especially during the summer in order to escape the hot weather.

저는 주말에 집 근처 스케이트장에서 스케이트를 탑니다. 그 스케이트장은 많은 이웃들이 찾는 곳인데, 특히 여름에는 더위를 피해서 많은 사람들이 옵니다.

Map Body _ 장소와 서비스

스케이트 타는 장소

The building in which the skating rink is located also has other attractions so that family members who may not be interested in skating can enjoy themselves, too.

스케이트장 건물에는 스케이팅에 관심 없는 가족들도 와서 즐길 수 있도록 여러 명소들이 있습니다.

스케이트 대여

Since many people do not have their own skates, the skating rink rents skates for those who do not have them.

많은 사람들이 스케이트를 가지고 있지 않기 때문에, 스케이트장에서는 스케이트가 없는 사람들에게 스케이트를 빌려 줍니다.

Map Closing _ 내부 설명

스케이트장 내부 설명

Inside the actual rink itself, there is not much to see. Like most other ice rinks, the outer rim of the rink is lined with cushions so that people may not get injured.

스케이트장 안 그 자체는 볼 것이 별로 없습니다. 다른 대부분의 스케이트장처럼, 링크 바깥쪽 벽에 쿠션들이 붙어 있어서 사람들이 다치지 않도록 해주고 있습니다.

HOW TO GUIDE

Listening 길라잡이
스케이트 소개 / 자주 가는 스케이트장을 묘사하기

💣 **듣기함정**   "describe ~"처럼 묘사하기 문제는 질문을 현재시제로 이해하도록 한다.

Speaking 길라잡이
스케이트장 소개 ⇒ 스케이트장의 모습 묘사 ⇒ 기타 이용 시설 설명 등으로 답변 종결

💣 **답변함정**   자주 가는 스케이트장을 묘사하는 문제로 묘사와 소개 질문 유형은 현재시제로 답변하도록 한다.

HOW TO ANSWER  Tr-143

I go skating at a skating rink near my house on weekends. The skating rink is a place where a lot of my neighbors visit especially during the summer in order to escape the hot weather. The building in which the skating rink is located also has other attractions so that ❶ <u>family members who may not be interested in skating can enjoy themselves, too</u>. Since many people do not have their own skates, ❷ <u>the skating rink rents skates for those who do not have them</u>. Inside the actual rink itself, there is not much to see. Like most other ice rinks, the outer rim of the rink is lined with cushions so that people may not get injured.

저는 주말에 집 근처 스케이트장에서 스케이트를 탑니다. 그 스케이트장은 많은 이웃들이 찾는 곳인데, 특히 여름에는 더위를 피해서 많은 사람들이 옵니다. 스케이트장 건물에는 스케이팅에 관심 없는 가족들도 와서 즐길 수 있도록 여러 명소들이 있습니다. 많은 사람들이 스케이트를 가지고 있지 않기 때문에, 스케이트장에서는 스케이트가 없는 사람들에게 스케이트를 빌려줍니다. 스케이트장 안 그 자체는 볼 것이 별로 없습니다. 다른 대부분의 스케이트장처럼, 링크 바깥쪽 벽에 쿠션들이 붙어 있어서 사람들이 다치지 않도록 해주고 있습니다.

어휘   attraction 명소, 장소   injure 부상을 입다

HOW TO CORRECT

문법 바로잡기
❶ [수동태] **be interested in** + 명사/~ing : 감정동사의 수동태에는 수반되는 전치사를 바르게 사용한다.
Family members who may not be interested ~~at~~ skating can enjoy themselves, too.
Family members who may not **be interested in** skating can enjoy themselves, too.

표현 바로잡기
❷ ['~하는 사람들'의 표현] **those (people) who ~** : ~하는 사람들
The skating rink rents skates for ~~them~~ who do not have them.
The skating rink rents skates for **those who** do not have them.

스케이트 세부 설명 Tr-143

How did you first begin to skate? How often do you skate? With whom do you go skating? Tell me all the details.

어떻게 스케이트를 처음 배우기 시작했나요? 얼마나 자주 스케이트를 타나요? 누구와 함께 스케이트를 타러 가나요? 자세히 말해 보세요.

STORY MAP

[스케이트 세부 설명] 스케이트를 타게 된 시기 • 횟수와 동행인 • 스케이트화

Map Intro _ 스케이트를 타게 된 시기

스케이트를 타게 된 시기

I first began skating when I was in fourth grade of elementary school. As a matter of fact, it was on a school field trip. Since my elementary school was small, the entire fourth grade could go to the skating rink.

저는 초등학교 4학년 때 처음 스케이트를 타기 시작했습니다. 사실 그것은 견학 때문이었습니다. 제가 다닌 초등학교는 규모가 작아서, 4학년 학생만 모두 스케이트장에 갈 수 있었습니다.

Map Body _ 횟수와 동행인

줄어든 횟수

Nowadays, I do not skate that often although I do like skating.

비록 지금도 여전히 스케이트를 좋아하기는 하지만, 요즘에는 그렇게 자주 타지는 않습니다.

발에 작은 스케이트화

Unfortunately, my feet are rather wide and do not fit well into the skates I borrow. So the skates hurt my feet and cause them to get blistered.

안타깝게도, 제 발이 좀 큰 편이라 빌린 스케이트화가 잘 맞지 않습니다. 그래서 스케이트화를 신고 나면 발도 아프고 발에 물집이 생깁니다.

동행인

Whenever I go skating, I usually go with my friends. Sometimes, I go with my family.

스케이트장을 갈 때면, 저는 보통 친구들과 함께 갑니다. 가끔 가족과 갈 때도 있습니다.

Map Closing _ 스케이트화

스케이트화

When I buy a pair of skates that fits my feet, I think I will go skating more often.

제 발에 맞는 스케이트화를 살 때쯤이면, 저는 좀 더 자주 스케이트를 타러 갈 것 같습니다.

HOW TO GUIDE

Listening 길라잡이
스케이팅에 대한 세부 설명 / 스케이트를 언제 배웠는지, 누구와 함께 가는 지 등에 대한 세부내용을 자세히 설명한다.
- 듣기함정　"How ~", "How often ~", "With whom ~"에서 세부내용을 묻는 의문사에 유의해서 듣도록 한다.

Speaking 길라잡이
스케이트를 탄 시기 설명 ⇒ 세부내용 설명(빈도수, 개인적인 이야기, 함께 가는 사람)
- 답변함정　복합적인 여러 개의 질문이 주어지면 질문에 대한 답변을 빠뜨릴 경우 감점 요인이 되므로 빠짐없이 답변해야 한다.

HOW TO ANSWER  Tr-143

❶ I first began skating when I was in fourth grade of elementary school. As a matter of fact, it was on a school field trip. Since my elementary school was small, the entire fourth grade could go to the skating rink. Nowadays, I do not skate that often although I do like skating. Unfortunately, my feet are rather wide and do not fit well into the skates I borrow. So the skates hurt my feet and cause them to get blistered. Whenever I go skating, I usually go with my friends. Sometimes, I go with my family. ❷ When I buy a pair of skates that fits my feet, I think I will go skating more often.

저는 초등학교 4학년 때 처음 스케이트를 타기 시작했습니다. 사실 그것은 견학 때문이었습니다. 제가 다닌 초등학교는 규모가 작아서, 4학년 학생만 모두 스케이트장에 갈 수 있었습니다. 비록 지금도 여전히 스케이트를 좋아하기는 하지만, 요즘에는 그렇게 자주 타지는 않습니다. 안타깝게도, 제 발이 좀 큰 편이라 빌린 스케이트화가 잘 맞지 않습니다. 그래서 스케이트화를 신고 나면 발도 아프고 발에 물집이 생깁니다. 스케이트장을 갈 때면, 저는 보통 친구들과 함께 갑니다. 가끔 가족과 갈 때도 있습니다. 제 발에 맞는 스케이트화를 살 때쯤이면, 저는 좀 더 자주 스케이트를 타러 갈 것 같습니다.

어휘　field trip 견학　fit 맞다　blister 물집이 생기다

HOW TO CORRECT

문법 바로잡기
❷ [시제의 일치] 시간, 조건의 부사절은 현재시제가 미래시제를 대신한다.
~~When I will buy~~ a pair of skates that fits my feet, I think I will go skating more often.
When I buy a pair of skates that fits my feet, I think I will go skating more often.

표현 바로잡기
❶ ['학년'의 표현] 서수+grade
I first began skating when I was in ~~four grade~~ of elementary school.
I first began skating when I was in **fourth grade** of elementary school.

기억에 남는 경험 Tr-143

Have you ever experienced something memorable or difficult while skating? What exactly happened? What kind of thing was it? Please tell me about it in as much detail as possible.

스케이트를 타면서 기억에 남거나 힘들었던 일을 경험한 적이 있나요? 정확히 어떤 일이 있었나요? 어떤 종류의 일이었나요? 기억에 남거나 힘들었던 일에 대해 최대한 자세히 말해 보세요.

STORY MAP

[기억에 남는 경험] 문제점 소개 · 문제점 설명 · 결심 및 고민

Map Intro _ 문제점 소개

힘든 일 소개
While skating, one of the most difficult things that I have to treat is the blister.
스케이트를 탈 때, 제가 해결해야 하는 가장 어려운 일 중 하나가 바로 물집입니다.

Map Body _ 문제점 설명

문제 원인
As I have mentioned, my feet are wider than most people's.
말씀드린 것처럼, 제 발이 대부분 사람들의 발보다 넓은 편입니다.

문제점 설명
Thus, I always get blisters all over my feet because the skates I borrow are made to fit normal people's feet. In short, they squeeze my feet too much.
대여하는 스케이트들이 모두 보통 사람들의 발 크기에 맞추어져 있기 때문에, 저는 항상 발에 온통 물집이 잡힙니다. 한 마디로, 신발이 제 발에 너무 꽉 조입니다.

문제점 해결 시도
I tried everything from pre-bandaging to ointment. Although the latter solution has worked a little, it just alleviated the pain temporarily.
저는 미리 붕대도 감아보고 연고도 발라 보는 등 백방을 시도해 봤어요. 후자의 방법이 약간 효과는 있었지만, 그저 잠시 동안 고통을 완화시켜 주는 정도였습니다.

Map Closing _ 결심 및 고민

결심 및 고민
Finally, I made up my mind to purchase skates made specifically for people with wide feet. But I still consider whether I should buy them or not because they are so expensive.
결국, 저는 발이 넓은 사람들을 위해 특별히 제작된 스케이트를 사기로 마음먹었어요. 하지만, 아직까지도 비싼 가격 때문에 스케이트화를 살 것인지 말 것인지를 고민 중이랍니다.

HOW TO GUIDE

Listening 길라잡이
스케이트와 관련된 경험 소개 / 스케이트를 타면서 있었던 기억에 남거나 힘들었던 일에 대해 자세히 설명하기

듣기함정 "experienced ~"에서 과거의 경험을 묻고 있으므로, 질문을 과거로 이해하도록 한다.

Speaking 길라잡이
힘들거나 어려웠던 일 소개 ⇒ 당시 상황 상세 설명 ⇒ 결과를 소개하며 답변 마무리

답변함정 결과를 간단하게 언급하고 나서 겪었던 어려움을 자세하게 얘기하도록 한다.

HOW TO ANSWER Tr-143

While skating, one of the most difficult things that I have to treat is the blister. ❶ <u>As I have mentioned, my feet are wider than most people's</u>. Thus, I always get blisters all over my feet because the skates I borrow are made to fit normal people's feet. ❷ <u>In short, they squeeze my feet too much</u>. I tried everything from pre-bandaging to ointment. Although the latter solution has worked a little, it just alleviated the pain temporarily. Finally, I made up my mind to purchase skates made specifically for people with wide feet. But I still consider whether I should buy them or not because they are so expensive.

스케이트를 탈 때, 제가 해결해야 하는 가장 어려운 일 중 하나가 바로 물집입니다. 말씀드린 것처럼, 제 발이 대부분 사람들의 발보다 넓은 편입니다. 대여하는 스케이트들이 모두 보통 사람들의 발 크기에 맞추어져 있기 때문에, 저는 항상 발에 온통 물집이 잡힙니다. 한 마디로, 신발이 제 발에 너무 꽉 조입니다. 저는 미리 붕대도 감아보고 연고도 발라 보는 등 백방을 시도해 봤어요. 후자의 방법이 약간 효과는 있었지만, 그저 잠시 동안 고통을 완화시켜 주는 정도였습니다. 결국, 저는 발이 넓은 사람들을 위해 특별히 제작된 스케이트를 사기로 마음먹었어요. 하지만, 아직까지도 비싼 가격 때문에 스케이트화를 살 것인지 말 것인지를 고민 중이랍니다.

어휘 blister 물집 squeeze 짜다, 조이다 ointment 연고 latter 후자 alleviate 가라앉히다, 약화시키다

HOW TO CORRECT

문법 바로잡기
❶ [비교급] than 이하에는 비교 대상이 오므로, 대상과 형태를 비교 대상과 일치시킨다.
As I have mentioned, my feet are wider than most ~~people~~.
As I have mentioned, **my feet** are **wider than** most **people's**(=people's feet).

표현 바로잡기
❷ ['요약'의 표현] in short: 요약하면, 한 마디로 말해
~~In a short~~, they squeeze my feet too much.
In short, they squeeze my feet too much.

HOW TO ROLE-PLAY

TYPE 1 질문하기 + 문제 해결하기

 함께 스케이트 타기 (질문하기) Tr-144

I'll give you a situation. Please act it out. You want to go skating with your friend this weekend. Call your friend and leave a message, asking three or four questions about going skating together.

상황을 드리겠습니다. 역할 연기를 해보세요. 친구와 함께 이번 주말에 스케이트를 타러 간다고 해보겠습니다. 친구에게 전화를 걸어 스케이트를 함께 타러 갈 수 있도록 서너 가지 질문을 물어보면서 메시지를 남기세요.

HOW TO GUIDE

질문 길라잡이
1. 친구와 함께 스케이트를 타러 간다고 가정
2. 친구에게 스케이트를 타는 것과 관련된 내용을 질문하기

정답 길라잡이
1. 전화를 건 이유 설명
2. 스케이트 대여에 관한 질문
3. 데리고 가는 사람 질문
4. 기타 개인적인 질문

HOW TO ANSWER  Tr-144

Hi, Christine. I am calling to ask you a couple of questions about our trip to the skating rink this weekend. I am wondering whether I can rent a pair of skates from the rink. Does the rink offer to rent skates to its customers? Also, are you bringing anyone with you? I think I might bring some of my friends with me because I hear that we can get a discount if we manage to pull together a party of seven or more. Finally, could you give me some advice as to how should I deal with the blister problem? As you know, I have wide feet and I always get painful blisters after I skate.

안녕, Christine! 이번 주말에 스케이트장에 가는 것 때문에 몇 가지 물어보려고 전화했어. 스케이트장에서 스케이트를 빌릴 수 있을지 모르겠네. 스케이트장에서 손님에게 스케이트 빌려주니? 그리고 너 다른 사람도 데리고 올 거니? 7명 이상을 채워서 함께 가면, 할인받을 수 있다고 들어서 나도 친구를 데리고 갈까 해. 마지막으로, 물집을 어떻게 해결해야 하는지 좀 알려줄래? 너도 알다시피, 내 발이 커서 스케이트를 타고 나면 항상 고통스러운 물집이 잡히거든.

어휘 a pair of 한 쌍의 blister 물집

스케이트를 타러 갈 수 없는 돌발 상황 (문제 해결하기) Tr-144

I'm sorry, but you have a problem to solve. You and your friend were scheduled to go skating tomorrow morning, but your parents will go on a trip to a local place tomorrow, so you have to stay home and can't go skating. Call your friend and explain the problem. Then give two alternatives to handle this matter.

해결해야 할 문제가 생겨서 유감입니다. 친구와 함께 내일 아침에 스케이트장에 가기로 되어있는데, 부모님께서 지방으로 여행을 가게 되어 집에 머물러 있어야 하기 때문에 스케이트를 타러 갈수 없게 되었습니다. 친구에게 전화해서 문제를 설명하세요. 그러고 나서 이 문제를 해결할 수 있도록 두 가지 대안을 제시해 보세요.

HOW TO GUIDE

질문 길라잡이
1 스케이트를 타러 갈 수 없다고 가정
2 친구에게 전화해서 문제점에 대한 설명과 그에 따른 해결 방안 제시

정답 길라잡이
1 문제점에 대한 설명
2 날짜를 연기하는 대안
3 동생을 대신 봐줄 사람을 찾아달라는 부탁

HOW TO ANSWER Tr-144

Hi, Christine. I apologize before I explain to you what I am apologizing for. I am so sorry. I cannot go skating with you tomorrow because my parents are going somewhere and I have to stay home. There is nobody except me to look after my youngest sister. She is just in kindergarten. Do you think it would be OK to go skating the day after tomorrow? Or can you help me find a babysitter tomorrow so that I have someone to babysit my sister? Please understand my situation. As you know, I've been looking forward to our time for skating tomorrow.

안녕, Christine. 먼저 설명하기 전에 미안하단 말부터 해야겠어. 정말 미안해. 부모님이 내일 어디 가셔서 내가 집에 있어야 하거든, 그래서 내일 너와 같이 스케이트 타러 못 갈 것 같아. 여동생을 봐야 할 사람이 나밖에 없어서 말이야. 여동생은 이제 겨우 유치원생이야. 모레 스케이트 타러 가는 건 어때? 아니면, 내일 동생을 돌봐 줄 사람을 구할 수 있도록 네가 좀 도와줄래? 그럼 내가 여동생을 보지 않아도 되거든. 내 상황을 좀 이해해줘. 너도 알다시피, 나도 내일 우리가 함께 스케이트 타러 가는 것을 기다려왔잖아.

어휘 kindergarten 유치원

TYPE 2 면접관에게 질문하기

 자주 찾는 스케이트장 Tr-144

I also like to go skating. Please ask me three or four questions to learn about the skating rink I like to visit.

저도 스케이트 타는 것을 좋아합니다. 제가 즐겨 찾는 스케이트장에 대해 알아볼 수 있도록 서너 가지 질문을 해보세요.

HOW TO GUIDE

❶ 스케이트장의 위치, 거리, 규모 그리고 자주 찾는 이유 등 면접관에게 기본적인 질문을 하면 된다.

HOW TO ANSWER  Tr-144

I also like to go skating. Actually, there are not many good skating rinks around my neighborhood. ❶ **Where** is your favorite skating rink? Is it close to your house? Why do you like the rink? **How big** is it? **How often** do you visit the rink? Do you have any special memories related to the rink?

저도 스케이트 타는 것을 좋아합니다. 사실 우리 집 주변에는 좋은 스케이트장이 별로 없습니다. 당신이 좋아하는 스케이트장은 어디에 있나요? 그 스케이트장은 집에서 가깝나요? 왜 그 스케이트장을 좋아하죠? 얼마나 크나요? 얼마나 자주 그 스케이트장에 가나요? 그 스케이트장에 얽힌 특별한 기억 같은 것들이 있나요?

 나의 스케이트 Tr-144

I enjoy going skating as well. Just ask me three or four questions to learn more about my skating. 저도 스케이트 타는 것을 좋아합니다. 제 스케이팅에 대해 좀 더 알아볼 수 있도록 서너 가지의 질문을 해보세요.

HOW TO GUIDE

❶ 스케이트를 탄 시기, 가르쳐준 사람, 좋아하는 이유, 함께 가는 사람 등 스케이트 하면 떠올릴 수 있는 쉬운 질문을 물어보도록 한다.
❷ 답변 앞뒤 문맥에 맞게 서로의 관심사를 공유하면서 답변을 이끌어가야 보다 높은 점수를 받을 수 있다.

HOW TO ANSWER  Tr-144

I am glad to hear that you also enjoy skating. Can I ask you about your skating? ❶ **How long** have you been skating? **Who** taught you how to skate? ❷ **I learned from my best friend, Shin-Young. He is very good at skating. Why** do you like skating? **How often** do you go skating? And **with whom** do you go skating?

당신도 스케이트 타는 것을 좋아하신다니 반갑네요. 스케이트 타는 것에 대해서 제가 질문을 해도 될까요? 얼마나 오래 스케이트를 탔나요? 누가 스케이트 타는 것을 가르쳐 주었나요? 저는 가장 친한 친구인, 신영이에게서 배웠습니다. 그는 스케이트를 정말 잘 탑니다. 당신은 왜 스케이트를 좋아하나요? 얼마나 자주 스케이트 타러 가세요? 누구와 스케이트를 타러 가나요?

HOW TO 스케이트 Plus

스케이트 Plus Questions

Q1 _ 좋아하는 스케이트 선수

You indicated in the survey that you like to go skating. Who is your favorite skater? Why do you like him or her?

설문조사에서 스케이트를 즐겨 탄다고 했습니다. 가장 좋아하는 스케이트 선수는 누구인가요? 왜 그 선수를 좋아하죠?

Q2 _ 스케이트를 타는 이유

Why do you like to go skating? Tell me why skating is good for you in detail.

왜 스케이트 타러 가는 것을 좋아하죠? 스케이트가 당신에게 왜 좋은지 이유를 자세하게 말해 보세요.

Q3 _ 최근에 탄 스케이트

Let's talk about the last time you went skating. When was it? Who did you go skating with? How was it? Tell me with a lot of details.

스케이트를 마지막에 타러 갔던 때에 해대서 얘기해 보겠습니다. 언제였나요? 누구와 함께 스케이트를 타러 갔죠? 그날 어땠나요? 자세하게 얘기해 보세요.

스케이트 Role-play Questions

Q1 _ 스케이트화 구입(질문하기)

I'll give you a situation. Please act it out. You want to buy a pair of skates to go skating with your friend this weekend. Call the shoe store and ask three or four questions about a pair of skates.

상황을 드리겠습니다. 역할 연기를 해보세요. 주말에 친구와 함께 스케이트를 타러 가기 위해서 스케이트화를 구입하고 싶습니다. 신발 가게에 전화해서 스케이트화에 대해서 서너 가지 질문해 보세요.

Q2 _ 배송된 스케이트화가 발에 맞지 않는 상황(문제 해결하기)

I'm sorry, but you have a problem to solve. A pair of skates you ordered just arrived, but your feet do not fit well into the skates. Call the shoe store and explain the problem. And then give two alternatives to handle this matter.

유감스럽지만 해결해야 할 문제가 있습니다. 주문한 스케이트화가 막 도착했는데 스케이트화가 발에 잘 맞지 않습니다. 신발가게에 전화해서 문제점을 설명하세요. 그러고 나서 문제를 해결할 수 있도록 두 가지 대안을 제안해 보세요.

SECTION 3 _ 취미생활 및 기타

15강

여행 &
출장 떠나기

Unit1 여행
Unit2 출장

6강부터 14강까지 설문조사와 관련된 주제와 항목들을 학습했습니다. 이번 15강은 설문조사와 관련된 마지막 주제이자 항목인 '여행, 출장'을 살펴볼 텐데요. 설문조사에서 마지막에 주어지는 휴가 주제 역시 스포츠와 마찬가지로 1개 이상의 항목을 선택하게 됩니다. 앞에서 언급했다시피 항목 선택 수가 적더라도 출제되면 보통 2~3문제가 연속으로 등장하기 때문에 철저하게 준비해야 합니다.

먼저 살펴볼 항목은 여행입니다. 여행은 직장인이나 학생 모두에게 해당이 되는 부분으로 출장보다 더 많이 선택하게 되고 정기시험에서도 두 배 가량 더 자주 출제되고 있습니다. 국내 여행과 해외 여행, 두 가지 항목으로 구분이 되지만 문제 유형이나 내용 면에 있어서는 거의 흡사하기 때문에 이 2개의 항목을 크게 구분하지 않고 설명 드리겠습니다.

먼저 여행과 관련하여 기본적으로 물어볼 수 있는 질문입니다. 자주 방문하는 여행지, 나라, 도시, 지역, 특정 장소 등을 묻는 질문과 여행을 하는 목적 등을 기본적으로 물어볼 수 있습니다. 특정 여행지에 자주 방문한다면 그 이유도 간단하게나마 설명해줄 수 있어야 합니다.

두 번째, 기본적인 질문 다음에 주어지는 좀 더 구체적인 질문입니다. 여행을 떠나기 전에 기본적으로 하는 일들을 묻는 질문을 대비해야 합니다. 여행을 떠나기 전에는 여행 일정을 짜야 되고, 숙박시설, 교통편도 잘 알아봐야 되죠? 그리고 음식점, 장소 등 주변 관광 정보도 미리 알아볼 수 있고요. 이런 일련의 활동들이 여행을 가기 전에 하는 일들일 것입니다. 그리고 여행을 가기 전에 챙겨야 하는 물건들을 물어볼 수 있습니다. 여행 가방에 들어가는 물건들을 모두 정리하고 물건의 용도 또는 가져가는 이유 등을 적절하게 설명해줄 수 있어야 합니다.

세 번째는 경험과 관련된 질문입니다. 어렸을 때 떠난 여행, 최근에 마지막으로 떠난 여행, 기억에 남는 여행, 여행과 관련된 에피소드 등 다양한 경험 질문들이 등장하게 됩니다.

마지막으로 Role-play와 관련하여 꼭 대비해둬야 할 상황은 여행 교통편 예약, 호텔 등 숙박시설 예약 등의 상황입니다. 그리고 예약 기록이 없다거나 불가피하게 여행을 미루거나 예약을 취소해야 하는 상황 그리고 이를 해결하는 대안을 제시하는 문제와 함께 어우러져 출제되게 됩니다.

BEST QUESTIONS

여행 Mapping Questions

Q1 _ 여행 장소 소개
You indicated in the survey that you like to take domestic trips. Where do you usually go on a trip? Tell me why you like to go there.

Q2 _ 과거 여행 경험
When and with whom did you go there? What kind of activities did you do there? Tell me all the details.

Q3 _ 기억에 남는 여행
When was your most memorable trip? What was the trip about? What happened? Please tell me all about the unforgettable events you experienced during the trip in as much detail as you can.

여행 Role-play Questions

Q1 _ 친구와의 여행(질문하기)
I'll give you a situation. Please act it out. Suppose that you and your friend will go on a trip next weekend. Call a travel agency and ask three or four questions about the trip.

Q2 _ 비행기 예약이 꽉 찬 상황(문제 해결하기)
I'm sorry, but you have a problem to solve. The travel agency said that you can't go there next week because the flight is completely booked. Call your friend and explain the problem. Then offer some solutions to resolve this matter.

Q3 _ 좋아하는 여행지(면접관에게 질문하기)
I like to go on trips as well. Just ask me three or four questions to find out more about my favorite trip destination.

Q4 _ 재미있는 여행 에피소드(면접관에게 질문하기)
I enjoy taking trips with my friends and family members, too. Ask me three or four questions to learn more about the most interesting episode I have ever had during a trip.

HOW TO MAP YOUR STORY

 여행지 소개 Tr-151

You indicated in the survey that you like to take domestic trips. Where do you usually go on a trip? Tell me why you like to go there.

설문에서 국내 여행을 좋아한다고 답했습니다. 주로 어디로 여행을 떠나나요? 왜 그곳으로 여행을 떠나는지 말해 보세요.

STORY MAP

[여행지 소개] 여행지 소개 • 여름에 가는 여행지 • 겨울에 가는 여행지

Map Intro _ 여행지 소개

여행지 소개 | I like to take domestic trips during my vacations. Usually, I end up going to beaches to swim or mountains to ski.
저는 방학 때 국내 여행을 떠나는 것을 좋아합니다. 보통은 수영을 즐기러 해변에 가거나 스키를 타러 산에 갑니다.

Map Body _ 여름에 가는 여행지

여름에 찾는 여행지 | In the summer, I go to the South Sea in order to escape the heat and enjoy the cool sea. I usually go to islands off the coast with my family to avoid the crowds. I like going to beaches on these islands because I can really take a good break.
여름에는 무더위를 피해 시원한 바다를 만끽하려고 남해를 찾습니다. 저는 주로 가족들과 함께 붐비는 걸 피해 해안에서 떨어져 있는 섬으로 가요. 정말 편한 휴식을 취할 수 있기 때문에 이러한 섬들의 해변을 즐겨 찾습니다.

여행지에서 하는 활동 | I can sit back on the sand and read a good book under parasols. Or I can just take some time to look back on my life and perhaps think of my bright future to recharge me for work.
모래에 편하게 앉아서 파라솔 아래에서 책을 읽어요. 아니면, 제 인생을 회상하면서 일에 대한 충전을 위해서 밝은 미래를 그려 봅니다.

Map Closing _ 겨울에 가는 여행지

겨울에 가는 여행지 | In the winter, I go to ski resorts with my friends. Although I am not much of a skier, I like to go skiing because it provides us moments to be together.
겨울에는, 친구들과 함께 스키장에 가는데요. 비록 제가 대단한 스키 선수는 아니지만, 친구들과 함께 할 수 있는 시간을 갖고자 스키 타러 가는 것을 좋아합니다.

HOW TO GUIDE

Listening 길라잡이
여행지 소개 / 즐겨가는 여행 장소에 대해 설명하기
- 듣기함정 "Where~"에서 장소를 묻고 "why~"에서 즐겨 가는 이유를 함께 묻고 있다는 점을 유의하도록 한다.

Speaking 길라잡이
여행에 대한 개괄적 소개 ⇒ 여름철 여행 장소 및 세부내용(이유) 소개 ⇒ 겨울철에 가는 여행지
- 답변함정 질문에서 묻고 있지 않지만, 계절별로 여행 장소와 이유를 소개하는 것도 훌륭한 답변이 될 수 있다.

HOW TO ANSWER  Tr-151

❶ I like to take domestic trips during my vacations. Usually, I end up going to beaches to swim or mountains to ski. In the summer, I go to the South Sea in order to escape the heat and enjoy the cool sea. I usually go to islands off the coast with my family to avoid the crowds. I like going to beaches on these islands because I can really take a good break. I can sit back on the sand and read a good book under parasols. Or I can just take some time to look back on my life and perhaps think of my bright future to recharge me for work. In the winter, I go to ski resorts with my friends. ❷ Although I am not much of a skier, I like to go skiing because it provides us moments to be together.

저는 방학 때 국내 여행을 떠나는 것을 좋아합니다. 보통은 수영을 즐기러 해변에 가거나 스키를 타러 산에 갑니다. 여름에는 무더위를 피해 시원한 바다를 만끽하려고 남해를 찾습니다. 저는 주로 가족들과 함께 붐비는 걸 피해 해안에서 떨어져 있는 섬으로 가요. 정말 편한 휴식을 취할 수 있기 때문에 이러한 섬들의 해변을 즐겨 찾습니다. 모래에 편하게 앉아서 파라솔 아래에서 책을 읽어요. 아니면, 제 인생을 회상하면서 일에 대한 충전을 위해서 밝은 미래를 그려 봅니다. 겨울에는, 친구들과 함께 스키장에 가는데요. 비록 제가 대단한 스키 선수는 아니지만, 친구들과 함께 할 수 있는 시간을 갖고자 스키 타러 가는 것을 좋아합니다.

어휘 coast 해안 recharge 충전하다

HOW TO CORRECT

문법 바로잡기
❶ [시제] during my vacation이 과거가 아닌 일반적인 내용을 말하고 있으므로 현재시제를 사용한다.
I ~~liked~~ to take domestic trips during my vacations.
I **like** to take domestic trips **during my vacations**.

표현 바로잡기
❷ [관용적 표현] not much of a : 좋은(대단한) …이 아닌
Although I am not ~~many~~ of a skier, I like to go skiing.
Although I am **not much of a** skier, I like to go skiing.

과거 여행 경험 Tr-151

When and with whom did you go there? What kind of activities did you do there? Tell me all the details.

그곳에는 언제 그리고 누구와 함께 갔나요? 그곳에서 어떤 활동을 했죠? 자세히 말해 보세요.

STORY MAP

[과거 여행 경험] 여행 시간과 장소 • 여행 활동 • 맛본 음식

Map Intro _ 여행 시간과 장소

여행 시간과 장소

I went to Bogil island last summer with my family including many relatives from my maternal side.

저는 작년 여름에 외가 쪽 친척들을 포함해서 가족들과 함께 보길도라는 섬에 갔습니다.

Map Body _ 여행 활동

배낚시

When we got there, we did many things. For example, we rented a small boat to fish from.

우리가 그곳에 도착했을 때, 많은 것들을 했어요. 예를 들면, 조그마한 배를 빌려서 낚시를 했어요.

수영

And we just swam and had fun in the ocean. I am not a fan of sea water, so I just sat back and watched my family members have fun.

그리고 그냥 바다에서 수영도 하고 재미있는 시간을 보내기도 했습니다. 전 바닷물을 좋아하는 편이 아니라서 그냥 앉아서 가족들이 노는 모습을 구경했습니다.

Map Closing _ 맛본 음식

점심 식사

For lunch, the whole family went to a big restaurant which is really famous for its raw fish. It is a seafood restaurant that offered sushi, fish stew, and various other alternatives that do not involve fish in case the children refuse to eat fish.

점심을 먹기 위해서, 온 가족이 회로 유명한 큰 식당에 갔습니다. 그곳은 초밥, 매운탕 그리고 생선을 싫어하는 어린이들을 위해서 생선이 들어가 있지 않은 다양한 음식들을 제공하는 해산물 전문식당이었습니다.

현지 특산품

On our way back, we visited the local market and purchased well-known local products.

돌아오는 길에 우리는 그 지역에 있는 시장에 들러 유명한 지역 특산품들을 구입했습니다.

HOW TO GUIDE

Listening 길라잡이
여행의 세부 활동 / 여행지에서 하는 활동과 함께 가는 사람들에 대해 자세히 설명하기
- 듣기함정 "When and with whom did~", "What did~"에서 의문사 뒤에 시제를 나타내 주는 조동사에 유의해서 듣도록 한다.

Speaking 길라잡이
여행지 소개(여행지, 동행인) ⇒ 여행지에서의 활동 소개 ⇒ 현지 특산품 설명하며 답변 종결
- 답변함정 예전에 갔던 여행지와 여행에 대한 질문이므로 과거시제로 답해야 하고 3가지 질문에 대한 답변을 모두 해야 한다.

HOW TO ANSWER Tr-151

I went to Bogil island last summer with my family including many relatives from my maternal side. When we got there, we did many things. For example, we rented a small boat to fish from. And we just swam and had fun in the ocean. I am not a fan of sea water, so ❶ <u>I just sat back and watched my family members have fun</u>. For lunch, the whole family went to a big restaurant which is really famous for its raw fish. It is a seafood restaurant that offered sushi, fish stew, and various other alternatives that do not involve fish in case the children refuse to eat fish. On our way back, ❷ <u>we visited the local market and purchased well-known local products</u>.

저는 작년 여름에 외가 쪽 친척들을 포함해서 가족들과 함께 보길도라는 섬에 갔습니다. 우리가 그곳에 도착했을 때, 많은 것들을 했어요. 예를 들면, 조그마한 배를 빌려서 낚시를 했어요. 그리고 그냥 바다에서 수영도 하고 재미있는 시간을 보내기도 했습니다. 전 바닷물을 좋아하는 편이 아니라서 그냥 앉아서 가족들이 노는 모습을 구경했습니다. 점심을 먹기 위해서, 온 가족이 회로 유명한 큰 식당에 갔습니다. 그곳은 초밥, 매운탕 그리고 생선을 싫어하는 어린이들을 위해서 생선이 들어가 있지 않은 다양한 음식들을 제공하는 해산물 전문식당이었습니다. 돌아오는 길에 우리는 그 지역에 있는 시장에 들러 유명한 지역 특산품들을 구입했습니다.

어휘 maternal 외가 쪽의 fish stew 매운탕

HOW TO CORRECT

문법 바로잡기
❶ [지각동사] 지각동사(see, watch, notice, hear)+목적어+목적격 보어(동사원형/~ing)
I just sat back and watched my family members ~~to have fun~~.
I just sat back and **watched my family members have fun**.

표현 바로잡기
❷ [알아두면 좋은 관용 표현(특산품)] **well-known local products**: 그 고장의 특산품
We visited the local market and purchased ~~well-famous~~ local products.
We visited the local market and purchased **well-known local products**.

기억에 남는 여행 Tr-151

When was your most memorable trip? What was the trip about? What happened? Please tell me all about the unforgettable events you experienced during the trip in as much detail as you can.

가장 기억에 남는 여행이 언제인가요? 어떤 여행이었나요? 어떤 일이 있었죠? 여행 중에 경험한 잊지 못할 사건들을 최대한 자세히 말해 보세요.

STORY MAP

[기억에 남는 여행] 여행 소개 • 기억에 남는 사건 설명 • 사건 결과

Map Intro _ 여행 소개

여행 소개

The most memorable trip was, unfortunately, not a good one. It was one that involved my little cousin, Hyun-min.

안타깝게도, 가장 기억에 남는 여행이 좋은 경험은 아니었습니다. 그 여행은 제 사촌인 현민이와 연관이 있어요.

Map Body _ 기억에 남는 사건 설명

사건의 주인공

Hyun-min is a troublemaker in our family. He proved it once again at that time. He was feeling like he was going to do the opposite of whatever he was told.

현민이는 우리 가족의 사고뭉치입니다. 그때 한 번 더 그 사실을 증명했죠. 제 사촌은 어떤 말이던지 반대로 하고 싶어 하는 눈치였습니다.

당시 상황

The time of high tide was coming up and Hyun-min was picking oyster shells from the shore that would soon be immersed in water. We called for him, but he chose to ignore us and continued to pick shells.

밀물이 크게 일던 때, 현민이는 해안에서 곧 물속에 잠길 굴을 따고 있었습니다. 우리가 불러봤지만, 우리를 무시하고 계속해서 굴을 땄습니다.

예상치 못했던 일

We thought it was no big deal and let him be, but the tide came in much faster than we imagined.

별일이야 있겠냐고 생각하고 그냥 두었는데, 밀물은 생각보다 훨씬 빨리 들어왔습니다.

Map Closing _ 사건 결과

사건 결과

In short, he almost drowned and he fortunately was saved by a rescue worker.

요약하자면, 사촌은 거의 익사할 뻔 했었고, 다행히 구조대원에 의해 구조가 되었습니다.

HOW TO GUIDE

Listening 길라잡이
여행 경험 설명 / 재미있었거나 기억에 남는 여행 경험에 대해 자세히 설명하기
- 듣기함정 "memorable~", "unforgettable"에서 과거의 경험을 묻고 있는 질문으로 이해하도록 한다.

Speaking 길라잡이
여행 경험 소개 ⇒ 당시 상황 상세 설명 ⇒ 사건 결과 설명하면서 답안 마무리
- 답변함정 unforgettable은 좋거나 나쁜 경험의 의미를 모두 가지고 있으므로 경험의 종류를 초반부에 간단하게 밝히고서 답변을 이어가도록 한다.

HOW TO ANSWER  Tr-151

The most memorable trip was, unfortunately, not a good one. It was one that involved my little cousin, Hyun-min. Hyun-min is a troublemaker in our family. He proved it once again at that time. He was feeling like he was going to do the opposite of whatever he was told. The time of high tide was coming up and Hyun-min was picking oyster shells from the shore that would soon be immersed in water. We called for him, but he chose to ignore us and continued to pick shells. ❶ <u>We thought it was no big deal</u> and let him be, but ❷ the tide came in much faster than we imagined. In short, he almost drowned and he fortunately was saved by a rescue worker.

안타깝게도, 가장 기억에 남는 여행이 좋은 경험은 아니었습니다. 그 여행은 제 사촌인 현민이와 연관이 있어요. 현민이는 우리 가족의 사고뭉치입니다. 그때 한 번 더 그 사실을 증명했죠. 제 사촌은 어떤 말이던지 반대로 하고 싶어 하는 눈치였습니다. 밀물이 크게 일던 때, 현민이는 해안에서 곧 물속에 잠길 굴을 따고 있었습니다. 우리가 불러봤지만, 우리를 무시하고 계속해서 굴을 땄습니다. 별일이야 있겠냐고 생각하고 그냥 두었는데, 밀물은 생각보다 훨씬 빨리 들어왔습니다. 요약하자면, 사촌은 거의 익사할 뻔 했었고, 다행히 구조대원에 의해 구조가 되었습니다.

어휘 cousin 사촌 troublemaker 말썽꾼 tide 조류(밀물과 썰물) oyster shell 굴 껍질 immerse (액체 속에) 담그다 drown 익사하다

HOW TO CORRECT

문법 바로잡기
❷ [비교급 강조] 비교급 강조 부사: **much, still, far, a lot** / 원급 강조 부사: **very**
The tide came in ~~very faster~~ than we imagined.
The tide came in **much faster** than we imagined.

표현 바로잡기
❶ ['가벼운 일, 큰일이 아님'의 관용적 표현] **no big deal** (=a snap, a piece of cake)
We thought it was ~~no deal~~.
We thought it was **no big deal**.

HOW TO ROLE-PLAY

TYPE 1   질문하기 + 문제 해결하기

 여행사에 질문하기 (질문하기) Tr-152

I'll give you a situation. Please act it out. Suppose that you and your friend will go on a trip next weekend. Call a travel agency and ask three or four questions about the trip.

상황을 드리겠습니다. 역할 연기를 해보세요. 다음 주에 친구와 함께 여행을 간다고 해보겠습니다. 여행사에 전화를 걸어서 여행과 관련될 질문을 서너 가지 해보세요.

HOW TO GUIDE

질문 길라잡이
1. 친구와 여행을 간다고 가정
2. 여행사에 전화해서 여행과 관련된 질문하기

정답 길라잡이
1. 전화를 건 이유 설명
2. 여행지(휴양지) 관련 질문
3. 여행 패키지 관련 질문
4. 가격 및 할인 관련 질문

HOW TO ANSWER    Tr-152

Hello. Is this Sejong Travel Agency? I am calling to ask a few questions about good vacation spots to go to during the weekend. Could you recommend some good place which is not far away from Seoul? Also, among these, is there a place where we can avoid the crowds? I and my friends are not fond of crowded places, and we would like to avoid them if we can. If you do have a package that suits our condition, how much does it cost for two people? Are there any ways we could get a discount on the price?

여보세요, 세종 여행사인가요? 이번 주에 가볼 만한 좋은 휴양지에 대해 여쭤 보려고 전화를 드렸습니다. 서울에서 멀리 떨어져 있지 않은 좋은 곳을 추천해 주시겠어요? 그리고 이 휴양지들 중에서 사람들이 붐비지 않는 곳이 있나요? 저랑 친구가 사람들이 붐비는 곳을 좋아하지 않아서 가능하면 붐비는 곳들은 피했으면 해요. 저희 조건에 맞는 패키지가 있다면, 2명 기준으로 가격이 얼마나 할까요? 할인받을 수 있는 방법이 있을까요?

어휘   vacation spot 휴양지   crowd 군중, 무리   suit 어울리다

비행기 예약이 꽉 찬 상황(문제 해결하기) Tr-152

I'm sorry, but you have a problem to solve. The travel agency said that you can't go there next week because the flight is completely booked. Call your friend and explain the problem. Then offer some solutions to resolve this matter.

유감스럽게도 해결해야 할 문제가 생겼습니다. 여행사에서 비행기 예약이 다 차서 다음 주에 여행을 갈 수 없다고 합니다. 친구에게 전화해서 상황을 설명하세요. 그러고 나서 이 문제를 해결할 수 있는 해결책을 몇 가지 제시해 보세요.

HOW TO GUIDE

질문 길라잡이
1 비행기 예약 문제로 여행을 갈 수 없다고 가정
2 친구에게 전화해서 상황에 대한 설명과 그에 따른 해결 방안 제시

정답 길라잡이
1 문제점에 대한 설명
2 다른 비행기를 탈 수 있게 시간을 변경하자는 대안
3 새로운 여행사를 찾아서 새로 계획을 하자는 대안
4 지방으로 소풍을 가자는 대안

HOW TO ANSWER  Tr-152

Hi, David. I am afraid that we cannot go on the trip we planned. I just got a call from the travel agency that the flight was completely booked. So I came up with a couple of alternatives that you might want to consider. First, we can work out another plan with the travel agency. We could perhaps change the date or the time we are departing and arriving so that we could simply get on another plane. The second option was looking for another travel agency that is more capable of not making mistakes as such and come up with an entirely new plan. My last option is that we could just go to a local place for a picnic. What do you think?

안녕, David. 미안한데, 우리가 계획했던 여행을 갈 수 없을 것 같아. 방금 여행사에서 전화가 왔는데 비행기 예약이 다 차버렸대. 그래서 네가 고려해볼 만한 몇 가지 대안들을 생각해 봤어. 먼저, 여행사와 다른 여행 계획을 짤 수 있어. 그냥 다른 비행기를 타고 갈 수 있도록 출발과 도착 날짜나 시간을 변경할 수 있을 거야. 두 번째 방법은 실수 같은 걸 하지 않을 만한 좀 더 괜찮은 여행사를 찾아봐서 여행 계획을 전체 새로 만드는 거야. 마지막 방법은 그냥 지방으로 소풍가는 것도 괜찮을 것 같아. 너는 어떻게 생각해?

어휘 depart 출발하다   be capable of ~할 수 있는 (능력)

TYPE 2 면접관에게 질문하기

 좋아하는 여행지  Tr-152

I like to go on trips as well. Just ask me three or four questions to find out more about my favorite trip destination.

저도 여행을 좋아합니다. 제가 좋아하는 여행지에 대해 좀 더 알아볼 수 있도록 서너 가지 질문을 해보세요.

HOW TO GUIDE

❶ 가급적이면 장소, 좋아하는 이유, 함께 가는 사람, 여행지, 특별한 이유, 동행인, 추억 등 여행과 관련된 어울리는 질문을 물어보면 된다.

HOW TO ANSWER Tr-152

I am glad to hear that you travel, too. ❶ **Where** is your favorite trip destination? Are there any **special reasons why** you like going there? **Who** do you usually go with? Do you have any **special memories** from there? I'd love to hear any story you can tell me.

당신도 여행을 좋아하신다니 반가운데요. 좋아하는 여행지가 어디인가요? 그곳에 가는 것을 좋아하는 특별한 이유라도 있나요? 주로 누구와 함께 가나요? 그곳에서의 특별한 추억들이 있나요? 무슨 얘기를 하든 듣고 싶습니다.

 여행 에피소드  Tr-152

I enjoy taking trips with my friends and family members, too. Ask me three or four questions to learn more about the most interesting episode I have ever had during a trip.

저도 친구들이나 가족과 함께 여행가는 것을 좋아합니다. 제가 여행 중에 겪은 가장 재미있는 에피소드에 대해 좀 더 알아볼 수 있도록 서너 가지 질문을 해보세요.

HOW TO GUIDE

❶ 여행이라는 서로의 관심사가 같으므로 답변을 시작할 때, 개인적인 이야기로 공감대를 형성한 후 질문 내용을 밝혀 주면 좋다.
❷ 가급적이면 이야기의 줄거리, 시기, 결론 등을 물어보면 좋다.

HOW TO ANSWER Tr-152

❶ I also travel with friends and family members on vacation. I'd like to share some interesting story with you. Could I ask you first? ❷ What is **the most interesting episode** you remember from trips with friends? **When** did it happen? Could you give me **a brief summary** of your episode?

저도 방학 때 친구들 그리고 가족들과 여행을 떠나는 것을 좋아합니다. 재미있는 이야기를 나눴으면 좋겠네요. 제가 먼저 물어봐도 될까요? 친구들과의 여행 중에 당신 기억에 어떤 에피소드가 가장 재미있었나요? 언제 일어난 일이죠? 여행 에피소드를 간단하게 얘기해 주시겠어요?

HOW TO 여행 Plus

여행 Plus Questions

Q1 _ 국내 여행지 묘사

You indicated in the survey that you like to take domestic trips. Please describe the city or the places you frequently visit.
설문조사에서 국내 여행을 좋아한다고 했습니다. 자주 가는 도시 또는 여행 장소를 묘사해 보세요.

Q2 _ 여행 목적지까지 교통편

Can you tell me how you usually get to the destination on a domestic trip? Tell me about it from start to finish in detail.
보통 여행 시에 여행 목적지까지 어떻게 가는지 말씀해 주시겠어요? 처음부터 끝까지 자세하게 얘기해 보세요.

Q3 _ 마지막 여행 경험

When was your last trip? Where did you go? Why and with whom did you go there? What kind of things did you do? Tell me all the details.
마지막으로 여행했던 때가 언제인가요? 어디로 갔죠? 왜 그리고 누구와 함께 여행을 갔나요? 가서 무엇을 했나요? 자세하게 말해 보세요.

여행 Role-play Questions

Q1 _ 국내 여행(질문하기)

I'll give you a situation. Please act it out. Suppose that you want to take a trip domestically. Call a travel agency and ask three or four questions to find out more about it.
상황을 드리겠습니다. 역할 연기를 해보세요. 국내에서 여행을 하고 싶다고 가정해 보겠습니다. 여행사에 전화해서 국내 여행에 대해서 좀 더 알아볼 수 있도록 서너 가지 물어 보세요.

Q2 _ 여행을 할 수 없는 돌발 상황(문제 해결하기)

I'm sorry, but you have a problem to solve. You had planned to take a trip this weekend, but you have to finish an important project by this Sunday. Call the travel agency and explain what the problem is. And then offer some solutions to resolve this matter.
유감스럽지만 해결해야 할 문제가 있습니다. 이번 주말에 여행을 할 계획이었는데 이번 주 일요일까지 중요한 프로젝트를 끝내야 합니다. 여행사에 전화해서 문제점을 설명하세요. 그리고 나서 이 문제를 해결할 수 있도록 해결책을 제시해 보세요.

 # UNIT 2 출장

 **HOW TO OPIc**

오픽 설문조사에서 마지막으로 다루게 될 항목은 직장인과 관련된 '출장'입니다. 목적이야 다르겠지만, 특정 지역이나 장소로 떠나게 된다는 점에서는 여행과 비슷하다고 볼 수 있습니다. 질문 역시 여행과 비슷한 점이 많기 때문에 여행 항목을 참조해 보시기 바랍니다. 출장과 관련해서는 어떤 질문들이 출제되고 있는지 바로 확인해 보겠습니다.

먼저 출장과 관련하여 기본적으로 물어볼 수 있는 질문입니다. 자주 방문하는 출장 장소와 지역을 묘사하는 질문을 꼽을 수 있습니다. 출장의 주요 목적 즉 계약을 한다든지 아니면 세미나 등을 참석한다든지의 질문을 준비해두는 것이 좋습니다.

두 번째, 기본적인 질문 다음에 주어지는 좀 더 구체적인 질문입니다. 얼마나 자주, 누구와, 왜 출장을 떠나는지 복합적으로 묻는 질문을 예상할 수 있습니다. 여행과 마찬가지로 출장을 떠나기 전에 해야 하는 일들과, 챙겨가야 하는 물건들을 묻는 질문도 자세하게 준비를 해야 되고요. 출장을 떠나서 여가 시간이 생기면 주로 어떤 일들을 하는지를 묻는 질문도 함께 대비해두기 바랍니다.

세 번째는 출장 경험과 관련된 질문입니다. 처음으로 떠났던 출장 경험, 최근에 떠난 출장, 기억에 남는 출장 경험, 출장과 관련된 에피소드 등 다양한 경험 질문들을 떠올릴 수 있습니다.

Role-play와 관련하여 대비돼야 할 상황 역시 여행과 비슷한 맥락으로 이해해 두세요. 출장 교통편 예약, 머물 수 있는 숙박시설 예약 등의 상황을 준비해야 합니다. 예약 기록이 없다거나 출장을 미룰 수밖에 없는 상황, 그리고 중요한 고객과 미팅이 예정되어 있는데 교통편이 지연이 되어서 약속 장소에 늦게 도착하는 상황 등이 함께 연결 되어서 등장하게 됩니다. 여행사와 호텔 그리고 고객에게 전화하는 상황과 문제를 해결할 수 있는 대안 등을 미리 정리해서 연습해두기 바랍니다.

BEST QUESTIONS

출장 Mapping Questions

Q1 _ 출장 목적과 교통편
You indicated in the survey that you take business trips. What is the main purpose? How do you get to your destination on a typical business trip?

Q2 _ 가장 최근 출장
When was your last business trip? Why did you take it? Where did you go? What kind of things did you handle during the business trip? Tell me all the details.

Q3 _ 기억에 남는 출장 경험
Let's talk about your most memorable experience during a business trip. What was the thing about? What happened? Why was it memorable to you? Please tell me all about it in detail.

출장 Role-play Questions

Q1 _ 출장(질문하기)
I'll give you a situation. Please act it out. You are going to go on a business trip to a rural area to meet an important client. Call the travel agency and ask three or four questions about planning for your business trip.

Q2 _ 비행기가 지연되는 돌발 상황(문제 해결하기)
I'm sorry, but you have a problem to solve. You are supposed to go on a business trip to meet your client, but your flight has been delayed due to an unexpected problem. Call your client and explain the situation. Then give two alternatives to resolve this matter.

Q3 _ 자주 가는 출장 나라와 도시(면접관에게 질문하기)
I also go on business trips. Please ask me three or four questions to know about the countries or the cities I frequently visit on business trips.

Q4 _ 최근 출장(면접관에게 질문하기)
I take business trips as well. Just ask me three or four questions to learn more about my most recent business trip.

HOW TO **MAP YOUR STORY**

 출장 목적과 교통편 Tr-153

You indicated in the survey that you take business trips. What is the main purpose? How do you get to your destination on a typical business trip?

설문에서 출장을 다닌다고 답했습니다. 출장을 가는 주목적은 무엇인가요? 출장 목적지까지는 어떻게 가나요?

STORY MAP

[출장 목적과 교통편] 출장 목적・출장 업무・교통편

	Map Intro _ 출장 목적
출장 목적	The main purpose of my business trips is to attend conferences. 제 출장의 주목적은 회의에 참가하는 것입니다.

	Map Body _ 출장 업무
출장 업무	Usually, the conferences are ones to discuss marketing strategy or sales promotion. 보통 마케팅 전략이나 판촉에 관한 토론을 하기 위한 회의들이에요.
세미나	Sometimes, some of them are closed-door seminars. These conferences are designed to improve our sales performance. 이따금씩 회의가 비공개로 열리기도 합니다. 이러한 회의들은 판매 실적을 향상시키기 위해 열립니다.

	Map Closing _ 교통편
비행기나 기차	Many times, my destinations are local areas where I should take airplanes or trains to get there. 대부분, 제 목적지는 비행기나 기차를 타고 가야 하는 지방입니다.
택시	After getting out of the airport or train station, I take a cab to get to the conference venue. 공항이나 기차역에서 나오면 회의가 열리는 장소까지 택시를 타고 갑니다.
개인 자가용	I sometimes take my car when going with my coworkers. This is a good way of saving on transportation expenses. 하지만, 동료와 함께 갈 경우엔, 제 차를 가져가기도 합니다. 이렇게 하면 교통비를 아낄 수가 있습니다.

HOW TO GUIDE

Listening 길라잡이
출장 소개 / 출장의 목적과 가는 방법에 대해 자세히 소개하기
- 듣기함정 "What is the main purpose~", "How do you get to~" 등 출장 목적과 교통편이 질문의 핵심이다.

Speaking 길라잡이
출장의 목적 소개 ⇒ 출장의 내용 등 세부 설명 ⇒ 출장지까지 가는 교통편을 소개하며 답변 종결
- 답변함정 자기소개에서 직장, 부서, 업무를 자세하게 답변했다면 출장 역시 회사 업무에 따라서 목적이 정해지므로 공통적이고 일관된 답변을 해야 함 함을 주의한다.

HOW TO ANSWER Tr-153

The main purpose of my business trips is to attend conferences. Usually, the conferences are ones to discuss marketing strategy or sales promotion. ❶ <u>Sometimes, some of them are closed-door seminars.</u> These conferences are designed to improve our sales performance. Many times, my destinations are local areas where I should take airplanes or train to get there. After getting out of the airport or train station, I take a cab to get to the conference venue. I sometimes take my car when going with my coworkers. ❷ <u>This is a good way of saving on transportation expenses.</u>

제 출장의 주목적은 회의에 참가하는 것입니다. 보통 마케팅 전략이나 판촉에 관한 토론을 하기 위한 회의들이에요. 이따금씩 회의가 비공개로 열리기도 합니다. 이러한 회의들은 판매 실적을 향상시키기 위해 열립니다. 대부분, 제 목적지는 비행기나 기차를 타고 가야 하는 지방입니다. 공항이나 기차역에서 나오면 회의가 열리는 장소까지 택시를 타고 갑니다. 하지만, 동료와 함께 갈 경우엔, 제 차를 가져가기도 합니다. 이렇게 하면 교통비를 아낄 수가 있습니다.

어휘 sales promotion 판촉 closed-door seminar 비공개 세미나 venue 장소

HOW TO CORRECT

문법 바로잡기
❶ [수의 일치] **some of**+명사: 문장의 주어 some의 단/복수는 of(~중에서) 뒤에 나오는 명사의 수에 의해 결정된다.
Sometimes, some of them is closed-door seminars.
Sometimes, **some of them are** closed-door seminars.

표현 바로잡기
❷ [방법, 방식의 표현] **a way of**+명사/~ing: ~하는 방법, 방식
This is a good way of save on transportation expenses.
This is **a** good **way of saving** on transportation expenses.

가장 최근 출장 Tr-153

When was your last business trip? Why did you take it? Where did you go? What kind of things did you handle during the business trip? Tell me all the details.

마지막으로 언제 출장을 떠났나요? 왜 그 출장을 갔나요? 어디로 갔나요? 출장에서 어떤 일을 처리했나요? 자세히 말해 보세요.

STORY MAP

[가장 최근 출장] 출장 장소 • 출장 목적과 업무 • 회의 결과

Map Intro _ 출장 장소

| 출장 장소 | My last business trip was to Jeonju in Jeollabukdo to attend a conference that discussed the sales performance of the last quarter. |
| | 저는 마지막으로 지난 분기 영업 실적에 대해 토론을 벌이는 회의에 참여하기 위해 전라북도 전주로 출장을 갔습니다. |

Map Body _ 출장 목적과 업무

출장 목적	Sales representatives in each region got together in order to discuss and analyze the sales figures.
	각 지역의 영업사원들이 영업 수치들을 분석하고 토의하기 위해 모였습니다.
영업 실적 업무	I presided over the first day of the meeting. We found out that the sales performance in Busan has averaged twenty-five percent higher than in other areas. Every participant was curious about the sales strategy or marketing gimmick.
	첫날 회의는 제가 주재했습니다. 우리들은 부산 지역의 영업 실적이 다른 지역들에 비해 평균 25% 이상 높다는 사실을 알았습니다. 모든 참가자들이 그 지역의 판매 전략이나 상술에 대해 궁금해 했습니다.
회의 시간 추가 편성	So I organized extra time to hear about their stories despite being off the original schedule.
	그래서 저는 원래 스케줄에서 벗어났지만, 그들의 이야기를 들을 수 있도록 추가 시간을 편성하였습니다.

Map Closing _ 회의 결과

| 회의 결과 | Even though the meeting finished later than originally scheduled, everybody was satisfied. |
| | 회의가 원래 계획했던 것보다 다소 늦게 끝났지만, 모두들 만족해했습니다. |

HOW TO GUIDE

Listening 길라잡이
출장에 대한 세부 설명 / 마지막으로 다녀온 출장에 대해 자세히 설명한다.
- 듣기함정 "last business trip"에 관한 세부내용을 묻는 문제이므로, 질문을 과거로 이해하도록 한다.

Speaking 길라잡이
출장 장소 ⇒ 출장 세부내용 설명(목적, 참가자, 활동) ⇒ 출장 업무 결과로 마무리
- 답변함정 출장에 대한 세부내용을 생동감 있게 설명하기 위해 관련 출장 목적, 업무 관련 전문용어, 기타 수치 등을 함께 답변해주면 좋다.

HOW TO ANSWER Tr-153

❶ <u>My last business trip was to Jeonju in Jeollabukdo to attend a conference that discussed the sales performance of the last quarter.</u> Sales representatives in each region got together in order to discuss and analyze the sales figures. I presided over the first day of the meeting. We found out that the sales performance in Busan has averaged twenty-five percent higher than in other areas. Every participant was curious about the sales strategy or marketing gimmick. So I organized extra time to hear about their stories despite being off the original schedule. ❷ <u>Even though the meeting finished later than originally scheduled, everybody was satisfied.</u>

저는 마지막으로 지난 분기 영업 실적에 대해 토론을 벌이는 회의에 참여하기 위해 전라북도 전주로 출장을 갔습니다. 각 지역의 영업사원들이 영업 수치들을 분석하고 토의하기 위해 모였습니다. 첫날 회의는 제가 주재했습니다. 우리들은 부산 지역의 영업 실적이 다른 지역들에 비해 평균 25% 이상 높다는 사실을 알았습니다. 모든 참가자들이 그 지역의 판매 전략이나 상술에 대해 궁금해 했습니다. 그래서 저는 원래 스케줄에서 벗어났지만, 그들의 이야기를 들을 수 있도록 추가 시간을 편성하였습니다. 회의가 원래 계획했던 것보다 다소 늦게 끝났지만, 모두들 만족해했습니다.

어휘 sales representative 영업 사원 preside (회의·의식 등을) 주재, 주도하다 gimmick 술책

HOW TO CORRECT

문법 바로잡기
❶ [자, 타동사의 구분] 타동사는 뒤에 전치사를 수반하지 않는다. discuss는 타동사이다.
My last ~ to attend a conference that discussed ~~about~~ the sales performance of the last quarter.
My last ~ to attend a conference that **discussed** the sales performance of the last quarter.

표현 바로잡기
❷ [동사 수식의 표현] 동사는 부사가 수식한다.
Even though the meeting finished later than ~~original~~ scheduled, everybody was satisfied.
Even though the meeting finished later than **originally scheduled**, everybody was satisfied.

기억에 남는 출장 Tr-153

Let's talk about your most memorable experience during a business trip. What was the thing about? What happened? Why was it memorable to you? Please tell me all about it in detail.

출장에서 가장 기억에 남는 일에 대한 얘기를 해보겠습니다. 어떤 일이었나요? 무슨 일이 있었죠? 왜 그 일이 기억에 남나요? 그 기억에 남는 일에 대해 자세히 말해 보세요.

STORY MAP

[기억에 남는 출장] 출장 목적 설명 • 여가시간 활동 • 경험에 대한 기분

Map Intro _ 출장 목적 설명

기억에 남는 일
The most memorable event on my business trip had nothing to do with my actual purpose for going there.
출장에서 가장 기억에 남는 일은 제가 그곳에 갔던 실제 목적과 관계가 없는 일이었습니다.

출장 목적
It was when I went to Australia to attend a seminar on foreign direct investment.
제가 해외 직접 투자와 관련된 세미나에 참여하려고 호주에 갔던 때입니다.

Map Body _ 여가시간 활동

동물원에 간 이유
In my spare time, I went to the zoo to see various animals that I cannot see in Korea.
남는 시간에, 저는 한국에서는 볼 수 없는 다양한 동물들을 구경하기 위해 동물원에 갔습니다.

문제점 설명
I especially wanted to see the koala. I have never actually seen a koala.
저는 특히, 코알라가 너무 보고 싶었습니다. 실제로 코알라를 본 적이 없었거든요.

느낌
When I first saw it, I was amazed by its cute size. The koala was so much cuter than the one I saw on TV and in magazines.
처음 코알라를 봤을 때, 작은 크기에 정말 놀랐습니다. 코알라는 잡지와 TV에서 본 것보다 훨씬 귀여웠습니다.

Map Closing _ 경험에 대한 기분

경험에 대한 기분
But I was sorry to hear from the guide that such a pretty animal is listed among Australia's endangered animals.
하지만, 가이드로부터 이렇게 귀여운 동물이 호주의 멸종 위기 동물 리스트에 포함되었다는 말을 듣고 나니 기분이 좋지는 않았습니다.

HOW TO GUIDE

Listening 길라잡이
출장과 관련된 경험 소개 / 출장에서 있었던 기억에 남는 일에 대해서 자세히 설명하기

- 듣기함정 "most memorable experience ~"에서 과거의 경험을 묻고 있으므로, 질문을 과거로 이해하도록 한다.

Speaking 길라잡이
출장 목적 설명 ⇒ 당시 상황 상세 설명

- 답변함정 출장 업무와 관련된 경험도 좋지만, 출장 업무 이외에 남는 여가시간 활동에 대한 경험도 답변으로 충분히 활용할 수 있다.

HOW TO ANSWER  Tr-153

❶ The most memorable event on my business trip had nothing to do with my actual purpose for going there. It was when I went to Australia to attend a seminar on foreign direct investment. In my spare time, I went to the zoo to see various animals that I cannot see in Korea. I especially wanted to see the koala. I have never actually seen a koala. ❷ When I first saw it, I was amazed by its cute size. The koala was so much cuter than the one I saw on TV and in magazines. But I was sorry to hear from the guide that such a pretty animal is listed among Australia's endangered animals.

출장에서 가장 기억에 남는 일은 제가 그곳에 갔던 실제 목적과 관계가 없는 일이었습니다. 제가 해외 직접 투자와 관련된 세미나에 참여하려고 호주에 갔던 때입니다. 남는 시간에, 저는 한국에서는 볼 수 없는 다양한 동물들을 구경하기 위해 동물원에 갔습니다. 저는 특히, 코알라가 너무 보고 싶었습니다. 실제로 코알라를 본 적이 없었거든요. 처음 코알라를 봤을 때, 작은 크기에 정말 놀랐습니다. 코알라는 잡지와 TV에서 본 것보다 훨씬 귀여웠습니다. 하지만, 가이드로부터 이렇게 귀여운 동물이 호주의 멸종 위기 동물 리스트에 포함되었다는 말을 듣고 나니 기분이 좋지는 않았습니다.

어휘 foreign direct investment 해외 직접 투자   amaze 놀라게 하다

HOW TO CORRECT

문법 바로잡기
❷ [수동태] **be amazed by** 감정동사의 수동태에는 수반되는 전치사를 바르게 사용한다.
When I first saw it, I was amazed to its cute size.
When I first saw it, **I was amazed by** its cute size.

표현 바로잡기
❶ ['관련성, 연관성'의 표현] **have nothing to do with** +명사(~와 관련이 없다)
The most memorable event on my business trip had nothing to do about my actual purpose.
The most memorable event on my business trip **had nothing to do with** my actual purpose.

HOW TO ROLE-PLAY

TYPE 1 질문하기 + 문제 해결하기

여행사에 질문하기 (질문하기) Tr-154

I'll give you a situation. Please act it out. You are going to go on a business trip to a rural area to meet an important client. Call the travel agency and ask three or four questions about planning for your business trip.

상황을 드리겠습니다. 역할 연기를 해보세요. 중요한 고객을 만나기 위해 지방으로 출장을 간다고 해보겠습니다. 여행사에 전화를 걸어 출장을 갈 수 있도록 서너 가지 질문을 해보세요.

HOW TO GUIDE

질문 길라잡이
1. 지방에 출장을 간다고 가정
2. 여행사에 전화해서 출장과 관련하여 질문하기

정답 길라잡이
1. 전화를 건 이유 설명
2. 비행편에 관한 질문
3. 요금 관련 질문
4. 추천 장소 및 교통 관련 질문

HOW TO ANSWER  Tr-154

Hi. Is this Good Travels? I called to ask a couple of questions about Mokpo for my business trip. Are there any flights that leave for Mokpo next Monday morning? Is there also a flight that comes back on the same night? How much is the return fare? Also, do you have any recommendations as to how I should get around in Mokpo? This is my first visit to Mokpo, so I'd like to do some sightseeing. Should I rent a car or use public transportation?

Good Travels 여행사죠? 목포 출장 때문에 몇 가지 좀 여쭙고자 전화 드렸습니다. 다음 주 월요일 아침에 목포행 비행기가 있나요? 그날 저녁에 바로 돌아오는 비행기도 있나요? 왕복 요금은 얼마죠? 그리고 목포에서 돌아다닐 만한 곳을 추천해주시겠어요? 목포에 처음 가는 거라서 관광도 좀 하고 싶습니다. 차를 렌트해야 할까요, 아니면 대중교통을 이용해야 할까요?

어휘 rural 시골의, 지방의 public transportation 대중교통

출장을 갈 수 없는 돌발 상황(문제 해결하기) Tr-154

I'm sorry, but you have a problem to solve. You are supposed to go on a business trip to meet your client, but your flight has been delayed due to an unexpected problem. Call your client and explain the situation. Then give two alternatives to resolve this matter.

해결해야 할 문제가 생겨서 유감입니다. 고객을 만나기 위해 출장을 가야 하는데, 예상치 못한 문제 때문에 비행기가 연착이 되었습니다. 고객에게 전화해서 상황을 설명하세요. 그러고 나서 이 문제를 해결할 수 있도록 두 가지 해결책을 제시해 보세요.

HOW TO GUIDE

질문 길라잡이
1. 비행기 연착으로 출장을 갈 수 없다고 가정
2. 고객에게 전화해서 문제점에 대한 설명과 그에 따른 해결 방안 제시

정답 길라잡이
1. 문제점에 대한 설명
2. 날짜를 연기 하는 대안
3. 주요 내용은 전화로 얘기하자는 요청

HOW TO ANSWER  Tr-154

Hello. Is this Good Merchandise? This is Michael who is scheduled to meet you. I am sorry, but I might not make it in time because the flight has been delayed due to some unexpected problem. I am now checking what the problem is and when they may fix it. Is it possible to postpone our meeting to some other time, preferably on a different day? I don't think the flight is going to be good to go for a while, and the train would take longer time to go there. Or do you have time to speak about the main issue over the phone until the flight is ready?

여보세요, Good Merchandise 사인가요? 저는 고객님을 뵙기로 한 마이클입니다. 죄송하지만, 예기치 못한 문제 때문에 비행기가 연착이 되어 제시간에 도착하기가 어려울 것 같습니다. 저도 어떤 문제인지 그리고 언제쯤 해결될지 알아보고 있어요. 약속을 다른 시간으로, 가급적이면 다른 날짜로 연기할 수 있을까요? 제 생각에는 당분간 비행기가 출발하기는 어려울 것 같고 기차를 타고 가면 한 참이 더 걸릴 것 같아서요. 아니면, 비행기가 출발 준비를 할 때까지 주요 사항에 대해서 전화 통화를 할 수 있을까요?

어휘 preferably 오히려, 가급적이면

TYPE 2 면접관에게 질문하기

 출장지

I also go on business trips. Please ask me three or four questions to know about the countries or the cities I frequently visit on business trips.

저도 출장을 다닙니다. 제가 출장 때문에 자주 방문하게 되는 나라나 도시에 대해 알아볼 수 있도록 서너 가지 질문을 해보세요.

HOW TO GUIDE

❶ 출장지에 질문을 집중하되 출장을 가서 할 수 있는 다양한 활동들에 대한 질문도 자연스럽게 물어보도록 한다.

HOW TO ANSWER

My job requires a lot of traveling. Your job also involves lots of business trips. Then, I'd like to ask you some questions regarding the places where you have visited. ❶ **What** is the place you most frequently visit on a business trip? Which one is more frequent, **domestic travel or foreign**? Do you have time to do any **sightseeing** on your business trips? Could you tell me any interesting or memorable events of that city?

제 일은 출장을 많이 다녀야 하는 일입니다. 당신도 출장을 많이 다니시는 일을 하시는군요. 그럼, 제가 출장지에 대해 몇 가지 물어보겠습니다. 출장으로 주로 어떤 곳을 다니시나요? 국내 출장과 해외 출장 중에서 어느 것이 더 많나요? 출장 가서 관광할 시간은 좀 있나요? 출장을 간 도시에서 재미있었거나 기억에 남은 사건이 있으면 말씀해 주시겠어요?

 최근에 다녀온 출장

I take business trips as well. Just ask me three or four questions to learn more about my most recent business trip.

저도 출장을 다닙니다. 최근에 제가 떠난 출장에 대해 좀 더 알아볼 수 있도록 서너 가지 질문을 해보세요.

HOW TO GUIDE

❶ 나 역시 최근에 다녀온 출장을 언급하면서 자연스럽게 면접관에게 비슷한 공통적인 질문을 물어보도록 한다.
❷ 최근에 다녀온 출장이므로 면접관에게 질문을 할 때도 과거시제로 물어봐야 한다.

HOW TO ANSWER

❶ I recently returned from my business trip to Jeju island. I'd like to hear about your recent business trip. ❷ **Where** did you go on your business trip? **What was the main purpose of your trip? What did** you during the business trip? Did you do anything other than your main purpose of visiting? If so, can you tell me what it was?

저는 최근에 제주도 출장에서 돌아왔습니다. 최근에 다녀오신 출장에 대한 얘기를 듣고 싶은데요. 어디로 출장을 다녀오셨나요? 출장 목적은 무엇이었나요? 출장에서 어떤 일을 하셨죠? 주된 출장 목적 이외에 다른 일도 보셨나요? 그렇다면, 어떤 일을 보셨는지 말씀해주시겠어요?

HOW TO 출장 Plus

출장 Plus Questions

Q1 _ 출장 장소

You indicated in the survey that you take business trips. Where do you frequently go on business trips?
설문조사에서 출장을 간다고 했습니다. 자주 출장을 가는 장소가 어디인가요?

Q2 _ 출장 전에 준비물

What kind of things do you prepare before going on a business trip? Name all the things you pack in your bag or suitcase in detail.
출장을 떠나기 전에 준비하는 것들은 무엇인가요? 가방이나 여행 가방에 챙겨야 하는 물건들을 자세하게 모두 설명해 보세요.

Q3 _ 기억에 남는 출장 경험

You might have experienced something memorable during one of your business trips. When was it? What was the thing about? Tell me all about it in as much detail as possible.
출장 중에 기억에 남는 일을 경험했을 것입니다. 그게 언제였나요? 어떤 일이었나요? 가능한 한 자세하게 그 기억에 남는 경험에 대해서 모두 얘기해 보세요.

출장 Role-play Questions

Q1 _ 호텔방 예약(질문하기)

I'll give you a situation. Please act it out. You are going to go on a business trip to the U.S., but you haven't reserved a hotel room yet. Call the hotel and ask three or four questions to reserve a room.
상황을 드리겠습니다. 역할 연기를 해보세요. 미국으로 출장을 갈 예정인데 아직 호텔방을 예약하지 못하고 있습니다. 호텔에 전화해서 방을 예약할 수 있도록 질문 서너 가지를 해보세요.

Q2 _ 출장을 떠날 수 없는 돌발 상황(문제 해결하기)

I'm sorry, but you have a problem to solve. You are scheduled to go on a business trip, but it has been delayed due to a problem. Call the hotel and explain the problem. And then give two solutions to resolve this matter.
유감스럽지만 해결해야 할 문제가 있습니다. 출장을 떠날 예정인데, 어떤 문제 때문에 출장이 지연되었습니다. 호텔에 전화해서 그 문제점을 설명하세요. 그러고 나서 문제를 해결할 수 있도록 두 가지 해결책을 제시해 보세요.

SECTION 4 _ 고득점을 위한 OPIc 공략법

16강

프로젝트 & 테크놀로지

- 프로젝트
- 테크놀로지

프로젝트 & 테크놀로지

HOW TO OPIc

6강~15강까지는 설문조사와 관련된 항목을 다뤄봤는데요, 16강~20강까지는 난이도가 높은 문제와 설문조사에 선택하지 않더라도 자주 출제되고 있는 문제를 살펴볼 예정입니다. 설문조사와 전혀 관련 없이 출제되는 문제를 '돌발 문제', '예외 문제'라고 기억해 두세요. 알고도 제대로 답변할 수 없는 문제가 바로 돌발 문제입니다. 사전에 충분한 준비를 하지 않고서는 돌발 문제를 해결하기가 어렵기 때문에 철저한 대비가 필요합니다. 하지만 어렵게 느낄 필요는 없습니다. 돌발 문제의 범위가 그렇게 광범위하지 않고 자주 출제되는 주제가 어느 정도 정해져 있기 때문입니다. 이번 16강에서는 직장인과 학생 구분하지 않고 출제되는 난이도가 높은 문제를 학습해 보겠습니다.

프로젝트와 테크놀로지가 도대체 무엇인가요? 라고 의문을 가지고 있는 수험생이 많이 있을 것입니다. 자, 정의를 내려 볼까요? 프로젝트는 쉽게 수강 과목마다 주어지는 과제, 보고서(리포트)라고 이해하면 됩니다. 개별적이거나 그룹으로 진행할 수 있고요. 직장인의 경우는 회사 업무를 떠올리시면 됩니다. 역시 혼자서 하는 업무와 팀, 부서별로 하는 업무로 이해해 두세요. 테크놀로지는 일반적으로 기계나 각종 기기를 떠올릴 수 있습니다. 그리고 전공과 관련된 기술, 업무 기술, 교육 기술 등도 생각해 볼 수 있습니다. 대학교나 회사에서 갖춰진 시스템도 포함이 됩니다. 도서관 출입과 도서 대출 시스템도 좋은 답변 주제이고, 회사 출입 시에 필요한 출입카드 또는 지문 인식 시스템 역시 테크놀로지에 해당됩니다.

그렇다면, 프로젝트와 테크놀로지와 관련된 문제들이 어떤 것들이 있는지 살펴봐야겠죠? 먼저 프로젝트는 현재 진행 중인 프로젝트, 최근에 끝낸 프로젝트, 기억에 남는 프로젝트, 앞으로 하고 싶은 프로젝트 등으로 정리할 수 있습니다. 프로젝트를 진행하면서 느낀 점, 어려웠던 점, 그리고 결과 등을 구체적으로 물어볼 수 있으니 미리 대비해둬야 합니다. 테크놀로지와 관련된 문제는 현재 자주 사용하는 기술, 과거와 현재 사용하는 기술의 변화와 차이점 설명, 프로젝트나 과제에 테크놀로지를 사용했던 경험 등을 떠올릴 수 있습니다.

질문 자체가 다소 생소하거나 어렵게 느껴질 수 있지만 한 번만 잘 정리해 두세요. 난이도 높은 문제를 잘 해결해야 보다 높은 등급을 받을 수 있습니다. 난이도 높은 문제와 돌발 문제는 꼭 예외적으로 철저하게 대비해두는 것이 중요합니다. 이 문제를 잘 해결해야 원하는 등급을 받을 수 있다고 생각하시고 가능한 한 자세하게 준비해 두기 바랍니다.

BEST QUESTIONS

Three Combo 프로젝트 Questions

Q1 _ 수행 중인 프로젝트

You indicated in the survey that you are a student. What kind of project are you conducting? Please tell me about the project you are working on.

Q2 _ 첫 완료 프로젝트

What project did you first complete? Was it successful? Did you have trouble completing it? Tell me about your first project in detail.

Q3 _ 기억에 남는 프로젝트

Let's talk about the most memorable project you have completed. What kind of project was it? With whom did you conduct that project? Why was it so memorable for you? Tell me all about it in detail.

Three Combo 테크놀로지 Questions

Q1 _ 자주 사용하는 테크놀로지

You indicated in the survey that you are a student. What technologies do you frequently use these days? How do you use them?

Q2 _ 과거와 현재의 테크놀로지

There have been a lot of changes in the technology that we use at school. What changes have been made from the past to the present? Please give me a detailed description of them.

Q3 _ 테크놀로지 관련 이슈

I'd like to know about some technology issues. Are there any technology issues that have been discussed among your classmates and friends? What issues are they? Please tell me all about them in as much detail as possible.

Three Combo Plus Questions

Q1 _ 최근에 끝낸 프로젝트

When did you recently finish a project? What kind of project did you complete? Did you complete it alone or with other people? Was it successful? Please tell me about the project you recently completed in detail.

Q2 _ 테크놀로지 사용법

What kind of technology do you frequently use at school? How did you learn to use it? Who did you learn it from?

HOW TO MAP YOUR STORY | 프로젝트

  수행중인 프로젝트 Tr-161

You indicated in the survey that you are a student. What kind of project are you conducting? Please tell me about the project you are working on.

설문에서 학생이라고 했습니다. 어떤 종류의 프로젝트를 수행하고 있나요? 현재 수행중인 프로젝트에 관해 말해 보세요.

STORY MAP

[수행중인 프로젝트] 수행중인 프로젝트 • 프로젝트 성격 • 진행 상황

Map Intro _ 수행중인 프로젝트

프로젝트 소개
I am conducting a project on "Corporate Strategy." To be more specific, it is about analyzing corporate strategy trends.

저는 "기업 전략"과 관련된 프로젝트를 수행하고 있습니다. 좀 더 자세히 설명 드리자면, 기업 전략의 트렌드를 분석하는 프로젝트입니다.

Map Body _ 프로젝트 성격

전공과 관련된 프로젝트
As I am majoring in Business Administration, most of my projects are related to corporations or business. This is a group-based project.

제 전공이 경영학이기 때문에 제 프로젝트의 대부분이 주로 기업이나 사업과 관련된 것들이에요. 이 프로젝트는 그룹 프로젝트입니다.

프로젝트 시작과 업무
As soon as we got this project, our team members had a meeting for making a draft. During the meeting, we first planned the work schedule and second, assigned individual jobs.

우리들은 이 프로젝트를 받자마자, 구성원들이 전부 모여 초안 작성을 위한 회의를 했습니다. 회의를 하면서, 우선 작업 스케줄을 기획하고 그 다음으로는 개별 일을 할당했어요.

내가 맡은 일
The role I am now working on is conducting a survey on those who are working for the management planning office. In an effort to complete the project, I visited many companies and met the managers. Fortunately, they welcomed me warmly and filled out the questionnaire.

제가 맡은 일은 경영기획실에서 일을 하시는 분들에 대한 조사 업무인데요. 프로젝트를 끝마치기 위해서, 저는 많은 회사들을 방문했고, 매니저 분들을 만났습니다. 다행히도, 그 분들은 저를 따뜻하게 맞아주셨고 질문지를 작성해주셨습니다.

Map Closing _ 진행 상황

진행 상황
Although much remains to be done, all members are doing their best and I am sure the project will be successful.

아직 남은 일들이 많이 있지만, 구성원 모두들 최선을 다하고 있어서 이 프로젝트는 성공리에 마무리될 것이라고 확신합니다.

HOW TO GUIDE

Listening 길라잡이
프로젝트 소개 / 수행 중인 프로젝트에 대해 설명하기
- 듣기함정 "~ a student, ~ project are you conducting"을 듣자마자 학생 관련 질문이자 현재 진행 중인 프로젝트를 소개하는 문제임을 인지해야 한다.

Speaking 길라잡이
프로젝트 소개 ⇒ 프로젝트 세부내용 설명 ⇒ 진행 상황 설명
- 답변함정 지금까지 진행해왔던 내용은 과거시제를 사용할 수 있고 그 외 나머지 부분은 현재 진행 중인 것이므로 현재시제 위주로 답변해야 한다.

HOW TO ANSWER  Tr-161

I am conducting a project on "Corporate Strategy." To be more specific, it is about analyzing corporate strategy trends. As I am majoring in Business Administration, most of my projects are related to corporations or business. This is a group-based project. ❶ <u>As soon as we got this project, our team members had a meeting for making a draft</u>. During the meeting, we first planned the work schedule and second, assigned individual jobs. The role I am now working on is conducting a survey on those who are working for the management planning office. In an effort to complete the project, I visited many companies and met the managers. Fortunately, they welcomed me warmly and filled out the questionnaire. Although much remains to be done, ❷ <u>all members are doing their best and I am sure the project will be successful</u>.

저는 "기업 전략"과 관련된 프로젝트를 수행하고 있습니다. 좀 더 자세히 설명 드리자면, 기업 전략의 트렌드를 분석하는 프로젝트입니다. 제 전공이 경영학이기 때문에 제 프로젝트의 대부분이 주로 기업이나 사업과 관련된 것들이에요. 이 프로젝트는 그룹 프로젝트입니다. 우리들은 이 프로젝트를 받자마자, 구성원들이 전부 모여 초안 작성을 위한 회의를 했습니다. 회의를 하면서, 우선 작업 스케줄을 기획하고 그 다음으로는 개별 일을 할당했어요. 제가 맡은 일은 경영기획실에서 일을 하시는 분들에 대한 조사 업무인데요. 프로젝트를 끝마치기 위해서, 저는 많은 회사들을 방문했고, 매니저 분들을 만났습니다. 다행히도, 그 분들은 저를 따뜻하게 맞아주셨고 질문지를 작성해주셨습니다. 아직 남은 일들이 많이 있지만, 구성원 모두들 최선을 다하고 있어서 이 프로젝트는 성공리에 마무리될 것이라고 확신합니다.

어휘 draft 초안 assign 할당하다 conduct ~을 수행하다 fill out 작성하다

HOW TO CORRECT

문법 바로잡기
❶ [접속사] 접속사(as soon as: ~ 하자마자) 다음에는 절(S+V)이 와야 한다.
As soon as ~~this project~~, our team members had a meeting for making a draft.
As soon as we got this project, our team members had a meeting for making a draft.

표현 바로잡기
❷ ['최선을 다하다' 관용적 표현] **do one's best**: 최선을 다하다
All members are ~~making their~~ best and I am sure the project will be successful.
All members are **doing their best** and I am sure the project will be successful.

첫 프로젝트 Tr-161

What project did you first complete? Was it successful? Did you have trouble completing it? Tell me about your first project in detail.

처음에 어떤 프로젝트를 수행했나요? 프로젝트는 성공했나요? 수행하면서 어려움은 없었나요? 처음 수행한 프로젝트에 관해 자세히 말해 보세요.

STORY MAP

[첫 프로젝트] 첫 프로젝트 • 프로젝트 진행 상황 • 프로젝트 결과

Map Intro _ 첫 프로젝트

첫 프로젝트

The project that I first completed was a "Marketing Presentation." This project was related to my major, Business Administration, and a group project as well.

제가 가장 처음 수행한 프로젝트는 "마케팅 프레젠테이션"을 하는 것이었습니다. 이 프로젝트는 제 전공인 경영학과 관련된 것이었고 역시 그룹 프로젝트였습니다.

Map Body _ 프로젝트 진행 상황

그룹 프로젝트

As you know, Marketing class usually requires many projects, ranging from survey to marketing simulation. In a group project, you need to carefully listen to others.

아시다시피, 마케팅 수업은 보통 설문조사부터 마케팅 시뮬레이션까지 많은 프로젝트를 수행해야 합니다. 그룹 프로젝트에서는, 다른 사람들의 의견을 귀담아 들을 필요가 있습니다.

문제점 발생

But one of our members had trouble with the others because he did not respect others' opinions. During the first meeting, he did not agree on the assigned individual work, complaining that he had too much work to do.

현데, 구성원 중 한 명이 다른 구성원들의 의견을 존중하지 않아서 마찰을 일으켰습니다. 첫 회의 중에는 그의 업무가 지나치게 많다고 불평하며 할당된 개별 업무에 동의하지 않았어요.

해결 방법

Since I was the leader of the team, I just decided to take over most of his work. Anyhow, we searched all the related information on the Internet, conducted the survey and analyzed it.

저는 리더를 맡고 있어서, 그냥 그가 맡은 대부분의 일을 제가 맡겠다고 했어요. 어쨌든, 우리는 인터넷에서 관련된 모든 정보를 찾았고 설문조사를 수행하고 분석했습니다.

Map Closing _ 프로젝트 결과

프로젝트 결과

Although there was a so-called "free rider," we gave a successful presentation.

비록 "무임 승객"이라는 문제가 있었지만, 우리는 성공적으로 발표를 마무리했습니다.

HOW TO GUIDE

Listening 길라잡이
프로젝트의 세부내용 설명 / 처음 수행한 프로젝트에 대해 자세히 설명하기
- 듣기함정 "first project~" 즉 과거의 경험을 묻고 있으므로 질문을 과거로 이해하도록 한다.

Speaking 길라잡이
프로젝트 소개 ⇒ 프로젝트 세부내용 소개 ⇒ 문제점과 해결 방법 설명 ⇒ 프로젝트 결과 설명으로 답변 종결
- 답변함정 최근에 마친 프로젝트와 첫 프로젝트가 별개의 문제로 출제될 수 있으므로 이 2개의 프로젝트 답변 역시 따로 준비해두는 것이 좋다.

HOW TO ANSWER  Tr-161

The project that I first completed was a "Marketing Presentation." ❶ This project was related to my major, Business Administration, and a group project as well. As you know, Marketing class usually requires many projects, ranging from survey to marketing simulation. In a group project, you need to carefully listen to others. But one of our members had trouble with the others because he did not respect others' opinions. During the first meeting, he did not agree on the assigned individual work, complaining that he had too much work to do. Since I was the leader of the team, I just decided to take over most of his work. Anyhow, we searched all the related information on the Internet, conducted the survey and analyzed it. ❷ Although there was a so-called "free rider," we gave a successful presentation.

제가 가장 처음 수행한 프로젝트는 "마케팅 프레젠테이션"을 하는 것이었습니다. 이 프로젝트는 제 전공인 경영학과 관련된 것이었고 역시 그룹 프로젝트였습니다. 아시다시피, 마케팅 수업은 보통 설문조사부터 마케팅 시뮬레이션까지 많은 프로젝트를 수행해야 합니다. 그룹 프로젝트에서는, 다른 사람들의 의견을 귀담아 들을 필요가 있습니다. 헌데, 구성원 중 한 명이 다른 구성원들의 의견을 존중하지 않아서 마찰을 일으켰습니다. 첫 회의 중에는 그의 업무가 지나치게 많다고 불평하며 할당된 개별 업무에 동의하지 않았어요. 저는 리더를 맡고 있어서, 그냥 그가 맡은 대부분의 일을 제가 맡겠다고 했어요. 어쨌든, 우리는 인터넷에서 관련된 모든 정보를 찾았고 설문조사를 수행하고 분석했습니다. 비록 "무임 승객"이라는 문제가 있었지만, 우리는 성공적으로 발표를 마무리했습니다.

어휘 **individual** 개인적인, 개별적인 **free rider** 무임 승객 (cf. free ride 무임 승차)

HOW TO CORRECT

문법 바로잡기
❶ [수동태와 어울리는 전치사] **be related to**: ~와 관련이 있다, 연관이 있다 (전치사 to에 유의한다)
This project was ~~related in~~ my major, Business Administration.
This project **was related to** my major, Business Administration.

표현 바로잡기
❷ [알아두면 좋은 관용 표현] **free rider**: 사전적 의미로는 '무임 승객'이지만 일반적으로 노력하지 않고 편승하는 사람을 두고 널리 사용되고 있다.
Although there was a so-called "~~free member~~," we gave a successful presentation
Although there was a so-called "**free rider**," we gave a successful presentation.

기억에 남는 프로젝트 Tr-161

Let's talk about the most memorable project you have completed. What kind of project was it? With whom did you conduct that project? Why was it so memorable for you? Tell me all about it in detail.

수행했던 프로젝트 중에 가장 기억에 남는 프로젝트에 대해 얘기해 보겠습니다. 어떤 종류의 프로젝트였나요? 누구와 함께 그 프로젝트를 수행했죠? 기억에 남는 프로젝트에 대해 자세히 말해 보세요.

STORY MAP

[기억에 남는 프로젝트] 프로젝트 소개 • 기억에 남는 사건 • 프로젝트 결과

Map Intro _ 프로젝트 소개

시간
Two years ago, I had to join a project with a marketing company as an intern.
2년 전에, 제가 인턴으로 어떤 마케팅 회사에서 프로젝트를 수행한 적이 있습니다.

프로젝트 소개
My university has a special system in which students can accumulate college credits if they work in a company for a certain period of time. I decided to join it believing that I could kill two birds with one stone.
저희 학교에는 학생들이 회사에서 일정 기간 동안 일을 하게 되면 학점을 얻을 수 있는 특별한 제도가 있어요. '일석이조'의 효과를 노리고자 그 제도에 참여하기로 마음먹었습니다.

Map Body _ 기억에 남는 사건

상황 소개
One day, the company that I worked for as an intern held a promotional event on the street. I was handing out flyers to passers-by.
하루는 제가 인턴으로 일하던 회사에서 거리에서 판촉행사를 열고 있었습니다. 저는 지나가는 사람들에게 전단지를 나누어 주고 있었어요.

문제점 발생
All of a sudden, one guy from a bank on that street came to me and asked me to stop it.
갑자기, 그 거리에 있는 한 은행에서 어떤 사람이 제게 다가와서 그만할 것을 요구했습니다.

대처 방법
As I wanted to complete my work and I was beating my brain to get a solution to handle the problem. After a few minutes, I dropped in the bank and I asked to meet the brand manager. And then I explained my situation and the idea that I came up with.
저는 제 일을 끝마치고 싶어서 그 문제에 대한 해결책을 얻고자 머리를 짜냈습니다. 몇 분 후에, 저는 그 은행에 찾아갔고 지점장님을 만나고 싶다고 요청했어요. 그리고 나서 제 상황과 제가 생각해 낸 아이디어를 설명 드렸습니다.

Map Closing _ 프로젝트 결과

프로젝트 결과
My idea was that to distribute the flyers of the bank together. He agreed with it and I was able to finish my job.
제가 생각해 낸 아이디어는 은행의 전단지도 함께 나눠주는 것이었습니다. 그분은 제 의견에 동의하셨고 저는 제 맡은 바 소임을 끝마칠 수 있었습니다.

HOW TO GUIDE

Listening 길라잡이
프로젝트 경험 소개 / 재미있었거나 기억에 남는 프로젝트 경험에 대해 자세히 설명하기
- 듣기함정　"memorable~"에서 과거의 경험을 묻고 있는 질문으로 이해하도록 한다.

Speaking 길라잡이
해당 프로젝트 소개 ⇒ 문제점과 대처 방법 설명 ⇒ 프로젝트 결과를 소개하며 답변 종결
- 답변함정　앞에서 등장한 첫 프로젝트가 가장 기억에 남는 프로젝트가 될 수 있지만, 답변이 중복되면 감점 요인이 되므로 첫 프로젝트, 최근에 했던 프로젝트, 기억에 남는 프로젝트 등 3가지로 구분해서 답변을 차별화시켜야 한다.

HOW TO ANSWER Tr-161

Two years ago, I had to join a project with a marketing company as an intern. My university has a special system in which students can accumulate college credits if they work in a company for a certain period of time. ❶ I decided to join it believing that I could kill two birds with one stone. One day, the company that I worked for as an intern held a promotional event on the street. I was handing out flyers to passers-by. All of a sudden, one guy from a bank on that street came to me and asked me to stop it. As I wanted to complete my work and I was beating my brain to get a solution to handle the problem. After a few minutes, I dropped in the bank and I asked to meet the brand manager. And then I explained my situation and the idea that I came up with. My idea was that to distribute the flyers of the bank together. ❷ He agreed with it and I was able to finish my job.

2년 전에, 제가 인턴으로 어떤 마케팅 회사에서 프로젝트를 수행한 적이 있습니다. 저희 학교에는 학생들이 회사에서 일정 기간 동안 일을 하게 되면 학점을 얻을 수 있는 특별한 제도가 있어요. '일석이조'의 효과를 노리고자 그 제도에 참여하기로 마음먹었습니다. 하루는 제가 인턴으로 일하던 회사에서 거리에서 판촉행사를 열고 있었습니다. 저는 지나가는 사람들에게 전단지를 나누어 주고 있었어요. 갑자기, 그 거리에 있는 한 은행에서 어떤 사람이 제가 다가와서 그만할 것을 요구했습니다. 저는 제 일을 끝마치고 싶어서 그 문제에 대한 해결책을 얻고자 머리를 짜냈습니다. 몇 분 후에, 저는 그 은행에 찾아갔고 지점장님을 만나고 싶다고 요청했어요. 그리고 나서 제 상황과 제가 생각해 낸 아이디어를 설명 드렸습니다. 제가 생각해 낸 아이디어는 은행의 전단지도 함께 나눠주는 것이었습니다. 그분은 제 의견에 동의하셨고 저는 제 맡은바 소임을 끝마칠 수 있었습니다.

어휘　kill two birds with one stone 일석이조　promotional 판촉의　flyer 전단지

HOW TO CORRECT

문법 바로잡기
❷ [자동사+전치사] **agree with**: agree는 전치사 'with, to, on'과 함께 어울린다.
He agreed at it and I was able to finish my job.
He **agreed with** it and I was able to finish my job.

표현 바로잡기
❶ [알아두면 좋은 관용 표현] **kill two birds with one stone**: 일석이조
I decided to join it believing that I could kill two-bird with one stone.
I decided to join it believing that I could **kill two birds with one stone**.

HOW TO MAP YOUR STORY | 테크놀로지

Q1 자주 사용하는 테크놀로지

You indicated in the survey that you are a student. What technologies do you frequently use these days? How do you use them?

설문에서 학생이라고 했습니다. 최근에 어떤 테크놀로지(기술)를 자주 사용하나요? 테크놀로지를 어떻게 이용하나요?

STORY MAP

[자주 사용하는 테크놀로지] 테크놀로지 소개 • 이용 방법 • 현재 사실

Map Intro _ 테크놀로지 소개

인터넷 | The technology I most often use as a student is the Internet. I think such a statement applies to most other students of my general age group.
학생으로서 제가 가장 자주 사용하는 테크놀로지는 인터넷입니다. 제 생각에 이 말은 제 나이 또래의 거의 대부분의 학생들에게 해당될 것 같습니다.

Map Body _ 이용 방법

이메일 확인
과제물 제출 | The Internet is not only used for amusement but also for schoolwork. In my case, I use the Internet to turn in assignments via e-mail or the school Web site.
인터넷은 오락뿐만 아니라 학교 공부에도 이용됩니다. 제 경우에는 이메일이나 학교 웹 사이트를 통해 과제물을 제출하는데 인터넷을 이용합니다.

강의 수강 | Also, I review the lecture at any moment on the Internet as professors upload their recorded lectures for students.
또한, 교수님들이 녹화된 강의를 올려주시기 때문에 인터넷을 통해서 언제라도 강의를 볼 수 있어요.

정보 검색 | In addition, I always search for necessary information and materials on the Internet whenever I am assigned to a project or an assignment.
뿐만 아니라, 숙제나 과제물을 받을 때면, 인터넷으로 필요한 정보나 자료를 찾습니다.

Map Closing _ 현재 사실

현재 사실 | Now, I cannot imagine one school day without the Internet.
이제는 인터넷이 없는 학교 일상은 생각조차 할 수 없게 되었습니다.

HOW TO GUIDE

Listening 길라잡이
테크놀로지 소개 / 학교에서 자주 사용하는 테크놀로지에 대해 자세히 소개하기
- 듣기함정 "introduce~", "describe~" 등의 직접적인 동사가 들리지 않더라도 사용하는 기술을 소개하는 문제로 이해해둬야 한다.

Speaking 길라잡이
자주 사용하는 테크놀로지 소개 ⇒ 이용 방법 설명
- 답변함정 학교에서 사용하는 테크놀로지에 대한 문제이므로 학교 기술을 설명해야 하고 현재시제로 답하도록 한다.

HOW TO ANSWER Tr-162

❶ The technology I most often use as a student is the Internet. I think such a statement applies to most other students of my general age group. The Internet is not only used for amusement but also for schoolwork. In my case, I use the Internet to turn in assignments via e-mail or the school Web site. Also, I review the lecture at any moment on the Internet as professors upload their recorded lectures for students. In addition, ❷ I always search for necessary information and materials on the Internet whenever I am assigned to a project or an assignment. Now, I cannot imagine one school day without the Internet.

학생으로서 제가 가장 자주 사용하는 테크놀로지는 인터넷입니다. 제 생각에 이 말은 제 나이 또래의 거의 대부분의 학생들에게 해당될 것 같습니다. 인터넷은 오락뿐만 아니라 학교 공부에도 이용됩니다. 제 경우에는 이메일이나 학교 웹 사이트를 통해 과제물을 제출하는데 인터넷을 이용합니다. 또한, 교수님들이 녹화된 강의를 올려주시기 때문에 인터넷을 통해서 언제라도 강의를 볼 수 있어요. 뿐만 아니라, 숙제나 과제물을 받을 때면, 인터넷으로 필요한 정보나 자료를 찾습니다. 이제는 인터넷이 없는 학교 일상은 생각조차 할 수 없게 되었습니다.

어휘 apply 적용하다   schoolwork 학업, 학교 공부   turn in 제출하다

HOW TO CORRECT

문법 바로잡기
❶ [부사의 최상급] 부사의 최상급 앞에는 일반적으로 the를 사용하지 않는다.
The technology I ~~the most often~~ use as a student is the Internet.
The technology I **most often** use as a student is the Internet.

표현 바로잡기
❷ ['인터넷으로, 인터넷 상에서'의 올바른 표현] **on the Internet**: 인터넷으로 / **via(through) the Internet**: 인터넷을 통해서
I always search for necessary information and materials at the Internet.
I always search for necessary information and materials **on the Internet**.

과거와 현재의 테크놀로지 Tr-162

There have been a lot of changes in the technology that we use at school. What changes have been made from the past to the present? Please give me a detailed description of them.

학교에서 이용하는 테크놀로지에 많은 변화가 있었을 것입니다. 과거에서 현재까지 어떤 변화들이 있었나요? 자세히 설명해 보세요.

STORY MAP

[과거와 현재의 테크놀로지] 발전된 기술 • 비교 설명 • 기술의 진보 결과

Map Intro _ 발전된 기술

발전된 기술

The technological improvements at my school have been astonishing. First of all, more than half of the heavy doors have been replaced with automatic ones.

저희 학교의 기술적인 발전은 정말 놀랍습니다. 무엇보다 먼저, 육중한 문들이 절반 이상 자동문으로 교체되었습니다.

Map Body _ 비교 설명

자동문

Before this change, students were forced to push and pull with all their might. Now, students can open the door with a simple push of a button.

전에는, 학생들이 있는 힘을 다해 문을 밀고 당겨야 했어요. 하지만 이제는, 간단히 버튼 하나만 눌러서 문을 열 수 있게 되었습니다.

도서관 시스템

And the library system has been changed a lot. Students can search and borrow books they want online, and this is all recorded online.

그리고 도서관 시스템도 많은 변화가 있었는데요. 학생들은 보고 싶은 책들을 온라인으로 검색하고 대여할 수 있게 되었고 이러한 내용들은 모두 온라인으로 기록됩니다.

보안 시스템

These changes have affected the security system, too. Doors to dormitories are operated by card keys that also serve as student IDs and in-campus credit cards.

이러한 변화는 또한, 보안 시스템에도 영향을 미쳤습니다. 기숙사 출입문들이 학생증이나 교내에서 사용되는 신용카드의 형태로 제공되는 카드키에 의해 작동됩니다.

Map Closing _ 기술의 진보 결과

경험 소개

Thanks to this advance in technology, the school can dramatically decrease the number of thefts. Although it took some time to adjust myself to these changes, they are always useful.

이러한 기술의 진보로 인해, 학교당국은 절도 범죄의 수를 크게 줄일 수 있었습니다. 이러한 변화에 적응하는 데 시간이 좀 걸렸지만, 이러한 기술들은 정말 유용합니다.

HOW TO GUIDE

Listening 길라잡이
테크놀로지에 대한 세부 설명 / 학교에서 이용하는 테크놀로지의 변화에 대해 자세히 설명한다.
- 듣기함정 "from the past to the present"에서 질문을 과거와 현재에 대한 비교, 대조로 이해하도록 한다.

Speaking 길라잡이
발전된 기술 소개 ⇒ 테크놀로지 변화 설명 ⇒ 변화에 대한 느낌 등의 첨언으로 답변 종결
- 답변함정 단순히 변화들을 나열하기 보다는 변화에 따른 영향, 느낌까지 설명해주면 만점짜리 답변이 된다.

HOW TO ANSWER  Tr-162

The technological improvements at my school have been astonishing. First of all, more than half of the heavy doors have been replaced with automatic ones. Before this change, ❶ <u>students were forced to push and pull with all their might</u>. Now, students can open the door with a simple push of a button. And the library system has been changed a lot. Students can search and borrow books they want online, and this is all recorded online. These changes have affected the security system, too. Doors to dormitories are operated by card keys that also serve as student IDs and in-campus credit cards. Thanks to this advance in technology, ❷ <u>the school can dramatically decrease the number of thefts</u>. Although it took some time to adjust myself to these changes, they are always useful.

저희 학교의 기술적인 발전은 정말 놀랍습니다. 무엇보다 먼저, 육중한 문들이 절반 이상 자동문으로 교체되었습니다. 전에는, 학생들이 있는 힘을 다해 문을 밀고 당겨야 했어요. 하지만 이제는, 간단히 버튼 하나만 눌러서 문을 열수 있게 되었습니다. 그리고 도서관 시스템도 많은 변화가 있었는데요. 학생들은 보고 싶은 책들을 온라인으로 검색하고 대여할 수 있게 되었고 이러한 내용들은 모두 온라인으로 기록됩니다. 이러한 변화는 또한, 보안 시스템에도 영향을 미쳤습니다. 기숙사 출입문들이 학생증이나 교내에서 사용되는 신용카드의 형태로 제공되는 카드키에 의해 작동됩니다. 이러한 기술의 진보로 인해, 학교당국은 절도 범죄의 수를 크게 줄일 수 있었습니다. 이러한 변화에 적응하는 데 시간이 좀 걸렸지만, 이러한 기술들은 정말 유용합니다.

어휘 astonishing 놀라운, 믿기 힘든 security system 경비 제도, 보안 제도 dramatically 크게, 극적으로

HOW TO CORRECT

문법 바로잡기
❷ [a number of / the number of] a number of(many)+복수명사 / the number of: ~의 수
The school can dramatically decrease ~~a number of thefts~~. (많은 절도 범죄)
The school can dramatically decrease **the number of thefts**. (절도 범죄의 수)

표현 바로잡기
❶ ['전력을 다하다'의 표현] **with all one's might**: 전력을 다하여(=with might and main, to the best of one's ability)
Students were forced to push and pull ~~to all their might~~.
Students were forced to push and pull **with all their might**.

테크놀로지 관련 이슈 Tr-162

I'd like to know about some technology issues. Are there any technology issues that have been discussed among your classmates and friends? What issues are they? Please tell me all about them in as much detail as possible.

테크놀로지(기술) 이슈에 대해서 얘기를 해보겠습니다. 학생들이나 친구들 사이에서 논의되고 있는 테크놀로지가 있나요? 어떤 이슈들인가요? 최대한 자세히 말해 보세요.

STORY MAP

[테크놀로지 관련 이슈] 이슈 소개 • 이슈 세부 설명 • 개인 의견

Map Intro _ 이슈 소개

전공과 관련된 이슈

I am a student of science, Biotechnology to be exact. In my field, the issues with technology often seem to be eroding traditional values. In plain words, the essential question boils down to whether scientists are playing God or not.

저는 과학도, 엄밀히 말하면 생명공학도입니다. 제 분야에서는, 기술과 관련된 이슈들은 종종 전통적인 가치관의 붕괴처럼 보입니다. 쉽게 말해서, 본질적인 질문은 한마디로 과학자들이 '신놀음'을 하느냐 마느냐로 귀결됩니다.

Map Body _ 이슈 세부 설명

유전 공학

Genetic engineering is one of the most discussed topics among even general people. Many seem to believe that genetic engineering is morally wrong. They believe that it is challenging the powers that only God should be able to control.

유전공학은 일반인들 사이에서도 가장 많이 토의되는 주제 중에 하나인데요. 많은 이들이 유전공학은 도덕적으로 잘못된 것이라고 여깁니다. 그들은 유전공학이 오직 신만이 통제할 수 있는 영역에 도전하고 있다고 생각합니다.

생명 공학

The more realistic group claims that genetic engineering is a rather new technology and they do not fully grasp the side effects, especially GMO. I partially agree with that, but I personally feel that such fears are unwarranted.

좀 더 현실적인 사람들은, 생명공학이 신 기술이기 때문에 부작용, 특히 GMO(유전자 변형 농산물)에 대한 부작용을 완벽하게 알 수 없다고 주장합니다. 저는 그들의 생각에 일부 동의하지만, 개인적으로 그러한 두려움은 부적절하다고 생각합니다.

Map Closing _ 개인 의견

경험 소개

I am not an exponent of the newest technology, but people have failed to realize that a lot of products they are consuming are already genetically modified on many levels.

저는 신기술의 대변인은 아니지만, 많은 사람들이 이미 우리들이 먹고 있는 상당수의 것들이 여러 단계에서 유전자를 변형하여 만든 것들인지 알지 못하고 있습니다.

HOW TO GUIDE

Listening 길라잡이
테크놀로지 이슈 소개 / 학생들이나 친구들 사이에 논의되고 있는 테크놀로지 이슈에 대해서 자세히 설명하기
- 듣기함정 "technology issues ~"를 설명하라는 질문으로, 현재시제로 이해하도록 한다.

Speaking 길라잡이
이슈가 되는 기술 소개 ⇒ 쟁점, 찬반 의견 소개 ⇒ 개인적인 의견 첨언으로 답변 종결
- 답변함정 이슈가 되고 있는 문제를 설명할 경우, 찬성과 반대 또는 장점과 단점 등을 비교 설명해주도록 한다.

HOW TO ANSWER

I am a student of science, Biotechnology to be exact. In my field, the issues with technology often seem to be eroding traditional values. ❶ In plain words, the essential question boils down to whether scientists are playing God or not. Genetic engineering is one of the most discussed topics among even general people. ❷ Many seem to believe that genetic engineering is morally wrong. They believe that it is challenging the powers that only God should be able to control. The more realistic group claims that genetic engineering is a rather new technology and they do not fully grasp the side effects, especially GMO. I partially agree with that, but I personally feel that such fears are unwarranted. I am not an exponent of the newest technology, but people have failed to realize that a lot of products they are consuming are already genetically modified on many levels.

저는 과학도, 엄밀히 말하면 생명공학도입니다. 제 분야에서는, 기술과 관련된 이슈들은 종종 전통적인 가치관의 붕괴처럼 보입니다. 쉽게 말해서, 본질적인 질문은 한마디로 과학자들이 '신놀음'을 하느냐 마느냐로 귀결됩니다. 유전공학은 일반인들 사이에서도 가장 많이 토의되는 주제 중에 하나인데요. 많은 이들이 유전공학은 도덕적으로 잘못된 것이라고 여깁니다. 그들은 유전공학이 오직 신만이 통제할 수 있는 영역에 도전하고 있다고 생각합니다. 좀 더 현실적인 사람들은, 생명공학이 신 기술이기 때문에 부작용, 특히 GMO(유전자 변형 농산물)에 대한 부작용을 완벽하게 알 수 없다고 주장합니다. 저는 그들의 생각에 일부 동의하지만, 개인적으로 그러한 두려움은 부적절하다고 생각합니다. 저는 신기술의 대변인은 아니지만, 많은 사람들이 이미 우리들이 먹고 있는 상당수의 것들이 여러 단계에서 유전자를 변형하여 만든 것들인지 알지 못하고 있습니다.

어휘 genetic engineering 유전공학 GMO 유전자 변형 농산물 (genetically modified organism) exponent 대변자, 주창자

HOW TO CORRECT

문법 바로잡기
❷ [주어와 동사의 수의 일치] many (people) + 복수동사
Many ~~seems~~ to believe that genetic engineering is morally wrong.
Many **seem** to believe that genetic engineering is morally wrong.

표현 바로잡기
❶ ['쉬운 말로 하면'의 관용적 표현] in plain words: 쉬운 말로 하자면
In plain ~~word~~, the essential question boils down to whether scientists are playing God or not.
In plain words, the essential question boils down to whether scientists are playing God or not.

SECTION 4 _ 고득점을 위한 OPIc 공략법

17강

건강 & 병원

- 건강
- 병원

건강 & 병원

HOW TO OPIc

이번 17강에서 살펴볼 내용은 건강과 병원이고, '건강한 사람, 병원(치과)'이 정확한 주제입니다. 돌발 문제는 알고도 대답하기 힘들기 때문에 반드시 철저한 대비가 필요하다는 말씀을 드렸죠? 오픽 문제 중에서 가장 난이도 높은 문제 중의 하나이므로 연습장이나 노트에 잘 정리해둬야 합니다.

먼저 건강과 관련된 다양한 질문을 살펴보겠습니다. 기본적으로 건강한 사람에 대한 정의가 무엇인지, 평소에 생각하고 있는 건강한 사람에 대해서 얘기해 보라는 질문이 등장합니다. 식습관도 중요하고 운동 등 자기 관리를 잘하는 사람이 건강한 사람의 기준이 되겠죠? 육체적으로나 정신적으로 건강한 사람이라고 생각하는 기준을 대답하면 됩니다.

그리고 건강을 유지하기 위해서 어떤 것들을 하는지 설명하는 질문을 꼽을 수 있습니다. 주변에 알고 있는 건강한 사람을 소개해 보라는 질문도 등장하게 됩니다. 왜 그 사람이 건강하다고 생각하는지 적절한 이유도 함께 답변하는 것이 좋습니다. 마지막으로 내가 건강한 사람이 되기 위해서는 하루하루를 어떻게 생활해야 하는지를 묻는 질문을 예상해 볼 수 있습니다.

병원과 관련된 질문도 정리해 보겠습니다. 가장 기본적으로 물어볼 수 있는 질문은 즐겨 찾는 병원이나 치과를 묘사하는 것과 의사를 소개하는 것입니다. 병원에 가는 이유와 병원을 얼마나 자주 가는지 등을 좀 더 구체적으로 물어볼 수 있고요. 최근에 언제 병원을 갔고 왜 갔는지, 가서 무엇을 했는지 등의 질문이 등장할 수 있습니다. 병원과 관련하여 기억에 남는 경험, 어렸을 때 병원에 갔던 경험 등도 대비해둬야 합니다.

Role-play는 특정 상황을 정해줘서 어떻게 대처하는지를 가늠해 볼 수 있는 문제 유형이라면, 돌발 문제는 예상하기 어려운 주제를 던져주고 수험생이 어떻게 답변하는지를 파악하기 위한 문제입니다. 이러한 문제가 왜 출제되는지, 그 의도를 잘 이해해야 보다 높은 등급을 받을 수 있습니다. 한 번만 잘 정리해두고 반복해서 연습한다면 정해져 있는 패턴이므로 전혀 어렵게 다가오지 않을 것입니다. 실전문제를 참고해서 자신만의 답변 방향을 잘 정리해두기 바랍니다.

BEST QUESTIONS

Three Combo 건강 Questions

Q1 _ 건강한 사람의 기준

Who do you think is a healthy person? What kind of food does he or she normally eat?

Q2 _ 건강한 사람의 활동

What activities does a healthy person usually do? What things does he or she do on weekends? Please tell me about the activities he or she does in order to stay healthy.

Q3 _ 주변의 건강한 사람

Have you ever met an unusually healthy person before? What did he or she look like? When did you meet? What was your first impression of meeting him or her? Please tell me all about the healthy person you met in detail.

Three Combo 병원 Questions

Q1 _ 병원/치과 묘사

I'd like to know about a hospital or a dental clinic you often visit. Please describe it in detail.

Q2 _ (치과) 의사 소개

Let's talk about a doctor or a dentist. What does he or she look like? What clothes does he or she wear? Please introduce the doctor or dentist you know to me.

Q3 _ 최근에 병원에 간 이유

When was your last visit to the hospital or the dental clinic? Why did you visit the hospital or the dental clinic? Tell me all about the activities you did there from beginning to end.

Three Combo Plus Questions

Q1 _ 건강한 사람의 조건

How will you spend a day if you want to be a healthy person? What kind of food do you want to eat?

Q2 _ 어렸을 적 경험

Do you have any memorable experience with a hospital or a dental clinic when you were a child? If so, why was it so memorable? Tell me all about it in as much detail as you can.

HOW TO MAP YOUR STORY | 건강

 건강한 사람 기준 Tr-171

Who do you think is a healthy person? What kind of food does he or she normally eat?

어떤 사람이 건강한 사람이라고 생각하나요? 건강한 사람은 보통 어떤 종류의 음식을 섭취하나요?

STORY MAP

[건강한 사람 기준] 건강한 사람 기준 • 음식과 운동 • 건강에 필요한 부분

Map Intro _ 건강한 사람 기준

기준 | I believe that a healthy person should be sound both in mind and body. No one can deny that those who have healthy minds are more likely to have healthy bodies.
저는 건강한 사람은 심신이 모두 건전한 사람이라고 생각합니다. 건전한 정신을 가진 사람이 건전한 신체를 가질 것이라는 사실에 모두 동의할 것입니다.

Map Body _ 음식과 운동

정신 건강 | Many studies show that mental health is closely linked to physical health, so healthy people are well aware of how to control their minds.
정신 건강이 육체적인 건강과 밀접한 관련이 있다는 연구 조사들도 많이 있어서 건강한 사람들은 자신들의 마음을 통제하는 법을 잘 알고 있습니다.

건강한 사람들의 음식 | Glancing at their menu, you can acknowledge how well they control their minds. Unlike the normal food we eat, they manage a plant-based diet. Vegetables, fruits, and dairy products are always included in their meals.
건강한 사람들의 식단을 보면, 얼마나 그들이 자신들의 마음을 잘 통제하는지 금방 알 수 있습니다. 우리들이 먹는 일반적인 음식과 달리, 건강한 사람들은 채식위주의 식단을 유지해요. 채소, 과일 그리고 유제품들이 항상 식단에 포함됩니다.

건강을 위한 노력 | Even if I don't know well how healthy they are, I understand how hard those people manage and control their eating habits.
비록 제가 그 음식들이 얼마나 건강에 좋은지는 잘 모르지만, 그들이 얼마나 힘들게 식습관을 관리하고 통제하는지는 잘 알고 있습니다.

Map Closing _ 건강에 필요한 부분

좋은 식습관과 규칙적인 운동 | Good eating habits and regular exercise are essential for maintaining good health. Thus, they exercise regularly to stay fit.
좋은 식습관과 규칙적인 운동은 건강을 유지하는데 필수적이에요. 그래서 건강한 사람들은 건강을 유지하기 위해서 규칙적으로 운동을 하고 있습니다.

HOW TO GUIDE

Listening 길라잡이
건강한 사람 설명 / 건강한 사람과 섭취하는 음식에 대해 설명하기
- 듣기함정 "healthy person"을 "what kind of food"와 함께 설명하는 문제로 질문을 현재시제로 이해하도록 한다.

Speaking 길라잡이
건강한 사람에 대한 일반적 진술 ⇒ 건강한 사람들의 식사와 운동 설명
- 답변함정 질문에서 묻고 있지 않지만, 건강 유지를 위한 식사 이외의 운동 등 건강에 기준이 되는 부분을 추가로 간단하게 첨원해 주면 좋은 답변이 된다.

HOW TO ANSWER  Tr-171

I believe that a healthy person should be sound both in mind and body. No one can deny that ❶ <u>those who have healthy minds are more likely to have healthy bodies</u>. Many studies show that mental health is closely linked to physical health, so healthy people are well aware of how to control their minds. Glancing at their menu, you can acknowledge how well they control their minds. Unlike the normal food we eat, they manage a plant-based diet. Vegetables, fruits, and dairy products are always included in their meals. ❷ <u>Even if I don't know well how healthy they are, I understand how hard those people manage and control their eating habits</u>. Good eating habits and regular exercise are essential for maintaining good health. Thus, they exercise regularly to stay fit.

저는 건강한 사람은 심신이 모두 건전한 사람이라고 생각합니다. 건전한 정신을 가진 사람이 건전한 신체를 가질 것이라는 사실에 모두 동의할 것입니다. 정신 건강이 육체적인 건강과 밀접한 관련이 있다는 연구 조사들도 많이 있어서 건강한 사람들은 자신들의 마음을 통제하는 법을 잘 알고 있습니다. 건강한 사람들의 식단을 보면, 얼마나 그들이 자신들의 마음을 잘 통제하는지 금방 알 수 있습니다. 우리들이 먹는 일반적인 음식과 달리, 건강한 사람들은 채식위주의 식단을 유지해요. 채소, 과일 그리고 유제품들이 항상 식단에 포함됩니다. 비록 제가 그 음식들이 얼마나 건강에 좋은지는 잘 모르지만, 그들이 얼마나 힘들게 식습관을 관리하고 통제하는지는 잘 알고 있습니다. 좋은 식습관과 규칙적인 운동은 건강을 유지하는데 필수적이에요. 그래서 건강한 사람들은 건강을 유지하기 위해서 규칙적으로 운동을 하고 있습니다.

어휘 **dairy** 유제품의, 낙농의 **maintain** 유지하다

HOW TO CORRECT

문법 바로잡기
❷ [how 간접의문문] 간접의문문의 어순: how + 형용사 + 주어 + 동사
Even if I don't know well how healthy ~~are they~~, I understand how hard those people manage and control eating habits.
Even if I don't know well **how healthy they are**, I understand how hard those people manage and control eating habits.

표현 바로잡기
❶ ['가능성'의 관용적 표현] be (more/most) likely to: ~(좀 더/가장) 일어날 가능성이 높다, ~일 것 같다
Those who have healthy minds are ~~very~~ likely to have healthy bodies.
Those who have healthy minds **are more likely to** have healthy bodies.

건강한 사람의 활동 Tr-171

What activities does a healthy person usually do? What things does he or she do on weekends? Please tell me about the activities he or she does in order to stay healthy.

건강한 사람은 주로 어떤 활동들을 하나요? 주말에는 어떤 활동들을 하나요? 건강한 사람들이 건강을 유지하기 위해서 하는 활동들에 대해 설명해 보세요.

STORY MAP

[건강한 사람의 활동] 건강의 법칙 • 다양한 활동 • 주말 생활

Map Intro _ 건강의 법칙

건강의 법칙

Living a balanced life is important not just for your mind but for your body as well. I can say it is a sort of rule that healthy people should keep in mind.

균형 잡힌 삶을 사는 것은 정신뿐만 아니라 신체에도 중요합니다. 이것은 건강한 사람들이 명심하는 법칙과 같은 것입니다.

Map Body _ 다양한 활동

균형 잡힌 삶

Healthy people live a more balanced lives than normal people. They exercise, eat healthy food and have time for hobbies on a regular basis.

건강한 사람들은 보통 사람들보다 훨씬 더 균형 잡힌 삶을 살아가고 있습니다. 그들은 정기적으로 운동을 하고 건강한 음식을 먹으며 취미활동을 위한 시간을 갖습니다.

활동적인 사회생활

They usually enjoy an active lifestyle and try to take part in various social activities such as volunteer works.

건강한 사람들은 항상 활동적인 생활을 즐기고, 봉사활동과 같은 다양한 사회활동에 참여하려고 합니다.

운동

In terms of exercise, they do aerobic exercises such as jogging, walking and swimming.

운동 측면에서는, 조깅, 걷기, 그리고 수영 같은 유산소 운동을 하죠.

Map Closing _ 주말 생활

주말 생활

On weekends, healthy people catch up on sleep or go hiking because they do not have to go to work. On top of these, they always enjoy their work to get less stress.

주말에는 일을 하러 갈 필요가 없기 때문에 밀린 잠을 보충하거나 등산을 갑니다. 그래도 이 중에서 1순위는, 스트레스를 덜 받기 위해 항상 일을 즐긴다는 점입니다.

HOW TO GUIDE

Listening 길라잡이
건강한 사람 세부 설명 / 건강한 사람들이 하는 활동에 대해 자세히 설명하기
- 듣기함정 "activities healthy person usually do~", 건강한 사람들의 일상적인 활동을 설명하라는 질문으로, 질문을 현지시제로 이해하도록 한다.

Speaking 길라잡이
건강 관련 일반적 진술 ⇒ 건강한 사람들의 다양한 활동 설명 ⇒ 주말 생활 설명으로 답변 종결
- 답변함정 건강을 위해서 할 수 있는 일반적인 일상 활동과 주말에 하는 활동들을 나열하도록 한다.

HOW TO ANSWER  Tr-171

Living a balanced life is important not just for your mind but for your body as well. I can say it is a sort of rule that healthy people should keep in mind. ❶ <u>Healthy people live a more balanced lives than normal people</u>. They exercise, eat healthy food and have time for hobbies on a regular basis. They usually enjoy an active lifestyle and try to take part in various social activities such as volunteer works. In terms of exercise, they do aerobic exercises such as jogging, walking and swimming. ❷ <u>On weekends, healthy people catch up on sleep or go hiking</u> because they do not have to go to work. On top of these, they always enjoy their work to get less stress.

균형 잡힌 삶을 사는 것은 정신뿐만 아니라 신체에도 중요합니다. 이것은 건강한 사람들이 명심하는 법칙과 같은 것입니다. 건강한 사람들은 보통 사람들보다 훨씬 더 균형 잡힌 삶을 살아가고 있습니다. 그들은 정기적으로 운동을 하고 건강한 음식을 먹으며 취미활동을 위한 시간을 갖습니다. 건강한 사람들은 항상 활동적인 생활을 즐기고, 봉사활동과 같은 다양한 사회활동에 참여하려고 합니다. 운동 측면에서는, 조깅, 걷기, 그리고 수영 같은 유산소 운동을 해요. 주말에는 일을 하러 갈 필요가 없기 때문에 밀린 잠을 보충하거나 등산을 갑니다. 그래도 이 중에서 1순위는, 스트레스를 덜 받기 위해 항상 일을 즐긴다는 점입니다.

어휘 keep in mind 명심하다 aerobic exercise 유산소 운동

HOW TO CORRECT

문법 바로잡기
❶ [동족목적어] live와 같은 자동사도 동족목적어(life/lives)를 취해서 3형식 문장이 될 수 있다.
Healthy people ~~live than normal people.~~
Healthy people **live a more balanced lives** than normal people.

표현 바로잡기
❷ ['등산하다'의 올바른 표현] go hiking: 등산하다 / climb the mountain: 등반하다
On weekends, healthy people catch up on sleep or climb the mountain.
On weekends, healthy people catch up on sleep or **go hiking**.

주변의 건강한 사람 Tr-171

Have you ever met an unusually healthy person before? What did he or she look like? When did you meet? What was your first impression of meeting him or her? Please tell me all about the healthy person you met in detail.

전에 특별히 건강한 사람을 만난 적이 있나요? 어떻게 생겼나요? 언제 만났죠? 첫인상은 어땠나요? 당신이 만난 건강한 사람에 대해 자세히 설명해 보세요.

STORY MAP

[주변의 건강한 사람] 건강한 사람 소개 · 특징 및 장점 · 개인 생각

Map Intro _ 건강한 사람 소개

만난 시간
When I was a university student, I was crazy about playing basketball. I was a member of a basketball club in my school, so I had basketball games many times with another basketball club in my school or other schools.
대학생 시절에 저는 농구광이었습니다. 교내 농구 동호회에도 가입해서 교내나 다른 학교의 농구 동호회와 자주 시합을 했습니다.

친구 소개
I have known many players and I'd like to introduce my friend Song Jin who I got to know through those basketball games.
저는 많은 선수들과 알고 지냈는데, 농구 시합을 통해서 만난 제 친구 송진이를 소개하겠습니다.

Map Body _ 특징 및 장점

운동 신경
At first, I thought that he was younger than I was because he looked younger than his age. Although he was not as tall as other players, he was really fast on the court and good at playing basketball.
처음에 저는 그 친구가 나이보다 어려 보여서 저보다 어린 줄로 알았습니다. 키는 다른 사람들보다 크지는 않았지만, 코트에서 정말로 빨랐고 농구도 정말 잘했습니다.

신체 조건
He has a great body, a handsome face but an average height.
그는 몸도 좋고 얼굴도 잘 생겼지만, 키는 보통입니다.

성격
He is so outgoing and cheerful that he can be close to anybody.
그 친구는 성격이 외향적이고 쾌활해서 누구와도 쉽게 가까워질 수 있습니다.

Map Closing _ 개인 생각

개인 생각
I believe that his secret to maintaining good health is his positive personality.
저는 그 친구의 건강 비결은 바로 이런 긍정적인 성격에 있다고 생각합니다.

HOW TO GUIDE

Listening 길라잡이
알고 있는 건강한 사람 소개 / 알고 지내는 건강한 사람에 대해 자세히 설명하기
- 듣기함정 "met ~ before, tell me all about the healthy person"에서 과거시제와 현재시제로 묻고 있다.

Speaking 길라잡이
건강한 사람 소개 ⇒ 처음 만난 상황 설명(첫인상, 옷차림 등) ⇒ 개인적인 생각 소개
- 답변함정 사람에 대한 소개는 외모 및 성격 등 사실을 말할 때는 현재시제를 사용하도록 한다.

HOW TO ANSWER  Tr-171

❶ When I was a university student, I was crazy about playing basketball. I was a member of a basketball club in my school, so I had basketball games many times with another basketball club in my school or other schools. I have known many players and I'd like to introduce my friend Song Jin who I got to know through those basketball games. At first, I thought that he was younger than I was because he looked younger than his age. ❷ Although he was not as tall as other players, he was really fast on the court and good at playing basketball. He has a great body, a handsome face but an average height. He is so outgoing and cheerful that he can be close to anybody. I believe that his secret to maintaining good health is his positive personality.

대학생 시절에 저는 농구광이었습니다. 교내 농구 동호회에도 가입해서 교내나 다른 학교의 농구 동호회와 자주 시합을 했습니다. 저는 많은 선수들과 알고 지냈는데, 농구 시합을 통해서 만난 제 친구 송진이를 소개하겠습니다. 처음에 저는 그 친구가 나이보다 어려 보여서 저보다 어린 줄로 알았습니다. 키는 다른 사람들보다 크지는 않았지만, 코트에서 정말로 빨랐고 농구도 정말 잘했습니다. 그는 몸도 좋고 얼굴도 잘 생겼지만, 키는 보통입니다. 그 친구는 성격이 외향적이고 쾌활해서 누구와도 쉽게 가까워질 수 있습니다. 저는 그 친구의 건강 비결은 바로 이런 긍정적인 성격에 있다고 생각합니다.

어휘 outgoing 외향적인 cheerful 쾌활한 personality 성격, 개성

HOW TO CORRECT

문법 바로잡기
❷ [원급비교] as 형용사/부사의 원급 as : ~만큼 ~하다
Although he was not as taller as other players, he was really fast on the court.
Although he was not **as tall as** other players, he was really fast on the court.

표현 바로잡기
❶ [기호(좋아함)의 표현] crazy about+명사/~ing : ~을 정말 좋아하다
When I was a university student I was crazy about play basketball.
When I was a university student I was **crazy about playing** basketball.

HOW TO MAP YOUR STORY | 병원

Q1 병원/치과 묘사 Tr-172

I'd like to know about a hospital or a dental clinic you often visit. Please describe it in detail.
자주 가는 병원이나 치과에 대해 얘기를 해보겠습니다. 자세히 설명해 보세요.

STORY MAP

[병원/치과 묘사] 자주 찾는 병원 • 병원을 찾는 이유 • 병원 직원과 분위기

Map Intro _ 자주 찾는 병원

병원 위치
The hospital I visit most often is a bit far from my house.
제가 가장 자주 가는 병원은 저희 집에서 약간 떨어져 있습니다.

자주 찾는 병원
Although there are slightly bigger and closer hospitals nearby, my family insists on going to this hospital because my mother's friend is one of the doctors there. This means that my family pays less with better services on most occasions.
근처에 좀 더 크고 가까운 병원이 있지만, 저희 가족은 이 병원에 저희 어머니의 친구 분이 의사로 일을 하고 계시기 때문에 이 병원을 고집해요. 이 말은 대부분의 경우에 저희 가족이 돈을 덜 내고 더 좋은 서비스를 받을 수 있다는 것을 의미합니다.

Map Body _ 병원을 찾는 이유

병원 이름과 진료
The hospital name is Hyundai Hospital. It is a general hospital that specializes in breast cancer.
이 병원의 이름은 현대병원입니다. 이곳은 유방암을 전문으로 하는 종합병원입니다.

병원을 찾는 이유
I often visited the hospital because of my rhinitis. Though it is not so bad now, my rhinitis used to act up every winter.
저는 비염 때문에 이 병원을 자주 찾는데요. 지금은 심각하지 않지만, 겨울이 되면 재발하죠.

병원을 찾는 시기
Every winter, I become a frequent patient in the hospital. This is when I got to familiarize myself with the doctors and nurses there.
해마다 겨울이 되면, 저는 이 병원의 단골 환자가 됩니다. 이때 제가 이곳의 의사 선생님, 간호사분들과 가까워졌어요.

Map Closing _ 병원 직원과 분위기

병원 직원과 분위기
The doctors and nurses are kind and friendly, and the atmosphere is very comfortable. The whole space of the hospital is well decorated with colorful wallpaper.
의사 선생님과 간호사 분들은 정말 친절하고 다정하며, 병원의 분위기는 정말 편안합니다. 병원 전체가 알록달록한 벽지로 꾸며져 있습니다.

HOW TO GUIDE

Listening 길라잡이
병원(치과) 소개 / 자주 방문하는 병원이나 치과에 대해 자세히 소개하기

💣 듣기함정 "describe＋장소/건물/지역"은 묘사 질문 유형으로 항상 현재시제 질문임을 인지해둔다.

Speaking 길라잡이
자주 찾는 병원 소개 ⇒ 병원에 대한 상세 설명 ⇒ 병원을 찾는 이유 및 분위기 등 설명으로 답변 종결

💣 답변함정 병원을 묘사하는 것은 물론이고 병원 직원과 병원을 찾는 이유 또는 목적까지 언급하면 더 좋은 답변이 된다.

HOW TO ANSWER  Tr-172

The hospital I visit most often is a bit far from my house. Although there are slightly bigger and closer hospitals nearby, ❶ my family insists on going to this hospital because my mother's friend is one of the doctors there. ❷ This means that my family pays less with better services on most occasions. The hospital name is Hyundai Hospital. It is a general hospital that specializes in breast cancer. I often visited the hospital because of my rhinitis. Though it is not so bad now, my rhinitis used to act up every winter. Every winter, I become a frequent patient in the hospital. This is when I got to familiarize myself with the doctors and nurses there. The doctors and nurses are kind and friendly, and the atmosphere is very comfortable. The whole space of the hospital is well decorated with colorful wallpaper.

제가 가장 자주 가는 병원은 저희 집에서 약간 떨어져 있습니다. 근처에 좀 더 크고 가까운 병원이 있지만, 저희 가족은 이 병원에 저희 어머니의 친구 분이 의사로 일을 하고 계시기 때문에 이 병원을 고집해요. 이 말은 대부분의 경우에 저희 가족이 돈을 덜 내고 더 좋은 서비스를 받을 수 있다는 것을 의미합니다. 이 병원의 이름은 현대병원입니다. 이곳은 유방암을 전문으로 하는 종합병원입니다. 저는 비염 때문에 이 병원을 자주 찾는데요. 지금은 심각하지 않지만, 겨울이 되면 재발하죠. 해마다 겨울이 되면, 저는 이 병원의 단골 환자가 됩니다. 이때 제가 이곳의 의사 선생님, 간호사분들과 가까워졌어요. 의사 선생님과 간호사 분들은 정말 친절하고 다정하며, 병원의 분위기는 정말 편안합니다. 병원 전체가 알록달록한 벽지로 꾸며져 있습니다.

어휘 rhinitis (의학 용어) 비염 general hospital 종합병원 breast cancer 유방암 rhinitis (의학 용어) 비염

HOW TO CORRECT

문법 바로잡기
❷ [most(형용사)] most가 형용사(대부분의)로 사용될 때는 뒤에 복수(가산)명사가 따른다.(the most는 최상급)
This means that my family pays less with better services on the most occasions.
This means that my family pays less with better services on **most occasions**.

표현 바로잡기
❶ ['어떠한 일이나 행동을 고수하고 집착할 때'의 표현] insist on ~ing: ~을 (강력히) 고집(요구)하다
My family insists going to this hospital.
My family **insists on going** to this hospital.

(치과) 의사 소개 Tr-172

Let's talk about a doctor or a dentist. What does he or she look like? What clothes does he or she wear? Please introduce the doctor or dentist you know to me.

의사나 치과의사에 대해 얘기해 보겠습니다. 어떻게 생겼나요? 어떤 옷을 입나요? 그 의사나 치과의사를 소개해 보세요.

STORY MAP

[(치과) 의사 소개] 의사 선생님 소개 • 나이 및 일하는 병원 • 좋아하는 점

Map Intro _ 의사 선생님 소개

의사 선생님 소개
Let me introduce my mother's friend. She is well-known in the breast cancer field.
제 어머니 친구 분을 소개하겠습니다. 그분은 유방암 분야에서 명성이 자자합니다.

첫인상
However, I did not know that she is such a great doctor when I first met her. Since she is one of my mother's best friends, she sometimes eats lunch and chats casually with my mom.
하지만, 저는 처음 봤을 때 그분이 그렇게 훌륭한 의사 선생님인지는 몰랐습니다. 어머니의 친구 분이시기 때문에, 저희 어머니와 가끔씩 식사도 하고 편하게 수다도 떨었기 때문이에요.

Map Body _ 나이 및 일하는 병원

나이
She is in her early 50s.
나이는 50대 초반 정도이십니다.

일하는 병원
She is the oldest doctor in the Hyundai Hospital that my family frequently visits. She looks like a normal middle-aged woman.
저희 가족이 자주 가는 현대병원이라는 곳에서 가장 나이 드신 의사신데요. 여느 중년 여성처럼 생기셨어요.

복장 및 진료
She wears a white gown and stethoscope on her neck in her office. She always smiles while she is taking care of her patients.
사무실에는 하얀색 가운을 입고 목에는 청진기를 걸치고 계십니다. 환자를 돌보실 때는 항상 얼굴에 미소를 짓고 계세요.

Map Closing _ 좋아하는 점

좋아하는 점
What I like most about her is that she always explains my condition per treatment kindly even though she is not my doctor.
그분의 가장 좋은 점은 제 담당의사가 아니지만 항상 매번 진료할 때 친절하게 제 상태를 설명해주시는 것입니다.

HOW TO GUIDE

Listening 길라잡이
의사(치과의사) 소개 / 의사나 치과의사의 모습을 자세히 설명한다.
- 듣기함정   "introduce+사람"은 사람을 소개하는 문제이므로 현재시제임을 알 수 있다.

Speaking 길라잡이
의사 소개 ⇒ 외모 설명 ⇒ 복장 설명 ⇒ 좋아하는 점 설명
- 답변함정   본인을 진료했던 의사뿐만 아니라 알고 지내거나 친분이 있는 의사를 소개해도 무방하다. 의사 복장과 성격, 행동 등을 소개하도록 한다.

HOW TO ANSWER  Tr-172

Let me introduce my mother's friend. She is well-known in the breast cancer field. However, I did not know that she is such a great doctor when I first met her. Since she is one of my mother's best friends, she sometimes eats lunch and chats casually with my mom. ❶ She is in her early 50s. She is the oldest doctor in the Hyundai Hospital that my family frequently visits. She looks like a normal middle-aged woman. She wears a white gown and stethoscope on her neck in her office. She always smiles while she is taking care of her patients. ❷ What I like most about her is that she always explains my condition per treatment kindly even though she is not my doctor.

제 어머니 친구 분을 소개하겠습니다. 그분은 유방암 분야에서 명성이 자자합니다. 하지만, 저는 처음 뵀을 때 그분이 그렇게 훌륭한 의사 선생님인지는 몰랐습니다. 어머니의 친구 분이시기 때문에, 저희 어머니와 가끔씩 식사도 하고 편하게 수다도 떨었기 때문이에요. 나이는 50대 초반 정도이십니다. 저희 가족이 자주 가는 현대병원이라는 곳에서 가장 나이 드신 의사신데요. 여느 중년 여성처럼 생기셨어요. 사무실에는 하얀색 가운을 입고 목에는 청진기를 걸치고 계십니다. 환자를 돌보실 때는 항상 얼굴에 미소를 짓고 계세요. 그분의 가장 좋은 점은 제 담당의사가 아니지만 항상 매번 진료할 때 친절하게 제 상태를 설명해주시는 것입니다.

어휘 casually 편하게, 무심코   stethoscope 청진기   while ~하는 동안에

HOW TO CORRECT

문법 바로잡기
❷ [관계대명사 what] 관계대명사 what은 선행사를 포함하므로 뒤에 불완전한 문장이 온다.
~~That~~ I like most about her is that she always explains my condition.
What I like most about her is that she always explains my condition.

표현 바로잡기
❶ ['연령대'의 표현] in one's early (late) 50s: 50대 초반(후반)
She is at her early 50s.
She is **in her early 50s**.

최근에 병원에 간 이유 Tr-172

When was your last visit to the hospital or the dental clinic? Why did you visit the hospital or the dental clinic? Tell me all about the activities you did there from beginning to end.

마지막으로 언제 병원이나 치과에 갔나요? 왜 방문했나요? 병원이나 치과에서의 활동에 대해 처음부터 끝까지 자세히 설명해 보세요.

STORY MAP

[최근에 병원에 간 이유] 시간과 목적 • 병원에서의 활동 • 치료 후 활동

Map Intro _ 시간과 목적

| 시간과 목적 | My most recent visit was one to the dental clinic for scaling last weekend.
최근에 치과를 간 때는 스케일링을 받으러 갔던 지난 주말입니다. |

Map Body _ 병원에서의 활동

스케일링 치료	Nothing special happened during the visit. I got a routine checkup and had my teeth scaled at that time as usual. 특별한 일은 없었어요. 저는 평소처럼 항상 받던 일반적인 검사를 받았고 스케일링도 받았습니다.
충치 치료	But the dentist said there was a little cavity and I got treatment for it. It took about an hour. 그런데, 충치가 있다고 해서 충치 치료도 받았습니다. 치료는 한 시간 정도 걸렸습니다.
치료 중 활동	While the dentist treated my cavity, I was watching some music video on the computer monitor. 치료를 받으면서 저는 컴퓨터 화면으로 뮤직비디오를 봤습니다.

Map Closing _ 치료 후 활동

| 치료 예약 | After that, I made an appointment one week later for my next checkup.
충치 치료를 마치고 나서 다음 주 치료 일정을 잡았습니다. |
| 대기실 모습 | In the waiting lounge, there were many children waiting for their treatments. They seemed to be terrified of the dentist.
대기실에는 차례를 기다리는 아이들이 많았습니다. 아이들은 치과의사를 무서워하는 것처럼 보였습니다. |

HOW TO GUIDE

Listening 길라잡이
병원(치과)에서의 활동 소개 / 최근의 병원이나 치과에서의 활동에 대해 자세히 설명하기

듣기함정 "When was ~", "Why did ~"는 질문을 과거로 이해하도록 한다.

Speaking 길라잡이
병원(치과)을 간 시간 설명 ⇒ 병원(치과)에서의 활동 ⇒ 치료 후에 한 일을 설명하며 답변 마무리

답변함정 일반적인 병원(치과)에서의 활동을 개인적인 경험에 비추어 함께 설명하고 병원에 간 이유와 병원에서 했던 일을 반드시 답안에 포함시켜야 한다.

HOW TO ANSWER  Tr-172

My most recent visit was one to the dental clinic for scaling last weekend. Nothing special happened during the visit. ❶ I got a routine checkup and had my teeth scaled at that time as usual. But the dentist said there was a little cavity and I got treatment for it. It took about an hour. While the dentist treated my cavity, I was watching some music video on the computer monitor. After that, ❷ I made an appointment for one week later for my next checkup. In the waiting lounge, there were many children waiting for their treatments. They seemed to be terrified of the dentist.

최근에 치과를 간 때는 스케일링을 받으러 갔던 지난 주말입니다. 특별한 일은 없었어요. 저는 평소처럼 항상 받던 일반적인 검사를 받았고 스케일링도 받았습니다. 그런데, 충치가 있다고 해서 충치 치료도 받았습니다. 치료는 한 시간 정도 걸렸습니다. 치료를 받으면서 저는 컴퓨터 화면으로 뮤직비디오를 봤습니다. 충치 치료를 마치고 나서 다음 주 치료 일정을 잡았습니다. 대기실에는 차례를 기다리는 아이들이 많았습니다. 아이들은 치과의사를 무서워하는 것처럼 보였습니다.

어휘 scaling (치과의) 스케일링 routine 일상적인, 지루한 cavity 충치

HOW TO CORRECT

문법 바로잡기
❶ [사역동사 have] have+사물 목적어+p.p. / have+사람 목적어+동사원형
I got a routine checkup and had my teeth scaling.
I got a routine checkup and **had my teeth scaled**.

표현 바로잡기
❷ ['(전문적인) 약속, 예약을 할 때'의 관용적 표현] **make an appointment** (with 사람): 예약을 하다
I made appointment for one week later for my next checkup.
I **made an appointment** for one week later for my next checkup.

SECTION 4 _ 고득점을 위한 OPIc 공략법

18강

경찰 & 농부

- 경찰
- 농부

HOW TO OPIc

이번에 살펴볼 돌발 문제는 바로 '경찰과 농부'입니다. 경찰서에 한 번도 가본 적도 없고, 도시에서만 자라서 농부나 시골에 대해서 전혀 모른다고 하더라도 돌발 문제는 항상 3문제씩 덩어리로 출제되기 때문에 적절한 대처가 필요합니다. 직접적인 경험이 없다고 하더라도 영화나 TV, 신문 등을 통해서 경찰과 농부에 대한 내용을 접해왔을 것입니다. 즉, 경찰차를 타보지는 않았지만 주행 중이거나 주차되어 있는 경찰차는 누구나 한 번은 본 적이 있다는 의미입니다.

경찰과 농부 그리고 시골 돌발 문제는 오픽 시험이 시행된 이후로 가장 많이, 빈번하게 출제되고 있습니다. 최근에도 자주 등장하고 있는 문제인 만큼 꼭 대비해둬야 합니다. 그럼, 어떤 질문들이 등장하는지 자세하게 설명해 보겠습니다.

먼저 경찰과 관련된 질문입니다. 한국의 경찰과 경찰차를 묘사해 보라는 질문을 가장 기본적으로 떠올릴 수 있습니다. 경찰 복장과 경찰차 외부 모습을 지금부터라도 눈여겨보세요. 인터넷 검색을 통해서 정보를 수집하는 것도 좋은 방법입니다. 경찰복에 마크가 어디에 붙어 있고, 계급장, 배지 등은 어디에 있는지 경찰차는 어떤 색상이고 어떤 것들이 달려 있는지 등을 기본적으로 설명할 수 있어야 합니다.

그리고 경찰의 임무를 자세하게 설명해보라는 질문도 등장합니다. 교통 경찰, 지구대 경찰, 경찰서 형사, 시위진압 경찰 등 다양하게 구분할 수 있습니다. 교통 경찰이라면 지역 내 교통을 원활하게 하고 음주운전, 교통사고 등의 업무를 담당하고 있죠? 지구대 경찰이라면 순찰, 범죄 예방 등의 임무를 하게 되고요. 이런 다양한 경찰 임무를 자세하게 설명하면 됩니다. 시골과 도시 경찰의 담당 임무를 비교 설명하는 질문과 경찰과 관련해서 기억에 남는 일 또는 경험을 얘기해보라는 질문도 추가로 대비해두기 바랍니다.

농부와 관련해서는 한국의 농부를 소개하는 질문을 예상해 볼 수 있습니다. 농부는 주로 어떤 일들을 하는지, 여름과 겨울에 어떤 일을 하는지를 묻는 질문도 등장합니다. 농부와 관련된 특별한 일이나 경험 등도 함께 준비해 두세요. 직접 경험하지 않더라도 TV, 영화, 신문 등을 통해서 접했던 기억에 남는 내용을 답변에 활용하면 됩니다. 정기시험에서 'police, farmer'가 들린다면 3문제가 연속으로 출제된다는 것을 재빨리 알아챌 수 있어야 하겠죠? 자 그럼, 실전문제를 통해서 확실하게 감을 잡아보시기 바랍니다.

BEST QUESTIONS

Three Combo 경찰 Questions

Q1 _ 경찰과 경찰차 묘사
Now, let's talk about the police in your country. What do the police look like? Describe a uniformed policeman. Also, describe a police car for me in detail.

Q2 _ 경찰 임무
What kind of things do the police usually do? What do you think are their responsibilities? Tell me all the details.

Q3 _ 기억에 남는 일
Do you have any memorable things related to the police? Maybe you had help from the police or you have seen the police on TV or movies. Please tell me all about your memorable experience related to the police from start to finish.

Three Combo 농부 Questions

Q1 _ 시골 마을 묘사
Let's talk about the people who live in a small rural town. What kind of people live there? Please describe the small rural town for me.

Q2 _ 시골 사람들의 일상생활
What kind of things do the people living in a small rural town usually do on weekdays and weekends? Tell me all the details.

Q3 _ 시골과 관련된 경험
Have you ever experienced a visit to a small rural town? Or have you seen a small rural town and the farmers on TV or in films? If so, tell me about the related experience in as much detail as you can.

Three Combo Plus Questions

Q1 _ 경찰관 관련 경험
Let's talk about a memory you have of a policeman. Maybe a policeman helped you or you remember a policeman from movies or TV shows. Please tell me what you can remember about a policeman in detail.

Q2 _ 시골 지역 묘사
What does a small village in your country look like? Describe the countryside surrounding the village. And tell me about the experience regarding living in the countryside or visiting a small village.

HOW TO MAP YOUR STORY | 경찰

Q1. 경찰과 경찰차 묘사 Tr-181

Now, let's talk about the police in your country. What do the police look like? Describe a uniformed policeman. Also, describe a police car for me in detail.

당신 나라의 경찰에 대해 얘기해 보겠습니다. 경찰은 어떤 모습을 하고 있나요? 제복을 착용한 경찰을 묘사해 보세요. 또한, 경찰차도 자세히 묘사해 보세요.

STORY MAP

[경찰과 경찰차 묘사] 경찰 복장 소개 • 복장 묘사 • 경찰차

Map Intro _ 경찰 복장 소개

경찰 복장 소개 | A Korean policeman usually wears a sky-blue shirt, black pants and a police cap. Some wear light beige shirts.
한국 경찰은 보통 하늘색 셔츠와 검은 바지, 그리고 경찰모를 착용합니다. 일부는 옅은 베이지색 셔츠를 입기도 합니다.

Map Body _ 복장 묘사

셔츠와 경찰 배지 | The shirt has insignias on both shoulders and two pockets around the chest. There is a name tag above the right pocket and a police badge above the left pocket.
셔츠에는 양쪽 어깨 위에 계급장이 붙어 있고, 가슴 높이 쯤에 각각 주머니가 있습니다. 오른쪽 주머니 위에는 명찰이 있고, 왼쪽 주머니 위에는 경찰 배지가 달려 있어요.

근무 모자 | They also wear police caps which look like a simple black-colored baseball cap while on duty.
경찰은 근무 중에는 간단한 검정색 야구모자 같은 경찰모를 착용하고 다닙니다.

바지 | As for pants, there is nothing special that I have to describe, because they are just normal black trousers. The only difference is the fact that some policemen have a holster on their belt.
바지에 관해서는 그냥 단순한 모양의 일반적인 검은색 바지와 같기 때문에 특별히 이야기할 것은 없습니다. 다른 점이 있다면 몇몇 경찰들은 벨트에 권총집이 있다는 거예요.

Map Closing _ 경찰차

경찰차 | As for a police car, it looks the same as in other countries. It's a kind of sedan which has two blue lines on a white background and has four seats. On top of the roof, a siren is installed and a big police mark is on the hood.
경찰차는 다른 나라와 거의 유사하다고 할 수 있습니다. 흰색 바탕에 두 개의 푸른색 줄무늬가 쳐져 있는 4인승 승용차예요. 지붕 위에는 사이렌이 설치되어 있고, 보닛에는 큰 경찰 마크가 표시되어 있습니다.

HOW TO GUIDE

Listening 길라잡이
경찰과 경찰차 소개 / 한국의 경찰과 경찰차에 대해 자세히 묘사하기
- 듣기함정   "Describe a uniformed policeman"에서 경찰 유니폼을 입은 경찰에 대한 묘사임에 유의하도록 한다.

Speaking 길라잡이
경찰의 일반적인 복장 설명 ⇒ 세부 복장(모자, 바지 등) 설명 ⇒ 경찰차에 대한 묘사로 답변 종결
- 답변함정   police와 police car를 묘사해보라는 질문이므로 경찰 복장과 경찰차 외부 모습을 상세히 설명하도록 한다.

HOW TO ANSWER  Tr-181

A Korean policeman usually wears a sky-blue shirt, black pants and a police cap. Some wear light beige shirts. The shirt has insignias on both shoulders and two pockets around the chest. There is a name tag above the right pocket and a police badge above the left pocket. ❶ <u>They also wear police caps which look like a simple black-colored baseball cap</u> while on duty. As for pants, there is nothing special that I have to describe, because they are just normal black trousers. ❷ <u>The only difference is the fact that some policemen have a holster on their belt.</u> As for a police car, it looks the same as in other countries. It's a kind of sedan which has two blue lines on a white background and has four seats. On top of the roof, a siren is installed and a big police mark is on the hood.

한국 경찰은 보통 하늘색 셔츠와 검은 바지, 그리고 경찰모를 착용합니다. 일부는 옅은 베이지색 셔츠를 입기도 합니다. 셔츠에는 양쪽 어깨 위에 계급장이 붙어 있고, 가슴 높이 쯤에 각각 주머니가 있습니다. 오른쪽 주머니 위에는 명찰이 있고, 왼쪽 주머니 위에는 경찰 배지가 달려 있어요. 경찰은 근무 중에는 간단한 검정색 야구모자 같은 경찰모를 착용하고 다닙니다. 바지에 관해서는 그냥 단순한 모양의 일반적인 검은색 바지와 같기 때문에 특별히 이야기할 것은 없습니다. 다른 점이 있다면 몇몇 경찰들은 벨트에 권총집이 있다는 거예요. 경찰차는 다른 나라와 거의 유사하다고 할 수 있습니다. 흰색 바탕에 두 개의 푸른색 줄무늬가 쳐져 있는 4인승 승용차에요. 지붕 위에는 사이렌이 설치되어 있고, 보닛에는 큰 경찰 마크가 표시되어 있습니다.

어휘   insignia 휘장, 배지   holster 권총집   hood (자동차의) 보닛

HOW TO CORRECT

문법 바로잡기
❶ [2형식 동사 look] **look**+형용사 / **look like**+명사: ~처럼 보이다
They also wear police caps which ~~look~~ a simple black-colored baseball cap.
They also wear police caps which **look like** a simple black-colored baseball cap.

표현 바로잡기
❷ ['~라는 사실, 점'의 표현] **the fact that**+절: that절 이하라는 사실
The only difference is the fact ~~what~~ some policemen have a holster on their belt.
The only difference is **the fact that** some policemen have a holster on their belt.

경찰 임무 Tr-181

What kind of things do the police usually do? What do you think are their responsibilities? Tell me all the details.

경찰은 보통 어떤 종류의 일들을 하나요? 경찰은 어떤 임무를 수행하나요? 경찰의 임무에 대해 자세히 말해 보세요.

STORY MAP

[경찰 임무] 경찰의 주요 임무 • 임무 설명 • 개인적인 생각

Map Intro _ 경찰의 주요 임무

경찰의 주요 임무 — Police usually prevent crimes and problems threatening social security and if the problems already happened, they would solve them. To put in another way, police take responsibility for social security.

경찰은 사회 안전을 위협하는 범죄들과 문제들을 예방하고, 만약 범죄가 발생하면, 그것들을 해결하는 일을 합니다. 바꿔 말하자면, 경찰은 사회 안전을 책임지는 일을 합니다.

Map Body _ 임무 설명

지역 순찰 — In order to prevent crime, policemen patrol their compound and check for something wrong.

범죄 예방을 위해, 경찰은 담당 지역을 순찰하고, 비정상적인 것들에 대해서 점검을 합니다.

활동적인 사회생활 — If policemen found someone strange and suspicious during their patrolling, they would question the person to learn who he or she is and what he or she is doing there.

만약 순찰 중에 이상하거나 의심스러운 행동을 하는 사람을 발견하게 되면, 그 사람의 신분과 그곳에서 무엇을 하고 있었는지 알기 위해 심문하게 됩니다.

음주 단속 — Also, they try to prevent traffic accidents such as controlling traffic and checking for drunk drivers.

또한, 교통을 통제하고 음주 운전자 단속을 통해서 교통사고를 예방하는 노력을 기울입니다.

범죄사건 해결 — And finally, as you know, the police's main job is to solve crimes such as homicides, burglaries, frauds, etc.

그리고 마지막으로, 누구나 아는 것처럼 주된 임무는 살인, 도둑, 사기와 같은 범죄들을 해결하는 일이에요.

Map Closing _ 개인적인 생각

개인적인 생각 — Police really do a lot of things to prevent crime and to maintain safety in our community. I think that we should thank the police for doing their jobs.

경찰은 우리 사회의 범죄를 예방하고 안전을 유지하기 위해서 정말 많은 일을 합니다. 우리는 경찰과 그들의 노고에 대해 감사해야 한다고 생각합니다.

HOW TO GUIDE

Listening 길라잡이
경찰의 직무 소개 / 경찰의 직무에 대해 자세히 설명하기
- 듣기함정 "responsibility"는 임무, 직무 등으로 이해할 수 있다.

Speaking 길라잡이
경찰의 직무에 대한 일반 진술 ⇒ 세부적인 직무 설명 ⇒ 개인적인 생각이나 의견을 소개하며 답변 종결
- 답변함정 주요 임무 한두 가지 보다는 가능한 한 다양한 임무들을 각각의 목적과 함께 자세하게 설명해주는 것이 좋다.

HOW TO ANSWER  Tr-181

Police usually prevent crime and problems threatening social security and if the problems already happened, they would solve them. ❶ <u>To put in another way, police take responsibility for social security.</u> In order to prevent crime, policemen patrol their compound and check for something wrong. ❷ <u>If policemen found someone strange and suspicious during their patrolling,</u> they would question the person to learn who he or she is and what he or she is doing there. Also, they try to prevent traffic accidents such as controlling traffic and checking for drunk drivers. And finally, as you know, the police's main job is to solve crimes such as homicides, burglaries, frauds, etc. Police really do a lot of things to prevent crime and to maintain safety in our community. I think that we should thank the police for doing their jobs.

경찰은 사회 안전을 위협하는 범죄들과 문제들을 예방하고, 만약 범죄가 발생하면, 그것들을 해결하는 일을 합니다. 바꿔 말하면, 경찰은 사회 안전을 책임지는 일을 합니다. 범죄 예방을 위해, 경찰은 담당 지역을 순찰하고, 비정상적인 것들에 대해서 점검을 합니다. 만약 순찰 중에 이상하거나 의심스러운 행동을 하는 사람을 발견하게 되면, 그 사람의 신분과 그곳에서 무엇을 하고 있었는지 알기 위해 심문하게 됩니다. 또한, 교통을 통제하고 음주 운전자 단속을 통해서 교통사고를 예방하는 노력을 기울입니다. 그리고 마지막으로, 누구나 아는 것처럼 주된 임무는 살인, 도둑, 사기와 같은 범죄들을 해결하는 일이에요. 경찰은 우리 사회의 범죄를 예방하고 안전을 유지하기 위해서 정말 많은 일을 합니다. 우리는 경찰과 그들의 노고에 대해 감사해야 한다고 생각합니다.

어휘 compound (큰 건물이나 시설 따위의) 구내 homicide 살인 fraud 사기

HOW TO CORRECT

문법 바로잡기
❷ [5형식(목적격 보어)] find + 목적어 + 목적격 보어(형용사)
If policemen found someone (to be) ~~strangely and suspiciously~~ during their patrolling, ~
If policemen **found someone** (to be) **strange and suspicious** during their patrolling, ~

표현 바로잡기
❶ ['바꿔 말하면'의 다른 표현] **to put in another way = in other words**
To put in ~~other~~ way, police take responsibility for social security.
To put in another way, police take responsibility for social security.

기억에 남는 일 Tr-181

Do you have any memorable things related to the police? Maybe you had help from the police or you have seen the police on TV or movies. Please tell me all about your memorable experience related to the police from start to finish.

경찰과 관련된 기억에 남는 일이 있나요? 경찰로부터 도움을 받았거나 TV나 영화를 통해서 경찰을 봤을 겁니다. 경찰과 관련된 기억에 남는 경험을 처음부터 끝까지 자세하게 말해 보세요.

STORY MAP

[기억에 남는 일] 경찰에 대한 기억 • 기억에 남는 사건 • 결과

Map Intro _ 경찰에 대한 기억

좋지 않은 기억

Actually my memories relevant to the police aren't so good. When I was a university student, especially before serving my military duty, I saw the police were suppressing the demonstrators who were fighting for democracy mercilessly with very strong tear gas and batons.

사실 경찰과 관련된 기억들은 별로 좋지 않은 것들입니다. 제가 대학생이었을 때, 특히 군대를 가기 전에, 저는 경찰이 민주화를 요구하는 시위대를 강력한 최루탄과 곤봉으로 잔인하게 진압하는 것을 보았습니다.

Map Body _ 기억에 남는 사건

더 나쁜 기억

Another bad memory was when I went on a tour of Gangreung with my two friends.

다른 나쁜 기억은 제가 친구 두 명과 함께 강릉에 여행을 떠났을 때인데요.

당시 상황 설명

We went on a tour without enough money, therefore we couldn't find a decent motel to sleep in and just went around the city in a very cold winter in December.

돈을 넉넉히 가지고 여행을 간 것이 아니어서, 잠을 자기에 괜찮은 모텔을 찾을 수도 없었고 12월의 매우 추운 겨울 날씨 속에서 시내를 돌아다녔어요.

경찰에게 부탁

But finally, we couldn't endure the coldness so we discussed it and decided to ask the police to let us stay in the police office.

그러나 결국 우리는 추위를 견딜 수 없어서, 의논한 끝에 경찰서를 찾아가서 잠시 경찰서 안에 있게 해달라고 부탁했습니다.

Map Closing _ 결과

결과

Unexpectedly, the policeman in a small office of the city rejected our request. So we had to spend the night on hospital stairs.

뜻밖에도 그 조그만 파출소의 경찰은 우리의 요청을 거절했습니다. 그래서 우리는 그날 밤을 어느 병원 계단에서 보내야 했습니다.

HOW TO GUIDE

Listening 길라잡이
경찰과 관련된 경험 / 경찰과 관련된 자신의 경험이나 TV, 영화에서 본 모습에 대해 자세히 설명하기
- 듣기함정 "memorable things~"처럼 과거시제로 묻지 않더라도, 질문을 과거시제로 이해하도록 한다.

Speaking 길라잡이
경찰에 대한 기억 ⇒ 관련 경험에 대한 자세한 설명 ⇒ 사건 결과를 언급하며 답변 종결
- 답변함정 경험에 대한 질문이므로 과거시제로 답변하도록 한다.

HOW TO ANSWER  Tr-181

Actually my memories relevant to the police aren't so good. When I was a university student, especially before serving my military duty, I saw the police were suppressing the demonstrators who were fighting for democracy mercilessly with very strong tear gas and batons. ❶ <u>Another bad memory was when I went on a tour of Gangreung with my two friends.</u> ❷ <u>We went on a tour without enough money</u>, therefore we couldn't find a decent motel to sleep in and just went around the city in a very cold winter in December. But finally, we couldn't endure the coldness so we discussed it and decided to ask the police to let us stay in the police office. Unexpectedly, the policeman in a small office of the city rejected our request. So we had to spend the night on hospital stairs.

사실 경찰과 관련된 기억들은 별로 좋지 않은 것들입니다. 제가 대학생이었을 때, 특히 군대를 가기 전에, 저는 경찰이 민주화를 요구하는 시위대를 강력한 최루탄과 곤봉으로 잔인하게 진압하는 것을 보았습니다. 다른 나쁜 기억은 제가 친구 두 명과 함께 강릉에 여행을 떠났을 때 인데요. 돈을 넉넉히 가지고 여행을 간 것이 아니어서, 잠을 자기에 괜찮은 모텔을 찾을 수도 없었고 12월의 매우 추운 겨울 날씨 속에서 시내를 돌아다녔어요. 그러나 결국 우리는 추위를 견딜 수 없어서, 의논한 끝에 경찰서를 찾아가서 잠시 경찰서 안에 있게 해달라고 부탁했습니다. 뜻밖에도 그 조그만 파출소의 경찰은 우리의 요청을 거절했습니다. 그래서 우리는 그날 밤을 어느 병원 계단에서 보내야 했습니다.

어휘 suppress 진압하다 demonstrator 시위자 mercilessly 무자비하게 tear gas 최루 가스 baton 경찰봉 endure 참다, 견디다

HOW TO CORRECT

문법 바로잡기
❶ [수의 일치] another는 'a(n)+other'의 의미이고 항상 단수 취급한다.
~~Another bad memories were~~ when I went on a tour of Gangreung with my two friends.
Another bad memory was when I went on a tour of Gangreung with my two friends.

표현 바로잡기
❷ ['여행을 떠나다'의 표현] **go on a tour**: 여행을 떠나다
We ~~went to a tour~~ without enough money.
We **went on a tour** without enough money.

HOW TO MAP YOUR STORY | 농부

Q1 시골 마을 묘사 Tr-182

Let's talk about the people who live in a small rural town. What kind of people live there? Please describe the small rural town for me.

작은 시골 마을에 사는 사람들에 대해 얘기해 보겠습니다. 그곳에는 어떤 종류의 사람들이 살고 있나요? 작은 시골 마을에 대해 묘사해 보세요.

STORY MAP

[시골 마을 묘사] 시골 사람 • 시골 상황 • 새로운 분위기

Map Intro _ 시골 사람

시골 사람 소개

It is a farmer who lives in the countryside in general. Since Korea was industrialized very rapidly, much of countryside has disappeared and lots of youths have left for the cities. As a result, only seniors were left there.

보통 시골에 사는 사람들은 바로 농부들입니다. 한국은 산업화가 매우 빠르게 진행되어서, 시골이 많이 사라져갔고, 많은 젊은이들은 도시로 떠났습니다. 그 결과, 나이 드신 분들만이 시골에 남게 되었습니다.

Map Body _ 시골 상황

빈집

If you have a chance to visit the countryside, you can find many vacant houses.

시골을 방문하게 된다면, 빈집들을 많이 발견할 수 있을 거예요.

시골 농부

Probably, the youngest farmer's age in the countryside is around 40~50 years old. Maybe they are too old to change their job, so they choose to stay.

아마도 시골에서 가장 젊은 농부의 연령대가 40~50세 정도일 것입니다. 아마도 그들은 직업을 바꾸기에는 너무 나이가 들어서 그냥 그곳에 머무르는 것 같습니다.

Map Closing _ 새로운 분위기

새로운 변화

But recently, a new trend is rising in the countryside.

그러나 최근에는 농촌에서도 새로운 분위기가 일어나고 있어요.

젊은 농부

Some young farmers have started reappearing and trying a new farming method like organic farming. So, you can see many greenhouses in fields and with luck, you can find ducks and mudfish used for organic farming on the paddy.

일부 젊은 농부들이 다시 나타나서 유기농법과 같은 새로운 농법을 시도하고 있습니다. 그래서 밭에서 비닐하우스를 많이 볼 수 있고, 운이 좋으면 논에서 유기농법에 이용되는 오리나 미꾸라지도 볼 수 있습니다.

HOW TO GUIDE

Listening 길라잡이
시골 소개 / 시골 사람과 시골의 모습을 자세히 설명하기, 소개하기
- 듣기함정 "describe 건물/장소/지역"은 특정 장소와 주변을 묘사하는 질문으로 이해해둔다.

Speaking 길라잡이
농부 소개 ⇒ 시골 사람 ⇒ 시골 상황 소개 ⇒ 새로운 분위기
- 답변함정 시골 사람과 시골 마을, 그리고 전체적인 시골 분위기를 답변으로 활용하도록 한다.

HOW TO ANSWER  Tr-182

❶ It is a farmer who lives in the countryside in general. Since Korea was industrialized very rapidly, much of countryside has disappeared and lots of youths have left for the cities. As a result, only seniors were left there. If you have a chance to visit the countryside, you can find many vacant houses. Probably, the youngest farmer's age in the countryside is around 40~50 years old. ❷ Maybe they are too old to change their job, so they choose to stay. But recently, a new trend is rising in the countryside. Some young farmers have started reappearing and trying a new farming method like organic farming. So, you can see many greenhouses in fields and with luck, you can find ducks and mudfish used for organic farming on the paddy.

보통 시골에 사는 사람들은 바로 농부들입니다. 한국은 산업화가 매우 빠르게 진행되어서, 시골이 많이 사라져갔고, 많은 젊은이들은 도시로 떠났습니다. 그 결과, 나이 드신 분들만이 시골에 남게 되었습니다. 시골을 방문하게 된다면, 빈집들을 많이 발견할 수 있을 거예요. 아마도 시골에서 가장 젊은 농부의 연령대가 40~50세 정도일 것입니다. 아마도 그들은 직업을 바꾸기에는 너무 나이가 들어서 그냥 그곳에 머무르는 것 같습니다. 그러나 최근에는 농촌에서도 새로운 분위기가 일어나고 있어요. 일부 젊은 농부들이 다시 나타나서 유기농법과 같은 새로운 농법을 시도하고 있습니다. 그래서 밭에서 비닐하우스를 많이 볼 수 있고, 운이 좋으면 논에서 유기농법에 이용되는 오리나 미꾸라지도 볼 수 있습니다.

어휘   in general 보통, 대개   vacant 비어 있는, 사람이 없는   organic 유기농의

HOW TO CORRECT

문법 바로잡기
❶ [It~that 강조] It is ~ that 강조구문은 that을 선행사에 따라 who(사람), which(사물)로 바꿀 수 있다.
It is a farmer that lives in the countryside in general.
It is a farmer who lives in the countryside in general.

표현 바로잡기
❷ ['너무 ~해서 ~할 수 없다'의 관용표현] too+형용사+to+동사원형
Maybe they are too old changing their job, so they choose to stay.
Maybe they are **too old to change** their job, so they choose to stay.

시골 사람들의 일상생활 Tr-182

What kind of things do the people living in a small rural town usually do on weekdays and weekends? Tell me all the details.

작은 시골 마을에 사는 사람들은 보통 주중과 주말에 어떤 일들을 하나요? 자세히 말해 보세요.

STORY MAP

[시골 사람들의 일상생활] 일상생활 • 계절 생활 • 농업 기술의 발달로 인한 생활

Map Intro _ 일상생활

일상생활 | There is no difference between weekdays and weekends for farmers in the Korean countryside, because farmers keep on working even on weekends. They follow a farming calendar.
농부들은 주말조차도 계속해서 일을 해야 해서, 한국의 시골 농부들에게는 주중과 주말의 차이점은 없습니다. 시골 사람들은 그냥 농사 달력을 따르며 일할 뿐입니다.

Map Body _ 계절 생활

봄 | Generally, they plow the farming fields and sow in spring.
보통 봄이 되면 들판을 갈고, 씨를 뿌립니다.

여름 | During summer, they look after the crops with weeding and eradicating harmful insects, bugs and germs.
여름에는 잡초를 뽑고, 해로운 벌레들과 병균들을 제거하는 등 농작물들을 돌봅니다.

가을 | Like many farmers in other Asian countries, they harvest the crops in autumn.
그리고 가을에는 다른 아시아 국가들의 농부들과 마찬가지로, 농작물들을 수확합니다.

겨울 | Traditionally, winter is a holiday for farmers, because the Korean winter is too cold to grow any crops.
전통적으로 겨울은 농부들에게 휴가와 같은데요, 한국의 겨울은 너무 추워서 어떤 농작물도 재배할 수 없기 때문입니다.

Map Closing _ 농업 기술의 발달로 인한 생활

농업 기술의 발달로 인한 생활 | But as agricultural technology has been improved, nowadays farmers grow vegetables and fruits inside of a greenhouse in winter.
하지만 농업 기술이 발전함에 따라서 요즘 농민들은 겨울에도 비닐하우스에서 채소들과 과일들을 재배하고 있습니다.

HOW TO GUIDE

Listening 길라잡이
시골 사람(농부)의 활동 소개 / 주중에 그리고 주말에 시골 사람들이 하는 활동을 자세히 설명한다.
- **듣기함정** "usually do on weekdays and weekends"에서 주말과 주중에 하는 활동을 설명하는 질문으로 현재시제임을 알 수 있다.

Speaking 길라잡이
농촌의 활동에 대한 일반적 진술 ⇒ 계절별 다른 생활 설명
- **답변함정** 일반적인 농부들의 일상생활은 주중과 주말로 구분하기보다는 계절별로 하는 일이 다르기 때문에 주중과 주말 활동에 국한될 필요는 없다.

HOW TO ANSWER

❶ There is no difference between weekdays and weekends for farmers in the Korean countryside, because farmers keep on working even on weekends. They follow a farming calendar. Generally, they plow the farming fields and sow in spring. ❷ During summer, they look after the crops with weeding and eradicating harmful insects, bugs and germs. Like many farmers in other Asian countries, they harvest the crops in autumn. Traditionally, winter is a holiday for farmers, because the Korean winter is too cold to grow any crops. But as agricultural technology has been improved, nowadays farmers grow vegetables and fruits inside of a greenhouse in winter.

농부들은 주말조차도 계속해서 일을 해야 해서, 한국의 시골 농부들에게는 주중과 주말의 차이점은 없습니다. 시골 사람들은 그냥 농사 달력을 따르며 일할 뿐입니다. 보통 봄이 되면 들판을 갈고, 씨를 뿌립니다. 여름에는 잡초를 뽑고, 해로운 벌레들과 병균들을 제거하는 등 농작물들을 돌봅니다. 그리고 가을에는 다른 아시아 국가들의 농부들과 마찬가지로, 농작물들을 수확합니다. 전통적으로 겨울은 농부들에게 휴가와 같은데요, 한국의 겨울은 너무 추워서 어떤 농작물도 재배할 수 없기 때문입니다. 하지만 농업 기술이 발전함에 따라서 요즘 농민들은 겨울에도 비닐하우스에서 채소들과 과일들을 재배하고 있습니다.

어휘 farming calendar 농사력 plow 갈다, 경작하다 weeding 김매기(제초) eradicate 뿌리뽑다

HOW TO CORRECT

문법 바로잡기
❶ [격의 일치] **between A and B**: A와 B는 형태를 일치시킨다.
There is no difference between weekdays and ~~the weekends~~ for farmers in the Korean countryside.
There is no difference **between** weekdays **and** weekends for farmers in the Korean countryside.

표현 바로잡기
❷ ['돌보다, 보살피다'의 표현] **look after**: 돌보다, 보살피다 (=**take care of** / **care for**)
During summer, they ~~look for~~ the crops with weeding and eradicating harmful insects.
During summer, they **look after** the crops with weeding and eradicating harmful insects.

시골과 관련된 경험 Tr-182

Have you ever experienced a visit to a small rural town? Or have you seen a small rural town and farmers on TV or in films? If so, tell me about the related experience in as much detail as you can.

작은 시골 마을을 방문해 본 적이 있나요? 아니면, TV나 영화를 통해서 작은 시골 마을을 본적이 있나요? 그렇다면, 관련 경험에 대해 최대한 자세히 말해 보세요.

STORY MAP

[시골과 관련된 경험] 시골에 거주 • 시골의 기억 • 느낀 점

Map Intro _ 시골에 거주

시골에 거주 후 이사
I lived in the countryside until my third year in middle school. Later, I moved to a large city, Gwangju, to get a better education.
저는 중학교 3학년 때까지 시골에서 살았어요. 나중에, 보다 나은 교육을 받기 위해서 광주라는 도시로 이사를 갔습니다.

농사를 짓고 계신 부모님
Even after I left my hometown, my parents continued to farm there for two more years. Therefore, I often had to go back to my hometown during my vacation and help my parents.
하지만 시골을 떠난 후에도, 부모들께서는 2년이나 더 그곳에서 농사를 지으셨습니다. 그래서 저는 방학 때면 자주 시골에 내려가서는 부모님을 도와드려야 했습니다.

Map Body _ 시골의 기억

시골의 좋은 기억
My memory of living in the countryside is mixed with good and bad things. The good one is about a lot of fun with childhood friends, such as stealing fruits from neighbors' farms, swimming in the small stream which flows in front of the village and playing games which we can do only in the countryside.
시골에서의 제 기억은 좋은 것과 나쁜 것들이 섞여 있습니다. 좋은 것이라면, 어린 시절 친구들과 어울려 다니며, 이웃 농장에서 과일이나 채소를 서리하고, 마을 앞에 흐르는 개울에서 수영하고, 시골에서만 할 수 있는 게임을 함께 하며 재미있게 보낸 것입니다.

시골의 나쁜 기억
The bad one is that I really hate working. Whenever I had holidays or came home after school, I had to help my parents with farming.
그리고 안 좋았던 기억은, 일하기가 정말 싫었다는 점이에요. 학교가 쉬는 날이거나 방과 후 집에 오면, 저는 부모님의 농사일을 도와드려야 했습니다.

Map Closing _ 느낀 점

느낀 점 설명
I really envied the urban children at those times, because I thought they didn't have to help with their parents' work. But later I found out that instead of farming, lots of urban children have to spend many hours in the academy after school.
당시 저는 도시 아이들은 부모님의 일을 도울 필요가 없을 거라고 생각해서, 도시 아이들이 정말 부러웠습니다. 하지만, 도시의 많은 아이들은 농사일 대신에 방과 후 학원에서 많은 시간을 보내야 한다는 것을 나중에 알게 되었답니다.

HOW TO GUIDE

Listening 길라잡이
시골 관련 경험 / 시골 마을의 방문 경험이나 TV, 영화에서 본 내용에 대해 자세히 설명하기
- 듣기함정 "ever experienced"에서 과거의 경험을 묻고 있으므로, 질문을 과거로 이해하도록 한다.

Speaking 길라잡이
개인적인 이야기 소개 ⇒ 시골에서의 경험(활동) 소개 ⇒ 느낀 점을 얘기하며 답변 마무리
- 답변함정 질문에 나와 있는 것처럼 직접적이거나 또는 TV나 영화를 통한 간접적인 경험, 둘 중의 하나를 답변하면 된다.

HOW TO ANSWER  Tr-182

❶ I lived in the countryside until my third year in middle school. Later, I moved to a large city, Gwangju to get a better education. Even after I left my hometown, my parents continued to farm there for two more years. Therefore, I often had to go back to my hometown during my vacation and help my parents. My memory of living in the countryside is mixed with good and bad things. The good one is about a lot of fun with childhood friends, such as stealing fruits from neighbors' farms, swimming in the small stream which flows in front of the village and playing games which we can do only in the countryside. The bad one is that I really hate working. Whenever I had holidays or came home after school, I had to help my parents with farming. I really envied the urban children at those times, because ❷ I thought they didn't have to help with their parents' work. But later I found out that instead of farming, lots of urban children have to spend many hours in the academy after school.

저는 중학교 3학년 때까지 시골에서 살았어요. 나중에, 보다 나은 교육을 받기 위해서 광주라는 도시로 이사를 갔습니다. 하지만 시골을 떠난 후에도, 부모님들께서는 2년이나 더 그곳에서 농사를 지으셨습니다. 그래서 저는 방학 때면 자주 시골에 내려가서는 부모님을 도와드려야 했습니다. 시골에서의 제 기억은 좋은 것과 나쁜 것들이 섞여 있습니다. 좋은 것이라면, 어린 시절 친구들과 어울려 다니며, 이웃 농장에서 과일이나 채소를 서리하고, 마을 앞에 흐르는 개울에서 수영하고, 시골에서만 할 수 있는 게임을 함께 하며 재미있게 보낸 것입니다. 그리고 안 좋았던 기억은, 일하기가 정말 싫었다는 점이에요. 학교가 쉬는 날이거나 방과 후 집에 오면, 저는 부모님의 농사일을 도와드려야 했습니다. 당시 저는 도시 아이들은 부모님의 일을 도울 필요가 없을 거라고 생각해서, 도시 아이들이 정말 부러웠습니다. 하지만, 도시의 많은 아이들은 농사일 대신에 방과 후 학원에서 많은 시간을 보내야 한다는 것을 나중에 알게 되었답니다.

어휘 stream 개울, 시내 urban 도시의 academy 학원

HOW TO CORRECT

문법 바로잡기
❷ [조동사 have to의 부정] **don't have to**+동사원형: ~할 필요가 없다
I thought they ~~had not to~~ help with their parents' work.
I thought they **didn't have to** help with their parents' work.

표현 바로잡기
❶ ['학년'의 올바른 표현] 서수+year+in+학교
I lived in the countryside until my ~~three year~~ in middle school.
I lived in the countryside until my **third year in middle school**.

SECTION 4 _ 고득점을 위한 OPIc 공략법

19강

공휴일 & 날씨

- 공휴일
- 날씨

공휴일 & 날씨

HOW TO OPIc

19강에서 살펴볼 돌발 문제는 '공휴일(명절)과 날씨'에 관한 내용입니다. 한국의 계절별 날씨와 공휴일, 명절에 대한 질문인데요. 공휴일의 경우는 영어 명칭을 기본적으로 알아야 하기 때문에 답변에 활용될 공휴일 관련 어휘는 꼭 사전 암기가 필요합니다. 공휴일과 관련해서는 우리나라의 중요한 공휴일과 대표적인 명절인 추석, 설날에 대해서 답변을 준비해 보세요. 날씨와 관련해서는 사계절로 구분하여 계절별로 나눠서 설명하는 것이 좋습니다. 그럼, 본격적으로 어떤 질문들이 출제되고 있는지를 살펴보도록 하겠습니다.

먼저 공휴일 돌발 문제입니다. 한국의 공휴일은 어떤 것들이 있는지 소개해보라는 질문을 기본적으로 떠올릴 수 있습니다. 이 중에서 가장 좋아하는 공휴일과 명절이 무엇이고 좋아하는 이유가 무엇인지를 묻는 질문도 등장합니다. 한국의 대표적인 공휴일이 무엇이고 그날 사람들은 어떤 일을 하는지 구체적인 질문도 예상할 수 있습니다. 그리고 어렸을 적에 공휴일과 관련된 경험과 가장 기억에 남는 공휴일 또는 명절 등도 함께 대비해둬야 합니다.

날씨와 관련된 질문은 가장 기본적으로 한국의 계절과 날씨를 꼽을 수 있습니다. 우리나라는 사계절이 있죠. 여름에는 장마철이 있고, 겨울에는 많은 눈이 내립니다. 이런 계절별 날씨 특성을 함께 설명하면 훌륭한 답변이 됩니다. 그리고 여름과 겨울에 사람들이 하는 활동을 구체적으로 묻는 질문이 등장합니다. 경험과 관련해서는 날씨와 관련된 잊을 수 없는 기억이나 직접 경험했던 일을 묻는 질문을 대비해두기 바랍니다.

한국 문화를 얘기할 때는 평가자가 외국인이므로 적절한 보충 설명이 필요합니다. 광복절을 얘기하려 한다면 광복절의 의미도 함께 설명해주면 만점 답변이 될 것입니다. 장마가 끝나면 무더위가 오고 휴가와 피서를 즐긴다는 문화도 설명해주면 보다 훌륭한 답변이 되겠죠? 항상 상대방은 한국 문화를 전혀 모르는 사람이라고 생각하고서 필요할 경우 친절한 보충 설명을 해보세요. 보다 나은 점수를 받게 될 것입니다.

BEST QUESTIONS

Three Combo 공휴일 Questions

Q1 _ 한국의 공휴일 소개

What kind of holidays do you have in your country? Please tell me about them in detail.

Q2 _ 공휴일에 하는 일

What kind of activities do you normally do on holidays? What kind of food do you like to eat on those days? Tell me with a lot of details.

Q3 _ 특별한 기억

Do you have any special memory on one of the holidays? What was the holiday about? What did you do at that time? What happened? Why was it so special? Tell me about the special memory in as much detail as possible.

Three Combo 날씨 Questions

Q1 _ 한국의 여름과 겨울 날씨

Can you tell me about the summer and winter weather in your country? How is the weather in summer and winter?

Q2 _ 여름과 겨울에 하는 활동

What kind of activities do people in your country like to do in summer and winter? Tell me all the details.

Q3 _ 잊을 수 없는 날씨 경험

Have you had an unforgettable or terrible experience about the weather? If so, how was the weather at that time? What exactly happened? Please tell me about the unforgettable or terrible experience in as much detail as possible.

Three Combo Plus Questions

Q1 _ 가장 큰 공휴일

What is the biggest holiday in your country? How do people celebrate it?

Q2 _ 기억에 남는 공휴일

Let's talk about the most memorable holiday when you were a child. What was the holiday about? What did you do at that time? Why was it so memorable to you? Tell me all the details.

Q3 _ 오늘의 날씨

I'd like to know about the weather in your country. How is the weather today?

HOW TO MAP YOUR STORY | 공휴일

Q1 공휴일 소개 Tr-191

What kind of holidays do you have in your country? Please tell me about them in detail.

당신 나라에는 어떤 종류의 공휴일이 있나요? 공휴일에 대해 자세히 말해 보세요.

STORY MAP

[공휴일 소개] 공휴일의 기초 • 공휴일 종류 • 크리스마스

Map Intro _ 공휴일의 기초

공휴일의 기초
Korean holidays are based on both the solar calendar and lunar calendar.
한국의 공휴일들은 양력과 음력 모두에 기초하고 있습니다.

Map Body _ 공휴일 종류

음력 공휴일
Holidays on the lunar calendar are usually traditional ones, such as Seollal, Chuseok, and Buddha's Birthday.
음력에 있는 공휴일들은 보통 전통적인 명절들로, 설날, 추석, 그리고 부처님 오신 날이 있습니다.

양력 공휴일
But national holidays such as Independence Day and Memorial Day follow the solar calendar.
하지만 광복절과 현충일과 같은 국가 공휴일은 양력을 따릅니다.

가장 큰 공휴일
The total number of official holidays is ten in Korea. Seollal and Chuseok are the two biggest national holidays in Korea.
한국의 공식 공휴일은 총 10개입니다. 추석과 설날이 한국에서 가장 큰 공휴일입니다.

설날과 추석
Seollal is the Korean New Year's Day and Chuseok is the Korean thanksgiving holiday. Each is given a three-day holiday from the government. What is even better is that Koreans observe New Year's Day by both the solar and lunar calendar.
설날은 한국의 새해 첫날이고 추석은 한국의 추수감사절입니다. 이 두 공휴일은 각각 3일씩의 공식 휴일을 가집니다. 더욱 좋은 점은, 한국인들은 설날을 양력과 음력 모두 쉰다는 거예요.

공휴일에 하는 일
During these holidays, people go back to their hometowns to pay a visit to their ancestors' graves as well as to visit their families.
이러한 공휴일에, 사람들은 고향을 찾아가서 가족들을 방문하고 조상들께 성묘를 지냅니다.

Map Closing _ 크리스마스

크리스마스
However, nowadays many Koreans are Christian, thus Christmas is also an official public holiday. Christmas is observed as in many Western countries, which falls on December 25.
하지만, 요즘에는 많은 한국인들이 기독교를 믿기 때문에, 크리스마스 또한 공식적인 공휴일이 되었습니다. 크리스마스는 다른 서양의 나라들과 마찬가지로 12월 25일입니다.

HOW TO GUIDE

Listening 길라잡이
공휴일 소개 / 한국의 공휴일에 대해 자세히 설명하기

- **듣기함정** "holidays"는 휴가, 방학이라는 의미도 있지만, '공휴일'에 대해 묻는 것으로 이해하도록 한다. 오픽에서는 공휴일 또는 명절의 의미가 자주 사용된다는 것을 알아두자.

Speaking 길라잡이
공휴일의 기초 ⇒ 공휴일의 종류 ⇒ 추가 첨언

- **답변함정** 명절에 대한 설명은 한국의 명절을 모른다는 것을 가정하고 명절의 유래나 명절에 하는 일 등을 간단한 예를 들어서 쉽게 설명하도록 한다.

HOW TO ANSWER  Tr-191

Korean holidays are based on both the solar calendar and lunar calendar. Holidays on the lunar calendar are usually traditional ones, such as Seollal, Chuseok, and Buddha's Birthday. But national holidays such as Independence Day and Memorial Day follow the solar calendar. The total number of official holidays is ten in Korea. Seollal and Chuseok are the two biggest national holidays in Korea. Seollal is the Korean New Year's Day and Chuseok is the Korean thanksgiving holiday. ❶ <u>Each is given a three-day holiday from the government</u>. What is even better is that Koreans observe New Year's Day by both the solar and lunar calendar. During these holidays, ❷ <u>people go back to their hometowns to pay a visit to their ancestors' graves</u> as well as to visit their families. However, nowadays many Koreans are Christian, thus Christmas is also an official public holiday. Christmas is observed as in many Western countries, which falls on December 25.

한국의 공휴일들은 양력과 음력 모두에 기초하고 있습니다. 음력에 있는 공휴일들은 보통 전통적인 명절들로, 설날, 추석, 그리고 부처님 오신 날이 있습니다. 하지만 광복절과 현충일과 같은 국가 공휴일은 양력을 따릅니다. 한국의 공식 공휴일은 총 10개입니다. 추석과 설날이 한국에서 가장 큰 공휴일입니다. 설날은 한국의 새해 첫날이고 추석은 한국의 추수감사절입니다. 이 두 공휴일은 각각 3일씩의 공식 휴일을 가집니다. 더욱 좋은 점은, 한국인들은 설날을 양력과 음력 모두 쇤다는 거예요. 이러한 공휴일에, 사람들은 고향을 찾아가서 가족들을 방문하고 조상들께 성묘를 지냅니다. 하지만, 요즘에는 많은 한국인들이 기독교를 믿기 때문에, 크리스마스 또한 공식적인 공휴일이 되었습니다. 크리스마스는 다른 서양의 나라들과 마찬가지로 12월 25일입니다.

어휘 solar calendar 양력 lunar calendar 음력 observe 준수하다, 따르다 ancestor 조상

HOW TO CORRECT

문법 바로잡기
❶ [수의 일치] **each**와 **every**는 단수 취급한다.
~~Each are~~ given a three-day holiday from the government.
Each is given a three-day holiday from the government.

표현 바로잡기
❷ ['성묘하다'의 표현] **pay a visit (to) ancestor's grave**: 성묘하다
People go back to their hometowns to ~~pay visit~~ to their ancestors' graves.
People go back to their hometowns to **pay a visit to** their ancestors' graves.

공휴일에 하는 일 Tr-191

What kind of activities do you normally do on holidays? What kind of food do you like to eat on those days? Tell me with a lot of details.

명절에 보통 어떤 활동들을 하나요? 어떤 종류의 음식을 즐겨 먹나요? 자세히 말해 보세요.

STORY MAP

[공휴일에 하는 일] 공휴일 소개 • 설날 활동 • 추석 활동

Map Intro _ 공휴일 소개

공휴일 소개

Since Seollal and Chuseok are Korea's biggest holidays, people have some special foods and have activities with family members.

설날과 추석은 한국에서 가장 큰 명절이기 때문에, 사람들은 가족들과 함께 특별한 음식과 활동들을 즐깁니다.

Map Body _ 설날 활동

세배

In the early morning of Seollal, family members have ceremonies to pay respect to ancestors and children bow to their grandparents. This is the time which children really look forward to, because they will receive pocket money.

설날 아침 일찍, 가족들은 조상들께 차례를 올리고, 아이들은 조부모님께 세배를 드립니다. 그런데 세배를 하면 용돈을 받을 수 있기 때문에, 아이들이 정말로 이 시간을 고대합니다.

음식

For breakfast, people eat Tteokguk, which is a rice cake soup believed to add one year to all Koreans who eat a bowl of it.

아침 식사로 사람들은 떡국을 먹는데, 떡국은 쌀로 된 떡으로 만든 국으로 한 그릇 먹으면 한 살을 더 먹는다고 한국 사람들은 믿고 있습니다.

성묘와 가족 게임

After breakfast, all family members visit their ancestors' graves and pay respect in front of small offerings. After they are done with this ceremony, it's free time for everyone to engage in conversations or games. Kite-flying and Yutnori are two of the most popular games.

아침 식사 후, 가족 모두 성묘에 가서 조그마한 상을 차리고 조상을 기립니다. 의식을 마치고 난 후에는, 가족 간에 대화를 나누거나 각종 게임들을 즐깁니다. 그 중 연날리기와 윷놀이는 가장 인기 있는 게임입니다.

Map Closing _ 추석 활동

추석 활동

On Chuseok, a similar ceremony is performed. However, people eat Songpyeon, a special rice cake which is usually made by all family members together a day before.

추석에도 비슷한 의식이 진행됩니다. 하지만, 사람들은 송편이라는 특별한 떡을 먹는데, 이 송편은 대개 추석 전날 가족 모두가 함께 모여 만듭니다.

HOW TO GUIDE

Listening 길라잡이
명절의 세부내용 소개 / 명절에 하는 일이나 먹는 음식에 대해 자세히 설명하기
- 듣기함정　"What kind of activities~", "What kind of food"는 명절 때 즐기는 활동과 먹는 음식에 대한 질문으로 이해한다.

Speaking 길라잡이
명절(설, 추석)에 대한 일반 진술 ⇒ 설에 대한 설명(활동, 음식) ⇒ 추석에 대한 설명으로 답변 종결
- 답변함정　간단하게 명절을 소개하기보다는 어떤 의미가 있고 어떤 한국 문화가 포함되어 있는지 자세하게 설명해 주면 더 훌륭한 답변이 된다.

HOW TO ANSWER  Tr-191

Since Seollal and Chuseok are Korea's biggest holidays, people have some special foods and have activities with family members. In the early morning of Seollal, ❶ family members have ceremonies to pay respect to ancestors and children bow to their grandparents. ❷ This is the time which children really look forward to, because they will receive pocket money. For breakfast, people eat Tteokguk, which is a rice cake soup believed to add one year to all Koreans who eat a bowl of it. After breakfast, all family members visit their ancestors' graves and pay respect in front of small offerings. After they are done with this ceremony, it's free time for everyone to engage in conversations or games. Kite-flying and Yutnori are two of the most popular games. On Chuseok, a similar ceremony is performed. However, people eat Songpyeon, a special rice cake which is usually made by all family members together a day before.

설날과 추석은 한국에서 가장 큰 명절이기 때문에, 사람들은 가족들과 함께 특별한 음식과 활동들을 즐깁니다. 설날 아침 일찍, 가족들은 조상들께 차례를 올리고, 아이들은 조부모님께 세배를 드립니다. 세배를 하면 용돈을 받을 수 있기 때문에, 아이들이 정말로 이 시간을 고대합니다. 아침 식사로 사람들은 떡국을 먹는데, 떡국은 쌀로 된 떡으로 만든 국으로 한 그릇 먹으면 한 살을 더 먹는다고 한국 사람들은 믿고 있습니다. 아침 식사 후, 가족 모두 성묘에 가서 조그마한 상을 차리고 조상을 기립니다. 의식을 마치고 난 후에는, 가족 간에 대화를 나누거나 각종 게임들을 즐깁니다. 그 중 연날리기와 윷놀이는 가장 인기 있는 게임입니다. 추석에도 비슷한 의식이 진행됩니다. 하지만, 사람들은 송편이라는 특별한 떡을 먹는데, 이 송편은 대개 추석 전날 가족 모두가 함께 모여 만듭니다.

어휘　bow (허리를 굽혀) 절하다　a bowl of 한 그릇의, 한 사발의　offering (신께 바치는) 공물, 제물

HOW TO CORRECT

문법 바로잡기
❷ [관계대명사/관계부사] 관계대명사/관계부사의 구분은 앞의 선행사(time)가 아닌, 뒤의 절에서 무슨 역할을 하느냐에 따라 결정된다.
　This is the time ~~when~~ children really look forward to, because they will receive pocket money.
　This is the time **which** children really look forward to, because they will receive pocket money.

표현 바로잡기
❶ ['차례를 지내다'의 올바른 표현] **have ceremonies to pay respect to ancestors**: 차례를 지내다
　Family members have ceremonies ~~to pay respect ancestors~~.
　Family members **have ceremonies to pay respect to ancestors**.

특별한 기억 Tr-191

Do you have any special memory on one of the holidays? What was the holiday about? What did you do at that time? What happened? Why was it so special? Tell me about the special memory in as much detail as possible.

명절에 특별한 기억이 있나요? 어떤 명절이었나요? 그때 무엇을 했나요? 어떤 일이 있었죠? 그 일이 왜 그렇게 특별했나요? 명절의 특별한 기억에 대해 최대한 자세히 말해 보세요.

STORY MAP

[특별한 기억] 기억에 남는 공휴일 • 기억에 남는 일 • 결과

Map Intro _ 기억에 남는 공휴일

고대하는 명절과 이유

I'd like to introduce my Seollal. Seollal has always been the holiday I look forward to because I can meet relatives from far away. In addition, Seollal is the day when I can receive pocket money from my parents, uncles and aunts.

제 설날에 대해 말씀드리겠습니다. 설날은 항상 제가 고대하던 명절인데, 멀리서 온 친척들을 만날 수 있기 때문이에요. 게다가, 부모님, 삼촌, 고모들로부터 용돈(세뱃돈)을 받을 수 있는 날이기도 하고요.

Map Body _ 기억에 남는 일

과거 시간

If my memory serves me correctly, it was around my first year in elementary school. My grandparents gave me huge money for a little kid in celebration of my entrance to elementary school.

제 기억이 맞는다면, 그때가 제가 초등학교 1학년 즈음이었을 것입니다. 할아버지, 할머니께서 제 초등학교 입학 축하로 조그마한 아이 치고는 큰돈을 주셨습니다.

당시 상황 설명

With that pocket money, I and my cousin looked for lots of fun. For example, we bought lots of fireworks and a toy gun which makes a real gun shooting sound with powder.

저는 그 용돈을 가지고 사촌과 여러 재미있는 일들을 찾아다녔습니다. 예를 들면, 우리는 폭죽과 화약으로 진짜 총과 같은 소리를 내는 장난감 총(화약총)을 샀습니다.

기억에 남는 일

We waited until it was dark and started moving to make fun of others or neighbors with the newly purchased toys. We were so driven by fun that we went back home too late.

그리고 날이 어두워질 때까지 기다렸다가 새로 산 장난감들을 가지고 다른 사람들과 이웃들을 놀리기 위한 움직임을 개시했어요. 너무 재미있게 논 나머지 저희는 너무 늦게 집에 돌아왔습니다.

Map Closing _ 결과

결과

We got scolded the next day. But whenever I recall the memory of that time, it makes me smile.

다음 날 어른들로부터 꾸지람을 들어야 했습니다. 하지만, 저는 그때만 생각하면 웃음이 절로 납니다.

HOW TO GUIDE

Listening 길라잡이
명절과 관련된 경험 / 명절과 관련된 자신의 특별한 경험을 이유와 함께 자세히 소개하기
- 듣기함정 "memory, memorable thing~"을 듣게 되면 과거시제로 묻지 않더라도 과거 질문임을 이해해둔다.

Speaking 길라잡이
설날에 대한 일반적 진술 ⇒ 특별한 경험 및 상세 내용(이유) 설명 ⇒ 발생한 사건의 결과 설명
- 답변함정 경험과 관련된 특별한 기억은 재미있거나 기억에 남거나 혹은 나빴던 기억 등 모두 해당되므로 정말 특별하고 엉뚱한 경험을 대답할 필요는 없다.

HOW TO ANSWER Tr-191

I'd like to introduce my Seollal. Seollal has always been the holiday I look forward to because I can meet relatives from far away. In addition, Seollal is the day when I can receive pocket money from my parents, uncles and aunts. If my memory serves me correctly, it was around my first year in elementary school. ❶❷ <u>My grandparents gave me huge money for a little kid in celebration of my entrance to elementary school</u>. With that pocket money, I and my cousin looked for lots of fun. For example, we bought lots of fireworks and a toy gun which makes a real gun shooting sound with powder. We waited until it was dark and started moving to make fun of others or neighbors with the newly purchased toys. We were so driven by fun that we went back home too late. We got scolded the next day. But whenever I recall the memory of that time, it makes me smile.

제 설날에 대해 말씀드리겠습니다. 설날은 항상 제가 고대하던 명절인데, 멀리서 온 친척들을 만날 수 있기 때문이에요. 게다가, 부모님, 삼촌, 고모들로부터 용돈(세뱃돈)을 받을 수 있는 날이기도 하고요. 제 기억이 맞는다면, 그때가 제가 초등학교 1학년 즈음이었을 것입니다. 할아버지, 할머니께서 제 초등학교 입학 축하로 조그마한 아이 치고는 큰돈을 주셨습니다. 저는 그 용돈을 가지고 사촌과 여러 재미있는 일들을 찾아다녔습니다. 예를 들면, 우리는 폭죽과 화약으로 진짜 총과 같은 소리를 내는 장난감 총(화약총)을 샀습니다. 그리고 날이 어두워질 때까지 기다렸다가 새로 산 장난감들을 가지고 다른 사람들과 이웃들을 놀리기 위한 움직임을 개시했어요. 너무 재미있게 논 나머지 저희는 너무 늦게 집에 돌아왔습니다. 다음 날 어른들로부터 꾸지람을 들어야 했습니다. 하지만, 저는 그때만 생각하면 웃음이 절로 납니다.

어휘 powder 가루, 분말 make fun of ~을 놀리다 scold 야단치다, 꾸짖다

HOW TO CORRECT

문법 바로잡기
❶ [가산, 불가산 명사] **money**는 셀 수 없는 명사 / **kid**는 셀 수 있는 명사
My grandparents gave me ~~a huge money~~ for ~~little kid~~ in celebration of my entrance ~.
My grandparents gave me **huge money** for **a little kid** in celebration of my entrance ~.

표현 바로잡기
❷ ['~을 축하하여, 기념하여'의 올바른 표현] **in celebration of** : ~을 축하하여(=**in honor of**)
My grandparents gave me huge money for a little kid ~~in a celebration of~~ my entrance ~.
My grandparents gave me huge money for a little kid **in celebration of** my entrance ~.

HOW TO MAP YOUR STORY | 날씨

Q1 여름과 겨울 날씨 Tr-192

Can you tell me about the summer and winter weather in your country? How is the weather in summer and winter?

당신 나라의 여름과 겨울에 대해서 얘기해 줄 수 있나요? 여름과 겨울의 날씨는 어떤가요?

STORY MAP

[여름과 겨울 날씨] 여름 날씨 • 겨울 날씨 • 한국인들의 휴가

Map Intro _ 여름 날씨

비와 습한 날씨
Summer and winter in Korea are very distinct. Summer is very hot and humid, mixed with rain.
한국의 여름과 겨울은 확연히 구분됩니다. 여름에는 비를 동반하여 매우 덥고 습합니다.

평균 온도
The average temperature during summer is around 30 degrees Celsius.
여름철의 평균 온도는 섭씨 30도 정도 됩니다.

피서와 장마철
During this hot weather, people go on a summer vacation to the beach or the mountains. The rainy season brings with it a lot of rain for days on end.
이 더운 기간에, 사람들은 산과 바다로 피서를 떠납니다. 장마철에는 며칠 동안 비가 계속 내립니다.

Map Body _ 겨울 날씨

눈
As for winter, we have chilly weather in the early winter. It usually snows around the end of December and keeps on snowing until early spring.
겨울에 대해 말하자면 초겨울은 날씨가 싸늘합니다. 12월 말 쯤에 보통 눈이 내리시기 시작해서, 다음 해 초봄까지 계속됩니다.

영하의 날씨와 폭설
During this time, the temperature falls below zero. Sometimes there is a very heavy snowfall in some area such as Gangwon-do districts.
이 기간 동안의 온도는 영하로 떨어집니다. 이따금 강원 지역 같은 곳은 폭설이 내리기도 해요.

Map Closing _ 한국인들의 휴가

한국인들의 휴가
Korean students and office workers are normally given holiday breaks to enjoy the season with their families during both seasons.
한국 학생들과 사무실 노동자들은 이 두 계절 동안 휴가를 받아서, 가족들과 함께 계절을 즐깁니다.

HOW TO GUIDE

Listening 길라잡이
날씨(계절) 소개 / 여름과 겨울의 날씨에 대해 자세히 설명하기
- 듣기함정 "Can you tell me~", "How is the weather~"에서 조동사와 be동사가 현재시제로 쓰였음을 알 수 있다.

Speaking 길라잡이
계절에 관한 일반 진술 ⇒ 여름의 날씨 설명 ⇒ 겨울의 날씨 설명
- 답변함정 여름과 겨울 날씨에 대한 질문이 핵심이므로 두 가지 내용을 빠뜨리지 않고 답하도록 한다.

HOW TO ANSWER  Tr-192

Summer and winter in Korea are very distinct. Summer is very hot and humid, mixed with rain. The average temperature during summer is around 30 degrees Celsius. During this hot weather, people go on a summer vacation to the beach or the mountains. ❶ <u>The rainy season brings with it a lot of rain for days on end.</u> As for winter, we have chilly weather in the early winter. It usually snows around the end of December and keeps on snowing until early spring. ❷ <u>During this time, the temperature falls below zero.</u> Sometimes there is a very heavy snowfall in some area such as Gangwon-do districts. Korean students and office workers are normally given holiday breaks to enjoy the season with their families during both seasons.

한국의 여름과 겨울은 확연히 구분됩니다. 여름에는 비를 동반하여 매우 덥고 습합니다. 여름철의 평균 온도는 섭씨 30도 정도 됩니다. 이 더운 기간에, 사람들은 산과 바다로 피서를 떠납니다. 장마철에는 며칠 동안 비가 계속 내립니다. 겨울에 대해 말하자면 초겨울은 날씨가 싸늘합니다. 12월 말 쯤에 보통 눈이 내리시기 시작해서, 다음 해 초봄까지 계속됩니다. 이 기간 동안의 온도는 영하로 떨어집니다. 이따금 강원 지역 같은 곳은 폭설이 내리기도 해요. 한국 학생들과 사무실 노동자들은 이 두 계절 동안 휴가를 받아서, 가족들과 함께 계절을 즐깁니다.

어휘 distinct 뚜렷한, 분명한 Celsius (온도) 섭씨 on end 계속

HOW TO CORRECT

문법 바로잡기
❶ [물질명사] snow, rain과 같은 물질명사는 셀 수 없는(불가산) 명사이다.
The rainy season brings with it a lot of ~~rains~~ for days on end.
The rainy season brings with it a lot of **rain** for days on end.

표현 바로잡기
❷ ['(온도)영하'의 표현] below zero: 영하의
During this time, the temperature falls ~~under zero~~.
During this time, the temperature falls **below zero**.

여름과 겨울 활동 Tr-192

What kind of activities do people in your country like to do in summer and winter? Tell me all the details.

여름과 겨울에 한국 사람들은 어떤 활동들을 즐기나요? 자세히 말해 보세요.

STORY MAP

[여름과 겨울 활동] 여름 활동 • 겨울 활동 • 겨울 김장

Map Intro _ 여름 활동

바다로 피서
Koreans usually enjoy going to the beach in summer. Summer in Korea is so burning hot that people go on a vacation to the beach in order to escape the heat.
한국인들은 보통 여름에 해변에 가는 것을 좋아합니다. 한국의 여름은 타버릴 듯이 뜨거워서 사람들은 더위를 피해 바다로 휴가를 떠납니다.

피서를 가는 이유
The beach is a joyful and perfect place for summer escape. Hotels and resorts are fully booked around the peak season. Thus, wise and diligent people make a vacation plan and make reservations in advance.
해변은 여름을 탈출하는데 재미있고 완벽한 곳이에요. 성수기에는 호텔과 리조트가 예약이 꽉 차버립니다. 그래서 현명하고 부지런한 사람들은 휴가 계획을 세워서 미리 예약을 합니다.

Map Body _ 겨울 활동

겨울 활동
In comparison to summer, people move to warm places in winter.
여름과 달리, 겨울에는 사람들이 따뜻한 곳으로 몰립니다.

겨울 스포츠
But it's also perfect for those who enjoy winter sports, such as skiing or snowboarding.
하지만, 스키, 스노보드와 같이 겨울 스포츠를 즐기는 사람들에게는 정말 완벽한 계절이에요.

겨울 스포츠 환경
Korea has many international-level ski resorts that can accommodate any type of winter sports enthusiasts.
한국에는 겨울 스포츠 마니아들을 수용할 수 있는 국제적인 수준의 스키 리조트들이 많이 있습니다.

Map Closing _ 겨울 김장

겨울 생활
Every year around winter, kimchi season mobilizes Korea. Housewives usually prepare kimchi for the winter.
매년 겨울 김장 시즌이 되면 한국이 온통 술렁이곤 해요. 주부들은 보통 겨울철에 김치를 담급니다.

HOW TO GUIDE

Listening 길라잡이
계절 세부내용 설명 / 여름과 겨울에 하는 활동에 대해 자세히 설명한다.
- 듣기함정 "What ~ activities do people~"에서 현재시제 조동사 do가 쓰였음을 파악하도록 한다.

Speaking 길라잡이
여름철 일반적인 활동 ⇒ 겨울의 일반적인 활동 ⇒ 겨울철 활동 중 독특한 활동(김장)으로 답변 종결
- 답변함정 계절의 특성에 따라 사람들이 즐기는 활동을 설명한다. 한국만의 고유한 계절 문화(김장 등)를 소개하는 것도 좋은 방법이다.

HOW TO ANSWER  Tr-192

❶ Koreans usually enjoy going to the beach in summer. Summer in Korea is so burning hot that people go on a vacation to the beach in order to escape the heat. The beach is a joyful and perfect place for summer escape. Hotels and resorts are fully booked around the peak season. Thus, wise and diligent people make a vacation plan and make reservations in advance. ❷ In comparison to summer, people move to warm places in winter. But it's also perfect for those who enjoy winter sports, such as skiing or snowboarding. Korea has many international-level ski resorts that can accommodate any type of winter sports enthusiasts. Every year around winter, kimchi season mobilizes Korea. Housewives usually prepare kimchi for the winter.

한국인들은 보통 여름에 해변에 가는 것을 좋아합니다. 한국의 여름은 타버릴 듯이 뜨거워서 사람들은 더위를 피해 바다로 휴가를 떠납니다. 해변은 여름을 탈출하는데 재미있고 완벽한 곳이에요. 성수기에는 호텔과 리조트가 예약이 꽉 차버립니다. 그래서 현명하고 부지런한 사람들은 휴가 계획을 세워서 미리 예약을 합니다. 여름과 달리, 겨울에는 사람들이 따뜻한 곳으로 몰립니다. 하지만, 스키, 스노보드와 같이 겨울 스포츠를 즐기는 사람들에게는 정말 완벽한 계절이에요. 한국에는 겨울 스포츠 마니아들을 수용할 수 있는 국제적인 수준의 스키 리조트들이 많이 있습니다. 매년 겨울 김장 시즌이 되면 한국이 온통 술렁이곤 해요. 주부들은 보통 겨울철에 김치를 담급니다.

어휘 burning hot 뜨겁게 달아오르는   peak season 성수기   enthusiast 열렬한 지지자

HOW TO CORRECT

문법 바로잡기
❶ [동명사를 목적어로 취하는 동사] enjoy, mind, dislike, quit 등의 동사는 동명사를 목적어로 취한다.
Koreans usually ~~enjoy to go~~ to the beach in summer.
Koreans usually **enjoy going** to the beach in summer.

표현 바로잡기
❷ [비교, 대조 설명의 표현] in comparison to: ~와 비교하여
~~In compared to summer~~, people move to warm places in winter.
In comparison to summer, people move to warm places in winter.

잊을 수 없는 기억 Tr-192

Have you had an unforgettable or terrible experience about the weather? If so, how was the weather at that time? What exactly happened? Please tell me about the unforgettable or terrible experience in as much detail as possible.

날씨에 관한 잊을 수 없거나 끔찍했던 경험이 있나요? 있다면, 그때의 날씨는 어땠나요? 정확히 무슨 일이 있었나요? 그 경험에 대해 최대한 자세히 말해 주세요.

STORY MAP

[잊을 수 없는 기억] 사건 시간과 시작 • 기억에 남는 사건 설명 • 결과

Map Intro _ 사건 시간과 시작

| 사건 시간과 시작 | I remember that day well. It was two years ago when I had to go early to the office to attend a very important project meeting. |

저는 그 날을 아직도 잘 기억합니다. 2년 전이었는데, 그때 저는 중요한 프로젝트 회의에 참석하기 위해서 일찍 출근해야 했습니다.

Map Body _ 기억에 남는 사건 설명

눈이 많이 내린 상황 — It was wintertime and it snowed heavily the night before. I usually shovel the alley in front of my home so that the snow won't block the way.

때는 겨울이었고, 전날 밤 눈이 많이 왔습니다. 보통 저는 눈이 길을 막지 못하도록, 집 앞 골목의 눈을 치웁니다.

문제 상황 설명 — Unfortunately, I skipped it that time, assuming that it was okay to just walk through it as long as I was being extra careful. But I stepped into the dry ice on the road when I reached the end of the alley.

불행히도, 아주 조심만 하면 눈길 위를 걸어가는데 문제가 없을 것이라고 생각하고 그때는 눈을 치우지 않았습니다. 하지만 저는 골목 끝부분에 다다랐을 때, 큰 도로의 빙판에 발을 딛었습니다.

문제 상황 발생 — I fell straight away, face first on the road. I thought I have never seen such beautiful stars in my life!

저는 정면으로 넘어졌고, 얼굴은 도로에 그대로 부딪쳤습니다. 저는 제 일생에서 그렇게 아름다운 별들은 본 적이 없었습니다.

Map Closing _ 결과

얼굴 부상 — After I regained my composure, I felt a bump and a cut on my forehead and it hurt so bad I had to rush to the hospital immediately.

정신을 차리고 나니, 이마에 혹과 상처들이 느껴졌습니다. 상처가 상당히 심해서, 저는 곧바로 병원에 가야했습니다.

결과 — I had to get four stitches to hold together the cuts on my forehead, and I was late for the meeting. I think that it was my unluckiest day.

저는 4바늘을 꿰매야 했고 회의에도 늦었습니다. 제게 가장 운이 없는 날이었던 것 같습니다.

HOW TO GUIDE

Listening 길라잡이
날씨 관련 경험 / 날씨와 관련된 잊지 못하거나 끔찍한 경험에 대해 자세히 설명하기
- 듣기함정 "experienced, unforgettable, memorable~"은 모두 과거의 경험을 묻는 질문임을 알아두자.

Speaking 길라잡이
경험에 대한 배경 이야기 ⇒ 기억에 남는 사건 설명 ⇒ 이야기의 결말과 느낌으로 답변 종결
- 답변함정 경험과 관련된 질문에는 초반부에 간단한 결과를 설명한 후에 당시 상황을 구체적으로 전달하도록 한다.

HOW TO ANSWER  Tr-192

I remember that day well. It was two years ago when I had to go early to the office to attend a very important project meeting. It was wintertime and it snowed heavily the night before. I usually shovel the alley in front of my home so that the snow won't block the way. Unfortunately, I skipped it that time, assuming that it was okay to just walk through it as long as I was being extra careful. But ❶ I stepped into the dry ice on the road when I reached the end of the alley. I fell straight away, face first on the road. I thought I have never seen such beautiful stars in my life! After I regained my composure, I felt a bump and a cut on my forehead and it hurt so bad I had to rush to the hospital immediately. ❷ I had to get four stitches to hold together the cuts on my forehead, and I was late for the meeting. I think that it was my unluckiest day.

저는 그 날을 아직도 잘 기억합니다. 2년 전이었는데, 그때 저는 중요한 프로젝트 회의에 참석하기 위해서 일찍 출근해야 했습니다. 때는 겨울이었고, 전날 밤 눈이 많이 왔습니다. 보통 저는 눈이 길을 막지 못하도록, 집 앞 골목의 눈을 치웁니다. 불행히도, 아주 조심만 하면 눈길 위를 걸어가는데 문제가 없을 것이라고 생각하고 그때는 눈을 치우지 않았습니다. 하지만 저는 골목 끝부분에 다다랐을 때, 큰 도로의 빙판에 발을 딛었습니다. 저는 정면으로 넘어졌고, 얼굴은 도로에 그대로 부딪쳤습니다. 저는 제 일생에서 그렇게 아름다운 별들은 본 적이 없었습니다. 정신을 차리고 나니, 이마에 혹과 상처들이 느껴졌습니다. 상처가 상당히 심해서, 저는 곧바로 병원에 가야했습니다. 저는 4바늘을 꿰매야 했고 회의에도 늦었습니다. 제게 가장 운이 없는 날이었던 것 같습니다.

어휘 shovel 삽질하다, 삽으로 파다 alley 골목 composure (마음의) 평정 bump 혹

HOW TO CORRECT

문법 바로잡기
❶ [자/타동사의 구분] reach는 타동사로 뒤에 전치사를 수반하지 않는다.
I stepped into the dry ice on the road when I reached at the end of the alley.
I stepped into the dry ice on the road when I **reached** the end of the alley.

표현 바로잡기
❷ ['상처를 몇 바늘 꿰매다'의 올바른 표현] get+숫자+stitch (=close the wound with+숫자+stitches)
I had to stitch four to hold together the cuts on my forehead.
I had to **get four stitches** to hold together the cuts on my forehead.

SECTION 4 _ 고득점을 위한 OPIc 공략법

20강

[NEW OPIc]
한국 청년 &
한국 주택

- 한국 청년
- 한국 주택

 **OPIc 최신 문제**

HOW TO OPIc

마지막 20강에서는 오픽 시험이 시행된 이후로 가장 최근에 변화하고 있는 문제 유형을 다뤄볼 예정입니다. 뉴오픽과 상관없이 최근에 출제되는 경향이므로 적절한 대비가 필요합니다. 매 시험마다 새로운 문제가 출제되지는 않지만, 어느 정도 일정 부분이 업데이트가 되어서 새롭게 선보이는 문제가 있습니다. 예를 들면, 대학교의 교육 시스템을 물어보는 질문이 있었다면 최근에는 초등학교, 중학교, 고등학교의 교육 시스템을 단계별로 설명해보라는 질문이 등장한다는 것입니다. 이번 강의에서는 한국 청년과 한국 주택에 대해서 설명할 예정인데요. 이외에도 최근에 새롭게 등장하고 있는 문제가 어떤 것들이 있는지 자세하게 살펴보도록 하겠습니다.

먼저 한국 청년과 관련된 질문은 젊은이들이 좋아하는 음악, 자주 가는 장소, 친구들과 만나서 하는 일 등을 꼽을 수 있습니다. 지금까지 'young people'에 대한 오픽 문제는 한국인들의 여가활동을 설명해보라는 질문에서 노인들과 젊은이들의 여가활동을 비교해보라는 내용과 노인들과 젊은이들이 공원에서 즐기는 활동을 비교해보라는 내용이 출제되었습니다. 최근에는 아예 젊은이에 포커스를 맞춘 질문들이 등장하고 있다는 점을 눈여겨봐야 됩니다. 돌발 문제는 학생, 직장인 구분하지 않고 언제 출제될 지 알 수 없기 때문에 반드시 사전에 철저한 대비가 필요합니다. 두 번째는 한국 주택과 관련된 질문입니다. 난이도도 상당한 문제인데요. 한국 부동산 시장의 이슈, 부동산 문제를 해결하는 기관, 주택의 변화 등 다소 까다로운 질문들이 등장하고 있습니다. 특히 난이도 5단계 이상을 선택하려는 수험생은 꼭 대비해둬야 할 최신 문제입니다.

그리고 학창생활을 교내 생활과 교외 생활, 즉 수업이 끝난 이후의 생활을 구분해서 설명해보라는 질문도 새롭게 선보이고 있습니다. Role-play 상황도 추가로 말씀 드리자면, 전단지에 어떤 상점에서 세일을 한다고 나와 있어서 상점에 전화해서 질문을 해보는 상황과 연이어서 몇 가지 물건을 샀는데 그 중 한 물건을 상점에 놓고 왔으니 전화해서 문제를 해결해보라는 상황이 등장한 바가 있습니다. 지금까지는 주문하거나 샀던 물건이 배송되지 않는 상황, 물건이 잘못 배송된 상황, 물건에 하자가 있는 상황이 출제되었는데, 직접 샀던 물건을 상점에 두고 온 상황은 최근에 선보이고 있는 문제입니다.

자, 지금까지 오픽 문제 유형, 설문조사와 관련된 문제, 돌발 문제, 최신 경향 문제까지 총 20강에 걸쳐서 살펴봤는데요. 본인만의 특별하고 차별화된 그리고 보다 완성도가 높은 답변을 준비하는 것이 가장 중요합니다. Best Questions과 실전문제에서 다루고 있는 문제는 기출변형 문제이므로 시험 전에 꼭 철저히 대비해두기 바랍니다.

BEST QUESTIONS

Three Combo 한국 청년 Questions

Q1 _ 좋아하는 옷과 음악
Please tell me about the young people in your country. What kind of clothes do they like to wear? What kind of music do they enjoy listening to?

Q2 _ 청년들의 주말 생활
What activities do the young people in your country do on weekends? Do they meet their friends on weekends? What kind of things do they do together? Do they like to play sports on weekends? What kind of sports do they usually play? Tell me all the details.

Q3 _ 청년들이 좋아하는 장소
Where do the young people in your country like to go to? What kind of things do they do there? Why do they like to go there?

Three Combo 한국 주택 Questions

Q1 _ 부동산 시장의 문제
What kind of problem does your country have about the real estate market? Please give me a detailed description of the problem.

Q2 _ 부동산 기관 소개
Is there a government agency which can handle the problems in the real estate market? If so, what activities does the agency usually do? Please tell me about the agency with many details.

Q3 _ 주택의 변화 설명
How have the houses or housing in your country changed over the last 10 years? Tell me all about the changes in the houses or housing you know in as much detail as you can.

Three Combo Plus Questions

Q1 _ 친구들과 만나서 하는 일
What activities do the young people usually do when they meet their friends? Tell me all about it in detail.

Q2 _ 청년들에 대한 사회적인 이슈
Is there a social issue with the young people in your country? What is the issue about? What do you think is the problem? How will you handle it?

HOW TO MAP YOUR STORY | 한국 청년

Q1. 좋아하는 옷과 음악 Tr-201

Please tell me about the young people in your country. What kind of clothes do they like to wear? What kind of music do they enjoy listening to?

당신 나라의 청년들에 대해 얘기해 보겠습니다. 어떤 종류의 옷을 즐겨 입나요? 어떤 종류의 음악을 즐겨 듣나요?

STORY MAP

[좋아하는 옷과 음악] 좋아하는 옷 • 좋아하는 음악 • 결과

Map Intro _ 좋아하는 옷

민감한 유행과 패션
Young people in Korea are really into trends and fashion. Fashion style changes very rapidly and frequently, and it is very difficult to keep up with the style.
한국의 젊은 사람들은 유행과 패션에 정말 민감합니다. 패션 스타일이 너무 빠르게 자주 바뀌어서 유행을 따라가기가 정말 어렵습니다.

자신들만의 독특한 패션
Frankly speaking, I think Korean young men and women have their own unique style and manage to look good.
솔직히 말하자면, 한국의 젊은 세대는 자신들만의 독특한 패션을 만들어내서 멋스럽게 하고 다닙니다.

Map Body _ 좋아하는 음악

과거 음악
Until 1990, young Koreans enjoyed music, such as pop and ballads.
1990년까지 한국 젊은이들은 팝이나 발라드 같은 음악을 즐겼습니다.

음악의 서구화
However, as time passed, Korea has become more westernized. That is why R&B, rock, hip-hop and indie-style music emerged among young Korean people.
그러나 시간이 지남에 따라, 한국은 더욱 서구화되었습니다. 그 영향으로 한국의 젊은이들 사이에 R&B, 록, 힙합 그리고 인디 음악들이 인기를 얻게 됩니다.

자신들만의 음악 스타일 창조
And the young Korean generation has created its own music style with them, which is very vibrant and very entertaining and a fusion of East and West, accompanied with a lot of well-choreographed dancing.
그리고 한국의 젊은 세대는 서구에서 받아들인 그 음악들을 바탕으로 자신들만의 음악 스타일을 창조해냈는데, 그것은 매우 생동감 넘치고 재미있으며, 동양적인 것과 서양적인 것의 적절한 조화가 이루어져 있으며, 잘 연출된 춤이 가미되어 있습니다.

Map Closing _ 결과

결과
As a result, lots of new idols rose and young Koreans immerse themselves in the idols' music a lot.
그 결과 많은 새로운 아이돌 가수들이 생겨났고, 한국의 젊은 세대는 그들의 음악에 흠뻑 빠져 있습니다.

HOW TO GUIDE

Listening 길라잡이
한국 청년 소개 / 한국의 청년들의 패션이나 즐겨 듣는 음악에 대해 자세히 설명하기
- 듣기함정 "clothes", "music"이 질문의 핵심이고 대상은 한국 청년이므로 질문은 한국 청년이 입는 옷과 듣는 음악에 대한 것임을 파악한다.

Speaking 길라잡이
한국 젊은이들에 대한 일반적인 설명 ⇒ 패션(복장)에 대한 설명 ⇒ 음악에 대한 설명 ⇒ 최근 경향 설명으로 답변 종결
- 답변함정 좋아하는 옷의 종류와 음악 장르를 간단하게 소개해준다. 상세하게 설명하면 다음 문제에서 중복될 수 있으므로 질문의 요지를 파악하고 그에 대한 답변만 하면 된다.

HOW TO ANSWER  Tr-201

❶ Young people in Korea are really into trends and fashion. Fashion style changes very rapidly and frequently, and it is very difficult to keep up with the style. Frankly speaking, I think Korean young men and women have their own unique style and manage to look good. Until 1990, young Koreans enjoyed music, such as pop and ballads. However, as time passed, Korea has become more westernized. That is why R&B, rock, hip-hop and indie-style music emerged among young Korean people. And the young Korean generation has created its own music style with them, which is very vibrant and very entertaining and a fusion of East and West, accompanied with a lot of well-choreographed dancing. ❷ As a result, lots of new idols rose and young Koreans immerse themselves in the idols' music a lot.

한국의 젊은 사람들은 유행과 패션에 정말 민감합니다. 패션 스타일이 너무 빠르게 자주 바뀌어서 유행을 따라가기가 정말 어렵습니다. 솔직히 말하자면, 한국의 젊은 세대는 자신들만의 독특한 패션을 만들어서 멋스럽게 하고 다닙니다. 1990년까지 한국 젊은이들은 팝이나 발라드 같은 음악을 즐겼습니다. 그러나 시간이 지남에 따라, 한국은 더욱 서구화되었습니다. 그 영향으로 한국의 젊은이들 사이에 R&B, 록, 힙합 그리고 인디 음악들이 인기를 얻게 됩니다. 그리고 한국의 젊은 세대는 서구에서 받아들인 그 음악들을 바탕으로 자신들만의 음악 스타일을 창조해냈는데, 그것은 매우 생동감 넘치고 재미있으며, 동양적인 것과 서양적인 것의 적절한 조화가 이루어져 있으며, 잘 연출된 춤이 가미되어 있습니다. 그 결과 많은 새로운 아이돌 가수들이 생겨났고, 한국의 젊은 세대는 그들의 음악에 흠뻑 빠져 있습니다.

어휘 indie 독립된, 인디의 vibrant 활기찬 choreograph 연출하다, 안무를 하다 immerse 담그다, 몰두하다

HOW TO CORRECT

문법 바로잡기
❷ [재귀대명사] 재귀대명사를 쓸 때, 주어의 수와 일치시켜야 한다.
As a result, lots of new idols rose and young Koreans immerse ~~himself~~ in the idols' music a lot.
As a result, lots of new idols rose and **young Koreans** immerse **themselves** in the idols' music a lot.

▶표현 바로잡기
❶ ['기호(좋음, 관심)'의 표현] **be into something**: ~에 관심이 많다, 좋아하다
Young people in Korea are really ~~in~~ trends and fashion.
Young people in Korea **are** really **into** trends and fashion.

청년들의 주말 생활 Tr-201

What activities do the young people in your country do on weekends? Do they meet their friends on weekends? What kind of things do they do together? Do they like to play sports on weekends? What kind of sports do they usually play? Tell me all the details.

당신 나라의 청년들은 주말에 어떤 활동을 하나요? 주말에 친구들을 만나나요? 친구들과 함께 어떤 일들을 하나요? 주말에 스포츠를 즐겨 하나요? 보통 어떤 스포츠를 즐겨하나요? 자세히 말해 보세요.

STORY MAP

[청년들의 주말 생활] 사교적인 활동 • 주말 활동 • 남녀 활동

Map Intro _ 사교적인 활동

사교적인 활동 | Young Korean people are very sociable. It doesn't matter where they spend their time as long as it's with their friends.
한국의 젊은 사람들은 매우 사교적입니다. 어디에서 시간을 보내든지 친구들만 함께라면 장소는 문제될 것이 없습니다.

Map Body _ 주말 활동

식사와 음주 | On weekends, they frequently meet at a restaurant to have dinner together before continuing to a drinking-house.
주말에 그들은 식사를 하기 위해서 식당에서 자주 만나는데, 식사 후에는 술자리까지 그대로 이어집니다.

스포츠 | However, young Korean people are also becoming more health conscious. It's common to see young Koreans play sports together, especially on campus grounds.
그러나 또한, 한국 젊은이들은 건강에 점점 더 신경을 쓰고 있기도 합니다. 그들이 함께 모여, 특히 캠퍼스 운동장 같은 곳에서 스포츠 경기 하는 것을 보는 것은 한국에서 흔히 볼 수 있는 광경입니다.

Map Closing _ 남녀 활동

남자가 좋아하는 활동 | Korean men like to gather in groups, so sports that require teamwork are very popular, such as baseball, basketball and soccer.
한국 남자들은 그룹 활동에 참여하는 것을 좋아합니다. 그래서 팀워크를 요구하는 야구, 농구 그리고 축구가 한국에서는 매우 인기가 있습니다.

여자가 좋아하는 활동 | On the other hand, Korean women are more conscious about their looks, so sports that help them shape their body image is preferable, such as jogging.
반면에 한국 여자들은 그들의 외모에 관심이 많아서, 조깅 같이 몸매를 날씬하게 만들어주는 스포츠를 좋아합니다.

HOW TO GUIDE

Listening 길라잡이
청년들의 활동 소개 / 청년들이 주말에 하는 활동들에 대해 자세히 설명하기
- 듣기함정 "What activities do the young people ~"에서 청년들이 하는 활동을 현재시제로 묻고 있음을 알 수 있다.

Speaking 길라잡이
한국 젊은이들에 대한 일반적인 진술 ⇒ 주말에 하는 활동 ⇒ 남녀가 좋아하는 활동 설명
- 답변함정 주말에 친구들과 하는 일 또는 주말에 즐기는 스포츠를 예로 들고 있으므로 답변 역시 이 질문에 중점을 두는 것이 좋다.

HOW TO ANSWER  Tr-201

Young Korean people are very sociable. ❶ It doesn't matter where they spend their time as long as it's with their friends. On weekends, they frequently meet at a restaurant to have dinner together before continuing to a drinking-house. However, young Korean people are also becoming more health conscious. It's common to see young Koreans play sports together, especially on campus grounds. Korean men like to gather in groups, so sports that require teamwork are very popular, such as baseball, basketball and soccer. ❷ On the other hand, Korean women are more conscious about their looks, so sports that help them shape their body image is preferable, such as jogging.

한국의 젊은 사람들은 매우 사교적입니다. 어디에서 시간을 보내든지 친구들만 함께라면 장소는 문제될 것이 없습니다. 주말에 그들은 식사를 하기 위해서 식당에서 자주 만나는데, 식사 후에는 술자리까지 그대로 이어집니다. 그러나 또한, 한국 젊은이들은 건강에 점점 더 신경을 쓰고 있기도 합니다. 그들이 함께 모여, 특히 캠퍼스 운동장 같은 곳에서 스포츠 경기 하는 것을 보는 것은 한국에서 흔히 볼 수 있는 광경입니다. 한국 남자들은 그룹 활동에 참여하는 것을 좋아합니다. 그래서 팀워크를 요구하는 야구, 농구 그리고 축구가 한국에서는 매우 인기가 있습니다. 반면에 한국 여자들은 그들의 외모에 관심이 많아서, 조깅 같이 몸매를 날씬하게 만들어주는 스포츠를 좋아합니다.

어휘 as long as ~하는 한 drinking-house 술집(=pub) conscious 의식하는 preferable 더 나은, 선호하는

HOW TO CORRECT

문법 바로잡기
❶ [관계대명사/관계부사] 관계부사 뒤에는 완벽한 문장이 온다.
It doesn't matter ~~that spend their time~~ as long as it's with their friends.
It doesn't matter **where** they spend their time as long as it's with their friends.

표현 바로잡기
❷ ['반면에, 다른 한 편으로는'의 올바른 표현] on the other hand : 반면에, 다른 한편으로는
On the other ~~hands~~, Korean women are more conscious about their looks.
On the other hand, Korean women are more conscious about their looks.

좋아하는 장소 Tr-201

Where do the young people in your country like to go to? What kind of things do they do there? Why do they like to go there?

당신 나라의 청년들은 주로 어느 곳을 즐겨 가나요? 그곳에서 어떤 활동을 하죠? 왜 그곳에 가는 것을 좋아하나요?

STORY MAP

[좋아하는 장소] 여성이 좋아하는 장소 • 남성이 좋아하는 장소 • 새로운 변화

Map Intro _ 여성이 좋아하는 장소

쇼핑몰

There are a variety of places where young Koreans like to go to. Young women like to go to the shopping malls, because there are lots of exciting things such as clothes, shoes, books, food and even movies. So if we were there, we could enjoy various things in one place.

한국의 젊은 사람들이 즐겨 가는 곳은 다양합니다. 젊은 여성들은 쇼핑몰에 가는 것을 좋아하는데요, 옷, 신발, 책, 음식, 심지어 영화와 같은 흥미로운 것들이 많이 있기 때문입니다. 만약 우리가 그곳에 간다면, 한 장소에서 동시에 다양한 것들을 즐길 수 있습니다.

Map Body _ 남성이 좋아하는 장소

인터넷 카페

Some young men like to go to Internet cafes to play online games.

일부 젊은 남성들은 컴퓨터 게임을 하기 위해서 인터넷 카페에 가는 것을 좋아합니다.

술집

Others like to go to drinking places with friends. Lots of young Korean men still believe that alcohol makes them relieved among friends and it facilitates their talk, therefore their friendship gets deeper.

다른 이들은 친구들과 술집에 가는 것을 좋아합니다. 아직 많은 한국의 젊은 남성들은 술이 친구 사이의 긴장감을 덜어주고 대화를 촉진함으로써 그들의 우정을 더욱 깊어지게 한다고 믿고 있습니다.

Map Closing _ 새로운 변화

커피숍

But today's young Koreans don't drink as much as their seniors. Instead, they like to talk to friends over a cup of tea or coffee. So recently lots of coffee shops are appearing.

그러나 오늘 날 젊은 세대들은 술을 과거의 세대만큼 좋아하진 않습니다. 대신에 그들은 친구들과 차나 커피를 마시면서 이야기하는 것을 좋아합니다. 그래서 최근에는 많은 커피숍들이 생겨나고 있습니다.

HOW TO GUIDE

Listening 길라잡이
청년들의 활동 설명 / 청년들이 주로 가는 곳과 활동을 자세히 소개하기
- 듣기함정 "Where~", "What kind of~", "Why~"에서 세부내용을 묻고 있는 의문사에 유의하여 질문을 듣도록 한다.

Speaking 길라잡이
여성이 좋아하는 장소 ⇒ 남성이 좋아하는 장소 ⇒ 최근 변화를 소개하며 답변 종결
- 답변함정 질문을 종합해보면 장소, 이유, 활동 등 3가지이므로 청년들이 선호하는 장소의 모습을 떠올리며 현재시제를 사용하여 답변하면 된다.

HOW TO ANSWER   Tr-201

There are a variety of places where young Koreans like to go to. Young women like to go to the shopping malls, because there are lots of exciting things such as clothes, shoes, books, food and even movies. So if we were there, we could enjoy various things in one place. Some young men like to go to Internet cafes to play online games. Others like to go to drinking places with friends. ❶ Lots of young Korean men still believe that alcohol makes them relieved among friends and it facilitates their talk, therefore their friendship gets deeper. But today's young Koreans don't drink as much as their seniors. ❷ Instead, they like to talk to friends over a cup of tea or coffee. So recently lots of coffee shops are appearing.

한국의 젊은 사람들이 즐겨 가는 곳은 다양합니다. 젊은 여성들은 쇼핑몰에 가는 것을 좋아하는데요, 옷, 신발, 책, 음식, 심지어 영화와 같은 흥미로운 것들이 많이 있기 때문입니다. 만약 우리가 그곳에 간다면, 한 장소에서 동시에 다양한 것들을 즐길 수 있습니다. 일부 젊은 남성들은 컴퓨터 게임을 하기 위해서 인터넷 카페에 가는 것을 좋아합니다. 다른 이들은 친구들과 술집에 가는 것을 좋아합니다. 아직 많은 한국의 젊은 남성들은 술이 친구 사이의 긴장감을 덜어주고 대화를 촉진함으로써 그들의 우정을 더욱 깊어지게 한다고 믿고 있습니다. 그러나 오늘날 젊은 세대들은 술을 과거의 세대만큼 좋아하진 않습니다. 대신에 그들은 친구들과 차나 커피를 마시면서 이야기하는 것을 좋아합니다. 그래서 최근에는 많은 커피숍들이 생겨나고 있습니다.

어휘 relieve (긴장감 등을) 덜어주다 facilitate 촉진하다

HOW TO CORRECT

문법 바로잡기
❶ [사역동사 make] make + 목적어 + 목적격 보어 (동사원형: 능동 / p.p.: 수동)
Lots of young Korean men still believe that alcohol makes them ~~relieve~~.
Lots of young Korean men still believe that alcohol **makes them relieved**.

표현 바로잡기
❷ [부대동작, 부대상황의 표현] over: ~하면서
Instead, they like to talk to friends ~~on~~ a cup of tea or coffee.
Instead, they like to talk to friends **over** a cup of tea or coffee.

HOW TO MAP YOUR STORY | 한국 주택

Q1. 부동산 시장의 문제 _Tr-202_

What kind of problem does your country have about the real estate market? Please give me a detailed description of the problem.

당신 나라의 부동산 시장에는 어떤 종류의 문제가 있나요? 그 문제를 자세히 설명해 보세요.

STORY MAP

[부동산 시장의 문제] 높은 주택 가격 • 문제 상황 설명 • 대처 방법

Map Intro _ 높은 주택 가격

높은 주택 가격의 문제
The biggest problem in Korea's real estate market is the high price of housing.
한국 부동산 시장에서 가장 큰 문제점은 높은 주택 가격입니다.

Map Body _ 문제 상황 설명

문제의 지역
Especially, the house prices in Seoul and its surrounding area are so expensive that general workers can't buy their own house with a normal salary.
특히, 서울과 그 주변 지역들의 집값은 너무 비싸서 그곳에 거주하는 일반 직장인들은 보통의 급여로는 집을 장만하기가 어렵습니다.

집을 사기 위한 방법
So, they hurry to borrow money from banks in order to buy a house before its prices go higher.
그래서 그들은 주택 가격이 더 오르기 전에 집을 사려고 서둘러 은행에서 돈을 대출 받습니다.

이런 현상의 문제점
And this phenomenon makes the bubble in the housing market bigger, as if adding oil to the fire.
그리고 그 현상은 주택 시장의 거품을 더 크게 만드는데, 이는 마치 불난데 부채질하는 것과 같습니다.

큰 사회적인 문제로의 발전 가능성
Some people borrowed too much money compared to their incomes. It creates a big social problem in recession as employees lose their job and can't repay the loans because of job loss.
어떤 사람은 자신의 수입에 비해서, 너무 많은 돈을 빌립니다. 이는 경기 침체기에 큰 사회적 문제를 일으킬 수가 있는데, 직장인들이 일자리를 잃어서 돈을 갚지 못할 수 있기 때문입니다.

Map Closing _ 대처 방법

대처 방법
Therefore, the government always keeps its eyes on the housing market.
그래서 정부는 항상 주택 시장을 예의주시하고 있습니다.

HOW TO GUIDE

Listening 길라잡이
부동산 시장 설명 / 부동산 시장의 문제점에 대해 자세히 설명하기

💣 듣기함정 "detailed description"는 자세한 묘사, 설명이라는 의미이고, 질문을 현재시제로 이해해둔다.

Speaking 길라잡이
부동산 시장 문제 주제 소개 ⇒ 문제 상황 설명 ⇒ 대처 방법을 제시하며 답변 마무리

💣 답변함정 부동산 시장의 문제와 문제의 원인 그리고 해결책 등을 간단하게 설명하도록 한다.

HOW TO ANSWER  Tr-202

The biggest problem in Korea's real estate market is the high price of housing. Especially, the house prices in Seoul and its surrounding area are so expensive that general workers can't buy their own house with a normal salary. So, ❶ they hurry to borrow money from banks in order to buy a house before its prices go higher. And ❷ this phenomenon makes the bubble in the housing market bigger, as if adding oil to the fire. Some people borrowed too much money compared to their incomes. It creates a big social problem in recession as employees lose their job and can't repay the loans because of job loss. Therefore, the government always keeps its eyes on the housing market.

한국 부동산 시장에서 가장 큰 문제점은 높은 주택 가격입니다. 특히, 서울과 그 주변 지역들의 집값은 너무 비싸서 그곳에 거주하는 일반 직장인들은 보통의 급여로는 집을 장만하기가 어렵습니다. 그래서 그들은 주택 가격이 더 오르기 전에 집을 사려고 서둘러 은행에서 돈을 대출받습니다. 그리고 그 현상은 주택 시장의 거품을 더 크게 만드는데, 이는 마치 불난데 부채질하는 것과 같습니다. 어떤 사람은 자신의 수입에 비해서, 너무 많은 돈을 빌립니다. 이는 경기 침체기에 큰 사회적 문제를 일으킬 수가 있는데, 직장인들이 일자리를 잃어서 돈을 갚지 못할 수 있기 때문입니다. 그래서 정부는 항상 주택 시장을 예의주시하고 있습니다.

어휘 surrounding area 주변 지역 bubble 거품 recession 불경기 loan 대출금

HOW TO CORRECT

문법 바로잡기
❶ [시간, 조건의 부사절] 시간(before, when), 조건(if)의 부사절에서는 현재시제가 미래시제를 대신한다.
They hurry to borrow money from banks in order to buy a house before its prices will go higher.
They hurry to borrow money from banks in order to buy a house **before** its prices **go** higher.

표현 바로잡기
❷ ['상황을 악화시키다'의 관용적 표현] add(put) oil to the fire: 불에 기름을 붓다, 더욱 화나게 하다(add A to B)
This phenomenon makes the bubble in the housing market bigger, as if adding oil in the fire.
This phenomenon makes the bubble in the housing market bigger, as if **adding oil to the fire**.

부동산 기관 소개 Tr-202

Is there a government agency which can handle the problems in the real estate market? If so, what activities does the agency usually do? Please tell me about the agency with many details.

부동산 시장의 문제점들을 해결하는 정부 기관이 있나요? 그렇다면, 그 기관은 보통 어떤 활동을 하나요? 그 기관에 대해서 자세히 말해 보세요.

STORY MAP

[부동산 기관 소개] 정부 기관 소개 • 주요 임무 설명 • 주택 가격 상승 대처

Map Intro _ 정부 기관 소개

정부 기관 소개

I'd like to introduce the Bank of Korea whose functions are similar to those of the Federal Reserve Bank in the U.S.A.

저는 미국의 연방준비은행과 비슷한 기능을 수행하는 '한국은행'에 대해 말씀드리겠습니다.

Map Body _ 주요 임무 설명

통화 정책

The main job of the Bank of Korea is to keep financial institutions solvent without any liquidity problem. To put it in simple terms, the bank mainly deals with the currency policy including the interest rate policy.

한국은행의 주 임무는 유동성의 문제가 없이 금융기관들의 결제 능력을 유지시키는 것입니다. 좀 더 쉽게 말씀드리면, 한국은행은 이자율 정책을 비롯한 통화 정책을 다룹니다.

경기 침체

When the economy is sluggish, the Bank of Korea lowers the interest rate and bank reserves rate. Therefore, it has banks lend enough money to people and firms in order to facilitate the economy.

경기가 침체일 때, 한국은행은 이자율과 은행의 지급 준비율을 낮춥니다. 따라서 은행들로 하여금 사람들과 기업들에게 돈을 충분히 빌려주게 해서 경기를 부양합니다.

경기 과열

And when the economy is too heated and inflation starts, the Bank of Korea raises the interest rate and the bank reserves rate to absorb the liquidity.

그리고 경제가 너무 과열되고, 인플레이션이 시작되면, 한국은행은 이자율과 은행 지급 준비율을 올려서, 유동성을 흡수합니다.

주요 임무

Because especially the central bank's main mission is to control inflation, it is very sensitive to all kinds of inflation including rising housing prices.

특히 중앙은행의 주요 임무는 인플레이션을 통제하는 것이어서, 주택 가격 상승을 포함한 모든 종류의 인플레이션에 매우 민감합니다.

Map Closing _ 주택 가격 상승 대처

주택 가격 상승 대처

So when housing prices rise too high, the Bank of Korea raises the interest rate to reduce the inflation.

그래서 주택 가격이 너무 많이 올랐을 때, 한국은행은 이자율을 올림으로써 인플레이션을 낮추게 됩니다.

HOW TO GUIDE

Listening 길라잡이
부동산 관련 기관 설명 / 부동산 시장의 문제점을 해결하는 기관에 대해 설명한다.
- **듣기함정** 진화하는 오픽 문제의 유형으로 "government agency, association"은 정부기관이나 공공기관을 묻는 질문임을 알아야 한다.

Speaking 길라잡이
해당 기관에 대한 언급 ⇒ 기관의 다양한 활동과 임무 설명
- **답변함정** 진화하는 질문 자체가 다소 시사적인 것이므로 오픽에서도 고득점을 받기 위해서는 부동산 관련 전문 어휘와 상식을 미리 익혀두도록 한다.

HOW TO ANSWER  Tr-202

I'd like to introduce the Bank of Korea whose functions are similar to those of the Federal Reserve Bank in the U.S.A. The main job of the Bank of Korea is to keep financial institutions solvent without any liquidity problem. ❶ To put it in simple terms, the bank mainly deals with the currency policy including the interest rate policy. When the economy is sluggish, the Bank of Korea lowers the interest rate and bank reserves rate, therefore ❷ it has banks lend enough money to people and firms in order to facilitate the economy. And when the economy is too heated and the inflation starts, the Bank of Korea raises the interest rate and the bank reserves rate to absorb the liquidity. Because especially the central bank's main mission is to control inflation, it is very sensitive to all kinds of inflation including rising housing prices. So when housing prices rise too high, the Bank of Korea raises the interest rate to reduce the inflation.

저는 미국의 연방준비은행과 비슷한 기능을 수행하는 '한국은행'에 대해 말씀드리겠습니다. 한국은행의 주 임무는 유동성의 문제가 없이 금융기관들의 결제 능력을 유지시키는 것입니다. 좀 더 쉽게 말씀드리면, 한국은행은 이자율 정책을 비롯한 통화 정책을 다룹니다. 경기가 침체일 때, 한국은행은 이자율과 은행의 지급 준비율을 낮추어서, 은행들로 하여금 사람들과 기업들에게 돈을 충분히 빌려주게 해서 경기를 부양합니다. 그리고 경제가 너무 과열되고, 인플레이션이 시작되면, 한국은행은 이자율과 은행 지급 준비율을 올려서, 유동성을 흡수합니다. 특히 중앙은행의 주요 임무는 인플레이션을 통제하는 것이어서, 주택 가격 상승을 포함한 모든 종류의 인플레이션에 매우 민감합니다. 그래서 주택 가격이 너무 많이 올랐을 때, 한국은행은 이자율을 올림으로써 인플레이션을 낮추게 됩니다.

어휘 Federal Reserve Bank (FRB) 연방준비은행 solvent 지불 능력이 있는 liquidity 유동성 sluggish 부진한 absorb 흡수하다

HOW TO CORRECT

문법 바로잡기
❷ [사역동사 have] 사역동사(have, let, make) + 목적어 + 목적격 보어(능동: 원형 / 수동: p.p.)
It has banks ~~lent~~ enough money to people and firms in order to facilitate the economy.
It **has banks lend** enough money to people and firms in order to facilitate the economy.

표현 바로잡기
❶ ['쉽게 설명하고자 할 때'의 표현] **to put it in simple terms**: 쉽게 설명 하자면
~~To putting it in simple terms~~, the bank mainly deals with the currency policy.
To put it in simple terms, the bank mainly deals with the currency policy.

주택의 변화 Tr-202

How have the houses or housing in your country changed over the last 10 years? Tell me all about the changes in the houses or housing you know in as much detail as you can.

당신 나라의 가구나 주택은 지난 10년간 어떻게 변했나요? 당신이 알고 있는 변화에 대해 최대한 자세히 말해 보세요.

STORY MAP

[주택의 변화] 주택 변화 설명 • 주택 종류와 연료 사용 • 아파트의 출연

Map Intro _ 주택 변화 설명

주택 변화 설명

Actually, I can't tell exactly how the houses and housing have changed over the last 10 years, because I think that nothing much has been changed in just 10 years. But anyway, I can tell some differences about them from my childhood to nowadays.

사실 지난 10년간 크게 변한 것들이 없다고 생각하기 때문에, 최근 10년 동안에 한국의 주택들이 어떻게 변했는지 정확히 말하기가 어렵습니다. 그러나 어쨌든, 저의 어린 시절과 요즘의 주택들은 많은 차이가 있다고 말할 수 있습니다.

Map Body _ 주택 종류와 연료 사용

주택의 종류와 변화

When I was a kid, a lot of houses were roofed with tiles and most houses were just one or two stories. And apartments were not common at that time.

제가 어렸을 때는, 많은 집들이 기와집이었고, 대부분 1층이나 2층 집이었습니다. 그리고 아파트는 그 당시 흔치 않았습니다.

주택에서 사용하는 연료의 변화

Before gas was supplied as fuel to general households, most homes used coal briquettes as fuel. Unfortunately, some people were poisoned to death by the gas of a briquette.

일반 가정에 가스가 공급되기 전, 대부분 가정은 연탄을 연료로 사용했습니다. 안타깝게도, 어떤 사람들은 연탄가스 중독 때문에 목숨을 잃기도 했습니다.

Map Closing _ 아파트의 출연

아파트의 출연

Nowadays, this problem has disappeared with the appearance of apartments. Compared to the old times, apartments prevail.

오늘날, 이런 문제는 아파트의 출연으로 사라졌습니다. 옛날과 비교해서, 아파트가 정말 많아졌습니다.

아파트가 생기는 이유

Probably, the small area with high population density results in the popularity of apartments in Korea.

아마 좁은 땅의 높은 인구밀도가 한국에서 아파트에 대한 유행을 만드는 것 같습니다.

HOW TO GUIDE

Listening 길라잡이
집, 주택 설명 / 지난 10년 동안의 집이나 주택의 변화에 대해 자세히 설명하기
- 듣기함정   "have ~ changed for the last 10 years"는 과거의 변화를 묻는 질문임을 알 수 있다.

Speaking 길라잡이
주택 변화 설명 ⇒ 변화의 이유 설명 ⇒ 현재 상황 설명하며 답변 종결
- 답변함정   주택의 변화와 변하게 된 이유를 꼭 답안에 포함시키도록 하고 과거부터 현재의 일이므로 시제 역시 과거와 현재를 자유롭게 구사하도록 한다.

HOW TO ANSWER  Tr-202

Actually, ❶ I can't tell exactly how the houses and housing have changed over the last 10 years, because I think that nothing much has been changed in just 10 years. But anyway, I can tell some differences about them from my childhood to nowadays. When I was a kid, a lot of houses were roofed with tiles and most houses were just one or two stories. And apartments were not common at that time. Before gas was supplied as fuel to general households, most homes used coal briquettes as fuel. Unfortunately, some people were poisoned to death by the gas of a briquette. Nowadays, this problem has disappeared with the appearance of apartments. Compared to the old times, apartments prevail. ❷ Probably, the small area with high population density results in the popularity of apartments in Korea.

사실 지난 10년간 크게 변한 것들이 없다고 생각하기 때문에, 최근 10년 동안에 한국의 주택들이 어떻게 변했는지 정확히 말하기가 어렵습니다. 그러나 어쨌든, 저의 어린 시절과 요즘의 주택들은 많은 차이가 있다고 말할 수 있습니다. 제가 어렸을 때는, 많은 집들이 기와집이었고, 대부분 1층이나 2층 집이었습니다. 그리고 아파트는 그 당시 흔치 않았습니다. 일반 가정에 가스가 공급되기 전, 대부분 가정은 연탄을 연료로 사용했습니다. 안타깝게도, 어떤 사람들은 연탄가스 중독 때문에 목숨을 잃기도 했습니다. 오늘날, 이런 문제는 아파트의 출연으로 사라졌습니다. 옛날과 비교해서, 아파트가 정말 많아졌습니다. 아마 좁은 땅의 높은 인구밀도가 한국에서 아파트에 대한 유행을 만드는 것 같습니다.

어휘   roof 지붕을 덮다   briquette 연탄   population density 인구밀도

HOW TO CORRECT

문법 바로잡기
❶ [간접의문문의 어순] 간접의문문 어순(의문사+주어+동사)의 쓰임 주의
I can't tell exactly how ~~have changed the houses and housing~~ over the last 10 years.
I can't tell exactly **how the houses and housing have changed** over the last 10 years.

표현 바로잡기
❷ [결과, 원인을 설명할 때의 표현] **result in**: ~결과를 낳다, ~을 초래하다
Probably, the small area with high population density ~~results to~~ the popularity of apartments.
Probably, the small area with high population density **results in** the popularity of apartments.